朱成东◎编著

高中化学
数字化实验
典型案例

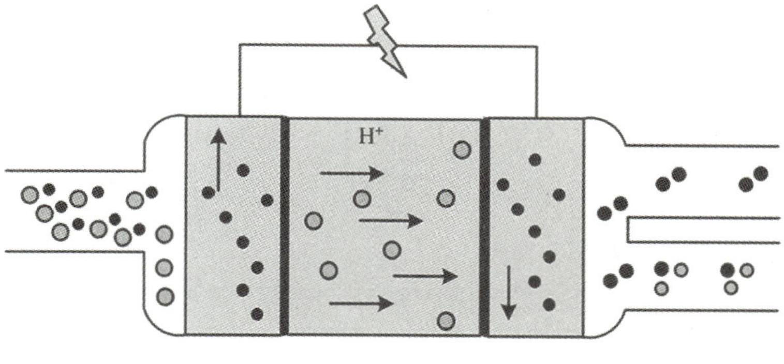

中国科学技术大学出版社

内容简介

本书主要由三部分组成：第一部分首先对普通高中化学教材中的同一化学实验运用传统实验与数字化实验两种方式进行呈现，包括实验目的、实验步骤、实验现象、实验注意事项及实验视频等，然后对两种实验进行对比研究；第二部分是创新型数字化实验，对来源于教材又高于教材且适用于教学的创新型实验进行研究，引领教师挖掘创新实验的思路及方法；第三部分是数字化实验教学课例，运用数字化实验落实核心素养的教学案例，探索数字化实验在实际课堂教学中的运用。

本书适合中学化学教师、化学教研人员、化学专业的师范生等研习参考。

图书在版编目(CIP)数据

高中化学数字化实验典型案例 / 朱成东编著. -- 合肥 ：中国科学技术大学出版社，2024.12. -- ISBN 978-7-312-05927-8

Ⅰ. G633.82

中国国家版本馆 CIP 数据核字第 20245XX309 号

高中化学数字化实验典型案例

GAOZHONG HUAXUE SHUZIHUA SHIYAN DIANXING ANLI

出版 中国科学技术大学出版社
安徽省合肥市金寨路 96 号，230026
http://press.ustc.edu.cn
https://zgkxjsdxcbs.tmall.com

印刷 安徽省瑞隆印务有限公司

发行 中国科学技术大学出版社

开本 787 mm×1092 mm 1/16

印张 17.75

字数 410 千

版次 2024 年 12 月第 1 版

印次 2024 年 12 月第 1 次印刷

定价 68.00 元

前　　言

在当今的化学教育背景中，化学实验无疑扮演着至关重要的角色，它是中学化学教学的核心组成部分，不仅为学生提供了一个将抽象化学概念和原理具体化的平台，而且对培养学生的实验操作能力、观察力和创新思维能力均具有不可替代的作用。随着教育改革的不断深化和科学技术的飞速发展，中学化学实验教学也在经历着一场深刻的变革。

在这个数字化时代，技术的进步为我们的教育方式带来了前所未有的机遇。数字化技术的融入，为传统化学实验注入了新的活力，同时也带来了新的挑战。本书旨在探索传统实验与数字化实验的融合之道，探讨如何将教研成果有效转化为教学实践，从而丰富中学化学实验教学。

本书以其独特的视角和丰富的内容，为中学化学实验教学开辟了一条创新之路，包括以下三个部分：

第一部分：传统实验与数字化实验。

本部分系统地回顾了传统化学实验的核心内容，这些内容是化学教育的基础。同时，我们着重探讨了数字化实验技术的应用，并将这些先进技术融入传统实验，以实现实验的精确化和直观化。通过对传统实验与数字化实验的对比分析，本部分揭示了数字化实验在提升实验数据准确性和实验过程可视化方面的显著优势，可以进一步加深学生对化学现象和原理的认识。

第二部分：创新型数字化实验。

在这一部分，我们精心挑选了一系列创新型数字化实验，这些实验不仅体现了现代科技与化学教学的完美结合，而且极大地提升了实验教学的互动性和创新性。这些实验旨在激发学生的好奇心和探索欲，让他们在动手操作中体验化学的乐趣，从而有效提高实验教学的综合质量。

第三部分：数字化实验教学课例。

本部分通过分析具体的教学案例，展示了如何在实际教学中将传统实验与数字化实验有效融合。我们提供了实用的教学策略和方法，帮助教师更好地利用这两种实验手段，促进学生深度学习，培养他们的批判性思维和创新能力。本部分内容旨在帮助教师打破传统与数字化之间的界限，实现教学效果的最优化。

本书凝聚了安徽省化学教育工作者和实验专家的集体智慧，它不仅是对传统实验教学的一次深刻回顾，也是对现代技术在化学教学中应用的积极探索，并展现了现代技术与传统教学方法的融合之美。参与的作者有宣城教研室徐泓老师，宣城二中盛俭发、魏陈老师，宣城中学程琳老师，宁国中学高妮、薛宏亮老师，淮南教研室承长琴老师，淮南二中鹿杰、郭润、张研老师，淮南一中李士冲老师，安庆七中訾艳老师，桐城中学王华老师，中国科大附中戈益超、王犇老师，上海市复兴高级中学任峰老师，合肥一中罗莉萍老师，安师大附中许敏、孙永兴老师等。感谢中国科学技术大学先进技术研究院储松苗团队、合肥四中余婵娟团队、合肥七中牛森团队、合肥八中王月英团队参与实验视频的拍摄和制作。

我们期望本书能够成为教师教学和学生学习的重要参考资料，为推动中学化学实验教学的发展添砖加瓦。我们也衷心希望本书能够点燃广大教师和学生在化学实验教学中的创新火花，共同揭开化学世界的神秘面纱，培育出一代又一代具备实践能力和创新精神的化学人才。

最后，我们衷心感谢每一位读者对本书的关注和支持。我们深知，尽管我们尽力确保内容的准确性和实用性，但限于我们的知识和经验，书中可能仍存在不足之处，我们诚挚地欢迎广大读者提出宝贵的意见和建议，我们始终保持着谦逊的态度，愿意倾听不同的声音，以期本书能够不断改进，更好地服务于中学化学实验教学。我们相信，通过集思广益，我们可以共同推动中学化学实验教学的发展，让更多的教师和学生受益。

目　录

第一部分　传统实验与数字化实验

第二部分　创新型数字化实验

第三部分 数字化实验教学课例

第 一 部 分
传统实验与数字化实验

实验一　氨气喷泉实验

实验视频

功能与价值

喷泉实验是高中化学的重要实验，也是中学生喜欢的实验之一。通过本实验能够让学生非常直观地感受到氨气是一种极易溶于水的气体，在一定的实验条件下会形成巨大的压强差。喷泉实验的学科价值在于通过可视化、趣味化的方式探究物质性质及变化原理，从而展现出科学“真”的一面，同时引发学生思考产生此现象的原因，以此帮助学生掌握学科知识；其教育价值在于能让学生感受科学“美”的一面，进而激发起学生爱科学、学科学、用科学的情感。

原理与拓展

氨气和水的反应方程式如下：

$$NH_3 + H_2O \rightleftharpoons NH_3 \cdot H_2O$$

氨气极易溶于水，并能和水反应生成一水合氨，溶液呈碱性，同时密闭容器中的压强会迅速减小。

但教材中的实验方案仍存在一些不足：

(1) 缺乏足够的吸引力。实验装置大多是单瓶喷泉，且未设计成方便增减的实验模块单元，规模较小，难以激发学生的兴趣。

(2) 现象单调，持续时间短。实验使用的圆底烧瓶一般是 250 mL，喷泉引发后酚酞水溶液在烧瓶内迅速变红，持续 10 s 左右即停止，效果不佳。

(3) 容易形成定势思维，缺乏创新性。大多数研究依然沿用了氨气和酚酞水溶液来设计喷泉实验，事实上只要通过化学实验制造压强差就能产生喷泉。

实验改进方案

张会领为解决演示过程复杂且用时较长、不利于学生分组进行实验的问题，选用微型

试剂瓶对 NH_3 的制备和收集进行改进,装置如图 1.1 所示。该实验用水浴加热浓氨水的方法代替传统固-固加热型制取 NH_3,用微型试剂瓶收集好 NH_3 后,用注射器向其中注入含有酚酞的蒸馏水引发喷泉。

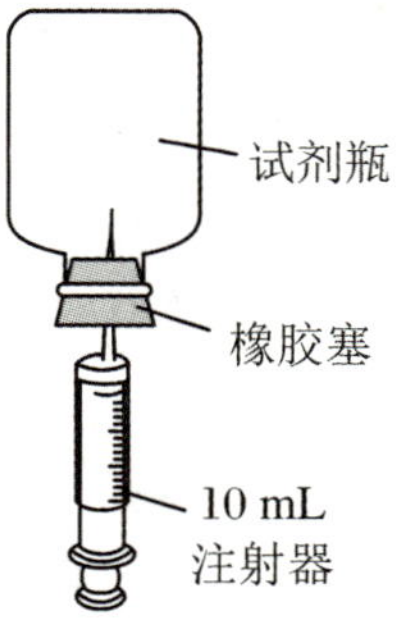

图 1.1

覃其贵在实验装置部分选用了生活中常见的塑料瓶,改进实验后,集 NH_3 的实验室制法(NaOH 固体与浓氨水反应)、喷泉实验原理和 NH_3 的性质于一体,省时省材,实验现象明显,易于学生观察掌握,其装置如图 1.2 所示。且该实验的最大特点在于不仅能够制取 NH_3,还能够检验烧瓶中是否充满 NH_3(喷泉实验的关键),大大提高了喷泉实验成功率。

郝绫等对 NH_3 的制取及喷泉实验装置进行了简化,让 NH_3 的制取反应(将装有 NaOH 固体的小试管固定在圆底烧瓶内)在圆底烧瓶内进行,用胶头滴管注入浓氨水,防止 NH_3 逸出污染环境,且保证了烧瓶内的 NH_3 足够多,使喷泉实验更易成功,其装置如图 1.3 所示。

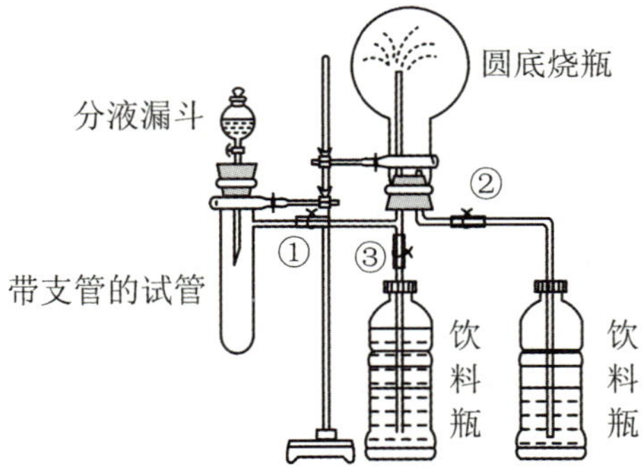

图 1.2

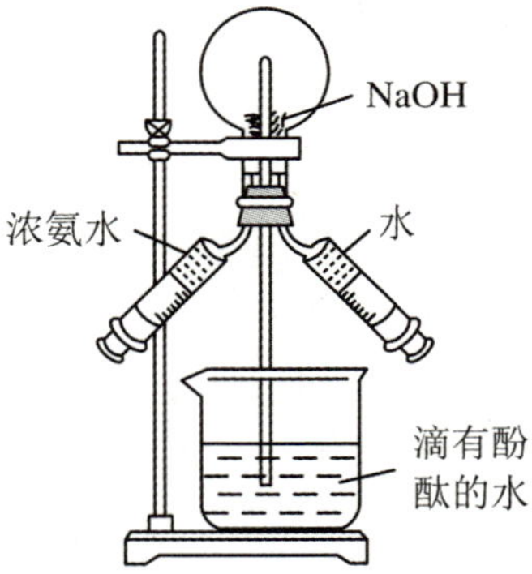

图 1.3

付明广在集气瓶中加满水,滴加几滴酚酞溶液备用,向圆底烧瓶中加入约 2 mL 浓氨水,塞上带有尖嘴导管的单孔塞,将烧瓶放在酒精灯上预热后对烧瓶底部集中加热,加热约 20 s,然后将烧瓶倒置放入集气瓶中,2~3 s 后产生红色喷泉。实验改进后,使用药品更加节约,装置更加简单,对环境更加友好,其装置如图 1.4 所示。

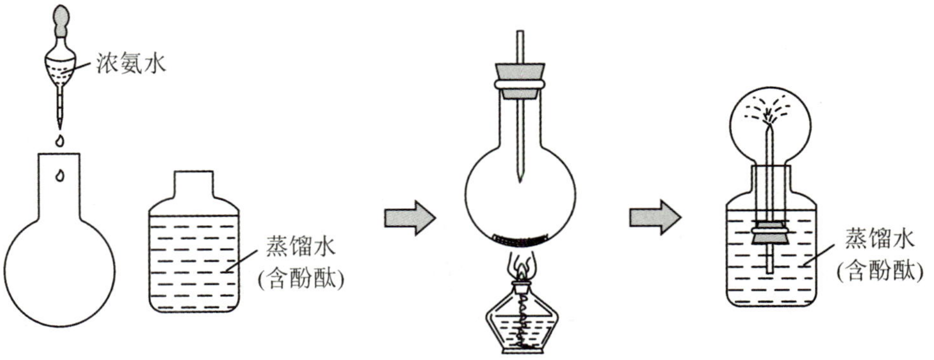

图 1.4

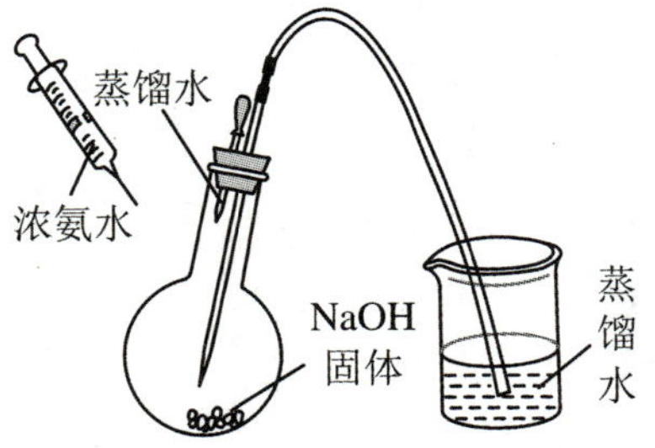

图 1.5

王涛采用紫甘蓝指示剂，随酸碱中和 pH 连续变化，烧瓶内的溶液也依次呈现彩色变化。从橡胶塞和圆底烧瓶瓶口接缝处，用注射器向盛有大约 2 药匙 NaOH 固体的烧瓶内快速注入 5.0～8.0 mL 浓氨水，迅速塞紧橡胶塞，轻轻摇动烧瓶，使浓氨水和 NaOH 固体充分接触；同时，将乳胶管末端浸入 300 mL 蒸馏水中，吸收逸出的氨气。当烧杯没有气泡冒出后将乳胶管移入盛有 CH_3COOH 溶液的烧杯中，将胶头滴管中的蒸馏水挤入烧瓶，即可观察到绿色—紫色—红色—绿色的连续变色的多色喷泉了。装置如图 1.5 所示，整个装置简易方便，实验一气呵成，能快速制取氨气并有效防止氨气污染，体现了化学实验绿色化的特点；使用紫甘蓝指示剂，大大增加了实验的趣味性，体现了化学实验生活化的另一特点。

曹桂祯，叶秋香利用三颈烧瓶、玻璃储物罐、打气筒、抽气筒、橡胶塞等器材制作一款展示"全景式"喷泉的实验装置。如图 1.6 所示，该装置既能演示增压喷泉，又能演示减压喷泉；制作方便，成本较低(普通的实验室就具备制作条件，且气筒可用注射器代替)；具备液体能压上、能抽上、能循环、方便替换和装置可清洗等多种功能。

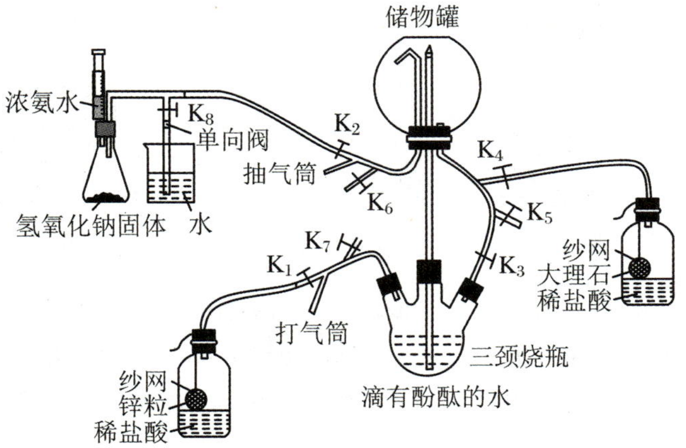

图 1.6

实验创新

由于传统实验仪器的限制，学生无法观测到实验过程中压强的实时数值，无法获得直观的感受，笔者设计了以下装置(图 1.7)，借助气压传感器解决这个问题。

实验仪器：采集器、软件系统、气压传感器、圆底烧瓶、滴定管、止水夹、500 mL 烧杯、带铁夹的铁架台。

实验药品：浓氨水、酒精灯、红色石蕊试纸。

实验步骤：(1) 用加热浓氨水的方法，用圆底烧瓶收集 NH_3，并用湿润的红色石蕊试纸验满。

(2) 将收集氨气的烧瓶用橡皮塞塞紧，一孔插入气压传感器，一孔插入预先吸有酚酞溶液的胶头滴管，另一孔插有带有橡胶管的玻璃导管，并将橡胶管用止水夹夹紧。

(3) 按图 1.7 所示连接好装置后挤压胶头滴管，同时采集压强数据。

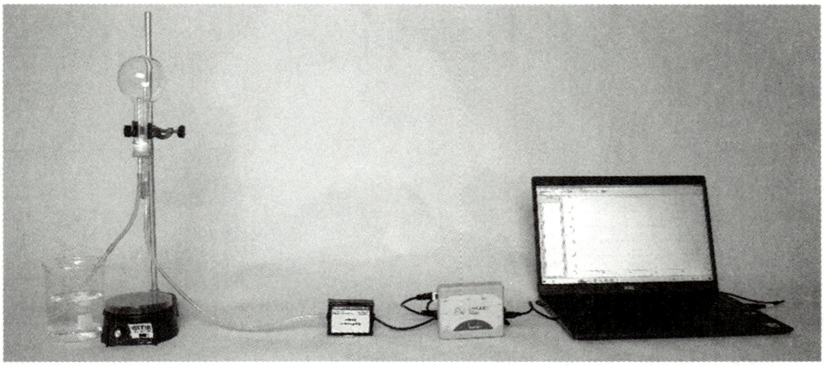

图 1.7

(4) 待压强不变后，将玻璃导管伸入 500 mL 烧杯中，打开止水夹，观察压强曲线的变化及溶液颜色的变化。

实验现象及解释：压强先降低，是因为氨气溶于从胶头滴管挤压的少量水中；压强再迅速降低是因为氨气溶于水形成喷泉；随着水的充入，压强又逐渐增大最后保持不变。压强保持不变的时刻是溶解达到平衡的时刻。

实验评价：通过气压传感器检验氨气溶解过程中压强的实时变化，并由计算机显示数据和曲线，即可直观地反映出溶解过程中压强的变化情况。具有简单、便捷、准确的优点。此外，还具有以下特点：① 可以对溶解过程进行实时监测并判断溶解的终点；② 可以判断喷泉进行的全过程，并进行实时观测和判断终点；③ 借助数字化仪器可以将压强数值实时地显示出来，学生对曲线变化的解释，更能发挥实验育人的价值功能；④ 该实验弥补了传统喷泉实验无法实时记录的缺陷，直观展示了喷泉形成的内在因素。

参考文献

[1] 张会领．氨气制备和喷泉实验微型分组装置[J]．中学化学教学参考，2017(18)：58.

[2] 覃其贵．氨气制取、性质实验和喷泉实验改进[J]．中学化学教学参考，2016(14)：69.

[3] 郝绫，段莉梅，徐玲．氨气制备与喷泉实验的绿色化改进[J]．中学化学教学参考，2017(8)：53-55.

[4] 付明广．氨气的喷泉实验改进[J]．中学化学教学参考，2021(22)：79-80.

[5] 王涛．多色喷泉：紫甘蓝指示剂改进氨气喷泉实验[J]．化学教育，2013，34(8)：67.

[6] 曹桂祯，叶秋香．“全景式”喷泉装置的创新设计与应用[J]．实验教学与仪器，2021，38(Z1)：105-107.

实验二　同主族元素性质的递变规律——比较 Cl_2、Br_2 和 I_2 的氧化性强弱

实验视频

功能与价值

氧化还原反应和元素周期律作为高中化学知识体系中十分重要的两大块内容，它们的内部有着十分密切的联系。

从微观层面来看，原子结构决定了元素的基本性质，由于不同元素原子的最外层电子数或原子半径不同，原子核对外围电子或者键合电子的吸引能力不同，这就使得不同元素的化合价、金属性或非金属性等性质都有所区别。从宏观层面来看，在日常生活中我们观察到的宏观物质具有不同的聚集状态、不同的物理性质和不同的化学性质（酸碱性、氧化性、还原性等），这些宏观性质与其构成的微观结构有着密切的联系。

教材中通过实验比较 Cl_2、Br_2 和 I_2 的氧化性强弱关系，进而得出同主族元素性质的递变规律。该实验能够很好地培养学生“宏观辨识与微观探析”这一化学学科核心素养。在对该实验的结论进行分析的过程中，要求学生从元素和原子、分子的水平认识物质的组成结构、性质和变化，从而可以帮助学生构建“构—位—性”的宏微结合模型（构：微观结构，通常包括原子结构、分子结构等；位：元素周期表中的位置；性：元素的主要性质），并利用该模型预测未知元素的性质，如此可使元素周期律的内容结构化，促进并发展学生的系统化思维，进而可实现从化学学科知识向化学学科核心素养的转化。

原理与拓展

查阅标准电极电势可知：

$$I_2 + 2e^- \rightleftharpoons 2I^-,\quad E^\ominus = +0.535$$

$$Br_2 + 2e^- \rightleftharpoons 2Br^-,\quad E^\ominus = +1.066$$

$$Cl_2 + 2e^- \rightleftharpoons 2Cl^-,\quad E^\ominus = +1.358$$

从标准电极电势来看 Cl_2、Br_2、I_2 依次减小，因此将氯水滴入溴化钾溶液、碘化钾溶

液中可发生反应

$$Cl_2 + 2Br^- = Br_2 + 2Cl^-$$

$$Cl_2 + 2I^- = I_2 + 2Cl^-$$

而将溴水滴入碘化钾溶液中可发生反应

$$Br_2 + 2I^- = I_2 + 2Br^-$$

随着反应的进行，溶液中的物质体系越来越复杂，卤素间也可形成较稳定的化合物：

$$Cl_2 + Br_2 \rightleftharpoons 2BrCl$$

$$Cl_2 + I_2 \rightleftharpoons 2ICl$$

$$Br_2 + I_2 \rightleftharpoons 2IBr$$

这些化合物的形成会对实验现象产生一定的影响，实验现象可以证明氯水与溴化钾溶液、碘化钾溶液发生了反应，溴水与碘化钾溶液发生了反应，但不一定是置换反应。

实验改进方案

马洪武等利用注射器和医用三通阀对 Cl_2 的实验室制取、性质探究、尾气处理、实验后反应液的处理等进行无污染的微型化设计；基于变量控制法设计了 Cl_2 与多种试剂反应的实验。改进后实验药品用量少、有毒气体产量小、现象快速明显、操作便捷、全程无污染，装置如图 1.8 所示。该实验仅证明了氯气的氧化性大于溴单质和碘单质的氧化性，没有证明溴单质和碘单质的氧化性强弱关系。

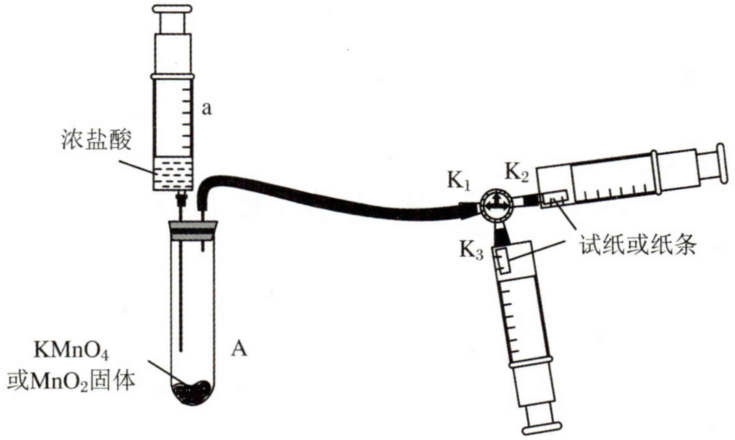

图 1.8

董倩倩设计了如图 1.9 所示的装置，该设计可实现氯气的制备、性质的验证以及尾气无害化处理，如果将反应后的溴化钾滤纸（含有溴单质）先滴加几滴溴化钾试液，除去可能残留的氯气，再滴加 1 滴碘化钾试液，可比较溴单质和碘单质的氧化性强弱，效果也比较明显。如果更换滤纸条上的试液，那么可完成多种关于氯气的性质实验。

鉴于以上实验设计依然比较繁琐，罗玛、丁伟在前人实验的基础上，设计实验如图

1.10 所示，该实验先将过量的溴化钾溶液与少量的碘化钾溶液混合，向其中通入少量氯气观察到的现象与将氯气通入碘化钾溶液的现象相同，可证明溴单质的氧化性大于碘单质的氧化性。

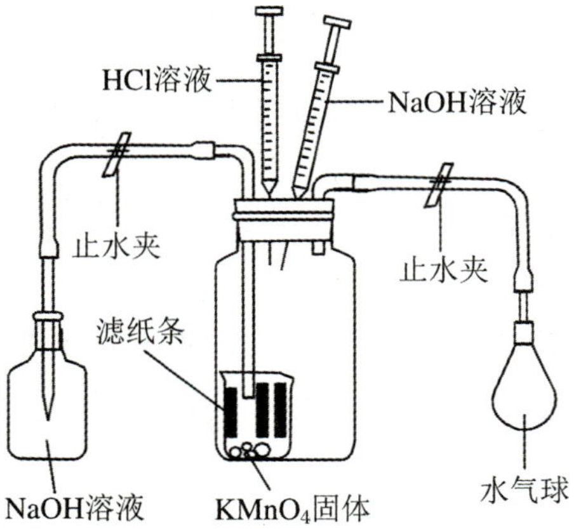

图 1.9

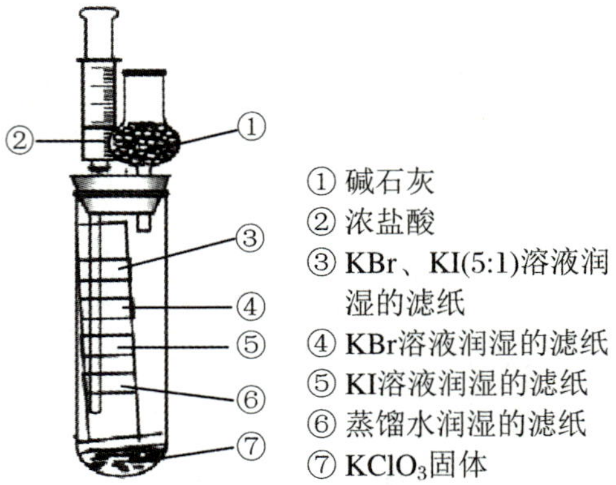

图 1.10

实验创新

上述实验中，我们主要依靠溶液的颜色变化来判断反应是否进行，具体实验中颜色的变化有时比较微弱，颜色的变化时间极短，通过肉眼的观察不容易捕捉。笔者使用色度传感器，可以监测反应过程中的颜色变化。如 Cl_2 与 KI 溶液的反应，如果 Cl_2 能将 I^- 氧化为 I_2，由于碘水的颜色比氯水更深，反应前后，溶液颜色加深，溶液的吸光率增大，透光率减小。若 Cl_2 不能将 I^- 氧化为 I_2，由于无色 KI 溶液的混合，使淡黄绿色氯水溶液的颜色变浅，结果使溶液的吸光率减小，透光率增大。由此类推也可判断氯水与溴化钾溶液的反应是否进行，从而找到 Cl_2 和 I_2 氧化性强弱判断的有力证据。

试剂和仪器：饱和氯水、0.1 mol/L KI 溶液、0.1 mol/L KBr 溶液、蒸馏水、采集器、软件系统、色度传感器、比色皿、胶头滴管。

实验步骤：(1) 向比色皿中注入适量蒸馏水(超过比色皿的一半)，并连接好数据采集器、计算机和色度传感器，装置如图 1.11 所示，比色皿的波长选择 565 nm，点击色度传感器上的“CAL”按钮，进行校零。注意：溶液的颜色就是光能通过的颜色。应该选用一个与透过不同波长的光来观察吸收光的颜色。波长：紫色 (430 nm)、蓝色 (470 nm)、绿色 (565 nm)、红色 (635 nm)。通过观察溶液的颜色，判断在反应物和生成物中都没有红色，所以选用 565 nm 的红色光波长进行本实验。做其他实验时，请根据实际情况进行适当调整，选择合适的测定波长。

(2) 移取与蒸馏水等量的饱和氯水，待数据稳定后在点击“采集”按钮的同时，向比色皿中滴加 KBr 溶液测定溶液的吸光率随时间的变化，待吸光率稳定后停止采集。

(3) 移取与蒸馏水等量的饱和氯水，待数据稳定后在点击“采集”按钮的同时，向比色皿中滴加 KI 溶液测定溶液的吸光率随时间的变化，待吸光率稳定后停止采集。

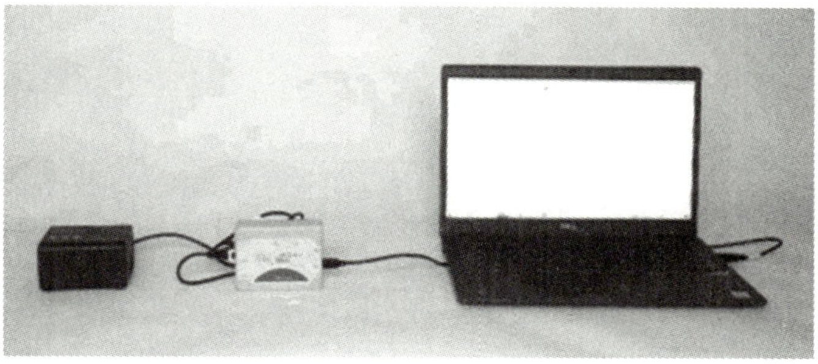

图 1.11

数据采集如图 1.12(KBr 溶液中滴加饱和氯水)、图 1.13(KI 溶液中滴加饱和氯水)所示。从图中所给的信息，可以得出结论：在 KBr、KI 溶液中滴加饱和氯水的过程中，溶液的吸光率均升高。这证明了 Cl_2 和 KBr、KI 溶液均发生了反应，反应分别生成了 Br_2、I_2，Br_2 与 I_2 溶于水形成的溴水和碘水使溶液颜色发生改变，导致透光率下降、吸光率上升。由于采用的是饱和氯水，KBr 和 KI 溶液的浓度都是一致的，从吸光率的数值上看，碘水的吸光率远高于溴水的吸光率。这是因为碘水的颜色较溴水的颜色更深。从以上实验得出结论：Cl_2 可以氧化 Br^- 和 I^-。

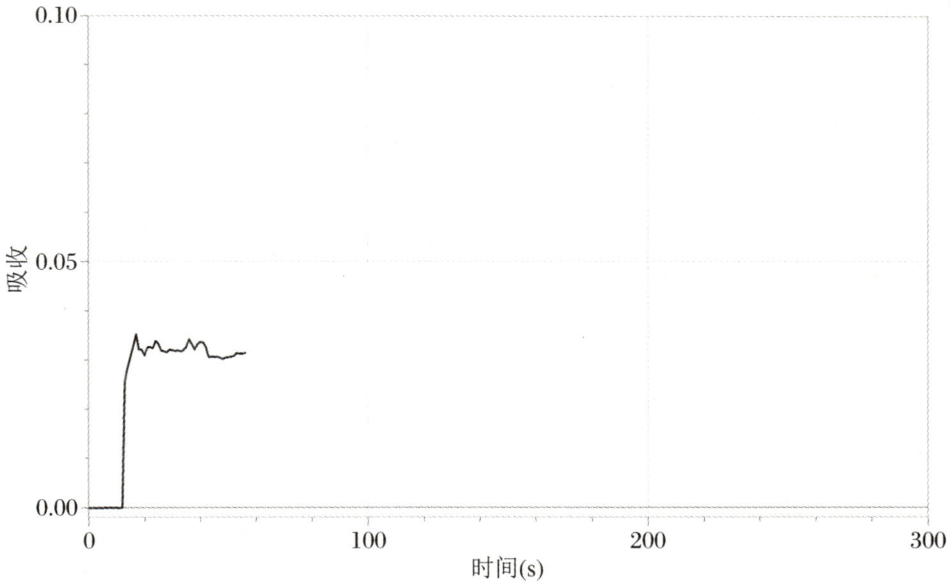

图 1.12

综上，根据氧化剂的氧化性大于氧化产物的氧化性，可以得 Cl_2 的氧化性强于 Br_2、I_2。根据氧化还原反应中，氧化剂的氧化性越强，生成的还原产物的还原性越弱。可以得出 Cl^-、Br^-、I^- 的还原性强弱关系为：$I^- > Cl^-$，$Br^- > Cl^-$。

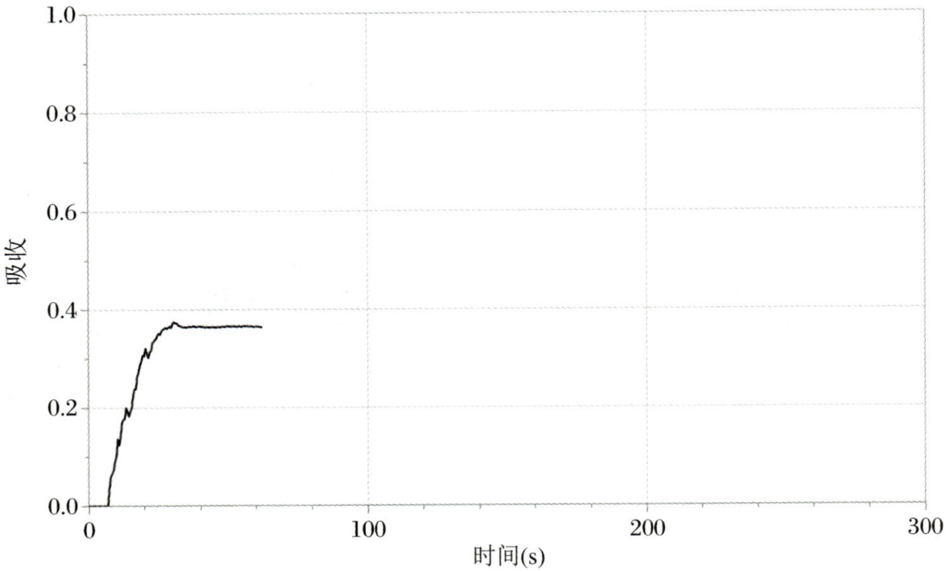

图 1.13

实验评价:该数字化实验相对比传统实验操作较复杂,但丰富了实验现象的表征手段,拓展了学生的认知思路,为将来使用色度传感器奠定基础。

参考文献

[1] 宋天佑,程鹏,徐家宁,等.无机化学:上册[M].3 版.北京:高等教育出版社,2015:315-317.

[2] 张青莲.无机化学丛书:第六卷[M].北京:科学出版社,1993:125-126,280-281.

[3] 马洪武,冯清华,石月文.氯气制取与性质探究实验的微型化设计[J].中学化学教学参考,2021(15):32-33.

[4] 董倩倩.氯气的制备与主要性质实验的改进[J].实验教学与仪器,2015,32(10):27.

[5] 罗玛,丁伟.氯气的制备与主要性质的实验改进研究[J].实验教学与仪器,2012(11):11-12.

实验三　铁的吸氧腐蚀实验

实验视频

功能与价值

铁的吸氧腐蚀实验来自高中化学“金属的腐蚀与防护”，教材中使用铜板上铁铆钉处的腐蚀原理示意图来帮助学生获取“铁的腐蚀需要氧气参与”的证据，并进一步引导学生通过符号对原理进行表征。同时，将原电池原理与生活中铁的腐蚀建立联系，培养学生利用所学理论解释或解决实际问题的能力，体现化学学科的应用价值。

原理与拓展

铁的吸氧腐蚀的原理为

正极：　$O_2 + 4e^- + 2H_2O \xlongequal{} 4OH^-$

负极：　$Fe - 2e^- \xlongequal{} Fe^{2+}$

总反应：　$2Fe + O_2 + 2H_2O \xlongequal{} 2Fe(OH)_2$

氢氧化亚铁的氧化：　$4Fe(OH)_2 + O_2 + 2H_2O \xlongequal{} 4Fe(OH)_3$

铁锈的生成：　$2Fe(OH)_3 \xlongequal{} Fe_2O_3 \cdot xH_2O + (3 - x)H_2O$

其中，吸氧腐蚀正极反应过程可分为 3 步：

第 1 步：氧气分子溶解并向电极表面扩散；

第 2 步：氧气吸附在电极表面；

第 3 步：吸附氧被还原。

此外，氧气得电子能力与溶液的 pH 有关：

$$O_2 + 4e^- + 2H_2O \xlongequal{} 4OH^-,\quad E_1 = 0.401\ \text{V}$$

$$O_2 + 4e^- + 4H^+ \xlongequal{} 2H_2O,\quad E_2 = 1.23\ \text{V}$$

据 Nernst 方程，pH、E_1、E_2 的数值见表 1.1。

表 1.1

pH	E_1	E_2
0	1.23	1.23
2	1.11	1.11
4	0.99	0.99
6	0.87	0.87
8	0.76	0.76
10	0.64	0.64
12	0.52	0.52
14	0.40	0.40

由此得出，酸性有利于氧气吸氧腐蚀的发生。但值得注意的是，电极电势的大小只能分析反应的趋势，并不能由电极电势越大得出吸氧腐蚀在此条件的反应速率一定越快的结论。

另外，析氢腐蚀与吸氧腐蚀有竞争作用，有实验研究表明，pH≥4 时主要发生吸氧腐蚀，pH<4 时主要发生析氢腐蚀。

实验改进方案

教材中实验设计简单，取材方便，操作简便，但也有一个显而易见的弊端——实验现象不明显，需要时间较长。原因主要有两个：一是铁钉与氧气的反应速率可能较慢；二是在将导管插入试管中时，导管中本身有气体，实际液面低于试管液面，客观上延长了观察到导管内液面高于试管内液面的时间。

很多教师对实验进行了改进，主要有以下思路：一是改进试剂的种类和性状，如用铁粉、面粉以及食品脱氧剂代替铁钉；加入相应的电解质等，以提高反应速率，使实验在短时间内出现更加明显的现象。二是改进可视化方式，如使用气压、氧气、溶解氧等传感器，以获得腐蚀过程中“氧气参与反应”的证据。三是探讨铁在不同条件下，发生腐蚀的类型。

实验装置改进见表 1.2。

实验药品改进：徐泓等教师改用铁粉和炭粉，李鼎等教师改用暖宝宝。

实验测量手段改进：江军、陈云、周杜、吴晓红等教师改进测量手段，使用气压、氧气、溶解氧等传感器。

表 1.2

装置改进	装　置　图
例 1	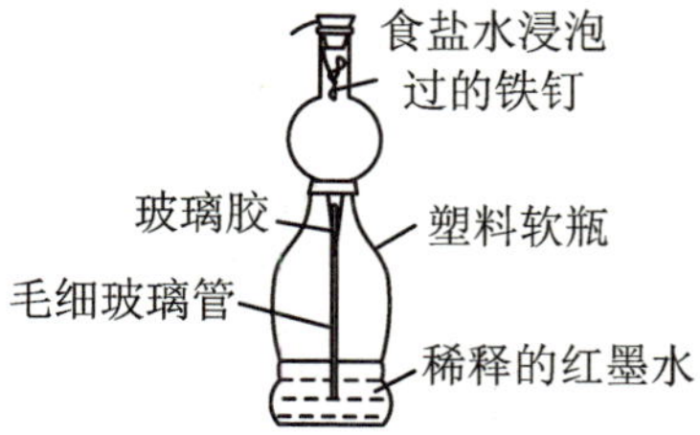
例 2	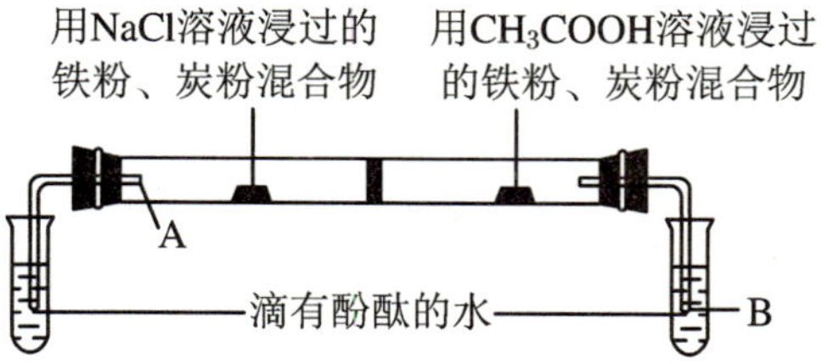
例 3	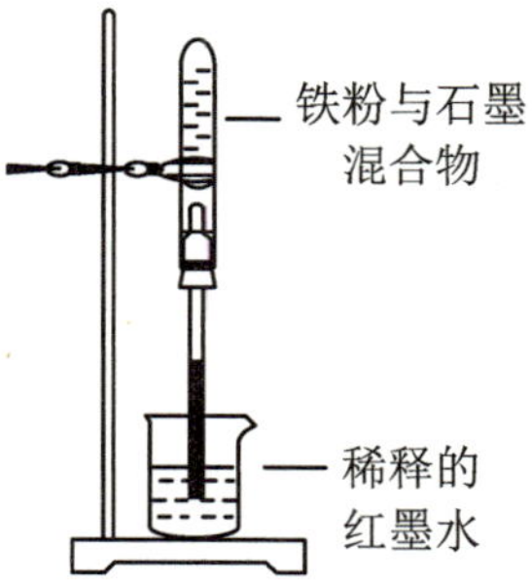
例 4	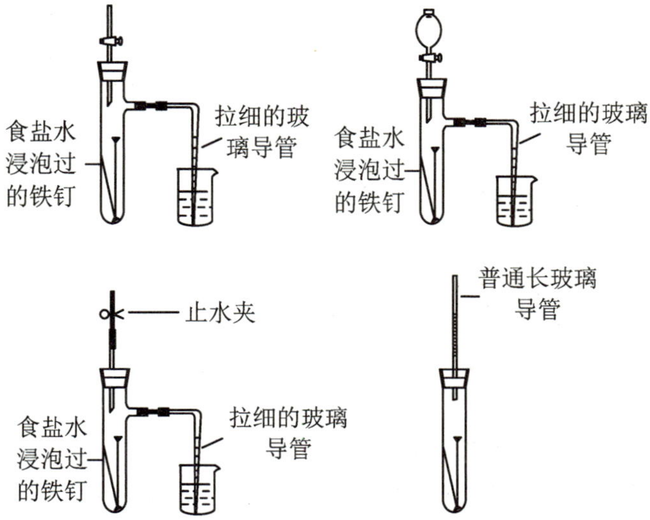

续表

<table>
<tr><th>装置改进</th><th>装　置　图</th></tr>
<tr><td>例 5</td><td>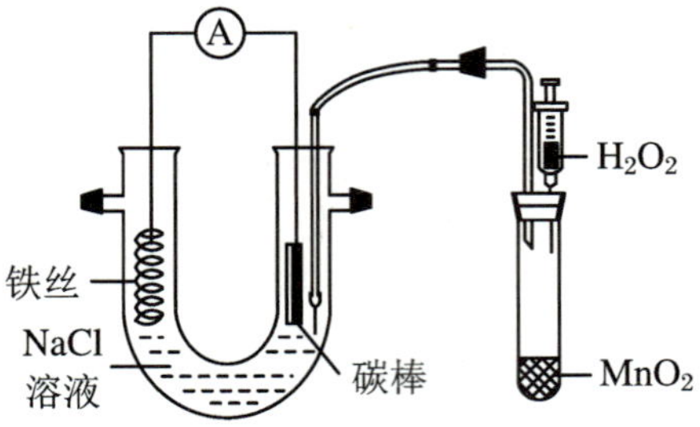

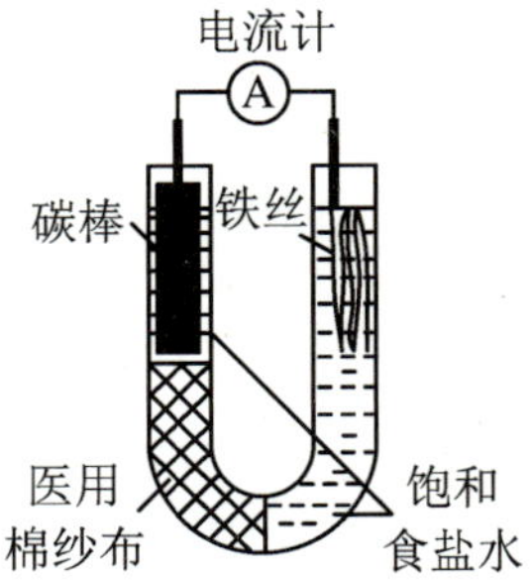
</td></tr>
<tr><td>例 6</td><td>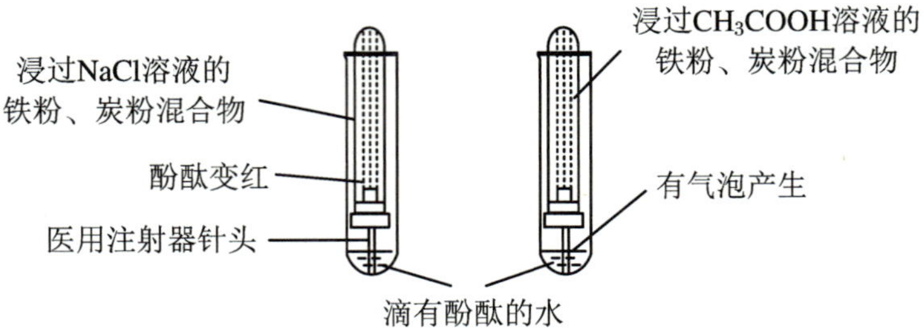
</td></tr>
<tr><td>例 7</td><td>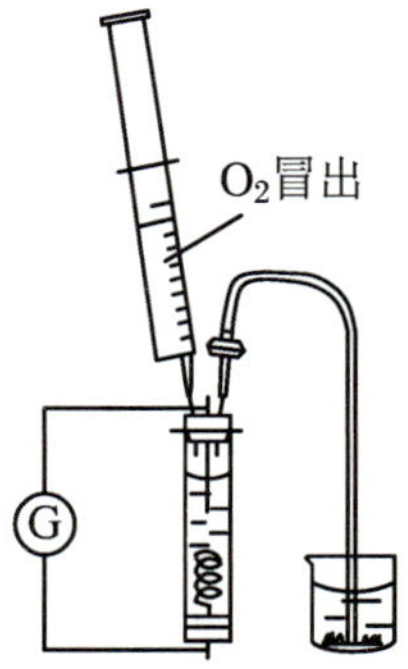
</td></tr>
</table>

实验创新

实验药品:铁粉、炭粉、饱和食盐水。

实验仪器:大试管、双孔橡皮塞、气压传感器、数据采集器、计算机、药匙、滤纸、电子天平、废液缸。

实验步骤:(1) 按图 1.14 组装好仪器。

(2) 检查装置的气密性,向大试管中加入 1～2 mL 饱和食盐水,并使其充分润湿试管内壁。

(3) 将已混合均匀的 5 g 铁粉与 2.5 g 碳粉加入大试管中,并使其尽可能附着在试管或圆底烧瓶内壁上，迅速塞紧橡皮塞，关闭橡皮塞上的阀门。

(4) 及时启动数据采集。

(5) 480 s 时停止收集数据。

图 1.14

实验分析：数字实验从传统实验的三重表征(宏观、微观、符号)拓展出第四重表征(曲线)，开拓了实验的新领域。

本实验不仅可以引导学生观察曲线(图 1.15)，而且实验测量数据用时较短，现象明显。气压在初始时约为 103 kPa，200 s 左右时降为 86 kPa，教学效果明显。

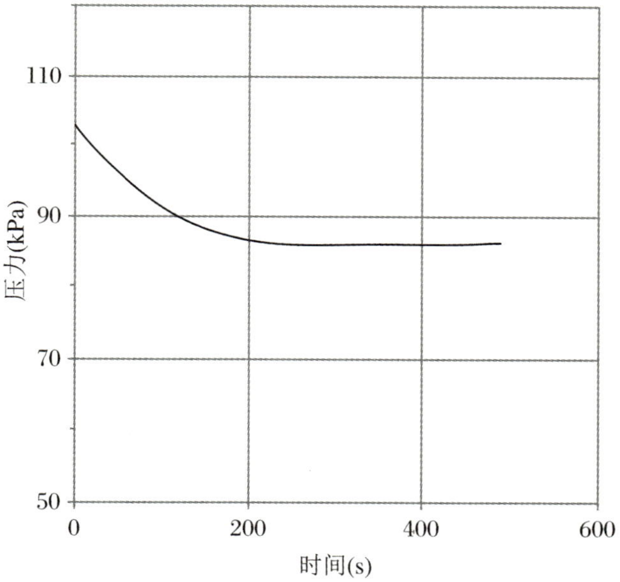

图 1.15

实验评价：该数字化实验是通过表征气压的变化，来表征出 O_2 的变化，引导学生对气压曲线的变化是重点，另外要注意，该实验放热，对气压略有影响。

参考文献

[1] 中国腐蚀与防护学会金属腐蚀手册编辑委员会. 金属腐蚀手册[M]. 上海：上海科学技术出版社，1987：50-51.

[2] 吴晓红,徐建菊.基于传感器探究酸性条件下铁的吸氧腐蚀.化学教育[J].2019(1):50-53.
[3] 罗静霞,李权.铁的吸氧腐蚀的创新教学设计[J].中学化学教学参考,2021(1):61-62.
[4] 罗小燕,周均睿.铁的吸氧腐蚀与析氢腐蚀的实验改进[J].考试周刊,2019(20):178.
[5] 陶俞佳,李桂林.吸氧腐蚀实验的改进[J].化学教学,2009(6):26-27.
[6] 雷和平,刘英丽.铁的吸氧腐蚀实验改进[J].化学教育,2009,30(8):49-50.
[7] 王雪,周礼.基于三重表征的实验教学:以铁的吸氧腐蚀为例[J].化学教育(中英文),2017,38(19):58-60.
[8] 江军.基于原理解读的铁吸氧腐蚀实验再设计[J].化学教育,2015,36(15):56-59.
[9] 王建民,章新阳,李文清.巧用套管实验演示钢铁的吸氧腐蚀和析氢腐蚀[J].化学教育,2014,35(7):59.
[10] 张展.铁的吸氧腐蚀实验的改进[J].化学教育,2014,35(7):60-61.
[11] 徐泓,朱敏,魏明贵.铁粉吸氧腐蚀系列实验的设计及应用[J].化学教学,2015(4):63-65.
[12] 李鼎,江薇.金属的电化学腐蚀实验创新[J].中小学实验与装备,2019(5):33-34.
[13] 江军.利用数字化实验系统探究铁的吸氧腐蚀实验[J].化学教育,2014,35(7):55-58.
[14] 陈云.铁的吸氧腐蚀实验的新设计[J].化学教学,2018 (4):59-61.
[15] 周杜,冯正午,周加芳.基于 STEM 理念再探钢铁的电化学腐蚀教学[J].教育与装备研究,2020(12):44-48.
[16] 吴晓红,徐建菊.基于传感器探究酸性条件下铁的吸氧腐蚀[J].化学教育(中英文),2019,40(1):50-53.

实验四　比较 Na_2CO_3 和 $NaHCO_3$ 的热稳定性

实验视频

功能与价值

“了解钠及其重要化合物的性质”是化学课程标准中必修课程“常见的无机物及其性质”的内容之一，观察、实验、分类、比较等是研究物质性质的基本方法。本实验旨在通过比较的方式引导学生辨识 Na_2CO_3 和 $NaHCO_3$ 的热稳定性差异，并用符号进行正确表征，从而进一步加深对二者组成和性质的认识。同时也为学生理解氨碱法制纯碱的工艺，以及利用 Na_2CO_3 和 $NaHCO_3$ 的性质解决生产、生活和学习中的问题奠定基础。

本实验不仅可以为学生学习 Na_2CO_3 和 $NaHCO_3$ 的性质奠定基础，也可以围绕实验装置、方案设计、控制实验变量等因素的改进，为培养学生科学探究和创新思维创造机会。

原理与拓展

$NaHCO_3$ 受热分解的化学方程式为

$$2NaHCO_3 \overset{\triangle}{=\!=\!=} Na_2CO_3 + H_2O + CO_2\uparrow$$

含氧酸盐的热稳定性强弱可以用离子的极化原理来解释：一种离子使异号离子电子云发生变形的作用叫作离子的极化作用。被异号离子极化发生离子电子云变形的性能，称为该离子的变形性。通常阳离子的极化作用大，阴离子的变形性大。无机含氧酸盐基本上都是离子晶体，即占有晶格结点的是金属离子 M^{n+} 和含氧酸根离子。不同的金属离子 M^{n+} 对阴离子有不同程度的极化作用。如果给含氧酸盐加热，那么会使正、负离子更加靠近，从而加强了正、负离子间的相互极化作用。这种相互极化作用继续增强的结果是金属离子 M^{n+} 夺取了含氧酸根中的部分有负电性的 O，这就引起含氧酸根离子的完全破裂。由此可见，无水含氧酸盐热分解的本质就是正离子争夺含氧酸根中的负电性的 O。当金属离子的极化作用越强（即正电场越强），对最近距离负电性的 O 所产生的诱导偶极（与原有偶极方向相反）越易超过原有偶极（酸根中的中心原子对氧的极化作用产生的偶极），从而使含氧酸根中负电性的 O 同中心原子间的键强度大大削弱，M^{n+} 争夺含氧酸根中负电性的O能力越强,该含氧酸盐也越易分解。

Na_2CO_3在用酒精灯加热时很难分解的原因是Na^+的半径相对较大,电荷相对较小,正电场弱,对CO_3^{2-}的极化作用弱,不容易夺取CO_3^{2-}中负电性的O,因此Na_2CO_3的热稳定性相对较好。在酸式盐中,由于存在H^+,而H^+的体积最小,正电荷密度大,H^+对负电性的O的极化作用强于任何金属离子,因而一般酸式盐比正盐稳定性差,但又比相应的酸稳定,所以$NaHCO_3$的热稳定性差,但比H_2CO_3的热稳定性好。

实验改进方案

人教版高中化学教材中Na_2CO_3与$NaHCO_3$热稳定性实验将Na_2CO_3与$NaHCO_3$分别装到两个试管中,用酒精灯进行加热,实验现象较为明显,但需要准备两套装置进行重复操作,且两次加热时难以控制并说明温度条件相同。为此,本实验的大多数改进方案是围绕"实验装置的改进"进行的,表1.3中第一类所呈现的"套管实验"等几种装置是其中较为典型的方案,这些改进虽然对比性强,但装置比较复杂。除此之外,也有教师通过引入数字化实验等方式增加对产物验证的可视化效果,如表1.3第二类中有学者将$NaHCO_3$热分解生成的气体通入加了几滴酚酞的澄清石灰水,用pH传感器采集石灰水的pH变化数据。加热之后,$NaHCO_3$溶液中有气泡产生,澄清石灰水和酚酞的混合液的红色逐渐变浅,说明溶液碱性逐渐减弱,pH逐渐接近中性,pH曲线下降,并有白色沉淀产生,说明产生的气泡为二氧化碳气体,从而证明了$NaHCO_3$分解生成二氧化碳。

实验创新

$NaHCO_3$的热分解反应可以借助二氧化碳传感器和温度传感器直观呈现出温度对$NaHCO_3$分解反应的影响。通过宏观、微观、符号、曲线四重表征Na_2CO_3和$NaHCO_3$的热稳定性。

实验仪器:圆底烧瓶、磁力加热搅拌器、温度传感器、二氧化碳传感器、数据采集器、计算机、电子天平、滤纸、量筒、胶头滴管。

实验试剂:Na_2CO_3固体、$NaHCO_3$固体、0.5 mol/L $NaHCO_3$溶液、食用植物油。

实验步骤:(1) 按图1.16组装实验仪器,在圆底烧瓶中加入0.10 g $NaHCO_3$固体,固定温传感器和二氧化碳传感器并与数据采集器、计算机相连接。

(2) 向盛放植物油的烧杯中放入磁子,打开磁力搅拌器,开始对圆底烧瓶进行油浴加热,点击数据采集按钮。

(3) 当二氧化碳浓度接近二氧化碳传感器的最大量程时,停止采集数据。

(4) 取0.10 g干燥且纯净的Na_2CO_3固体,按以上操作加热并采集数据。

表 1.3

<table>
<tr><th>类别</th><th>改　进　装　置</th></tr>
<tr><td>第一类</td><td>
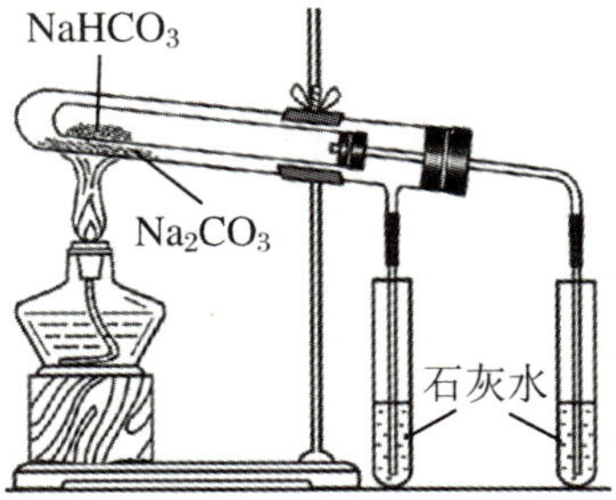

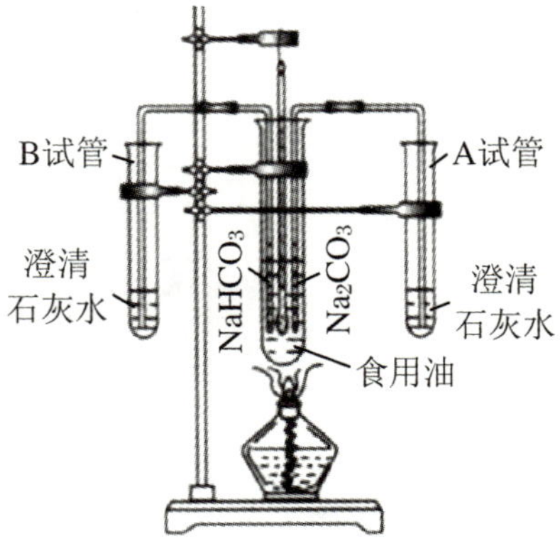

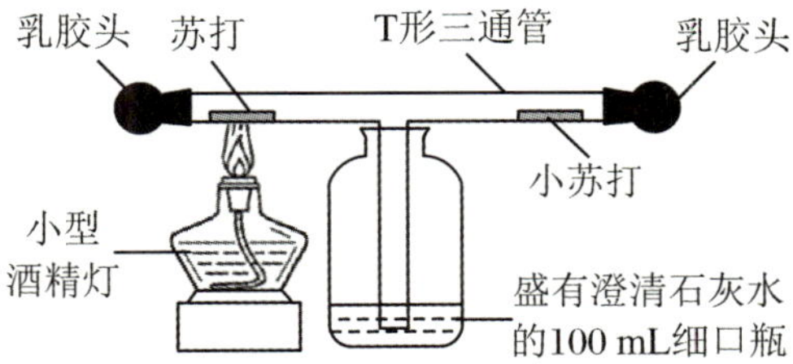

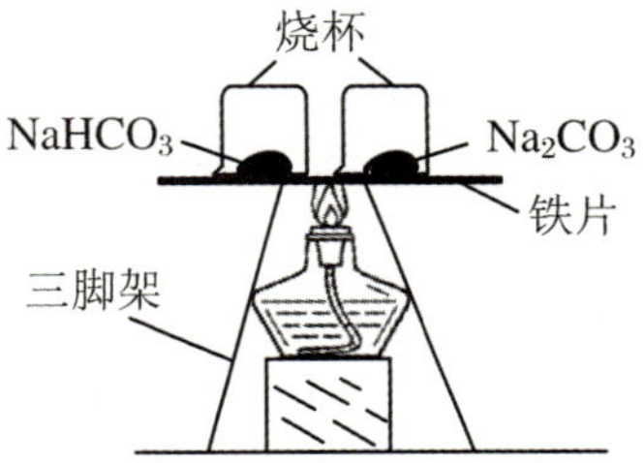

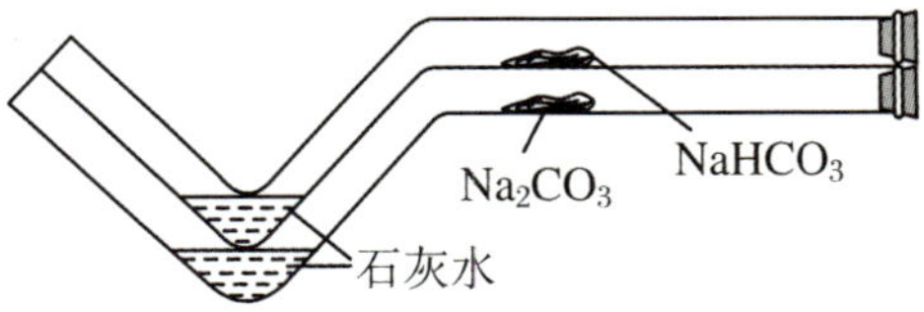

</td></tr>
<tr><td>第二类</td><td>
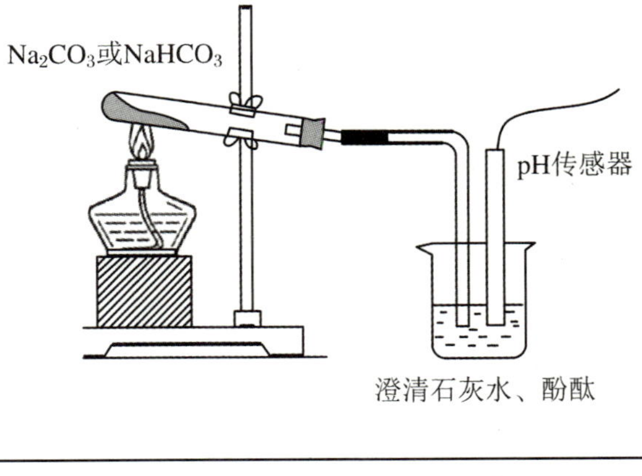

</td></tr>
</table>

(5) 用量筒量取 5.0 mL 0.5 mol/L $NaHCO_3$ 溶液于圆底烧瓶中，按以上操作加热并采集数据。

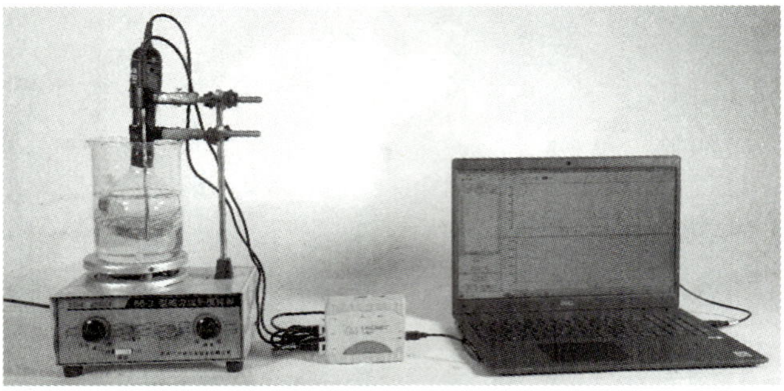

图 1.16

实验现象及解释：(1) 如图 1.17 所示，当 $NaHCO_3$ 固体受热过程中温度低于 92 ℃时，圆底烧瓶内的二氧化碳浓度的变化很小。当温度超过 92 ℃时，圆底烧瓶内的二氧化碳浓度开始明显增大，且温度越高，二氧化碳浓度增加得越快。因为二氧化碳传感器的最大量程是 100000 ppm（1 ppm = 1×10^{-6}），所以当浓度保持约 100000 ppm 时停止采集数据。

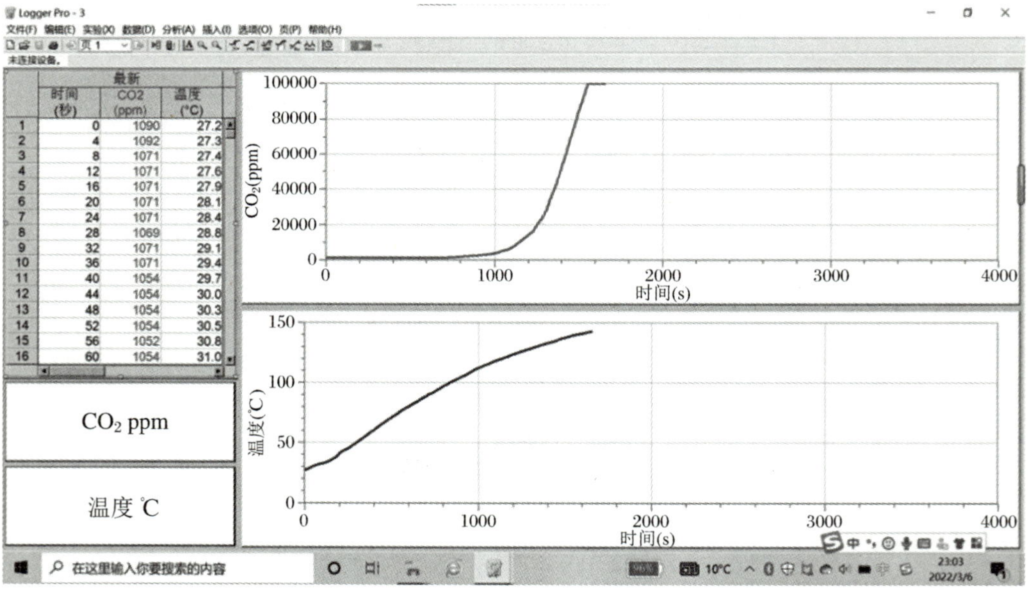

图 1.17

(2) 如图 1.18 所示，干燥且纯净的 Na_2CO_3 固体在持续加热至将近 150 ℃时，二氧化碳传感器所测数据变化很小，说明 Na_2CO_3 固体很难分解。

(3) 如图 1.19 所示，在常温下，二氧化碳传感器检测到 $NaHCO_3$ 溶液已经在缓慢分解，加热时分解速率加快。从图 1.17（加热 $NaHCO_3$ 固体时二氧化碳浓度变化）、图 1.19（加热 $NaHCO_3$ 溶液时二氧化碳浓度变化）的曲线对比中可看出 $NaHCO_3$ 固体比 NaH-

CO_3 溶液更易分解，热力学可以给出解释，HCO_3^- 在水溶液中可自偶电离为：$HCO_3^- + HCO_3^- \rightleftharpoons H_2CO_3 + CO_3^{2-}$，通过计算 $2HCO_3^-(aq) \rightleftharpoons CO_3^{2-}(aq) + H_2O(l) + CO_2(g)$ 的 $\Delta_r G_m^{\ominus} = 27501 - 111.79T$，当 $T > 246$ K（-27.14 ℃）时，$\Delta_r G_m^{\ominus} < 0$，反应能自发进行，产生二氧化碳气体。100 ℃时，$2HCO_3^-(aq) \rightleftharpoons CO_3^{2-}(aq) + H_2O(l) + CO_2(g)$ 的平衡常数约为 100，可认为此时溶液中 $NaHCO_3$ 完全分解。另外，$NaHCO_3$ 溶液中 $NaHCO_3$ 的分解百分率还与液面上方空气中二氧化碳的分压和 $NaHCO_3$ 溶液浓度有关。二氧化碳分压越小，$NaHCO_3$ 分解百分率越高。$NaHCO_3$ 溶液浓度越大，越易分解。

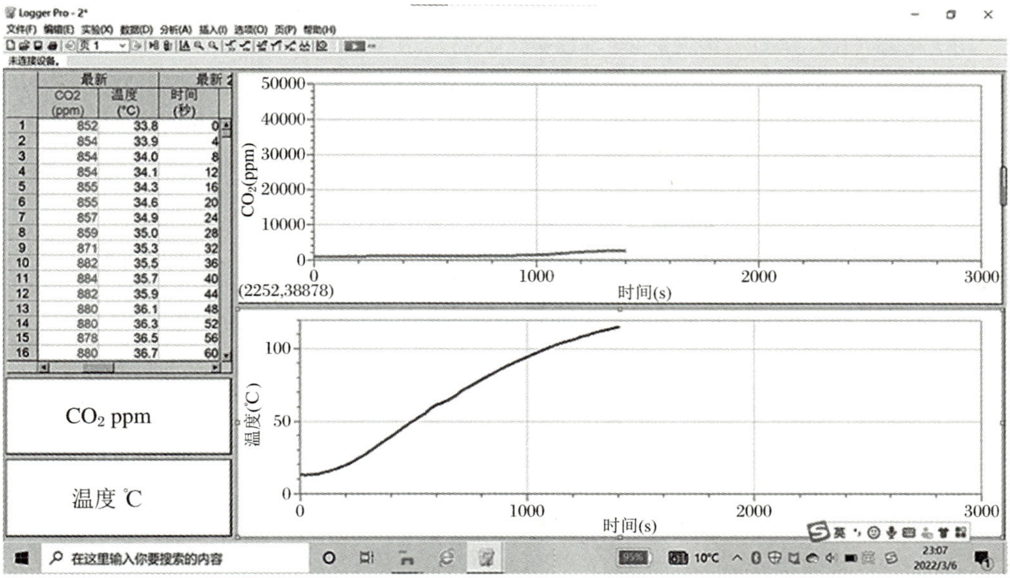

图 1.18

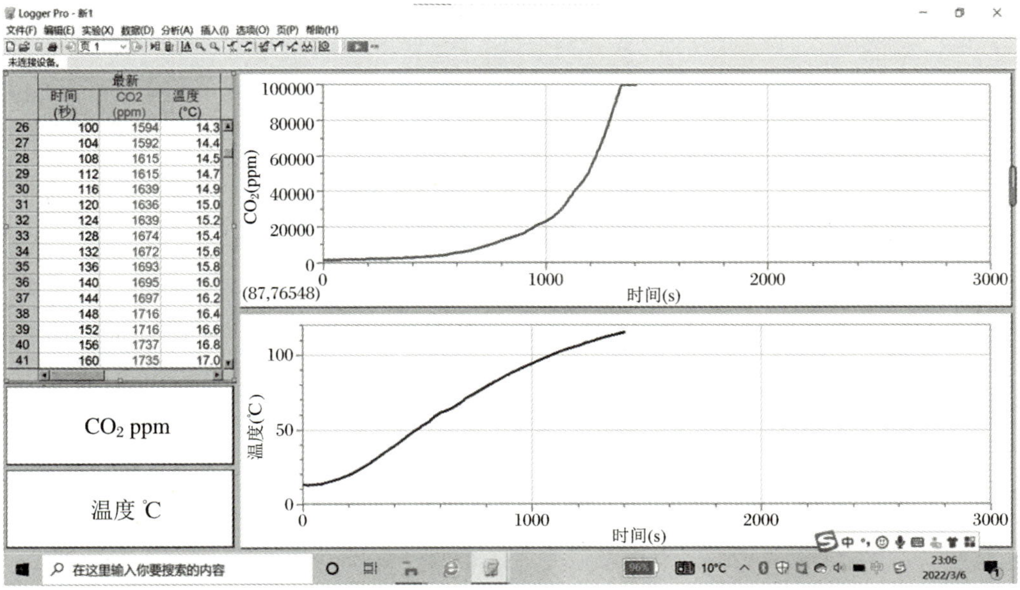

图 1.19

实验评价：(1) 应用二氧化碳传感器可将圆底烧瓶中的二氧化碳含量变化可视化、直观化，同时利用温度传感器可以直观感受到 $NaHCO_3$ 受热分解温度之低。

(2) 该实验操作简单，但要注意防止高温植物油的烫伤。

(3) 该实验培养了学生数形结合、探索规律、归纳结论的能力。

参考文献

[1] 郭艳华. 离子的极化作用对无机化合物性质的影响[J]. 高等函授学报(自然科学版)，1999(3)：41-42.

[2] 韦永华. 碳酸钠与碳酸氢钠热稳定性对比实验研究[J]. 中学化学教学参考，2019(11)：55-56.

[3] 李曼曼，李德前. 借助 T 形三通管设计系列化学实验[J]. 化学教学，2021(11)：66.

[4] 钱华，姜国峰，吕永秀. 巧用实验创新 提升科学素养：人教版必修 1“碳酸钠和碳酸氢钠的性质”一组创新实验示例[J]. 化学教与学，2016(2)：77.

[5] 徐立铭，李德前. 利用长柄 V 型玻璃管比较碳酸钠和碳酸氢钠的热稳定性[J]. 化学教育，2014，35(21)：56-57.

[6] 罗仁达. 用数字实验比较碳酸钠和碳酸氢钠的热稳定性[J]. 实验教学与仪器，2013(5)：34-35.

[7] 陈志伟，吴文中. $NaHCO_3$ 溶液和固体热分解的差异性分析[J]. 中学化学教学参考，2017(7)：50-52.

[8] 郜长水，关民. 碳酸氢钠湿分解技术及其应用[J]. 纯碱工业，2011(3)：5-7.

[9] 吴文中，王飞，车月芬，等. 理论与计算融合的实验创新研究：以 $NaHCO_3$ 溶液常温分解为例[J]. 中学化学教学参考，2021(10)：20-23.

实验五　KI 对 H_2O_2 的催化分解

实验视频

功能与价值

在新鲁科版高中化学选修一第二章第三节中有一个知识点：催化剂能够影响化学反应速率。有学者提出，这个知识点与生产生活联系紧密，能充分体现化学对社会发展的重要性。据统计在 90%以上的化学工业过程中会使用催化剂，如化工、石化、生化、环保等。特别是当前人们正面临能源升级、环境污染等问题，需要开发和使用各种各样的催化剂。因此，笔者将此知识点适当拓展，可培养学生创新思维，拓宽学生知识视野，激发学生学习化学、关注化学发展前沿的兴趣。

原理与拓展

KI 和 H_2O_2 的反应方程式如下：

$$2H_2O_2 = 2H_2O + O_{2(g)}$$

$$H_2O_2 + I^- \longrightarrow H_2O + IO^-, \quad k_1(\text{慢}) \qquad (1)$$

$$H_2O_2 + IO^- \longrightarrow H_2O + O_{2(g)} + I^-, \quad k_2(\text{快}) \qquad (2)$$

当 H_2O_2 水溶液在室温下，没有催化剂存在时，分解反应进行得很慢，但在含有催化剂 I^- 的中性溶液中，其分解速率大大加快，整个分解反应的速率由慢反应(1)决定，速率方程为

$$-\frac{dc_{H_2O_2}}{dt} = k_1 c_{H_2O_2} c_{I^-}$$

因反应(2)进行得很快且很完全，I^- 的浓度始终保持不变，故上式可写成

$$-\frac{dc_{H_2O_2}}{dt} = kc_{H_2O_2}$$

式中，$k = k_1 c_{I^-}$，k 为表观反应速率常数。将上式积分得

$$\ln\frac{c_0}{c} = kt$$

此式表明，反应速率与 H_2O_2 浓度的一次方成正比，故称为一级反应。

基于 H_2O_2 同 KI 反应后的溶液呈黄色，碘离子含量明显低于加入碘化钾的含量，体系的 pH 随过氧化氢的增加而增加的事实，可推断碘化钾－过氧化氢催化反应体系有副反应发生。副反应生成了碘，使得体系的颜色呈黄色，吸收峰红移，碘的浓度随过氧化氢的增加而增大，副反应生成了碱性物质，而使体系的 pH 增加，副反应消耗了碘离子。

实验改进方案

李云平等认为现行的通过量气体体积法测定 H_2O_2 分解反应速度常数的装置，普遍存在读数不准的问题，提出了一种新的测定装置（图 1.20），利用该装置，可以提前知道各时刻被测体系产生的氧气体积，操作方便，读数准确可靠。

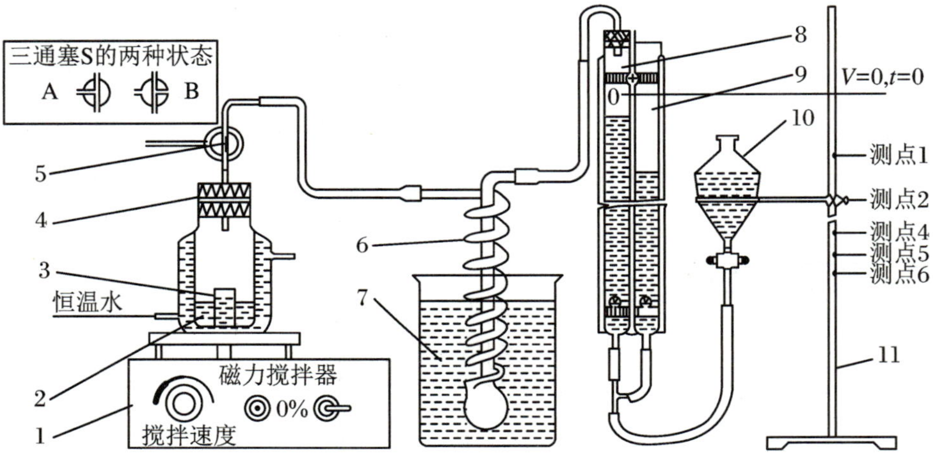

图 1.20

图 1.21

王旭达通过氧气传感器探究催化剂对化学反应速率的影响，并通过传感器探究氧气浓度的变化（图 1.21），比较硫酸铜、氯化铁、二氧化锰对 H_2O_2 分解反应的催化效果。结论表明，传感器显示的数据表示不同催化剂的催化效果不同（图 1.22），MnO_2 优于 $FeCl_3$ 优于 $CuSO_4$。

马建才等设计了比较 H_2O_2 在不同条件下分解速率的实验装置（图 1.23），该装置既可以验证酶的高效性，也可以说明酶只加快化学反应速率而不改变平衡点的催化剂特性。同时，利用该装置进行实验，可使定性实验转变为定量实验，有助于提升学生实验数据记录、分析等科学探究素养。

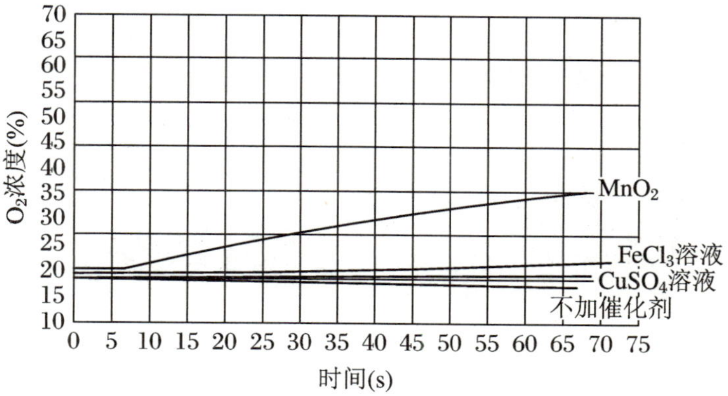

图 1.22

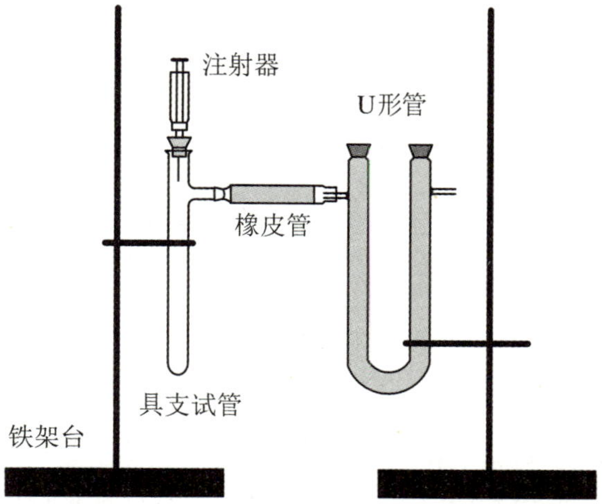

图 1.23

实验创新

实验目的：探究 KI 对 H_2O_2 的催化分解作用。

实验仪器：采集器、软件系统、氧气传感器、磁力搅拌器。

实验药品：5% KI 溶液、30% H_2O_2。

实验装置如图 1.24 所示，实验图像如图 1.25 所示。

实验步骤：(1) 连接好装置，检查其气密性。

(2) 向反应容器中加入 50 mL 30% H_2O_2 溶液，再加入 1 mL 5% KI 溶液。

(3) 迅速塞好瓶塞，连接好装置，点击“采集”图标，开始采集数据。

初始氧气含量约为 19.28%，反应终止氧气含量约为 30.08%。

实验评价：(1) 手持技术实验是在掌上就可以操作的技术实验，其特有的数据化、图形化、直观化和定量化研究手段，有助于学生理解和认识化学原理的实质，降低学习实验的难度。

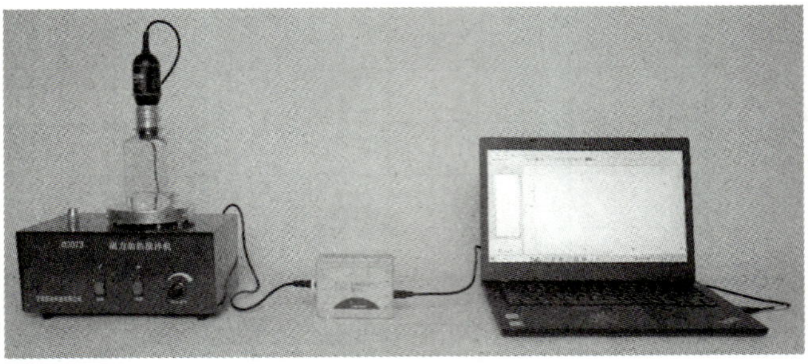

图 1.24

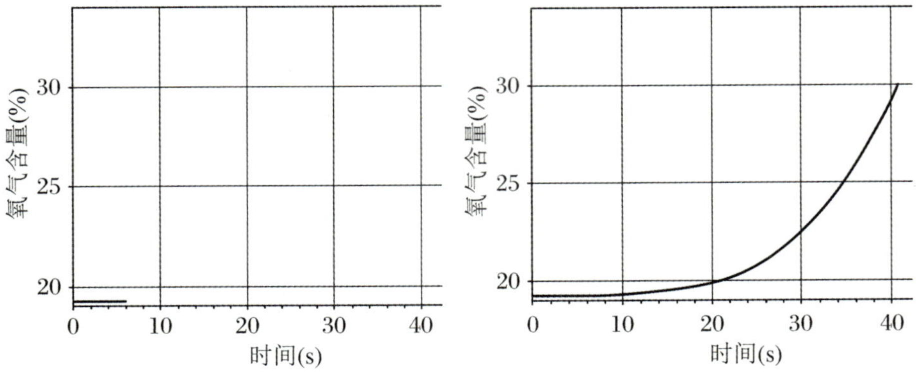

图 1.25

(2) 证据推理是一种高阶思维能力，是学生必须掌握的思维方法，尤其是化学学科。证据推理的起点是证据，终点是结论，推理是达到目的的合理方式。证据包括图像、图表、数据、文本信息和已有经验（知识、原理和规律）。获取证据最为有效的途径是实验，本实验通过传感器获得反应的相关证据，在此基础上帮助学生发展“证据推理”这一种高阶思维能力。

参考文献

[1] 任尧，陈君，陈联梅，等.“催化剂对化学反应速率的影响”教学设计[J]. 中学化学教学参考，2018(17)：21-23.

[2] 李玉生，王峰. KI 催化 H_2O_2 分解实验数据处理方法的改进[J]. 大学化学，1997(1)：40.

[3] 高玉华，陈传祥. 碘化钾：过氧化氢催化分解反应体系中副反应的研究[J]. 江苏科技大学学报(自然科学版)，2008(4)：78-80.

[4] 李云平，辛凌云，李森兰. KI 催化 H_2O_2 分解的速度常数、活化能测定研究[J]. 洛阳师范学院学报，2006(5)：79-81.

[5] 王旭达. 利用传感器探究“催化剂对化学反应速率的影响”[J]. 中学化学教学参考，2021(22)：59-60.

[6] 马建才，马小明. 比较过氧化氢在不同条件下分解速率的装置制作[J]. 中国现代教育装备，2022(2)：22-23.

实验六　过氧化钠与二氧化硫的反应

实验视频

功能与价值

过氧化钠是钠的重要氧化物，鲁科版必修一第一章第二节在提及过氧化钠时仅仅介绍了过氧化钠与水的反应和过氧化钠与二氧化碳的反应，并未提及过氧化钠与其他非金属氧化物的反应。而过氧化钠作为一种过氧化物具有强氧化性，二氧化硫作为一种具有还原性的非金属氧化物，理应能够与过氧化钠发生反应。通过过氧化钠与二氧化硫反应的实验，能够进一步加深学生对于氧化还原反应的认识，从而发展模型认知的学科核心素养，同时进行创新实验的设计可以培养学生的科学探究精神，本实验的产物还是一个复杂体系，在预测过氧化钠与二氧化硫反应产物的教学活动中还能发展学生的证据推理学科核心素养。

实验原理与拓展

过氧化钠与二氧化碳的反应方程式为

$$2Na_2O_2 + 2CO_2 = 2Na_2CO_3 + O_2$$

多数师生认为二氧化硫与过氧化钠的反应不能类比二氧化碳与过氧化钠的反应，而应该是过氧化钠直接氧化二氧化硫得到 Na_2SO_4，而不是 Na_2SO_3 和 O_2。通过中国知网对关键词“过氧化钠”进行检索，并对过氧化钠与二氧化硫反应的已有文献进行分析，发现二氧化硫与过氧化钠的反应固体产物有三种可能：Na_2SO_4、Na_2SO_3、Na_2SO_4 和 Na_2SO_3 的混合物，并且发现认为反应产物是 Na_2SO_4 的，主要是通过检验产物中含有硫酸根来验证，认为反应产物是 Na_2SO_3 的，检验产物中有氧气来验证，认为反应产物是 Na_2SO_4 和 Na_2SO_3 混合物的，既检验有氧气生成，又检验固体中含有硫酸根来验证。基于以上观点，可以推测干燥的 SO_2 在与 Na_2O_2 反应的过程中会发生如下反应：

$$2Na_2O_2 + 2SO_2 = 2Na_2SO_3 + O_2$$

$$2Na_2SO_3 + O_2 = 2Na_2SO_4$$

$$Na_2O_2 + SO_2 = Na_2SO_4$$

实验改进方案

1994 年陆军在其《过氧化钠与非金属氧化物反应的探讨》一文中设计了非金属氧化物与过氧化钠反应的实验操作，其实验步骤为：(1) 将一双球玻璃管竖直放置，下部球体内填入无水 $CaCl_2$，上部球体内填入浅黄色 Na_2O_2 粉末，试剂下部均以少量玻璃棉支托；(2) 从双球玻璃的下端缓缓通入 NO 气体，观察 Na_2O_2 粉末颜色的变化，可能产生的气体从上端导出，并用排液集气法收集；(3) 用适当的方法检验 NO 与 Na_2O_2 反应的固体产物；(4) 分别用 NO_2、CO、SO_2 代替 NO 重复上述实验。实验结束后，可将 SO_2 与 Na_2O_2 反应后的产物溶于水，加入硝酸酸化的 $BaCl_2$，若有不溶的沉淀则说明生成的产物为 Na_2SO_4。

1999 年鲍明伟设计了如图 1.26 所示的实验装置，其主要操作步骤为：用向下排空气法收集一试管经浓 H_2SO_4 干燥的 SO_2 气体。在其中洒入少许(不足量的)Na_2O_2 粉末(相对 SO_2)，且塞紧塞子，使其充分反应。实验现象为：试管中发生了剧烈的反应，有燃烧现象，试管中生成少量白色固体及剩余的过量 SO_2。对固体产物进行检验的操作为：取 A 处固体溶于水，分成两份，取其中一份，测试 pH 为碱性，滴入 1 滴酚酞试液，通入 CO_2 气体至酚酞红色褪去，加 1 滴品红，红色很快褪去，证明有 SO_3^{2-}；另一份滴入 $BaCl_2$ 溶液，产生白色沉淀，在沉淀上加入稀 HCl，仍有部分沉淀不溶，证明有 SO_4^{2-}；另作对照实验，将 Na_2O_2 溶于水，调至中性，加 1 滴品红，不褪色。

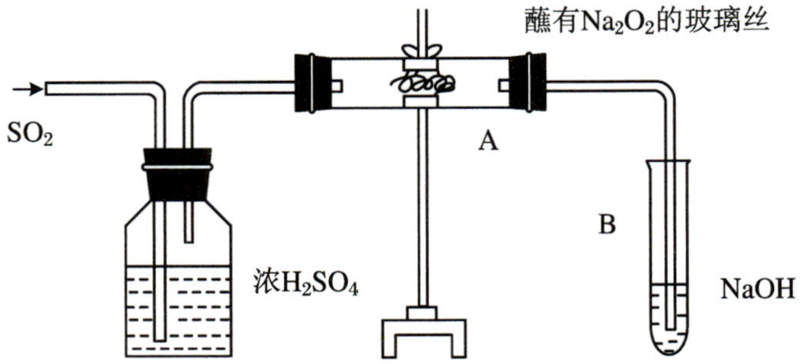

图 1.26

上述实验均从实验现象、热力学可行性以及实验产物的角度去分析 SO_2 与 Na_2O_2 反应后的产物，基本没有从反应的过程进行探究，下面笔者再次运用传统实验来检验氧气的生成，并运用数字化实验探究过氧化钠与二氧化硫的反应过程。

实验创新

（一）传统实验创新

实验仪器和药品：集气瓶、过氧化钠（AR）、硫酸（AR）、无水亚硫酸钠（AR）、脱脂棉等。

实验装置：包裹过氧化钠的脱脂棉在二氧化硫气体中燃烧的实验如图 1.27 所示。

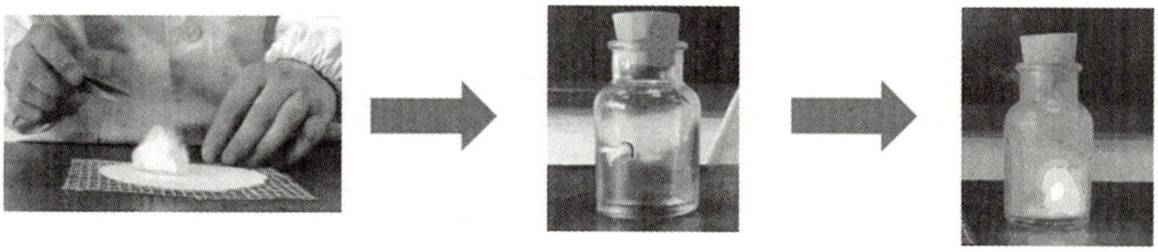

图 1.27

实验步骤：(1) 用无水亚硫酸钠与浓硫酸反应制取，并收集一集气瓶二氧化硫气体。

(2) 用药匙取适量过氧化钠，用脱脂棉包裹。

(3) 用镊子将包裹有过氧化钠的脱脂棉放入盛有二氧化硫气体的集气瓶中。

（二）数字化实验创新

实验仪器和药品：氧气传感器、数据采集器、计算机及相关软件（Logger Pro）、三颈烧瓶、铁架台、过氧化钠（AR）、硫酸（AR）、无水亚硫酸钠（AR）。

实验装置：如图 1.28 所示。

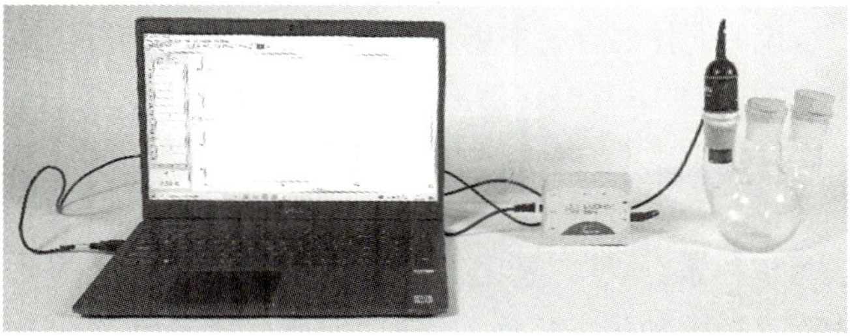

图 1.28

实验步骤：(1) 将计算机、数据采集器、氧气传感器依次相连。

(2) 用无水亚硫酸钠与浓硫酸反应制取，并用三颈烧瓶收集二氧化硫气体。

(3) 将氧气传感器塞入三颈烧瓶中间接口，打开 Logger Pro（软件），点击“采集”按钮，用药匙取少量过氧化钠从右端加入三颈烧瓶中，迅速塞紧瓶塞。

(三) 实验现象及分析

传统实验中,脱脂棉剧烈燃烧,数字化实验中,*ab* 段氧气的含量迅速升高(图 1.29),均可说明二氧化硫与过氧化钠反应生成了氧气,即产物中有亚硫酸钠生成,发生的反应为

$$2Na_2O_2 + 2SO_2 = 2Na_2SO_3 + O_2 \tag{1}$$

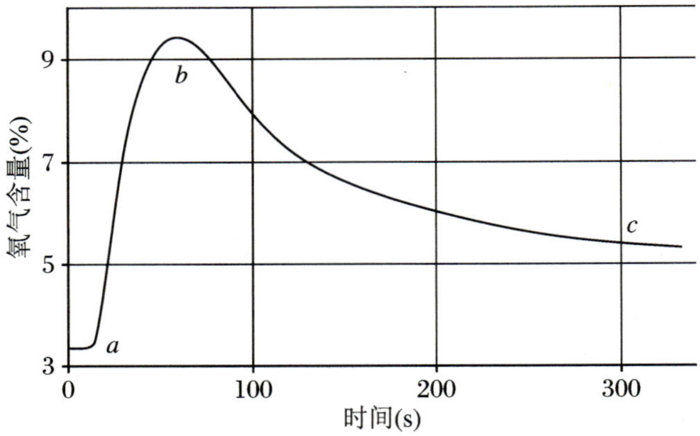

图 1.29

对数字化实验的曲线图(图 1.29)进行分析,*bc* 段氧气的含量慢慢降低,说明氧气总量被消耗,即生成氧气的量小于消耗氧气的量或者仅消耗氧气,证实了亚硫酸钠转变为硫酸钠的过程,同时也说明了曲线中氧气含量增加的这一段,是因为生成的氧气的量大于消耗的量,所以整个过程发生的反应有

$$2Na_2SO_3 + O_2 = 2Na_2SO_4 \tag{2}$$

将反应(1)+(2)得总反应

$$Na_2O_2 + SO_2 = Na_2SO_4 \tag{3}$$

从总反应方程式来看,没有氧气生成,所以当反应体系中生成的氧气没有被完全消耗时,*c* 点高于 *a* 点,说明固体混合物中仍含有少量亚硫酸钠,即补做实验验证,取少量反应后的固体混合物,滴加酸性高锰酸钾溶液,看到溶液紫色褪去。

(四) 实验结论及解释

通过以上实验可以得出,虽然二氧化硫具有强还原性,过氧化钠具有强氧化性,但其反应过程中仍有大量亚硫酸钠和氧气生成,并伴随着反应放出大量的热,生成的氧气会继续把亚硫酸钠氧化成硫酸钠,所以仅从反应的产物检验含有硫酸根来说明二氧化硫与过氧化钠反应生成硫酸钠不够严谨,但以上实验仍有不足,仍没有排除二氧化硫与过氧化钠直接反应生成硫酸钠的可能性。通过查阅资料计算可知,过氧化钠与二氧化硫反应生成 1 mol Na_2SO_4 的 $\Delta_r G_m^\ominus = -522.5$ kJ/mol,生成 1 mol Na_2SO_3 与 0.5 mol O_2 的 $\Delta_r G_m^\ominus = -264.8$ kJ/mol,从热力学来看,生成硫酸钠的倾向性更大,上述实验的结论可以尝试从动力学角度进行解释,反应(1)、(2)的反应速率远大于 Na_2O_2 与 SO_2 直接生成

硫酸钠的速率，所以过氧化钠与二氧化硫反应迅速生成亚硫酸钠与氧气，亚硫酸钠被氧气再氧化成硫酸钠。

（五）实验评价

二氧化硫与过氧化钠反应的传统实验探究主要是对反应的产物进行验证，而数字化实验用氧气传感器记录氧气含量的变化过程，从而为推理反应的过程提供有力的证据。当一个体系中有多个反应同时发生时，我们不仅要从热力学的角度思考，而且要结合动力学的角度思考，如本实验中的二氧化硫与过氧化钠的反应。再比如，氯化铁溶液与亚硫酸钠溶液反应的现象不是混合后会立即观察到溶液变为浅绿色，而是溶液先变为红褐色，一段时间后溶液颜色变浅。再比如，新制氯水使石蕊试纸先变红后褪色等，都是一个体系中发生多个反应，可从不同反应的反应速率不同来进行解释。

本实验虽然运用数字化实验探究了氧气的生成及消耗，证明了二氧化硫与过氧化钠反应先生成亚硫酸钠再被氧化的过程，但仍然存在着局限和不足，如仍没有得出二氧化硫直接与过氧化钠反应得到硫酸钠的证据。随着科学技术的发展及表征手段的不断完善，我们可以设计出较完美的方案解决二氧化硫是否会直接与过氧化钠反应得到硫酸钠的问题。

参考文献

[1] 陆军.过氧化钠与非金属氧化物反应的探讨[J].化学教育，1994(10)：39-40.
[2] 戴鸣.浅析过氧化钠的性质[J].化学教学，1995(4)：45.
[3] 刘全明.过氧化钠跟非金属氧化物反应的探索[J].化学教学，2005(10)：7-9.
[4] 刘怀乐，龚秋纹.SO_2跟Na_2O_2反应生成什么？[J].化学教学，2001(10)：43.
[5] 鲍明伟.二氧化硫与过氧化钠反应产物的探讨[J].无锡教育学院学报，1999(3)：65-66.
[6] 舒雪源.过氧化钠与二氧化碳、二氧化硫的实验探究[J].中国校外教育，2011(19)：47，49.
[7] 宋天佑，程鹏，徐家宁，等.无机化学：下册[M].2版.北京：高等教育出版社，2009：356-374.
[8] 朱成东，马超.二氧化硫与过氧化钠反应的再探究[J].化学教与学，2022(11)：16，94-95.

实验七　过氧化钠与水的反应

实验视频

功能与价值

“过氧化钠与水反应”可以通过教师演示、边讲边做、学生自主实验等方式，引导学生通过实证方式获得有关“过氧化钠与水反应”的事实性知识，着重培养学生宏观辨识、证据推理等学科素养。同时要求学生能运用氧化还原反应、离子反应等知识对实验现象作出解释，突出证据识别与推理、实验操作与探究等关键能力。

此外，本实验与“钠与水的反应”以及“氧化钠与水的反应”实验形成对比，引导学生对以过氧化钠为代表的过氧化物这一类物质的学习，拓展学生对物质类别的认识。

原理与拓展

学界对过氧化钠与水反应的机理主要有以下两种观点：

机理一：

$$Na_2O_2 + 2H_2O \Longrightarrow 2NaOH + H_2O_2,\quad 2H_2O_2 \Longrightarrow 2H_2O + O_2\uparrow$$

机理二：

$$Na_2O_2 + H_2O \Longrightarrow NaOH + NaHO_2,\quad 2HO_2^- \xrightarrow{OH^-} 2OH^- + O_2\uparrow$$

其中，机理一是被普遍接受的观点，在以往的教学中，“加入酚酞后先变红后褪色”的异常现象常被很多教师设计为拓展探究，其主要方案为：

(1) 取过氧化钠粉末于试管中，滴水。

(2) 将带火星的木条放在试管口，检验生成的气体。

(3) 反应后，测溶液的 pH，观察现象。

(4) 向反应后的溶液加入二氧化锰，再次用带火星的木条检验生成的气体及检测溶液的 pH 与比色卡对照。

实验改进方案

教材中过氧化钠与水反应实验方案简单、易操作，但对实验过程的描述不够理想；因此有不少学者对该实验进行改进(表 1.4)。对于过氧化钠与水反应的研究，主要集中在以下两个方面：

表 1.4

类　别	改进装置与分析
第一类：对实验操作的改进	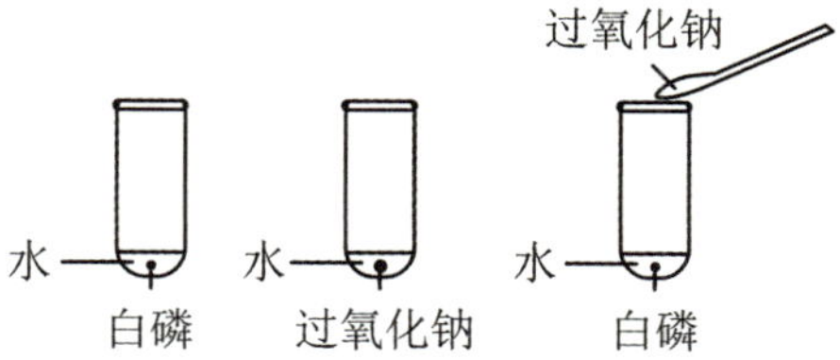 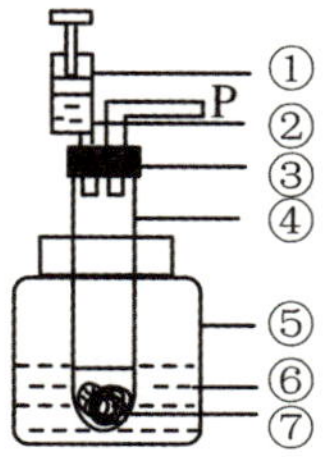 ① 50 mL注射器；② 水；③ 侧带弯管的胶塞；④ 15 mL/150 mL试管；⑤ 60 mL滴瓶或广口瓶；⑥ 饱和澄清石灰水；⑦ Na_2O_2 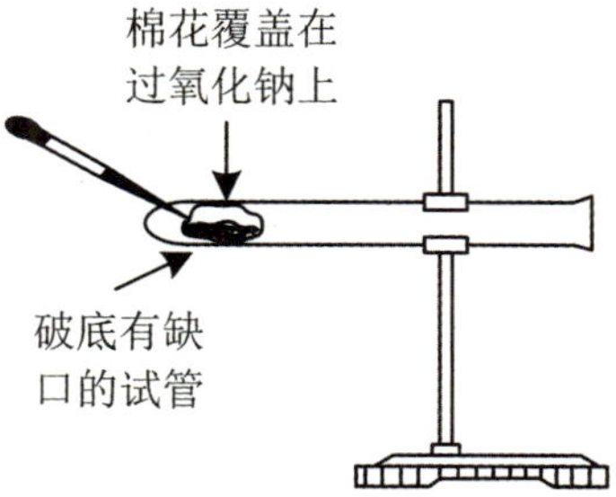 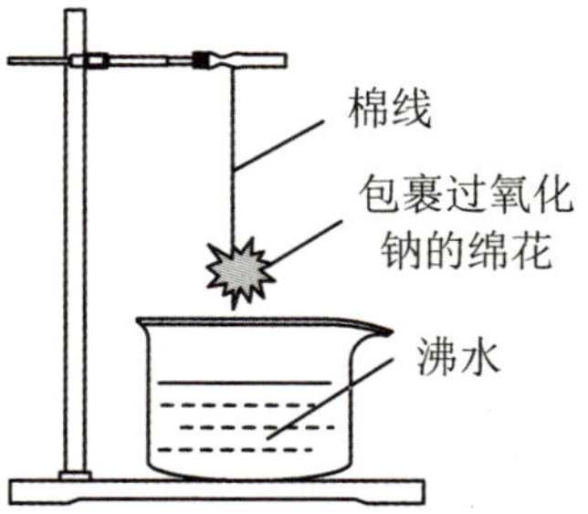 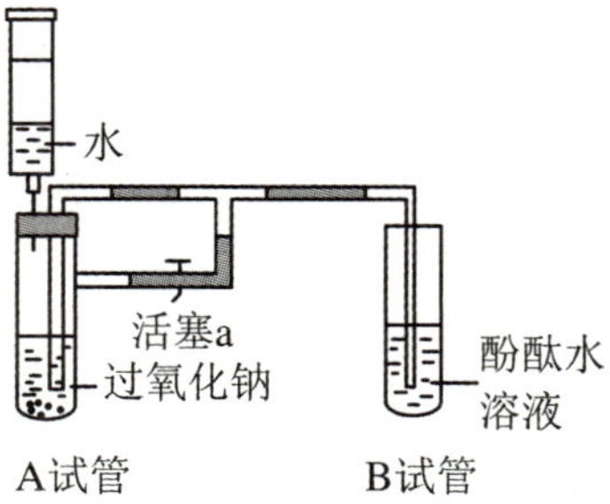 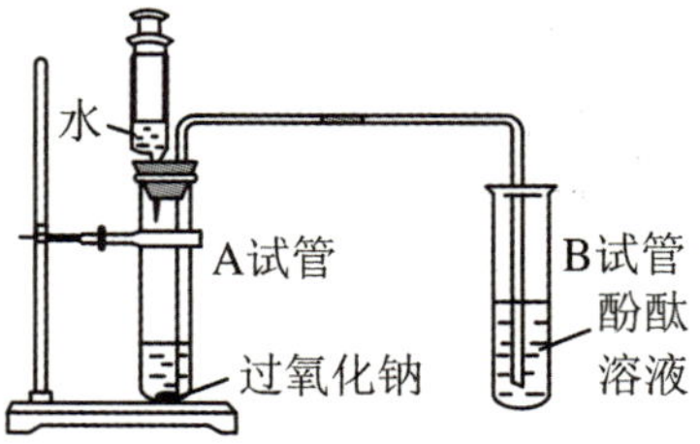

续表

类　别	改进装置与分析
第二类：对实验过程中异常现象的分析	① 向过氧化钠与水反应后的溶液中加入酚酞试液，溶液变红后又褪色，原因与反应生成的 H_2O_2（或 HO_2^-）的漂白作用和所得碱溶液较浓有关。 ② 认为“褪色”可能是 NaOH 的浓度太大，也可能是反应过程中生成的 H_2O_2 会破坏红色醌式结构。当固体 Na_2O_2 与少量水反应时，所得溶液 OH^- 浓度较大 $c(OH^-)>0.1$ mol/L，生成的过氧化氢表现出很强的氧化性，使醌式酚酞氧化而褪色，此时生成无色的三钠盐很少。当固体 Na_2O_2 与大量水反应时，所得溶液：0.01 mol/L$<c(OH^-)<0.1$ mol/L，生成的过氧化氢氧化性不强，使醌式酚酞部分氧化而变浅红。当固体 Na_2O_2 与适量水反应时，所得溶液：$c(OH^-)<0.01$ mol/L，生成的过氧化氢氧化性较弱，不能使醌式酚酞氧化，溶液显红色。

第一类是对实验操作的改进，如在脱脂棉上滴几滴水，观察发生的现象。

第二类是对实验过程中异常现象的分析，如过氧化钠与水反应生成氢氧化钠和氧气，向所得溶液中滴加酚酞试液，溶液应呈红色，且在一定时间内红色不会褪去（简称正常现象），但是在实际实验过程中，溶液先呈红色，但振荡试管后，溶液的红色很快就会褪去（简称异常现象）。

实验创新

实验仪器：电脑、Vernier Lab Quest2 数据采集器、pH 传感器、温度传感器、氧气传感器、50 mL 烧杯两只、500 mL 三口圆底烧瓶一只、药匙、小气球、夹子、铁架台。

实验试剂：过氧化钠、蒸馏水。

实验装置：如图 1.30～图 1.32 所示。

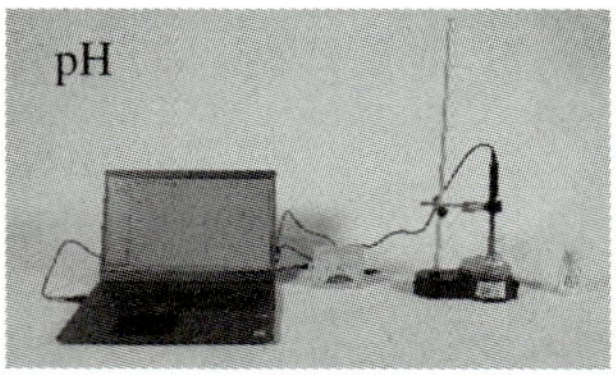

图 1.30

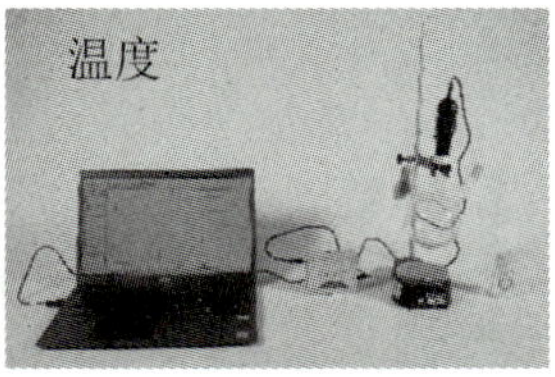

图 1.31

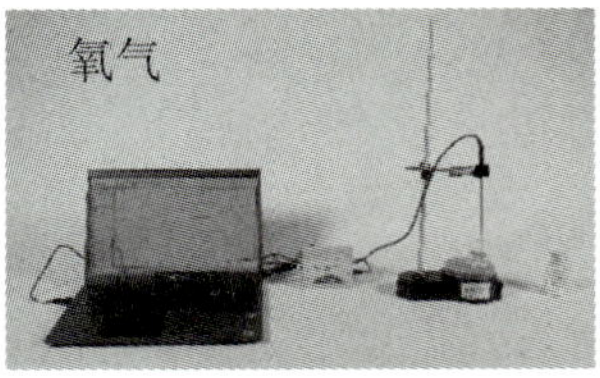

图 1.32

实验环境：温度 10 ℃，相对湿度 92%，气压 101.3 kPa。

实验步骤：

(1) pH 传感器检测过氧化钠与水反应中 pH 的变化

将 pH 传感器、数据采集器、计算机相连；使 pH 传感器探头一开始浸没于水中，向装有 20 mL 水的烧杯中加一药匙过氧化钠粉末（约 2 g），并用 Logger Pro 采集数据，通过软件分析并以时间（t）为横轴、pH 为纵轴作图。

（2）温度传感器检测过氧化钠与水反应中温度的变化

将温度传感器、数据采集器、计算机相连；用温度传感器探头一开始浸没于水中，向装有 20 mL 水的烧杯中加一药匙过氧化钠粉末（约 2 g），并用 Logger Pro 采集数据，通过软件分析并以时间（t）为横轴、温度为纵轴作图。

（3）氧气传感器检测反应装置内氧气含量的变化

将氧气传感器、数据采集器、计算机相连；在三口圆底烧瓶内加入一药匙的过氧化钠粉末（约 3 g），用氧气传感器一开始就检测三口圆底烧瓶内氧气的含量，往三口圆烧瓶中加入 20 mL 水，装上氧气传感器检测；当产生的氧气不再变化时，打开夹子加入小气球内的少量的二氧化锰（约 1 g）；用 Logger Pro 采集数据通过软件分析并以时间（t）为横轴、氧气的含量为纵轴作图。

实验结果与讨论：

（1）pH 传感器检测过氧化钠与水反应中 pH 的变化

由图 1.33 可知，以时间为横轴，pH 为纵轴，分析数据得出，在第 15 s 时，pH 为 7.22，在第 40 s 时，pH 为 13.23。pH 相差 6.01，表明在水中加入过氧化钠，pH 随着反应的进行而升高；随着反应进行完全，pH 不再变化。通过曲线直观表明，过氧化钠与水反应中有碱性物质生成，此反应中的碱性物质只能是氢氧化钠。

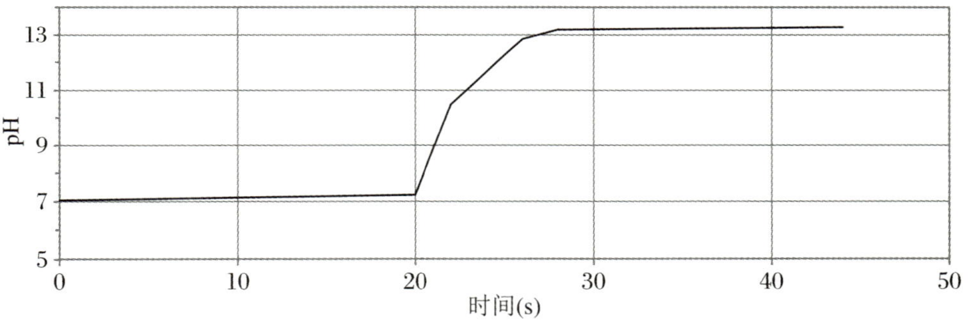

图 1.33

（2）温度传感器检测过氧化钠与水反应中温度的变化

由图 1.34 可知，以时间为横轴，温度为纵轴，分析数据得出，在第 0～35 s 时，水的温度为 17.21 ℃，加入过氧化钠后，温度迅速升高，最终达到 21.98 ℃，由于释放出的热量被环境吸收，随后温度呈下降趋势。通过曲线直观说明，过氧化钠与水反应是放热反应。

（3）氧气传感器检测反应装置内氧气含量的变化

由图 1.35 可知，以时间为横轴，氧气含量为纵轴，分析数据得出，开始时三口圆底烧瓶里氧气含量是 21.03%，当向过氧化钠里加水后，氧气含量上升，最终达到 24.30%，图像表明在该实验条件下氧气含量不再变化；在加入少量二氧化锰后，氧气含量迅速升高，最终超过 24.30%。通过曲线直观表明，在过氧化钠里加水有氧气放出，当装置内氧气含量不再变化时，再加入少量催化剂二氧化锰，再次有氧气放出，说明有中间产物过氧化氢生成。

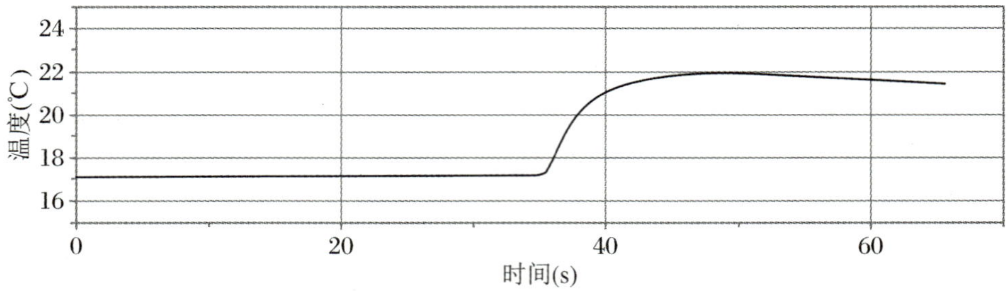

图 1.34

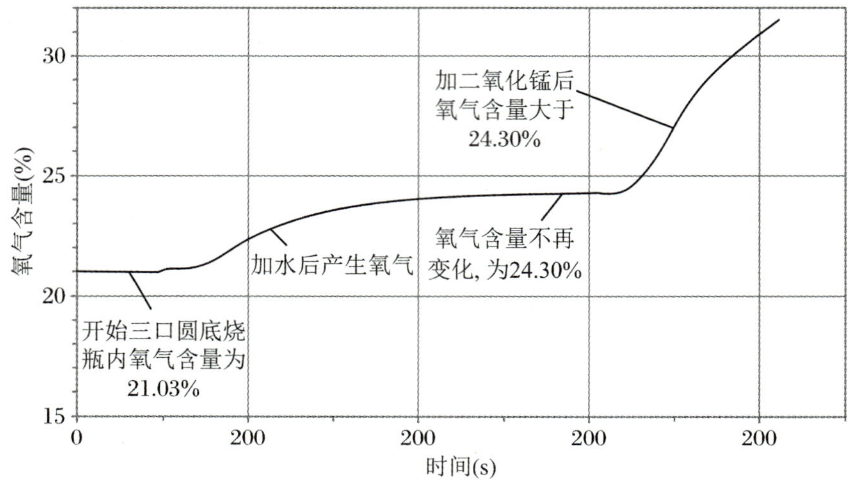

图 1.35

对于刚开始在过氧化钠中加入水就有氧气生成，可能是因为这个反应放出的热量导致过氧化氢分解，也可能是因为过氧化氢在氢氧化钠溶液中分解，还有可能是因为当时所处的环境导致其分解等。

实验评价：学生学习过氧化钠与水反应时，关于反应中有氢氧化钠、氧气、中间产物过氧化氢等生成物时比较抽象，传统实验只能测定静态的结果，而手持技术“实时监控”全过程，在学生面前呈现一个动态的曲线，更形象生动，更适合高中阶段学生的思维能力。手持技术对化学四重表征中的微观表征和曲线表征有更独特的优势；传统实验中证明生成物时操作比较复杂，手持技术操作简单，对实验者操作能力的要求不高。因此手持技术在课堂上的运用是传统实验和传统讲授方式不能比拟的。

参考文献

[1] 唐健.过氧化钠与水反应的实验改进[J].中学化学，2004(10)：12.
[2] 湛先军.过氧化钠与水反应演示实验的综合改进[J].教学仪器与实验，2007(6)：21.
[3] 王立超.过氧化钠与水“滴水生火”的实验思考与改进[J].化学教与学，2010(1)：53.
[4] 但世辉，梅进丰.过氧化钠两个反应的实验设计[J].中学化学，2015(4)：29.
[5] 刘潇，陈纯，秦才玉.“过氧化钠与水反应”实验装置的改进[J].实验教与学，2017(11)：26.
[6] 梁徽颖，刘瑞.过氧化钠与水反应的实验再改进[J].中学化学教学参考，2021(3)：76.

实验八　镁与氯化铵溶液的反应

实验视频

功能与价值

镁与氯化铵溶液的反应是中学化学教学中的一个疑难问题，引起了很多学者的关注，其中氯化铵的性质主要出现在鲁科版高中化学选修一第三章第二节“弱电解质的电离、盐类的水解”中，旨在通过铵根水解平衡的存在证明及平衡移动的原理，形成并发展学生的微粒观、平衡观、守恒观，结合实验现象和数据等引导学生形成认识水溶液中离子反应与平衡的基本思路。因此，对于镁与氯化铵溶液的反应也多是从铵盐水解产生 H^+ 的角度进行解释。但学界对此存在不同的看法，选择该反应体系进行探究，有助于培养学生依据探究目的，设计探究方案进行实验探究的素养。

原理与拓展

镁与氯化铵溶液能发生剧烈反应是不争的事实，相关解释主要有以下几种：

(1) 认为镁与铵盐水解产生的 H^+ 反应，主要反应为

$$NH_4^+ + H_2O \rightleftharpoons NH_3 \cdot H_2O + H^+$$

$$Mg + 2H^+ = Mg^{2+} + H_2\uparrow$$

(2) 认为 NH_4^+ 是质子酸，可电离出 H^+，NH_4^+ 的 $pK_a = 9.25$，而 H_2O 的 $pK_a = 15.74$，NH_4^+ 比 H_2O 更容易与镁生成氢气，镁直接与 NH_4^+ 发生反应

$$Mg + 2NH_4^+ + 2H_2O = Mg^{2+} + 2NH_3 \cdot H_2O + H_2\uparrow$$

$$Mg^{2+} + 2OH^- = Mg(OH)_2\downarrow$$

(3) 认为 NH_4^+ 是 Mg 与 H_2O 反应的催化剂，总反应为

$$Mg + 2H_2O \xrightarrow{NH_4^+} Mg(OH)_2\downarrow + H_2\uparrow$$

即先发生

$$Mg + 2NH_4^+ + 2H_2O = Mg^{2+} + 2NH_3 \cdot H_2O + H_2\uparrow$$

后发生

$$Mg^{2+} + 2NH_3 \cdot H_2O = Mg(OH)_2\downarrow + 2NH_4^+$$

（4）运用析电池模型进行分析，认为 NH_4^+ 能有效破坏氢氧化镁保护膜，从而使镁能持续与水发生反应，原理如图 1.36 所示。

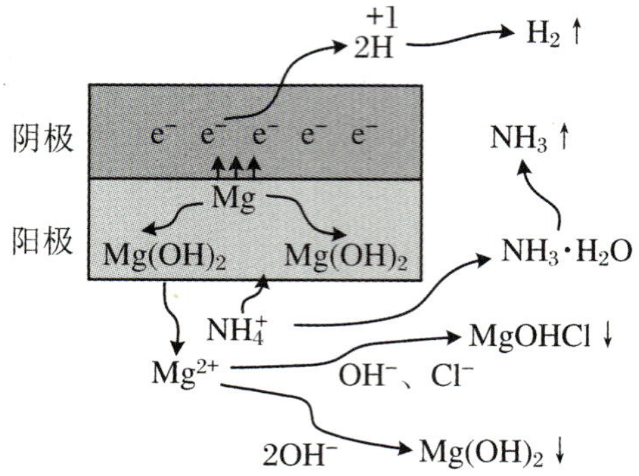

图 1.36

实验改进方案

围绕这个实验，研究者们设计了多种方法探究反应的本质，设计方案总的来说分成两类（表 1.5）。第一类是通过传感器测量反应过程中的温度变化、压强变化或 pH 变化，说明镁与氯化铵水溶液确实发生反应，但此法不能证明是溶液中的哪种粒子与镁反应。第二类是在常温下将镁分别加入 NH_4Cl、CH_3COONa、H_2O、CH_3COONH_4 水溶液中（均滴有酚酞），若镁条表面酚酞最先变红，则说明生成了中间产物 $Mg(OH)_2$。通过肉眼观察气泡生成速率及溶液颜色深浅，得出镁分别与 0.1 mol/L 和 0.005 mol/L NH_4Cl 水溶液反应，前者直接作用于铵根或氢离子，后者直接作用于水分子的结论。此法对于铵根和氢离子无法进一步确认究竟是谁起作用。

表 1.5

类别	改　进　装　置
第一类	 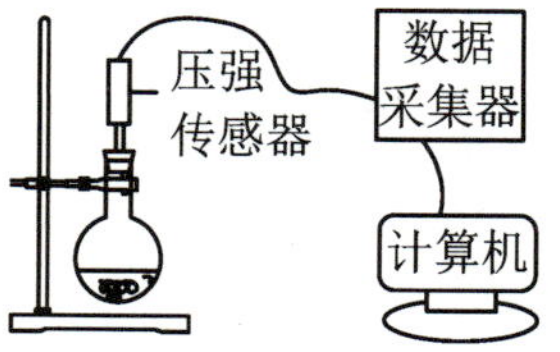 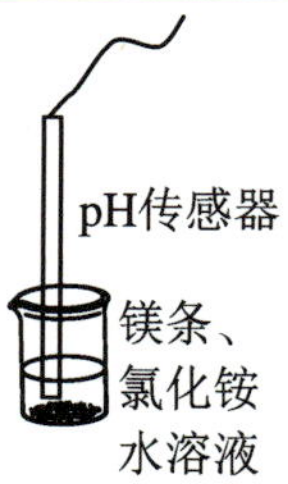
第二类	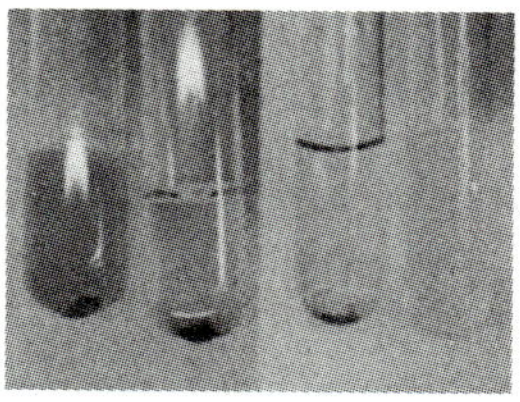

实验创新

围绕以上问题,先用 pH 传感器测量镁与氯化铵水溶液反应过程中的 pH 变化,再控制变量分别探究铵根、水、氯离子中究竟是哪种粒子参与反应。

实验仪器:烧杯、pH 传感器、数据采集器、计算机、量筒、玻璃棒、药匙。

实验试剂:0.1 mol/L NH_4Cl 溶液、NH_4Cl 固体、NaCl 固体、镁条、无水乙醇、蒸馏水、红色石蕊试纸。

实验步骤:(1) 取 10.0 mL 0.1 mol/L NH_4Cl 溶液于烧杯中,按图 1.37 组装实验仪器,固定 pH 传感器并与数据采集器、计算机相连接。

图 1.37

(2) 取 10 cm 长的镁条,打磨除去表面的氧化镁,并分成 4 段。

(3) 先点击软件中的"采集"按钮,再将这 4 段镁条同时放入烧杯中,计算机自动继续采集数据。

(4) 实验结束后,点击"停止"按钮。

(5) 先取少量氯化铵固体加入无水乙醇中,充分搅拌,再将 4 段打磨过的镁条放入烧杯中,观察实验现象。

(6) 将 4 段打磨过的镁条放入盛冷水的烧杯中,观察实验现象。过 5 min 后,向烧杯中加入少量氯化钠固体,观察实验现象。

实验现象及解释:(1) 将镁条加入 0.1 mol/L NH_4Cl 溶液中,反应过程中有大量气泡放出,镁条表面逐渐有白色固体生成。将湿润的石蕊试纸放在烧杯口,试纸变蓝。如图 1.38 所示,从图像中还可以看出 pH 一直在增大,溶液从酸性变为碱性,在 pH 为 9.4 左右保持相对稳定。这说明镁不仅在酸性溶液中生成氢气,也能在碱性溶液中生成氢气。镁是与水反应生成氢气吗? 我们尝试从电极电势角度寻找答案。25 ℃时在 pH = 9.0 的条件下,由 $K\mathrm{sp}[Mg(OH)_2] = 5.6\times10^{-12}$ 得出水溶液中 $c(Mg^{2+}) = 0.075$ mol/L,在 $Mg + 2H_2O = Mg(OH)_2 + H_2\uparrow$ 中,有

$$E_{-} = E^{\ominus} + \frac{0.059\ \text{V}}{2}\lg c(\text{Mg}^{2+}) = -2.69 + \frac{0.059\ \text{V}}{2}\lg 0.075 = -2.72\ \text{V}$$

$$E_{+} = E^{\ominus} + \frac{0.059\ \text{V}}{2}\lg [c(\text{H}^{+})]^2 = -0.8277 + \frac{0.059\ \text{V}}{2}\lg 10^{-9} = -1.093\ \text{V}$$

则

$$E = E_{+} - E_{-} = 1.627\ \text{V}$$

又因为

$$\lg K = \frac{zE}{0.059\ \text{V}} = 54.2$$

所以

$$K = 10^{54.2}$$

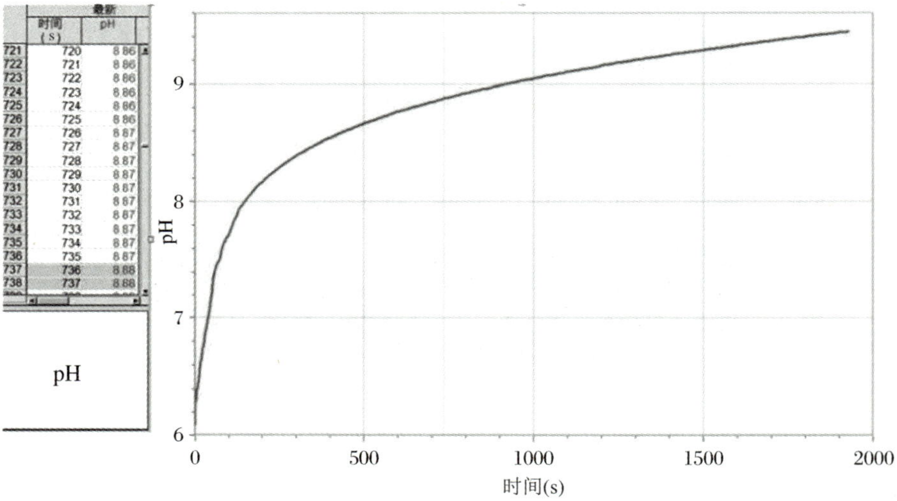

图 1.38

因此镁能在碱性水溶液中生成氢气。但镁在常温下置于氢氧化钠溶液中却难以观察到现象，说明以上计算没有从动力学角度分析出反应的快慢，所以周学工、吴文忠教师设计了原电池 1：(－)Mg|NaOH(2.0 mol/L)|石墨(＋)(其中镁电极浸泡在 NaOH 溶液中一段时间)和原电池 2：(－)Mg|NaOH(2.0 mol/L)|石墨(＋)(砂纸去除镁电极表面物质)，测定其电动势分别为 1.8 V 和 2.5 V。由此可知在 NaOH 溶液中浸泡后的镁电极失去电子的能力减弱，说明镁表面形成 $Mg(OH)_2$ 保护膜后活性降低，温度升高又能加快 Mg 与 H_2O 的反应(温度升高，$Mg(OH)_2$ 溶解度增大，$Mg(OH)_2$ 保护膜在金属表面容易脱落)。陈晨、马宏佳通过实验发现在氯化铵的较浓溶液中，由于溶液 pH 较小，镁条表面难以形成 $Mg(OH)_2$ 保护膜，所以在反应的初始阶段主要是溶液中水电离的 H^+ 与镁反应生成氢气。笔者使用的是氯化铵的稀溶液，因此在镁条表面很快就有白色固体生成，反应应该很快停止，但本反应持续了很长时间且现象明显，这说明镁与稀的氯化铵水溶液的反应不是简单与水电离的 H^+ 反应，铵根或氯离子可能也参与反应。

(2) 为进一步探究铵根或氯离子能否直接与镁反应，笔者将打磨过的镁条加入氯化铵的乙醇溶液中(氯化铵微溶于乙醇),产生明显的气泡,烧杯口有刺激性气味的气体生成,说明铵根或乙醇与镁反应了,氯离子也可能参与了反应。

(3) 将镁加入无水乙醇中无明显现象;将镁加入氯化钠的乙醇溶液中也无明显现象,说明镁不与乙醇反应,也不与氯离子单独反应。结合(1)、(2)中现象可得出铵根可与镁直接反应生成氢气的结论,在稀的氯化铵水溶液中我们可以认为镁主要与铵根直接反应生成氢气和氨气。

(4) 镁与冷水开始无现象,后来缓慢反应,在镁条表面产生细小的气泡。加入氯化钠固体后,气泡生成速率明显加快,说明氯离子可加速镁的氧化。氯离子的作用可能是与镁条表面的氢氧化镁固体生成某种结构疏松的碱式盐,使镁与溶液可以充分接触。李芳芳等取放置了一个晚上的反应容器底部残留的少量白色沉淀,洗涤数次,直至洗涤液中滴加硝酸银溶液无明显浑浊,然后将白色沉淀溶于稀硝酸,向溶液中滴加硝酸银溶液,发现重新出现明显的白色沉淀,说明白色沉淀中含有碱式氯化镁。

实验评价:(1) 应用 pH 传感器将溶液中的 H^+ 浓度变化可视化、直观化,学生可以据此得出有 H^+ 被消耗或有 OH^- 生成的初步结论。

(2) 对于碱性溶液中氢离子浓度是否足够将镁氧化的问题,我们用能斯特方程进行计算,从理论上证明可以。理论分析是科学探究中的重要一环。

(3) 理论计算后还需通过实验验证,通过常温下镁不与氢氧化钠溶液反应,我们从动力学上推翻了碱性条件下镁与水电离的氢离子大量反应的结论。

(4) 通过控制变量,我们设计了一系列实验最终证明是铵根直接与镁反应生成氢气和氨气。在设计实验的过程中,学生充分学习了科学探究的一般方法:观察实验—提出假设—理论论证—实验验证—归纳结论。

参考文献

[1] 严宣申.镁和氯化铵溶液的反应[J].化学教育,1994(4):35-36.

[2] 李翘.镁与氯化铵水溶液反应机理的探讨[J].化学教育,1990(6):43-44.

[3] 张以航,王赤军.铵盐水溶液与金属镁反应的一点疑问[J].化学教学,1999(4):41-42.

[4] 周开雄.镁与氯化铵溶液反应的实验探究[J].化学教育,2005,26(4):53-55.

[5] 吴文中.原电池模型研究镁与氯化铵溶液反应机理[J].中学化学教学参考,2019(11):39-42.

[6] 王璟徽,周加芳,冯正午.基于落实"核心素养"的化学数字化实验教学:以"镁与氯化铵反应探究"为例[J].实验教学与仪器,2020(10):18-20.

[7] 李芳芳,周学工,吴文中.借助数字化实验探究镁与氯化铵溶液的反应[J].中学化学教学参考,2020(11):42-43.

[8] 骆无忌.镁与氯化铵溶液反应的动力学问题探讨[J].中学化学教学参考,2021(1):25-26.

[9] 陈晨,马宏佳.镁和氯化铵溶液反应的探究[J].化学教与学,2017(4):87-89.

[10] 周学工,吴文中.探析镁与碱性盐溶液反应的复杂性与可行性:以镁与碳酸钠溶液反应为例[J].化学教育(中英文),2019,40(15):71-75.

实验九　钠与水反应实验的改进与思考

实验视频

功能与价值

通过钠与水反应的学习，学生可以认识到钠单质的活泼性以及活泼金属与水反应的通性。

鲁科版教材基于 POEC 教学策略，将此反应设计成探究实验：先从物质组成及氧化还原反应的角度预测钠与水反应的生成物，再在敞口的烧杯中进行钠与水的实验，记录现象、分析原因，最后将事实与预测进行比较并得出结论。该探究实验不仅对氧化还原反应和离子反应的知识进行应用、巩固与加深，还培养了学生观察、描述、分析、归纳总结实验现象的能力，发展了学生科学探究与创新意识、宏观辨识与微观探析、证据推理与模型认知等核心素养。学生初步学会从宏观现象到化学符号再到微观探析的三重表征思维方式，由感性认识上升到理性思维。

原理与拓展

钠与水反应的原理为

$$2Na + 2H_2O = 2NaOH + H_2\uparrow$$

教师常将该实验现象总结为：① 钠浮在水面；② 钠熔成光亮的小球；③ 钠四处游动；④ 伴随"嘶嘶"响声；⑤ 滴加酚酞的溶液变红。对应的解释分别为：① 钠的密度比水小；② 反应放热使钠熔化，熔化的钠在表面张力的作用下变成小球；③ 反应产生的氢气和受热汽化的水蒸气推动钠四处游动；④ 钠周围的氢气泡不断生成、破裂、发生振动，产生了响声，P. E. Mason 等通过分子动力学模拟表明，钠钾合金在水中浸泡时几乎立即从金属表面释放电子，该系统很快达到瑞利不稳定极限，从而导致碱金属液滴的"库仑爆炸"，也会产生声音；⑤ 反应产生碱性物质。

课堂教学往往忽视反应产生的白色烟雾现象，该白色烟雾有一股刺鼻的气味，若收集并滴加酚酞会变红。何斌华认为这些白色烟雾是液态的钠球表面能量高的钠原子受热挥发到空气中，与氧气反应生成的氧化钠。孙成斌认为白色烟雾中除了氢气、水蒸气以外，还有微量的氢氧化钠、氧化钠、过氧化钠、碳酸钠的微小晶粒。吴家平认为白色烟雾是氢气和水蒸气带着氢氧化钠溶液的微小液滴冲出液面而成。魏毅鸣等利用湿度传感器和 pH 传感器对白色烟雾的成分进行探究，得出结论：该白色烟雾状物质是水蒸气及受热挥发出来的钠原子和氧气反应生成的氧化钠及其和水蒸气反应生成的氢氧化钠。

实验改进方案

教材中钠与水反应实验方案简单、易操作，但难以从钠四处游动并伴有“嘶嘶”的响声来判断产物为氢气，因此有不少学者对该实验进行改进，改进方案主要可分为三类：第一类是利用带开关的尖嘴管来实现氢气的储存、释放与点燃；第二类是利用针来改进钠的投入方式；第三类是利用注射器作为钠与水反应的容器，同时达到储氢、验氢的目的(表 1.6)。

表 1.6

<table>
<tr><th>类　别</th><th>改　进　装　置</th></tr>
<tr><td>第一类</td><td>
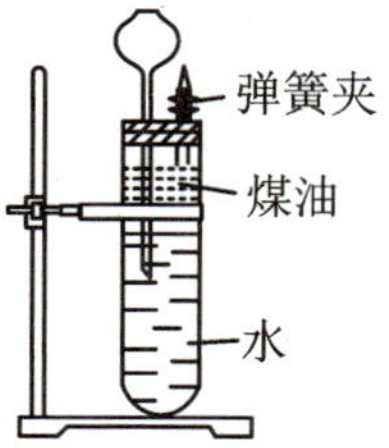

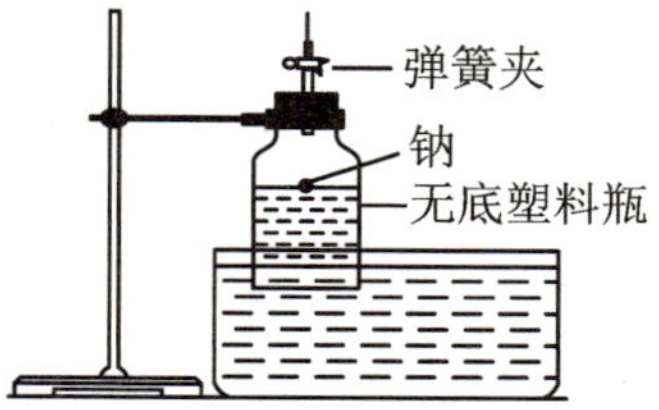

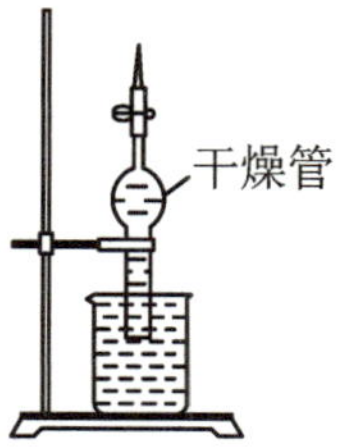

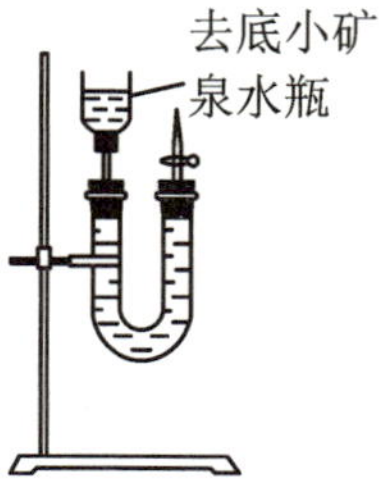

</td></tr>
<tr><td>第二类</td><td>
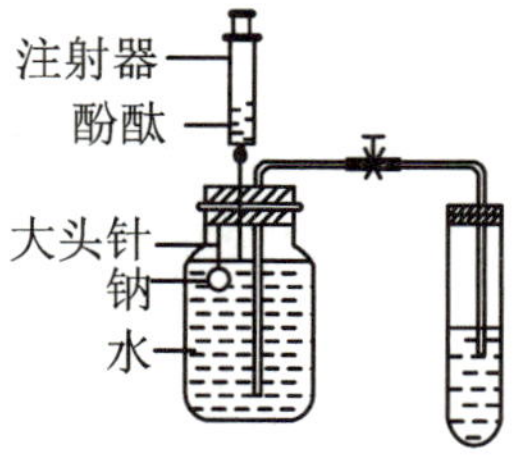

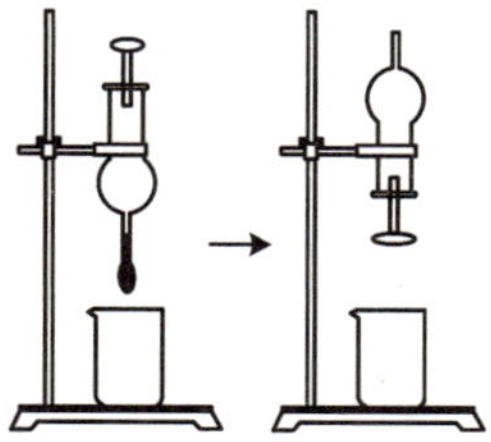
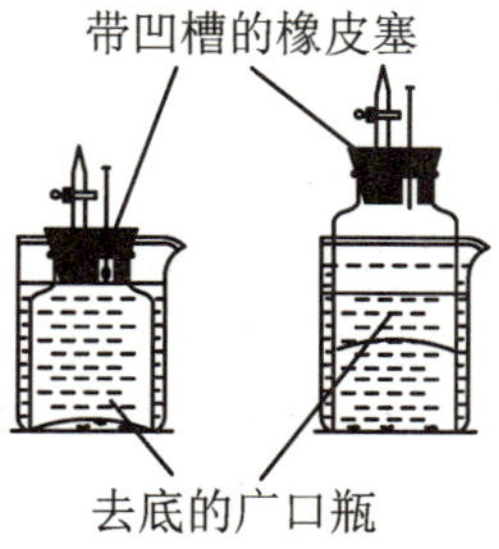

</td></tr>
</table>

续表

类　别	改　进　装　置
第三类	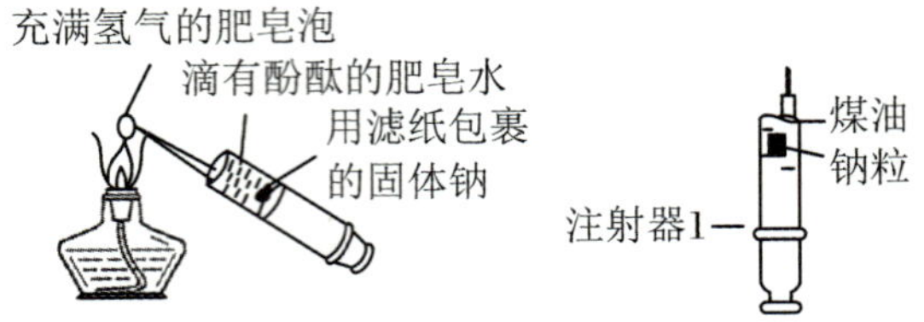 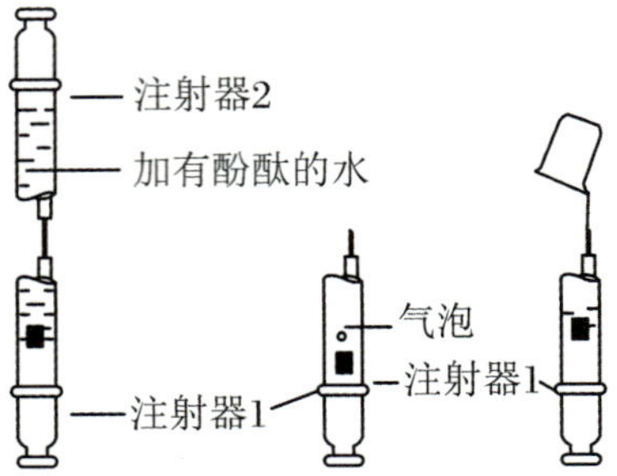 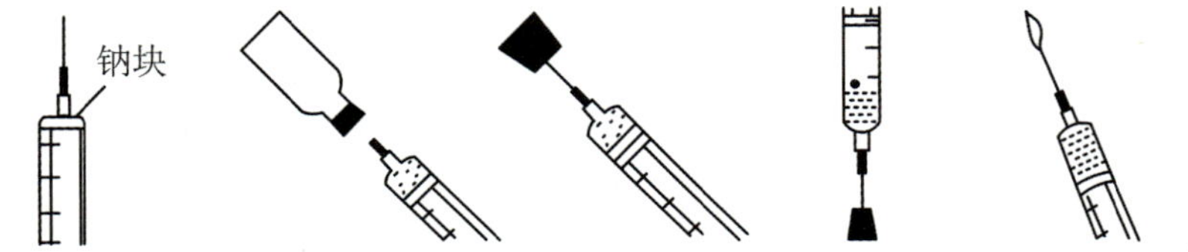 ① 固定钠块　② 吸水　③ 密封　④ 反应结束　⑤ 检验气体

实验创新

教材引导学生从物质组成和氧化还原反应的角度预测钠与水反应的生成物，有部分学生提出：该反应会不会既生成氢氧化钠和氢气，同时又生成氧气？这样也可以满足原子守恒和电子得失守恒。笔者尝试围绕产物的检验，在前人的基础上借助于传感器技术对钠与水的实验作如下改进。

实验仪器：三颈烧瓶、带孔橡胶塞、玻璃导管、长颈漏斗、蒸发皿、磁力搅拌器、温度传感器、溶解氧气传感器、数据采集器、计算机、镊子、滤纸、玻璃片、小刀、铜丝、火柴。

实验试剂：钠、水、酚酞、肥皂水。

实验步骤：(1) 按图 1.39 组装实验仪器，固定温度传感器和氧气传感器并与数据采集器、计算机相连接。

(2) 检查装置气密性后，从长颈漏斗中向三颈烧瓶中加入一定量的蒸馏水形成液封，向三颈烧瓶中放入磁子，滴入几滴酚酞，在橡胶塞内部穿插一根铜丝，取出钠并吸干表面的煤油，切下黄豆大小的钠块同时固定在铜丝尖，塞紧橡胶塞。

（3）打开磁力搅拌器，点击“数据采集”按钮，待数据稳定后，拔掉橡胶塞上的铜丝，钠块进入水中，观察温度和氧气含量的变化。

（4）当肥皂水中有气泡产生时，用导管末端蘸取肥皂液，等气泡变大后，轻轻抖动玻璃导管，观察气泡走向。待蒸发皿中产生较多气泡时，用点燃的火柴靠近气泡。

（5）实验结束后，点击“停止”按钮。

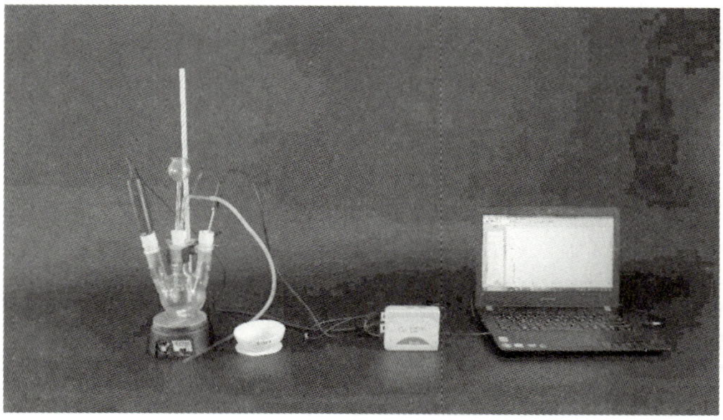

图 1.39

实验现象及解释：（1）如图 1.40 所示，反应过程中，溶液中氧气的含量从 7.5 mg/L 降至 6.9 mg/L，溶液的温度从 9.7 ℃升至 12.0 ℃。说明钠与水反应无氧气生成，该反应为放热反应，温度升高使得溶液中溶解的氧气略微减少。

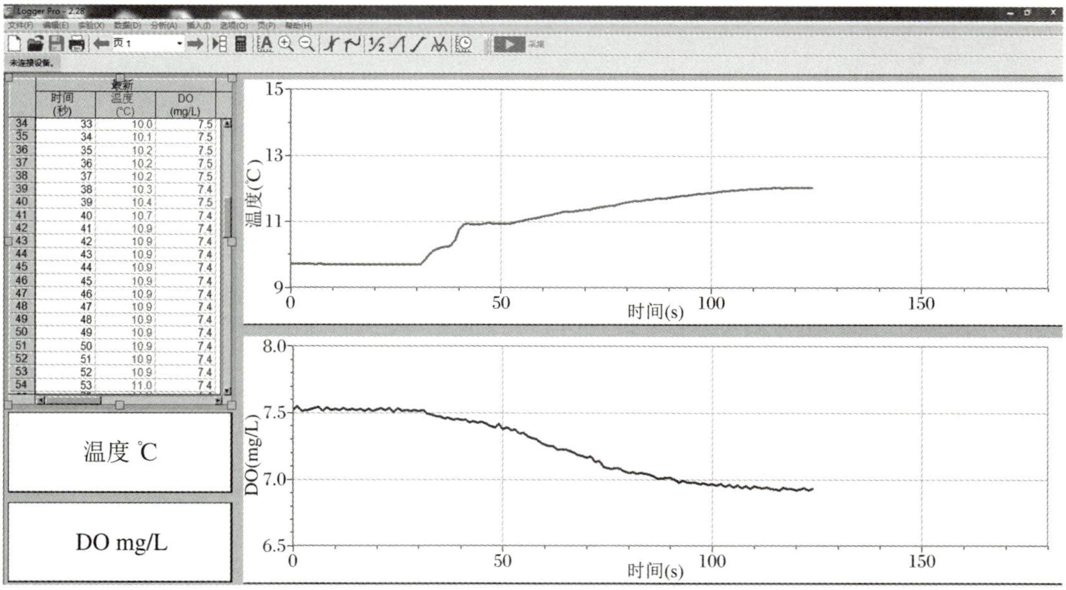

图 1.40

（2）钠块浮在水面上，发出“嘶嘶”响声，熔成一个小球。说明钠的密度比水小，反应放出气体，钠的熔点低，反应放出的热量使钠熔化。

（3）溶液变红，说明生成碱性物质。

（4）导管末端产生的气泡上浮，用燃着的火柴靠近，气泡燃烧，听到轻微的爆鸣声。说明产生的气体是氢气。

实验评价：（1）应用氧气传感器将溶液中的氧气含量变化可视化、直观化，解决了学生对是否有氧气生成的疑惑，增强了实验的说服力，同时利用温度传感器改善了传统实验中放热现象不易觉察的特点。手持技术的使用为学生提供了一个新的视角，提高了学生利用科学手段分析和解决问题的能力。

（2）该实验将研究钠和水的反应现象和产物检验一次完成，使学生能全面观察现象分析实验，有利于教师的讲解，具有很好的教学效果。

（3）该实验安全性高。钠与水的反应是在密闭的三颈烧瓶中进行的，可以避免产生的碱液溅出伤人。当产生较多气体时，可将烧瓶内的液体排出到长颈漏斗内，防止压强过大造成一定的安全隐患。

（4）实验中产生的氢气气泡上升，及氢气在空气中燃烧瞬间产生的巨大火焰，增强了实验的趣味性，给学生留下深刻的印象。

参考文献

[1] Mason P. Coulomb explosion during the early stages of the reaction of alkali metals with water[J]. Nature Chemistry, 2015, 7(3): 250.

[2] 何斌华.钠与水反应实验中三种现象之我见[J].化学教学,1989(3):43-44.

[3] 孙成斌.钠与水反应实验现象的解释[J].黔南民族师专学报,1999(6):45-46,51.

[4] 吴家平.也谈钠与水反应的三种现象[J].化学教学,1990(6):41-43.

[5] 魏毅鸣,杨晓丽.关于钠与水反应生成的白色烟雾的实验探究[J].化学教学,2019(1):64-67.

[6] 陈斌年.钠与水反应实验的改进与探索[J].化学教学,2008(12):13.

[7] 伍强,方娟己,蔡益.钠与水反应实验的创新设计[J].化学教学,2017(8):74.

[8] 熊晓丹,罗先进,孙丹.钠与水反应实验装置的组合化改进[J].中学化学教学参考,2015,44(6):72.

[9] 钱海滨.钠跟水反应的演示实验(二)[J].化学教育,1984(6):47.

[10] 向太平.检验钠与水反应产生的气体演示实验的改进[J].化学教育,2006(6):56-57.

[11] 徐小健.金属钠性质探究实验的创新改进[J].化学教学,2017(2):66-68.

[12] 尚广斗.钠与水反应演示实验的创新设计[J].化学教学,2010(6):17-18.

[13] 辛少卿,曾裕平,衷明华.钠与水反应的创新微型实验设计[J].中学化学教学参考,2014(11):50.

[14] 陈东喜,陈锦娜,衷明华.钠与水反应的实验改进[J].江西化工,2014(4):266.

实验十　钠在氯气中燃烧实验的再改进

功能与价值

钠在氯气中燃烧实验不仅可以说明活泼金属钠与活泼非金属单质氯气的性质，也可以在后续教学中引导学生分析钠与氯气反应的微观过程，更好地认识离子键形成和氧化还原反应的本质。该实验第一次出现在人民教育出版社化学室 1990 年 10 月出版的高中化学必修一教材中，在介绍氯气的性质时较上一版本添加了钠在氯气中燃烧的演示实验，装置如图 1.41(a)所示。为了减少氯气的逸出，2003 年 6 月人教版高中化学必修一教材中将实验装置调整为图 1.41(b)所示，位置也调到“化学键”部分，该实验在人教版教材中一直沿用到 2019 年 6 月。和人教版教材不同的是，鲁科版教材(2019 年 7 月第 1 版)较上一版本新添加了该实验，其装置如图 1.41(c)所示，并安排在化学必修一第一章第二节介绍氯气性质的部分。

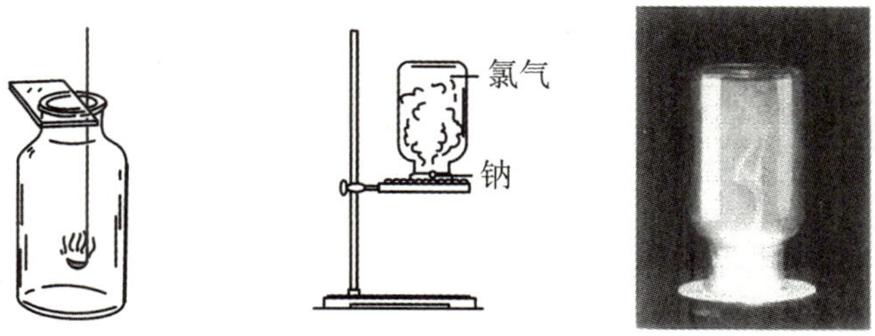

(a)　　(b)　　(c)

图 1.41　钠在氯气中燃烧

原理与拓展

教材中该演示实验的成功率、燃烧时氯气溢出等问题一直是大家讨论的热点，也是实验改进的焦点。从鲁科版教材(2019 年版)的添加和人教版教材(2019 年版)的删除中也可以看出教材编写专家对该实验的选用也较纠结。笔者以“钠”“氯气”“燃烧”为关键词在知网上进行检索，从 1984 年到 2022 年共找到 53 篇关于钠在氯气中燃烧实验改进的相关文献。文献中实验的改进也能解决教材中该演示实验的不足，但多数实验的改进都会使实验装置变得较为复杂，分散了学生的注意力，忽视了该实验的教学价值功能，很难在实际教学中推广应用。怎样才能在“化繁为简”的基础上解决该实验的成功率、燃烧时氯气溢出等问题是我们新的思考方向。

实验改进方案

查阅与“钠在氯气中燃烧”改进实验的相关文献，可以将其主要分为以下三类：

(1) 以刘枫、郎庆利、陈剑波为代表的一体化实验改进方向，其装置分别如图 1.42、图 1.43、图 1.44 所示。共同特点是用高锰酸钾与浓盐酸反应代替二氧化锰与浓盐酸加热制氯气，并将氯气的制备、钠与氯气反应、尾气处理在一套装置中进行，体现实验装置一体化、绿色化的思想。此类实验改进的优点是既能减弱氯气对空气的污染又能提高实验的成功率。陈晓棠、李春晖的实验改进如图 1.45、图 1.46 所示，是在上述实验改进的基础上用水与钠反应代替酒精灯加热，以此来引燃钠与氯气的反应。总体上这类改进存在以下问题值得商榷：① 像刘贝贝、严文法所说追求实验一体化可能导致“化简为繁”，学生观察实验现象眼花缭乱，忽视了实验的教学功能。② 根据鲁科版教材(2019 年版)内

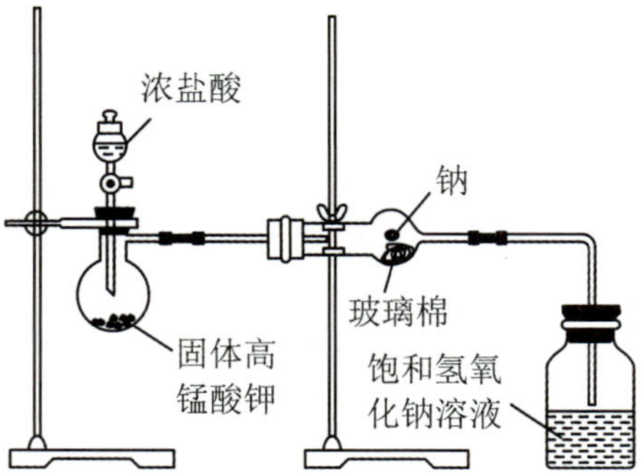

图 1.42

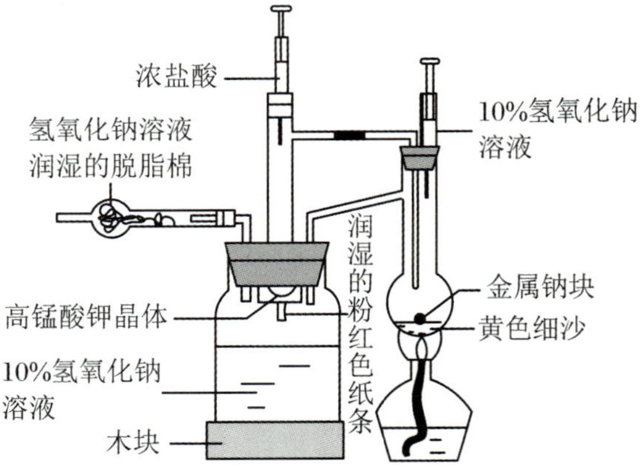

图 1.43

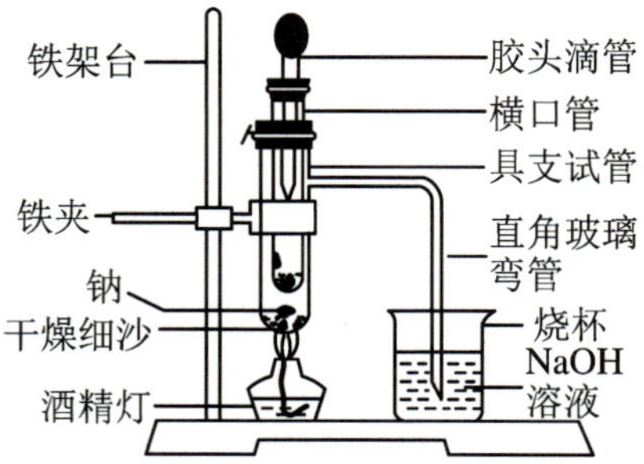

图 1.44

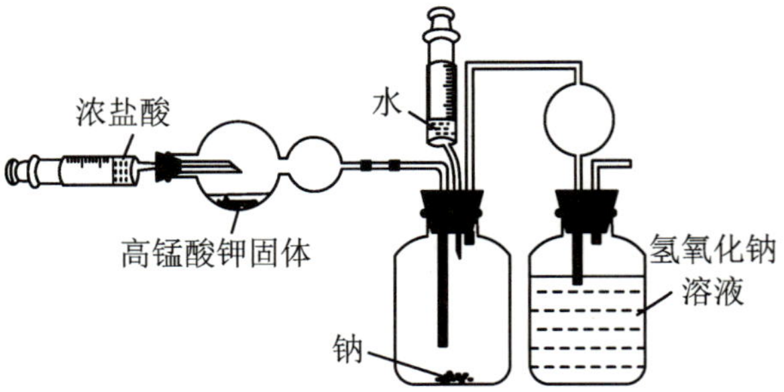

图 1.45

容的安排，进行该演示实验时，学生并不知道实验室制氯气的方法，更不了解高锰酸钾与浓盐酸的反应，氯气与氢氧化钠溶液反应也是在其后学习的。本是简单的钠与氯气的反应，但这类装置对学生来说信息量太大，不利于整节课的学习目标达成。③ 就实验仪器来说，图 1.43～图 1.45 都使用了特殊仪器，需要对仪器进行加工且有难度，其推广应用价值大打折扣。④ 从环保的视角来看，装置都有尾气的处理，看似环保，但从整体来看，这类改进后的实验所需氯气的量远远大于教材中实验所需氯气的量，且实验结束后，剩余大量氯气，需用氢氧化钠溶液吸收，从整个实验消耗的药品来看并不环保。⑤ 用水与钠反应代替酒精灯加热来引燃钠在氯气中燃烧，更是存在难控制加水的量，且有生成的氢气在氯气中易爆的风险。

(2) 以焦国芬、杨世忠为代表的微型化实验改进，装置分别如图 1.47、图 1.48 所示。这类实验药品用量少，既能解决氯气溢出和成功率等问题，也有利于学生近距离观察实验现象。此类实验改进也存在以下问题：① 微型实验设计中使用生活化物品为材料，削弱了化学学科特质。② 此类微型实验所需钠非常小，且金属钠质软，在空气中又易被氧化，因此取用钠的操作就比较繁琐，如图 1.47 的实验就需要提前制作钠的取用器，图 1.48 的实验需要制作 8 mm×8 mm×1 mm 的钠片。③ 钠与氯气的反应是剧烈的放热反应，装置的空间太小存在较大的安全隐患。

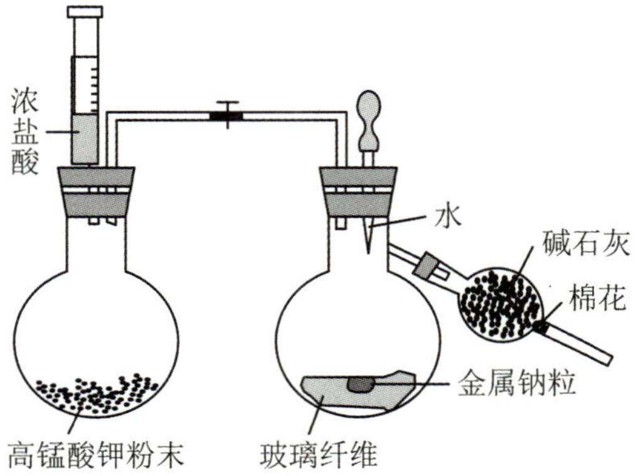

图 1.46

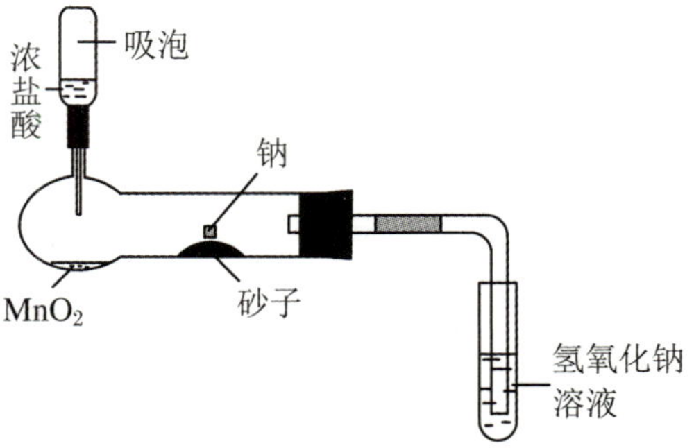

图 1.47

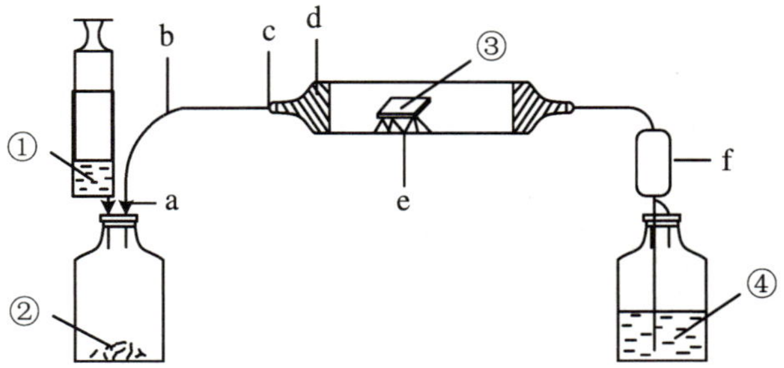

图 1.48

① 2 mL 6 mol/L 盐酸；② 0.2 g(约 1/5 药匙) $KMnO_4$ 固体；③ 8 mm×8 mm×1 mm 钠片；④ 30% NaOH 溶液。取自输液器的部件：a. 药液过滤器；b. 输液导管；c. 进气头；d. 橡胶管；e. 玻璃纤维；f. 滴斗

(3) 其他类型的实验改进，如宋广良的实验改进，其装置如图 1.49 所示，其特点是不用现场制备氯气，但石英玻璃管燃烧匙制作困难，要先将钠加热熔化后再塞紧广口瓶的瓶塞，燃烧时还要持续通氯气，操作繁琐。如王伟的实验改进，装置如图 1.50 所示，其特点是操作相对简单，但中学很少有防溅球这个仪器，同样对于使用鲁科版教材(2019 年版)的学生来说，也存在不了解氯气的制备和尾气处理的原理问题，所以此实验教学的干扰项仍较多。

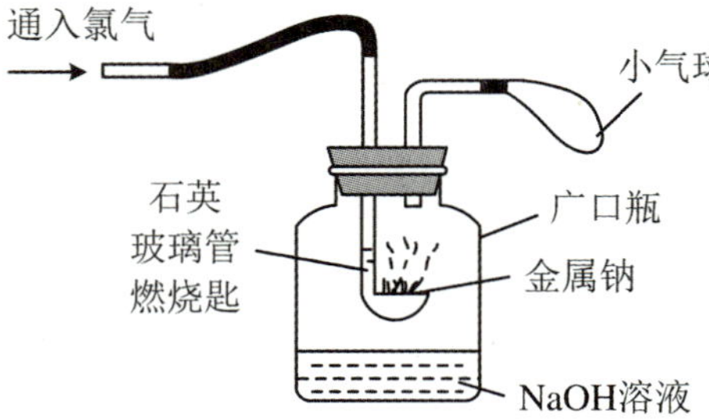

图 1.49

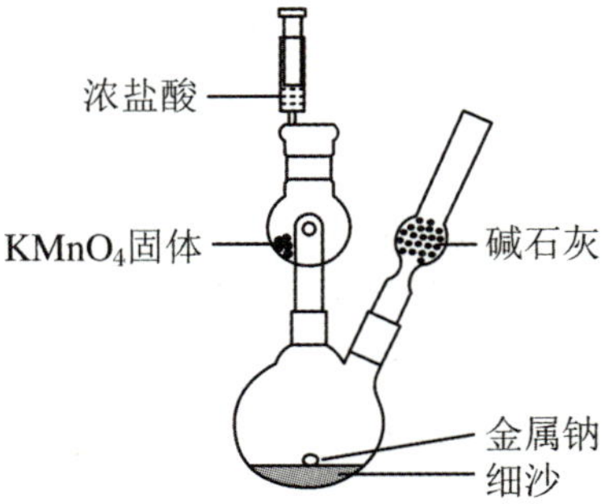

图 1.50

实验创新

设计思路：教材一直用图 1.41 的装置演示该实验，主要原因就是该实验简单、直接。本实验的再改进思路：一是继承教材实验的简单、直接，即采用"化繁为简"的方式，简化实验操作与实验步骤，实验改进的方向指向实际的课堂演示与课堂教学；二是受在空气中加热铁丝的现象是赤热发红、铁棉在空气中可燃、纳米铁在空气中自燃的启发，采用增大钠与氯气的接触面积代替酒精灯加热的方式，通过锉刀控制加入钠的量来调控钠的燃烧，保证散热，减少氯气溢出，保证实验的成功率和安全性，解决教材中该实验暴露的问题。

图 1.51 钠在氯气中燃烧实验

实验仪器及药品：金属钠、锉刀、滤纸、小刀、玻璃片，一集气瓶氯气等。

实验装置及效果图：如图 1.51 所示。

实验操作步骤：(1) 用集气瓶收集一瓶纯净干燥的氯气，盖上玻璃片备用。

(2) 取一块较大的钠块(建议用长条状)，用滤纸吸干表面的煤油，用滤纸包裹其中一端(方便用手拿取)。

(3) 移去集气瓶上的玻璃片，用一只手拿住钠块的一端(滤纸包裹一端)，另一只手持锉刀锉钠块的另一端，让锉出的钠粉落入集气瓶中。观察到火花，同时可听到清脆的炸裂声音，也可以稍用力或选用螺纹号较小的锉刀，让掉入集气瓶中的钠成短丝状，便可观察到明亮的火光。

(4) 将剩余的钠块放入煤油中，留作下次使用。

(5) 当最后一组演示实验结束后，只需在集气瓶中加入氢氧化钠溶液，轻微地摇晃振荡集气瓶，就能够吸收残余的少量氯气，从而避免污染环境。

实验优点与说明：

(1) 本实验继承了教材中该实验的优点，简单直接、现象明显且没有干扰项，便于学生对实验现象的观察，最大程度地体现了实验的教学功能。

(2) 该实验不需要用酒精灯加热，操作性强、可重复、成功率高，演示时间教师可自由掌控，十分便捷高效。用锉刀锉钠块可以调控一次加入钠的量和两次反应的时间间隔，让其充分散热，避免出现教材中钠集中燃烧瞬间放出大量的热使氯气逸出的现象，且该实验在同一个班级中可多次演示。

(3) 改进后的实验逸出氯气的量非常少，笔者进行多次演示实验，学生和笔者均未闻到刺激性气味；该实验消耗氯气的量也非常少，一瓶氯气至少可进行四个班级的演示实验，极大地节约了药品，体现大环保观念。

(4) 该实验的改进充分调动了学生学习化学的兴趣，培养了学生的创新意识，并且还能够在视觉、听觉等多个方面给学生留下深刻的印象，很好地运用了多感官协同的化学教学策略。

(5) 因为金属钠质地较软，本实验选取的钠块可取较大块，便于拿取。

参考文献

[1] 刘枫，荀兴龙，文丰玉. 钠与氯气燃烧的改进实验探究[J]. 中小学实验与装备，2018，28(4)：40-41.

[2] 郎庆利，王培明，齐俊林. 钠在氯气中燃烧一体化环保型实验设计[J]. 化学教学，2014(6)：47-48.

[3] 陈剑波，唐道奎. 钠在氯气中燃烧实验的改进[J]. 实验教学与仪器，2003(5)：16.

[4] 陈晓棠，阳志高. 钠与氯气反应实验的绿色化改进[J]. 中学化学教学参考，2017(24)：66.

[5] 李春晖，赖毅. 金属钠在氯气中燃烧实验的改进[J]. 实验教学与仪器，2021，38(12)：27-28.

[6] 刘贝贝，严文法. 中学化学实验改进与创新设计的误区及应然路径[J]. 化学教学，2020(12)：67-72.

[7] 焦国芬. 钠在氯气中燃烧的微型实验[J]. 化学教育，2016，37(3)：64-65.

[8] 杨世忠，王益平. 氯气与钠反应实验的改进[J]. 中学化学教学参考，2018(22)：58.

[9] 宋广良，李德前. U形管用于化学实验的几个案例[J]. 化学教学，2018(2)：68-72.

[10] 王伟，李秀珍. 巧用防溅球改进钠在氯气中燃烧实验[J]. 实验教学与仪器，2019，36(12)：29-30.

[11] 朱成东，戈益超，孙永兴. 钠在氯气中燃烧实验的再改进[J]. 化学教与学，2022(23)：96-97.

实验十一　探究氯气溶于水及与水反应的可逆性实验

实验视频

功能与价值

氯气在水中的溶解性实验是学生学习氯气单质时所要掌握的重要内容，通过此反应，学生不仅可以掌握氯气单质的相关物理性质和化学性质，还可以通过此反应进一步探究氯水的成分及其反应产物之一——次氯酸的化学性质。

该实验选自鲁科版高中化学必修一第一章第二节“研究物质性质的方法和程序”，书中旨在通过氯气溶于水的实验验证氯气相关的物理和化学性质。氯气与水的反应是可逆反应，也是学生进入高中后在教材中接触到的第一个可逆反应，因此通过该实验的演示与讲解，不仅可以加深学生对氯气的物理、化学性质的认识，还可以为化学平衡的学习打下基础，发展学生的变化观念与平衡思想。

原理与拓展

氯气与水的反应原理为

$$Cl_2 + H_2O \rightleftharpoons HClO + H^+ + Cl^-$$

该实验可以观察到的现象为氯气溶于水，得到的氯水呈浅黄绿色。其反应生成的产物之一 HClO 具有强氧化性，能使某些染料和有机色素褪色。

（一）氯水体系分析

Cl_2 在水中的溶解度相对较小，“饱和氯水”中溶解的 Cl_2 约有 1/3 发生歧化反应（一般用下述过程(3)表示）

$$H_2O \rightleftharpoons H^+ + OH^- \quad (1)$$

$$Cl_2 + OH^- \rightleftharpoons Cl^- + HOCl \quad (2)$$

$$Cl_2 + H_2O \rightleftharpoons H^+ + Cl^- + HOCl \quad (3)$$

$$HOCl \rightleftharpoons H^+ + OCl^- \quad (4)$$

而未参加反应的 Cl_2 分子将主要以水合分子 $Cl_2 \cdot nH_2O$ 的形式存在。在 298 K，上述各过程达到平衡状态时，各微粒的平衡浓度大致如下所示：

$$[H^+] = [Cl^-] + [OH^-] + [OCl^-]$$

$$[Cl_2]_{(aq)} = 0.062\ mol/L$$

$$[Cl^-] = 0.031\ mol/L$$

$$[H^+] > 0.031\ mol/L$$

$$[HOCl] < 0.031\ mol/L$$

Cl_2 的溶解度：$c(Cl_2)_{(aq)} = 0.093\ mol/L$

综上，新制氯水中的 HClO 浓度仅为 0.031 mol/L 左右，相对较低，可以利用勒夏特列原理实现平衡的移动从而增大氯水体系中的 HClO 浓度。

（二）氯水漂白原理分析

王海军运用化学热力学、化学动力学以及结构化学等相关知识，对氯水漂白性进行了深度探究，其认为氯水的漂白作用是由多种成分协同作用的过程，影响因素较多，比如温度、pH、光、多种自由基等，作用过程虽十分复杂，但其主要作用的仍然是 HClO，由于次氯酸很不稳定，会生成氯化氢和新生氧：

$$HClO \longrightarrow HCl + [O]$$

新生氧的氧化能力很强，能破坏有机色素结构而达到漂白的目的，并且氯水的漂白性是不可修复的，与 SO_2 的漂白原理有所区别。

实验改进方案

苏教版教材虽然以实验探究的形式展示了该实验，但是并未展示实验装置，也并未提及制取氯气要采用的最佳方法，基于此，不少学者对其进行了改进，改进的总体思路有三点：一是进行微型化设计，减少氯气的使用量，氯气作为一种有毒气体，减少使用量不仅可以更好地保护环境，体现绿色化学的思想，而且可以降低氯气对师生健康的危害；二是绿色一体化设计，将氯气的制备实验和性质验证实验进行整合设计，从而达到更好的教学效果；三是辅以数字化仪器，通过 pH 传感器或氧气传感器等，形象直观地验证氯水的成分及其相关性质。

周朝晖等设计了如图 1.52 所示的数字化实验装置，该实验借助 pH 和氧气传感器，同时导出新制的氯水在光照或加热条件下容器内氧气浓度和溶液的 pH 值随时间变化的图像。通过曲线表征中的数据的变化，推断溶液中发生的反应，进而预测久置的氯水成分与新制的氯水成分的不同。

李海燕基于绿色实验的视角设计了如图 1.53 所示的实验装置，该实验将氯气的制备实验和氯气性质的检验实验绿色一体化，其优点在于创新性地采用海绵做垫层，无水氯化钙作为干燥剂，实验简单且对比明显，同时可以观测干燥氯气和湿润氯气是否具有漂白性。该实验还用小气球进行尾气收集，绿色环保无污染。

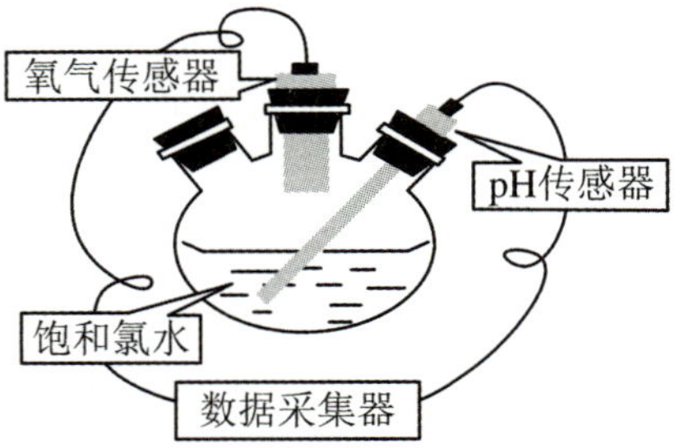

图 1.52

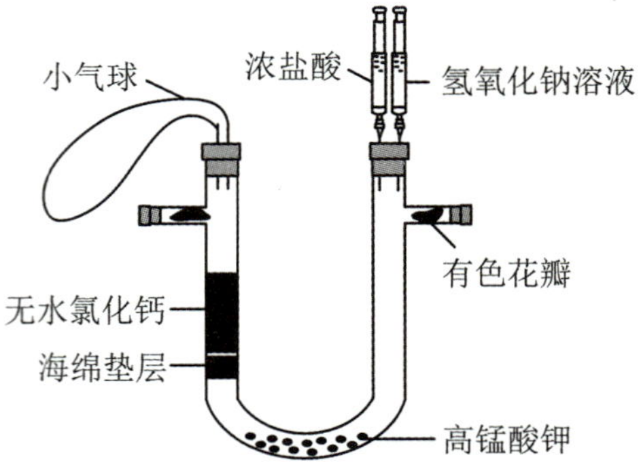

图 1.53

实验创新

不少研究者都专注于对氯水成分的检验以及氯水性质的检验上，而对氯气与水反应的可逆性却少有探究，因此笔者尝试利用数字化实验验证氯气与水反应的可行性以及可逆性。

实验思路：使用 pH 传感器测量氯气通入水中的过程中溶液的 pH 变化，判断氯气与水是否发生反应，并且向氯水中加入饱和氯化钠溶液，通过测量溶液的 pH 变化，判断氯气与水的反应是否可逆。

实验仪器：Vernier pH 传感器、Vernier LabPro 数据采集器、计算机、100 mL 三颈烧瓶、100 mL 圆底烧瓶、分液漏斗、注射器、烧杯、铁架台、铁夹、导管、橡胶管、止水夹。

实验药品：Cl_2、蒸馏水、饱和 NaCl 溶液、NaOH 溶液。

实验步骤：(1) 如图 1.54 所示，将 pH 传感器、数据采集器与计算机连接。

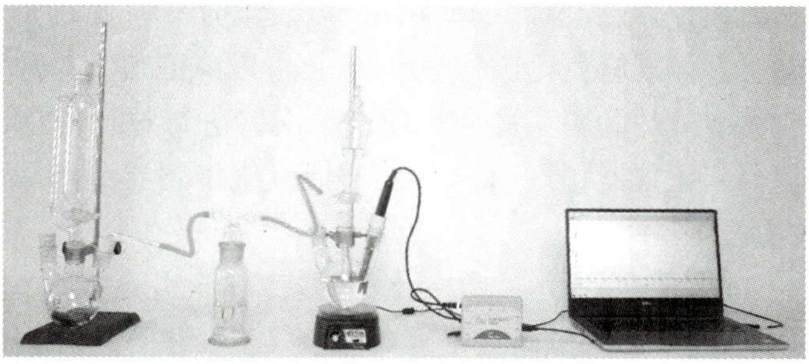
图 1.54

(2) 设置数据采集模式。打开数据采集软件，点击菜单栏中的“实验”选项，设置数据采集时间为 1000 s，每秒采集 1 个数据。

(3) 将 pH 传感器插入盛有 50 mL 蒸馏水的三颈烧瓶中间粗口，三颈烧瓶左颈口用带有橡胶塞的导管与盛有 Cl_2 的圆底烧瓶相连，三颈烧瓶右颈口用浸有 NaOH 溶液的棉花塞住。

（4）打开连接三颈烧瓶和圆底烧瓶橡胶管上的止水夹，同时打开分液漏斗旋塞，使分液漏斗中的饱和 NaCl 溶液匀速滴入盛有氯气的圆底烧瓶中，点击软件上“采集”按钮，采集并记录数据。

（5）当溶液 pH 趋于稳定时，用注射器从右颈口处向三颈烧瓶中注入 10 mL 饱和 NaCl 溶液，当溶液 pH 再次达到稳定时，停止采集数据，实验结束，将 pH 传感器、数据采集器拆下放回。

数据分析及结论：向蒸馏水中通入氯气，溶液 pH 逐渐减小，说明氯气溶于水，并和水发生了反应，生成酸性物质，溶液中氢离子浓度增大。向氯水中加入饱和 NaCl 溶液，溶液 pH 又略有增大，说明氯气与水反应为可逆反应。实验结果如图 1.55 所示。

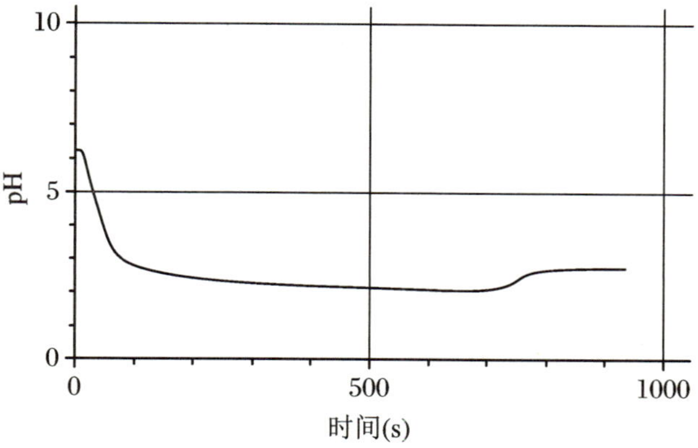

图 1.55

实验评价：（1）通过本实验可以将溶于水且与水反应的过程通过 pH 变化直观感知，且可以通过 pH 变化曲线将可逆过程可视化。

（2）该实验操作简单方便、绿色环保，通过实验，引导学生分析氯气和水发生的反应以及所发生反应的可逆性，深入理解平衡移动的实质。在此过程中，培养学生辩证观念和平衡思想的化学核心素养。

参考文献

[1]　刘新锦，朱亚先，高飞．无机元素化学[M]．北京：科学出版社，2005：126.

[2]　王海军．氯水的漂白作用原理探究[J]．化学教育（中英文），2018，39(19)：66-69.

[3]　周朝晖，后勇军．利用 pH 和氧气传感器探究氯水的稳定性[J]．安徽教育科研，2021(12)：75，100-101.

[4]　李海燕．新课标下的氯气漂白性质的实验改进[J]．化学教育，2009(10)：68.

实验十二　碳酸钠与盐酸的反应实验

实验视频

功能与价值

碳酸钠是钠的重要化合物，也是碳酸盐中的典型代表，因此对其性质的学习有助于帮助学生掌握碳酸盐以及钠盐的化学性质。钠离子的性质较为简单，主要涉及焰色反应等知识，而碳酸根离子作为多元弱酸的酸根，其化学性质一直是高中化学学习中的重难点。

因此通过碳酸钠与盐酸的反应实验，可以形象地观察到碳酸钠与盐酸的反应为分步反应，此反应的机理对于学生理解高中化学中的多步反应以及多元弱酸的电离和多元弱酸根离子的水解等问题具有重要的借鉴作用。

原理与拓展

（一）实验原理

碳酸钠与盐酸的反应机理如下：

$$Na_2CO_3 + HCl = NaCl + NaHCO_3$$

$$NaHCO_3 + HCl = NaCl + H_2O + CO_2\uparrow$$

通过该反应，可以观察到的现象为起初没有气泡产生，当盐酸滴加到一定程度时碳酸钠溶液中才产生气泡，通常该实验会与碳酸氢钠与盐酸的反应进行对比演示。

（二）三大制碱法

1. 路布兰制碱法

该制碱法在 1791 年由法国医生路布兰发明，以食盐为原料，制得了纯碱，称为路布兰制碱法。制取原理与步骤如下：

(1) 先使氯化钠与硫酸反应，生成硫酸钠：

$$2NaCl + H_2SO_4 \overset{\triangle}{=} Na_2SO_4 + 2HCl\uparrow$$

（2）然后用焦炭还原硫酸钠得硫化钠：

$$Na_2SO_4 + 4C \xlongequal{高温} Na_2S + 4CO\uparrow$$

（3）最后利用硫化钠与石灰石的反应生产碳酸钠：

$$Na_2S + CaCO_3 \xlongequal{\quad} Na_2CO_3 + CaS$$

2．索尔维制碱法

索尔维制碱法是 1861 年比利时工程师索尔维发明的纯碱制法，是以食盐（氯化钠）、石灰石（经煅烧生成生石灰和二氧化碳）、氨气为原料来制取纯碱。其制取原理与步骤如下：

（1）在饱和食盐水中先通入氨气，再通入二氧化碳，析出碳酸氢钠：

$$NaCl + NH_3 + CO_2 + H_2O \xlongequal{\quad} NaHCO_3\downarrow + NH_4Cl$$

（2）过滤、洗涤、煅烧碳酸氢钠晶体，得到纯碱产品：

$$2NaHCO_3 \xlongequal{\triangle} Na_2CO_3 + CO_2\uparrow + H_2O$$

反应产生的二氧化碳循环使用。

（3）氯化铵滤液与石灰乳混合加热：

$$2NH_4Cl + Ca(OH)_2 \xlongequal{\triangle} CaCl_2 + 2NH_3\uparrow + 2H_2O$$

反应产生的氨气循环使用。

3．侯式制碱法

1943 年我国化学工程专家侯德榜发明创建了联合制碱法，即将氨碱法（又称索尔维制碱法）和合成氨法两种工艺联合起来，同时生产纯碱和氯化铵两种产品的方法。原料是食盐、氨和二氧化碳，二氧化碳为合成氨厂用水煤气制取氢气时的废气。其制取步骤为（图 1.56）：低温下先向饱和食盐水中通入氨气，再通入二氧化碳可析出碳酸氢钠，再加入细盐末，因氯离子存在及低温条件使氯化铵溶解度突然降低，而食盐的溶解度变化不大，所以氯化铵析出而食盐不析出；再在氨饱和后通二氧化碳，结果相继析出 $NaHCO_3$ 和 NH_4Cl。该过程发生的主要化学反应为

$$NaCl + CO_2 + NH_3 + H_2O \xlongequal{\quad} NaHCO_3\downarrow + NH_4Cl$$

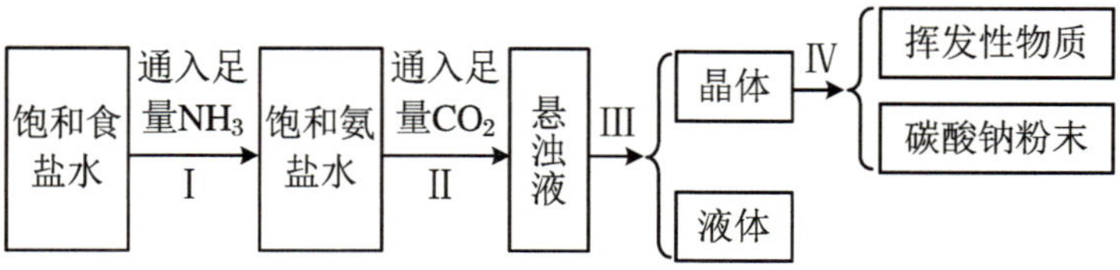

图 1.56

实验改进方案

传统的实验是将气球中等物质的量的 Na_2CO_3 和 $NaHCO_3$ 同时倒入装有等体积、等

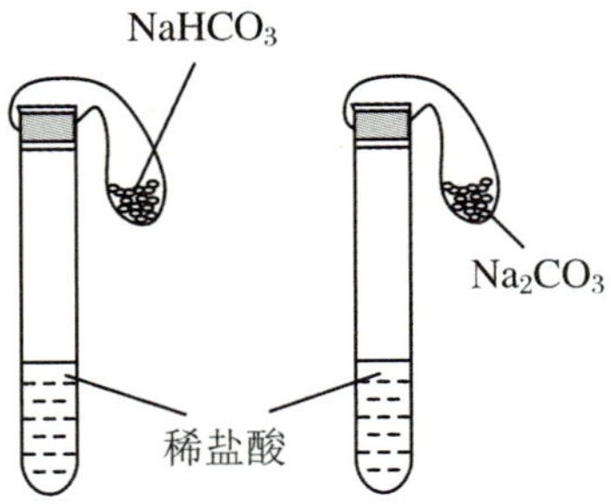

图 1.57

浓度稀盐酸的试管中，观察气球体积的变化快慢（图1.57），可以得出两者与盐酸反应时速率有差别。上述传统实验仅能证明碳酸钠能够和盐酸反应，却不能展示碳酸钠与盐酸的分步反应过程，因此不少学者都对其进行了改进，其改进思路主要有以下几点：一是改进滴加方式和滴加装置，让滴加的速度更慢，从而能够观察到碳酸钠的分步反应；二是定量化分析，通过选择带有刻度的反应容器，合理选择碳酸钠溶液和盐酸溶液的浓度，从而使得反应过程定量化，学生能够更加深刻地理解反应本质；三是引入手持技术，进行数字化实验，通常采用压强传感器、pH 传感器和二氧化碳传感器等，测量实验中的变量，使得变量可视化，从而达到定性分析和定量分析相结合的效果。

伍强等在传统气球装置的基础上，加装了分液漏斗（图 1.58），使得实验现象明显、直观，解决了向 Na_2CO_3 溶液中滴加稀盐酸至过量发生分步反应的实验教学难点问题。吴晓红等利用压强传感器（图 1.59）测定密闭反应容器中的压强，并结合酚酞指示剂在实验中所表现出来的现象，进而了解碳酸钠与碳酸氢钠与稀盐酸的反应实质。陈秀娟等巧妙地运用了注射器和青霉素瓶来进行实验（图1.60），青霉素瓶上共有两支注射器，其中一

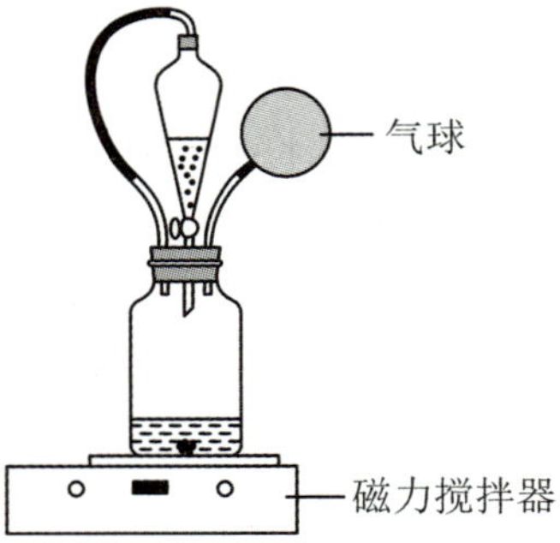

图 1.58

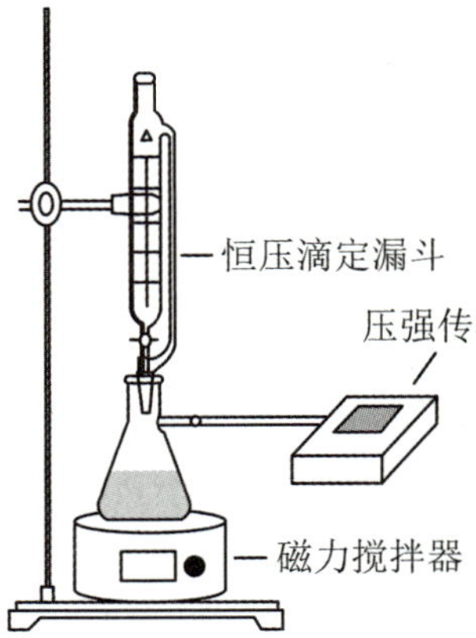

图 1.59

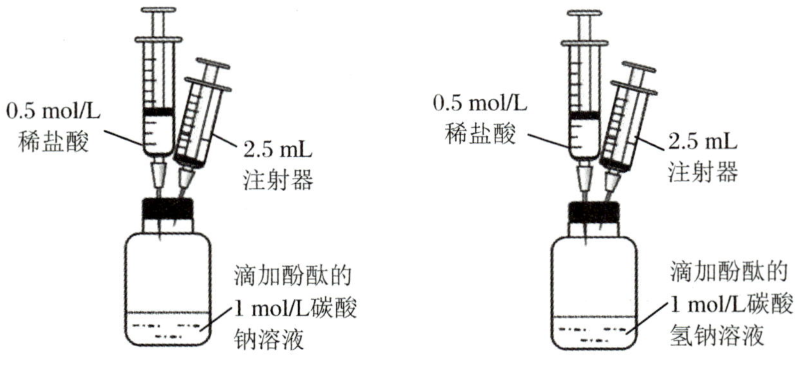

图 1.60

支注射器用来滴加盐酸，另一支注射器则用来收集气体，待实验结束后，将注射器中收集到的气体注入 1 mL 澄清石灰水中。

实验创新

上述实验虽然在传统实验的基础上都有所改进，但对于验证碳酸钠与盐酸反应的机理实验效果往往不尽如人意，如果向碳酸钠溶液中逐滴滴加稀盐酸进行实验，理论上是先无气泡后产生气泡。笔者通过实验发现，由于局部盐酸的浓度过大，向碳酸钠溶液中滴加稀盐酸一开始就会产生气泡，用肉眼很难得出结论。因此笔者将二氧化碳传感器和 pH 传感器与滴数传感器结合使用，实时准确地反映出二氧化碳的浓度、溶液的 pH 与盐酸体积的关系，验证碳酸钠与盐酸反应的机理，从而达到较好的实验效果。

二氧化碳传感器和 pH 值传感器工作原理：二氧化碳传感器通过计算二氧化碳分子所吸收的红外线辐射来测量二氧化碳的浓度。它有两种设置：低范围（0～10000 ppm）以及高范围（0～100000 ppm）。可以使用二氧化碳传感器测量二氧化碳浓度的变化。本实验使用的威尼尔二氧化碳传感器可测定三口烧瓶里二氧化碳的浓度。pH 传感器的原理类似于 pH 计，可测量的 pH 范围是 0～14。

实验原理：本实验使用的盐酸的浓度与碳酸钠的浓度几乎相等，故当滴加的盐酸的体积接近碳酸钠的体积时，碳酸钠基本转化为碳酸氢钠，在二氧化碳的浓度开始发生明显变化的同时溶液的 pH 发生第一次突跃；当盐酸的体积接近碳酸钠体积的 2 倍时，二者恰好完全反应，碳酸氢钠完全转化为氯化钠，二氧化碳的浓度达到最大时溶液中的 pH 发生第二次突跃；再向其中滴加盐酸，不再反应，二氧化碳的浓度不再变化，pH 也不会发生突跃。

实验仪器及药品：0.1 mol/L Na_2CO_3 溶液、0.1 mol/L HCl 溶液、50 mL 量筒、特制三口烧瓶、磁力搅拌器、二氧化碳传感器、pH 传感器、滴数传感器、数据采集器（VENIER LabPro）、计算机及其相配套的软件（Logger Pro）。

实验步骤：(1) 如图 1. 61 所示，先将二氧化碳传感器、pH 传感器、滴数传感器分别

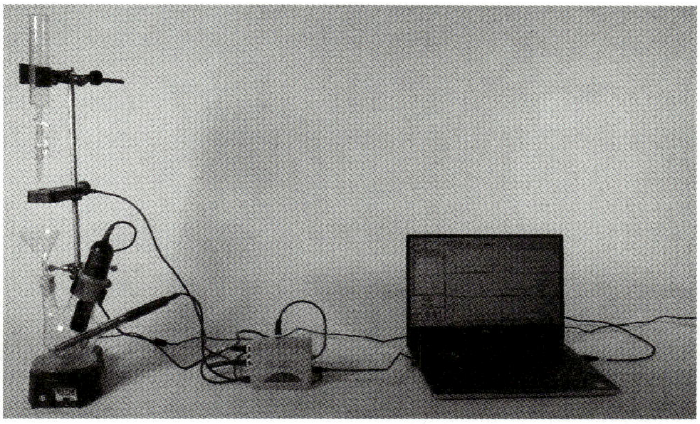

图 1. 61

与数据采集器相连，数据采集器再与计算机相连，然后将磁力搅拌器、三口烧瓶、二氧化碳传感器、pH 传感器、滴定管依次放好，打开 Logger Pro(软件)。

(2) 用量筒量取 50 mL 碳酸钠溶液放入三口烧瓶中，再用 0.1 mol/L HCl 溶液润洗滴定管，装液，排气泡，准备滴定。

(3) 先点击软件中的“数据采集”按钮，再打开磁力搅拌器，最后缓慢打开滴定管活塞，让盐酸溶液逐滴滴下，计算机自动记录数据。

实验数据及处理：实验滴定图像如图 1.62 所示，从图像可以看出，当盐酸的体积在 0～40 mL 时，二氧化碳的浓度几乎无明显变化，说明碳酸钠与盐酸反应一开始并没有生成二氧化碳；当盐酸的体积接近 40 mL 时，溶液的 pH 发生第一次突跃，然后二氧化碳浓度发生突变，很好地说明了碳酸钠与盐酸反应先生成碳酸氢钠；而当盐酸的体积为 80 mL 时，pH 发生第二次突跃，之后二氧化碳浓度几乎不变，很好地解释了反应的第二步碳酸氢钠转化为氯化钠和二氧化碳。

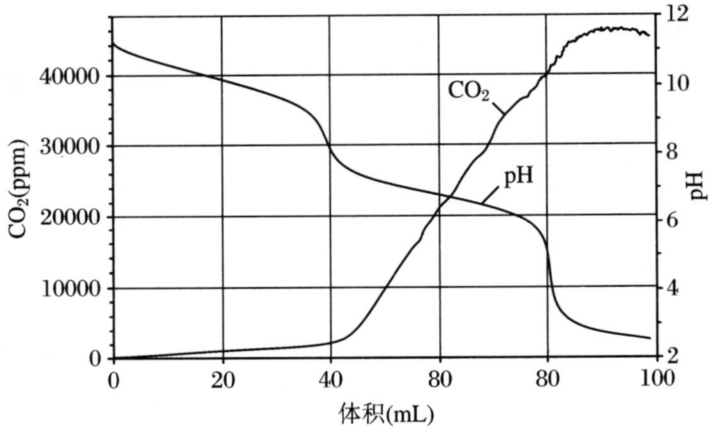

图 1.62

实验评价：(1) 与滴数传感器结合使用，准确记录滴加溶液的体积，同时生成图像，将传统的定性实验定量化，不仅展示了静态的实验结果，还展示了动态的滴定过程，提高了理论的科学性和可信度。

(2) 创新性地使用二氧化碳传感器，从多个维度验证碳酸钠与盐酸的反应机理，符合学生的认知规律。首先，测定气体体积或浓度变化的实验一般采用气压传感器，气压传感器对体系的密封性要求严格，而本实验需要向碳酸钠溶液中逐滴滴加稀盐酸，体系的密封性难以保证，二氧化碳传感器的创新性使用克服了气压传感器的不足。二氧化碳传感器测定的是其周围二氧化碳的浓度，对体系的密封性要求不高，所以可在滴加稀盐酸的同时测定二氧化碳的浓度。再者，碳酸钠与盐酸反应机理的验证研究还有许多有待完善的空间，以高妙添《基于“四重表征”与“手持技术”教学模式的实践研究——以“盐酸滴定碳酸钠和碳酸氢钠的 pH 变化”为例》，pH 的两次突跃只能表征碳酸钠—碳酸氢钠—氯化钠的转化，却无法呈现二氧化碳的生成过程，借助二氧化碳传感器可实时准确地呈现二氧化碳的浓度变化。最后，高一的学生并未接触滴定突跃等相关知识，如果仅用 pH

的两次突跃解释反应机理，不符合维果茨基的“最近发展区理论”，会加大教师的教学难度。

（3）二氧化碳浓度的突变和 pH 的第一次突跃同时出现，给学生造成了强烈的视觉冲击，大大激发了学生的求知欲，将手持技术的曲线之美和化学学科的魅力展现得淋漓尽致。课后笔者与学生进行交流，发现手持技术的运用不仅可以提高学生的学习兴趣，还使其意识到化学实验不一定是瓶瓶罐罐的相互滴加，高科技只要运用得当就可以很好地服务于中学课堂。

参考文献

[1] 伍强，方瑞光.碳酸钠和碳酸氢钠与稀盐酸反应实验的创新设计[J].化学教学，2016(8)：63-65.

[2] 吴晓红，任斌，肖敏，等.利用手持技术探究碳酸钠和碳酸氢钠与稀盐酸的反应本质[J].教学仪器与实验，2015，31(4)：32-33.

[3] 陈秀娟，洪清娟.碳酸钠及碳酸氢钠性质实验装置改进与教学实践[J].化学教学，2021(9)：62-66.

[4] 高妙添.基于“四重表征”与“手持技术”教学模式的实践研究：以“盐酸滴定碳酸钠和碳酸氢钠的pH 变化”为例[J].化学教育，2013，34(6)：38-41.

[5] 黄明利，朱成东.利用传感器验证碳酸钠与盐酸反应的机理[J].教育与装备研究，2016，32(3)：64-65.

实验十三　盐酸与氢氧化钠反应过程中温度的变化

功能与价值

化学反应中的能量变化是中学化学体系中的重要内容，从九年级下册教材中“溶液的形成”中不同物质溶解的吸热、放热，到高中化学必修二中“化学反应与能量”，再到高中化学选修一中“化学反应的热效应”，都涉及“能量”的概念。而强酸和强碱的中和反应是典型的放热反应，是学生形成化学能量观的重要实验载体，学生在初中已经较完整地学习过该反应，在“离子反应”一节中又了解到中和反应的实质是氢离子与氢氧根离子反应生成水。酸碱中和反应时显著放热这一现象能够激发学生对化学热力学的学习兴趣，体验化学反应的热效应，促使其思考反应热产生的原因，强化其对“化学能和热能可以相互转化”的认知。

原理与拓展

盐酸与氢氧化钠的中和反应是一个放热反应，本质是

$$H^+(aq) + OH^-(aq) = H_2O(l),\quad \Delta H = -57.3\ kJ/mol$$

实验改进方案

化学变化必然伴随着能量变化，通过“感受能量”可以建立起“宏-微”之间的桥梁，透过宏观能量的变化，判断物质微观的成键、断键等过程，因此“能量视角”是人们认识物质的微观结构、研究变化的重要视角。

代鹏等提出一系列实验方案证明氢氧化钠和稀盐酸发生了反应，例如：

(1) 向氢氧化钠溶液中滴加适量酚酞试液，再向混合液中滴加稀盐酸，然后观察现象。若酚酞红色消失，则证明氢氧化钠不存在，二者发生反应。

(2) 将 10 mL 10%稀盐酸和同体积、同质量分数的氢氧化钠溶液混合，同时迅速插

入 pH 传感器，点击按钮采集实验数据。反应溶液 pH 整体呈下降趋势；不同时间段溶液 pH 下降幅度不同（图 1.63），溶液最终呈酸性，说明氢氧化钠与盐酸发生了反应。

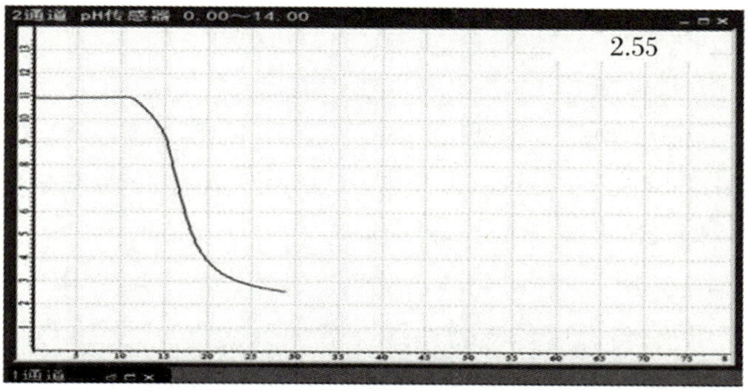

图 1.63

以上方法虽能说明氢氧化钠与盐酸发生了反应，但是学生却感受不到反应过程中能量的变化。

传统实验教学过程中，对于能量变化的表征方式较为单一，如用手摸、用温度计测量等。赵春艳等将人教版高中化学必修二中“中和热的测定”实验进行了改进，选用废弃的泡沫板作为保温材料。用 50 mL 注射器将 0.55 mol/L NaOH 溶液注入 50 mL 0.50 mol/L HCl 溶液中，用废弃聚酯塑料瓶作为反应器（图 1.64）。该装置保温性好，学生不仅可以通过温度计示数切实体验到该反应过程中能量的转化，还能较准确地测出中和热。

项佳敏等借助红外热成像仪“看到”化学反应中的能量变化。向 1 mol/L HCl 溶液中，逐滴滴加 1 mol/L NaOH 溶液，用红外热成像仪拍摄实验现象（图 1.65）：可以看到酸碱接触的瞬间，局部溶液呈现橙黄色（温度升高），并快速扩散恢复成蓝色（室温）。

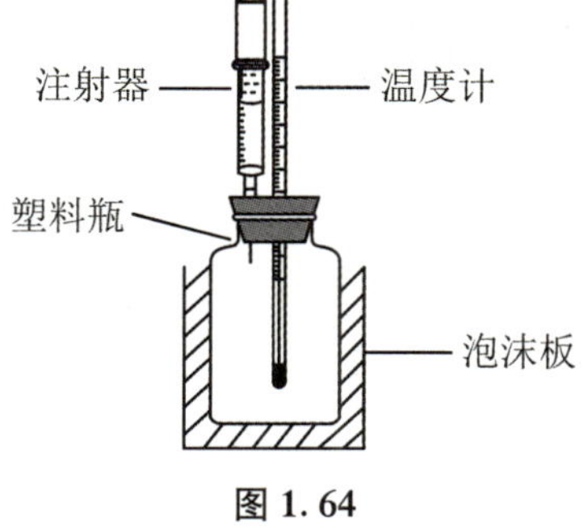

图 1.64

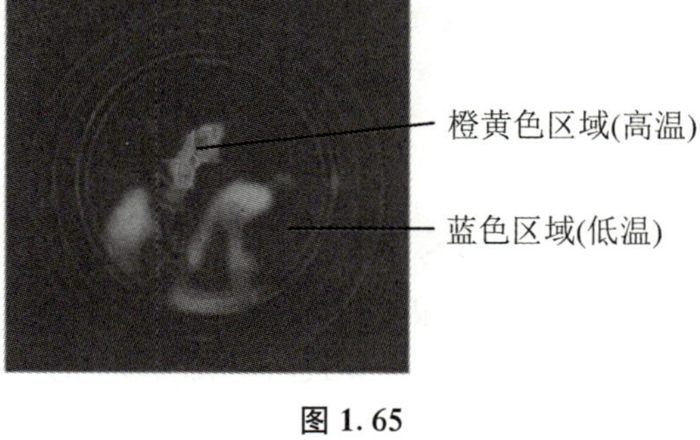

图 1.65

实验创新

通过本实验的探究可以让学生通过分析反应过程中温度随时间的变化曲线，更加直观地了解并掌握酸碱中和反应是放热反应。具体的温度数值有利于学生对中和热概念的理解。

实验仪器:采集器、软件系统、温度传感器、磁力搅拌器、磁子、50 mL 烧杯、10 mL 量筒两只 、胶头滴管。

实验试剂:2 mol/L 盐酸、2 mol/L 氢氧化钠溶液。

实验步骤:(1) 配制 2 mol/L 盐酸、2 mol/L 氢氧化钠溶液各 50 mL。

(2) 量取 10 mL 配制好的 2 mol/L 盐酸于 50 mL 小烧杯中,向烧杯中加入磁子并将烧杯放在磁力搅拌器上,接通磁力搅拌器电源。

(3) 用量筒量取 10 mL 配制好的 2 mol/L 氢氧化钠溶液,待用。

(4) 如图 1.66 所示,将温度传感器连接在数据采集器上,并将数据采集器和计算机连接好,连好后将温度传感器的金属针头插入盐酸中,调试合适高度,避免磁子打到针头。

(5) 打开磁力搅拌器开关,磁子转动。点击"开始"按钮,将量好的 10 mL 氢氧化钠溶液倒入烧杯中,观察曲线变化。

(6) 用到曲线不再升高时停止采集并收集数据。

(7) 用蒸馏水冲洗温度传感器,清洗仪器。

(8) 利用软件处理得出 2 mol/L 盐酸与 2 mol/L 氢氧化钠溶液反应中的温度变化曲线并加以分析。

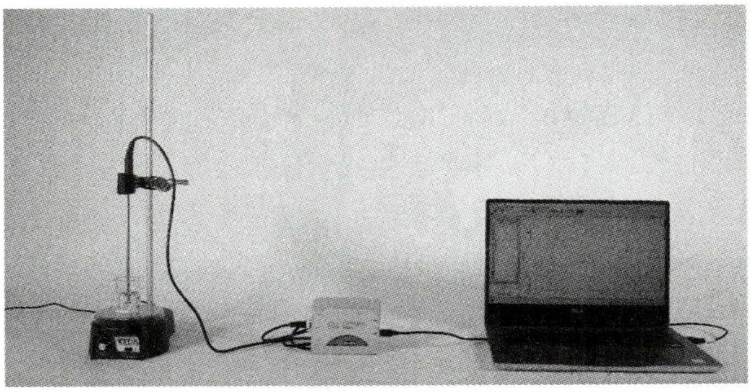

图 1.66

实验现象:盐酸与氢氧化钠溶液反应过程中 H^+ 和 OH^- 生成了 H_2O,发生了 $HCl+NaOH=\!=\!=NaCl+H_2O$ 的反应,该反应是一个放热反应。当把量好的氢氧化钠溶液倒入盐酸中时,由于反应放热导致溶液温度升高。当二者完全反应时反应不再放热,溶液温度达到最高值(图 1.67)。

实验评价:本实验通过计算机显示数据和曲线,直观地反映出氢氧化钠和盐酸反应过程中温度的变化情况。具有简单、便捷、准确的优点,传统实验中强酸和强碱反应大多通过用手触摸试管壁发现试管壁发热定性地感知放热反应,但通过温度传感器可以测出反应过程中温度的实时变化,结合数据图形分析,更加直观、准确,具有说服力。

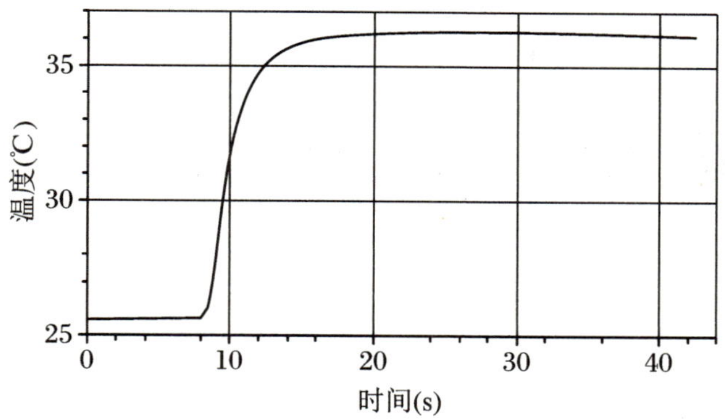

图 1.67

参考文献

［1］ 林慧梅,钱杨义,吴宝珠,等.利用手持技术数字化实验测定中和反应化学计量比[J].化学教育,2019,42(17):85-89.

［2］ 代鹏,刘传友,李刚,等.基于化学核心素养的学科探究活动:“探究氢氧化钠和稀盐酸的反应”[J].化学教与学,2019(10):78-84.

［3］ 赵春艳,王薇.中和热测定实验装置改进[J].高师理科学刊,2017,37(12):56-58.

［4］ 项佳敏,保志明.基于热成像仪从能量视角辨观化学反应[J].化学教育,2021,42(21):86-89.

实验十四　乙醇的催化氧化实验

实验视频

功能与价值

“乙醇的催化氧化”实验能使学生认识到乙醇与氧气在不同条件下会发生不同的反应，生成不同的产物，进而认识到化学变化是需要一定条件、遵循一定规律的，有助于发展学生的变化观，落实化学学科核心素养。同时，可以通过对实验原理的探究，促进学生进一步发展“结构决定性质”的化学观念；通过对实验装置的创新与改进，培养学生敢于质疑，勇于创新的科学精神。

实验原理与拓展

关于乙醇与氧气催化氧化反应的机理主要有以下两种观点：

(1) 铜在空气中受热，被氧气氧化生成氧化铜，铜丝表面变黑。变黑后的铜丝插入乙醇后，表面的氧化铜被乙醇还原，重新变为铜，同时生成乙醛，产生刺激性气味。反应方程式如下：

$$2Cu + O_2 \xlongequal{\triangle} 2CuO,\quad CH_3CH_2OH + CuO \xrightarrow{\triangle} CH_3CHO + Cu + H_2O$$

该观点广泛存在于中学教辅资料和中学教师的课堂教学设计中，基于中学化学对催化剂在反应前后质量、化学性质不变的认知，结合实验现象，认为上述反应过程符合铜作为该反应催化剂的特征。教材实验的设计在一定程度上加深了教师、学生对上述观点的认知。

(2) 醇在适当的催化剂存在下可以脱去一分子水，将伯醇或仲醇的蒸汽加热到250～300 ℃，在铜催化剂存在下，伯醇脱氢生成醛，仲醇脱氢生成酮，反应方程式如下：

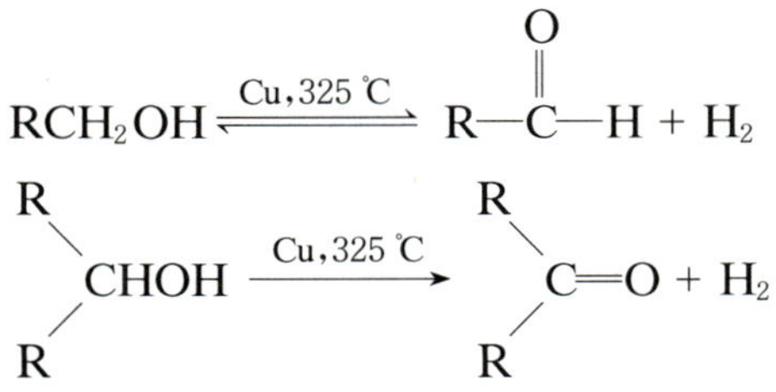

此观点主要存在于学者的专著及学者的相关论文中。该观点认为，乙醇在铜等催化剂的作用下催化脱氢的反应为吸热的可逆反应，生成的氢气与氧气结合生成水，促使平衡正向移动，反应可以进行到底。因此，教材中的“乙醇的催化氧化”实验并非真正意义上的以铜作催化剂催化乙醇氧化的实验，而是乙醇被氧化铜氧化的实验。

实验改进方案

教材中的实验设计简单、易操作，但实验方案的严谨性不足。例如，实验步骤易让师生对反应原理产生误解，通过闻气味的方法检验产物，缺乏可信度。通过对“乙醇催化氧化实验的改进”的相关文献进行梳理，发现主要有以下三种类型：从原理性探究进行改进的实验、从装置创新的角度进行改进的实验和从产物检验的角度进行改进的实验。

1．从原理性探究进行改进的实验

目前文献中关于乙醇催化氧化原理设计的探究性实验主要围绕以下问题进行探究：

(1) 探讨教材实验能否说明铜是乙醇氧化的催化剂。

(2) 探讨氧化铜能否作为氧化剂氧化乙醇。

(3) 探讨铜在无氧条件下催化乙醇的原理。

(4) 探讨乙醇在有氧环境和铜存在的条件下，氧化铜是否为中间产物。

戴志群将灼烧后的铜丝多次插入乙醇后，金属表面呈砖红色。灼烧后的铜丝用稀盐酸洗涤，溶液呈黄绿色。多次插入乙醇的铜丝用稀盐酸洗涤，溶液接近无色，放置 2 h 左右溶液慢慢变蓝绿色。作者认为与乙醇反应后附着在铜丝表面的物质为 Cu_2O。稀盐酸与氧化亚铜反应生成微溶的氯化亚铜；氯化亚铜在水溶液中不稳定被空气中的氧慢慢氧化为氯化铜，使溶液变为蓝绿色。因此，铜表面反应前后组成和性质都发生了变化，所以铜不应被看作催化剂。

杜文敏在试管里放少量黑色 CuO 粉末，加几滴乙醇把氧化铜润湿，转动试管，使润湿的 CuO 均匀地附着在试管底部，然后用酒精灯加热(图 1.68)。他观察到有光亮的紫红色的铜(镜)生成，并可检验出生成的乙醛、醋酸以及 CO_2。因此，在红热螺旋铜丝与乙醇的反应中，铜丝在受热的情况下与空气反应，生成黑色氧化铜，铜丝作为承载氧化剂的载体将乙醇氧化为乙醛，而不是在铜的催化作用下那种所谓的中间产物(CuO)使乙醇被氧化成了乙醛。

杜文敏还设计了乙醇的催化氧化实验装置，如图 1.69 所示。通过乙醇蒸汽驱逐装置内的空气后，加热具支试管底部有铜丝团的部位。实验可见碱性氢氧化铜浊液变为橙红色，说明有乙醛生成。实验过程中铜丝始终光亮如初，不见有任何变黑的现象，表明反应环境中不存在 CuO。据此，作者认为上述实验是乙醇和铜在外界提供热量的情况下乙醇被铜催化氧化生成了乙醛。

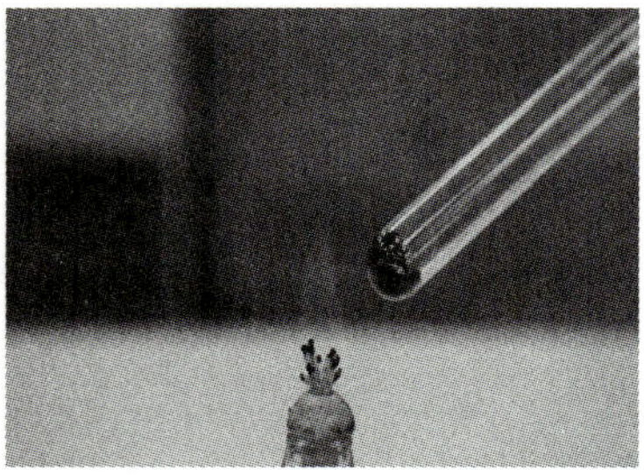

图 1.68

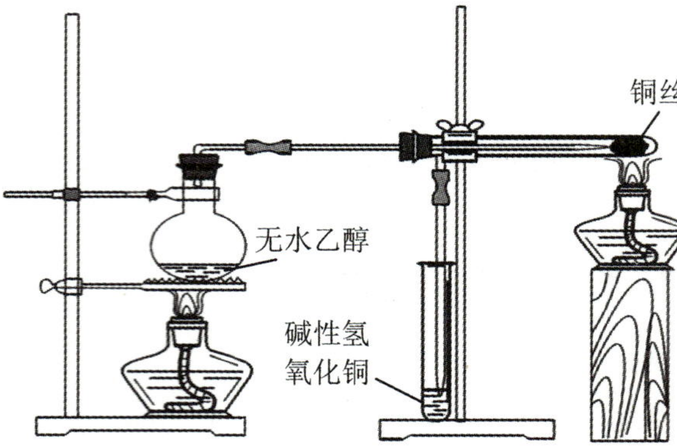

图 1.69

李先栓设计了以下实验方案讨论铜催化乙醇生成醛的反应机理。

实验 1：点燃酒精灯，加热铜丝，鼓入空气，铜丝变黑。通入乙醇蒸汽，片刻后，铜丝由黑色变成亮红色(图 1.70)。

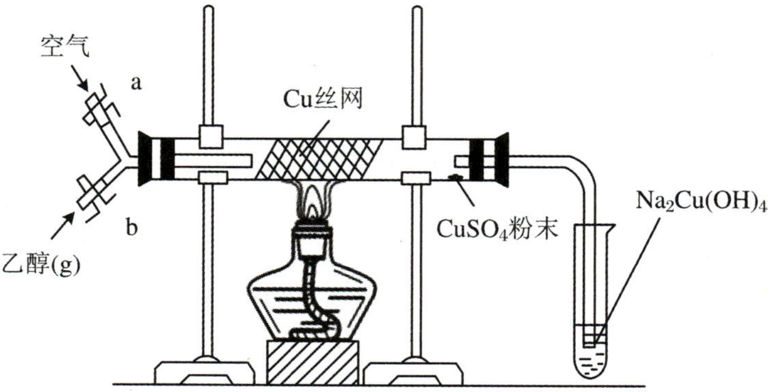

图 1.70

实验 2：有氧环境下铜丝在 80～150 ℃时形成黑色 CuO(图 1.71)。

实验 3：H_2 和 O_2 在 300 ℃以下不发生化合反应(图 1.72)。

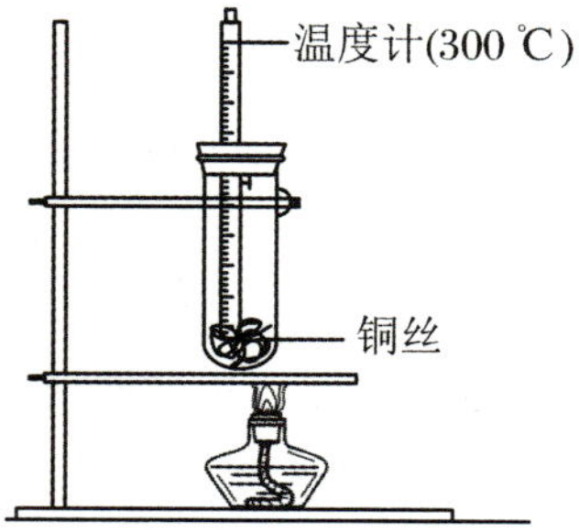

图 1.71

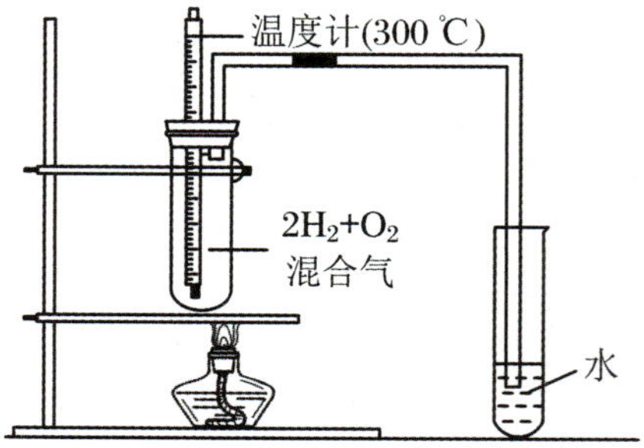

图 1.72

有氧环境中铜丝与氧气反应，先生成 CuO，然后 CuO 失氧给乙醇。黑色氧化铜变为亮红色并且呈红热状态，说明催化剂参与了中间反应且是放热的。乙醇在有氧脱氢过程中存在中间过渡态物质氧化铜。

因此，作者认为在有氧条件下，Cu 与 O_2 先形成 CuO，CuO 作为氧化剂提供氧，氧化乙醇生成醛，反应机理如下：

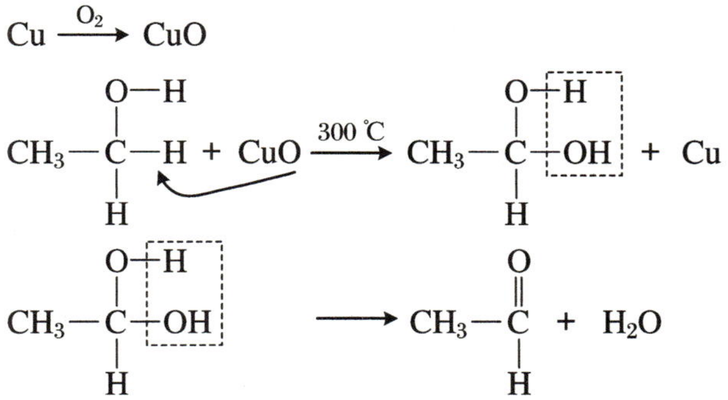

而在无氧条件下，铜作为催化剂参与反应使醇脱氢生成醛或酮，存在醇、酮中间过渡态[$CH_3CH_2O^- Cu^+$]，乙醇铜催化无氧脱氢生成醛，反应机理如下：

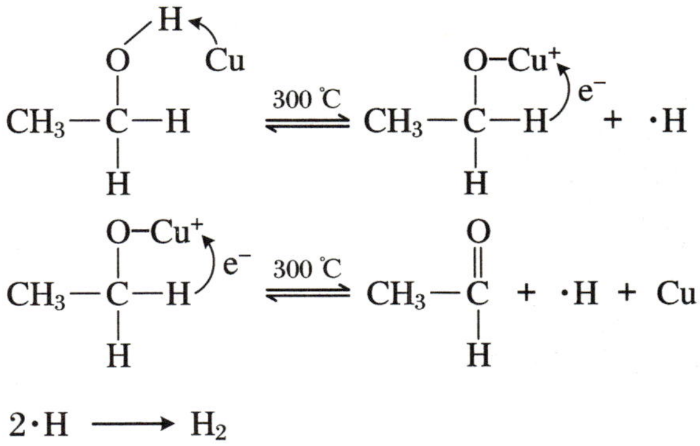

2. 从装置创新的角度进行改进的实验

高娘 、叶小慈等创新使用 Y 形试管(图 1.73)、Y 形玻璃管(图 1.74)，将教材中开放体系改为一个相对封闭的体系，实现了实验的绿色化、一体化。实验装置微型化、简易化，试剂用量少，现象明显，反应时间短，方便快捷。

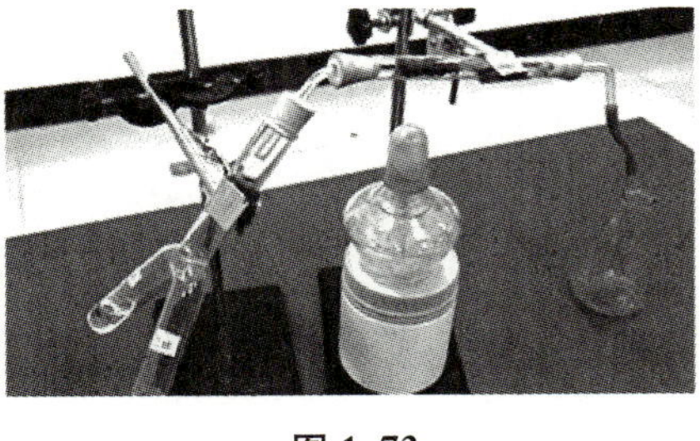

图 1.73

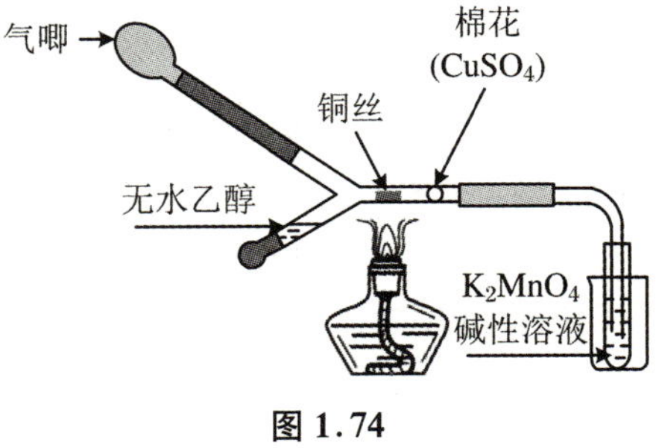

图 1.74

朱康、王美志将套管实验的设计理念创新性地应用于乙醇催化氧化实验的设计中，装置如图 1.75 和图 1.76 所示。该实验利用套管压缩了乙醇和氧化铜的接触空间，使乙醇和氧化铜得以充分反应，提高了乙醇的氧化效率。并使用长导管冷凝回流乙醇，提高了原料的利用率；利用冰水浴收集产物，得到的产物中乙醛含量较高，一定程度上减少了乙醛蒸汽的挥发，绿色环保。装置紧凑巧妙，操作简单，对比鲜明。该实验运用空白实验、对比实验等探究方法，有助于培养学生形成更严密的思维品质。

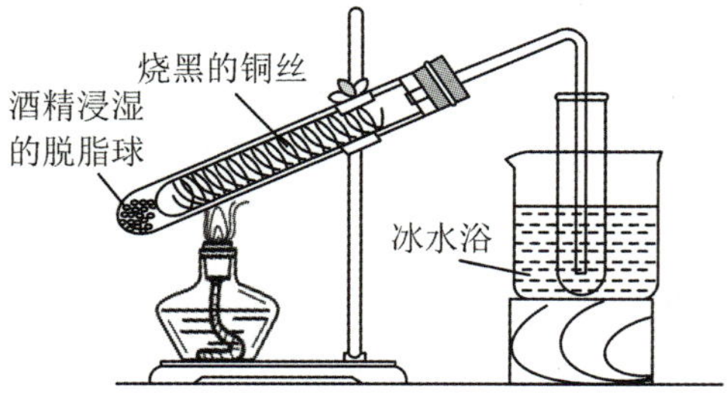

图 1.75

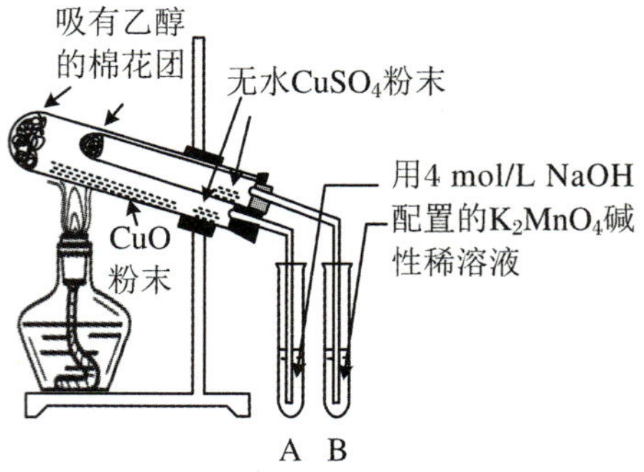

图 1.76

陈彩凤、尚广斗等利用可加热的不等高具支 U 形管(图 1.77)或弯形具支试管(图 1.78)改进了教材实验，实验操作简单易行，操作时间短，适合于课堂演示。

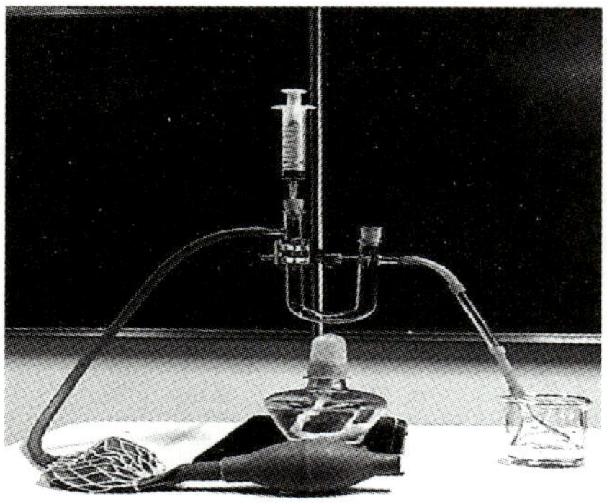

图 1.77

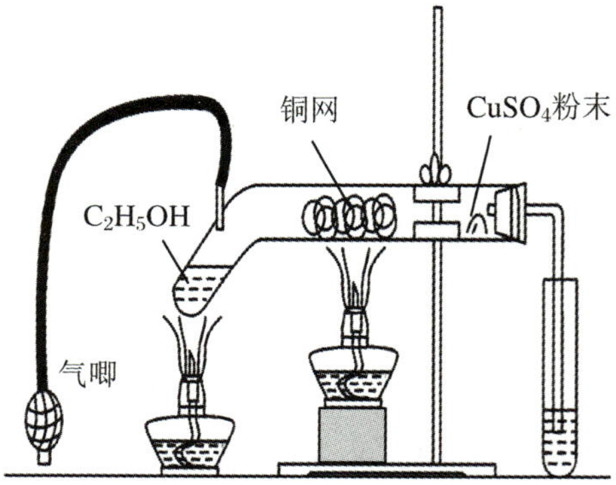

图 1.78

张卜蕊等巧妙地利用酒精灯焰心蒸汽设计了乙醇催化氧化实验。该实验利用生活中废旧的安瓿瓶和注射器作为仪器的替代品，做到了实验装置微型化和药品的微量化。实验操作简便，现象明显，有助于激发学生的学习兴趣。

李勇等在张卜蕊研究的基础上，使用双头酒精灯代替单头酒精灯，解决了抽动注射器时酒精灯火焰变小的问题，同时使用大容量注射器，增加乙醇蒸汽的流量，使反应更充分，分组实验取得了理想的效果。

杨毅旭等利用“4V”形玻璃管对乙醇催化氧化进行了一体化的设计，节省了实验的时间，可广泛用于教师演示或学生分组实验，具有可推广性(图 1.79)。

张婧等根据化学实验设计应遵循的科学性、绿色化、安全性等原则，设计了新的实验装置(图 1.80)。该实验方案科学安全、现象明显，产物检测直观，易于操作，课堂演示效果好，方便学生动手实验，可以推广。

肖修锋等、吴亚男等将制作好的“方形盒状铜片”放在三脚架上，用酒精灯灼烧，铜片由红色变黑色后，滴加无水乙醇，乙醇在铜片上不断滚动，滚动经过的地方，铜片立即由黑变红，可形象地称为"滴醇生花"。或将无水乙醇滴入小烧杯中倒置在铜片上表面，铜片在局部由黑色变为红色，部分乙醇受热气化，充满整个烧杯，可形象地称为"雾里看花"。

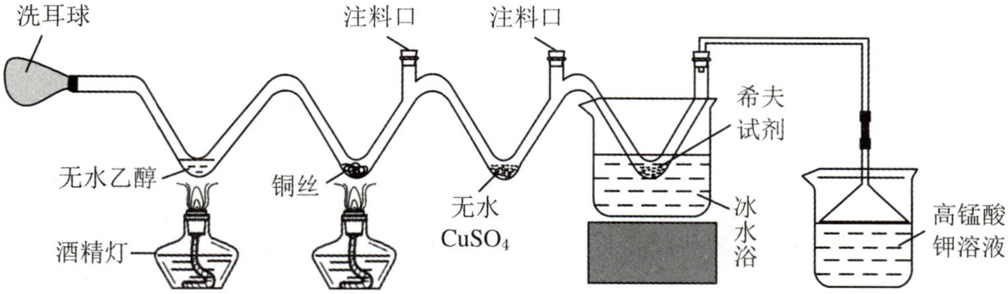

图 1.79

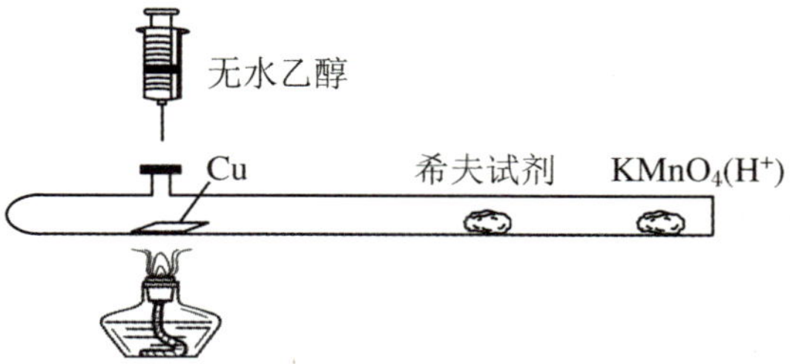

图 1.80

3. 从产物检验的角度进行改进的实验

郑海鹏等对大量相关文献进行了梳理，进而对乙醇催化氧化实验中生成物检验的方案进行了总结：

(1) 乙醛的检验试剂主要有银氨溶液、新制 $Cu(OH)_2$、$Na_2[Cu(OH)_4]$试纸、Schiff 试剂、酸性高锰酸钾、饱和 $NaHSO_3$ 溶液、$NaFe(CN)_5NO$ 溶液等。

(2) 水的检验试剂主要有无水硫酸铜、变色硅胶。

唐增富借助现代化仪器气相色谱仪改进了乙醇催化氧化的实验。实验方案为：首先取无水乙醇，加热铜丝至表面变黑，将铜丝插入无水乙醇中，取出铜丝。使用润洗过后的注射器取少量氧化后的乙醇溶液，注入气相色谱仪，采集数据，得到色谱图，与无水乙醇和乙醛的色谱图进行对比，得出乙醇催化氧化的产物中含有乙醛。该实验方案既能观察宏观现象，又能确定微观物质；既能易引起注意，提高效率，又能发展方法，拓宽视野。

实验创新

实验原理：乙醇催化氧化生成乙醛，乙醛与饱和亚硫酸钠溶液反应生成氢氧化钠，溶液碱性明显增强，可利用 pH 传感器测量溶液 pH 曲线的变化。

实验仪器及药品：无水乙醇、饱和亚硫酸钠溶液、粗铜丝、具支试管、橡胶塞、试管架、导管、10 mL 量筒、50 mL 烧杯、pH 传感器、数据采集器、计算机、酒精灯。

实验步骤：(1) 取直径 2.5 mm 的粗铜丝约 20 cm，自制成长约 9 cm 下端呈螺旋状的粗铜丝，将铜丝穿过橡皮塞，确定好高度。

(2) 组装好实验装置(图 1.81)，向具支试管中加入 5 mL 无水乙醇，向 50 mL 小烧杯中加入 20 mL 饱和亚硫酸钠溶液，将 pH 传感器放入烧杯中。

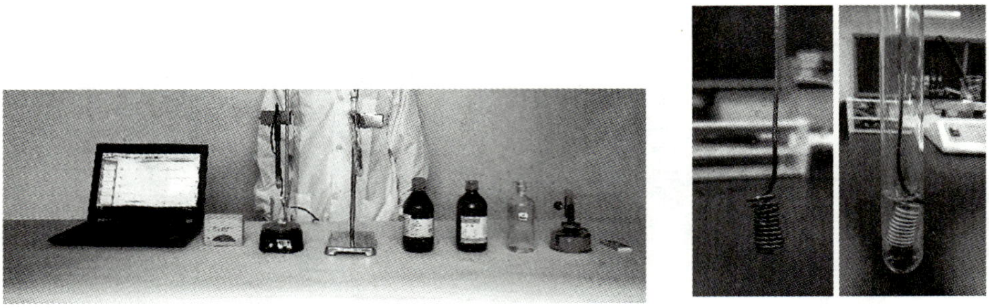

装置图　　　　铜丝插入无水乙醇前后对比图

图 1.81

(3) 打开磁力搅拌器，点击计算机“开始”按钮采集 pH 数据。将粗铜丝的螺旋部分放入酒精灯外焰加热至红热，迅速插入无水乙醇中，塞紧橡皮塞，待小烧杯内反应结束时及时拔出橡胶塞，防止发生倒吸。点击“停止”按钮，得到 pH 变化曲线，如图 1.82 所示。

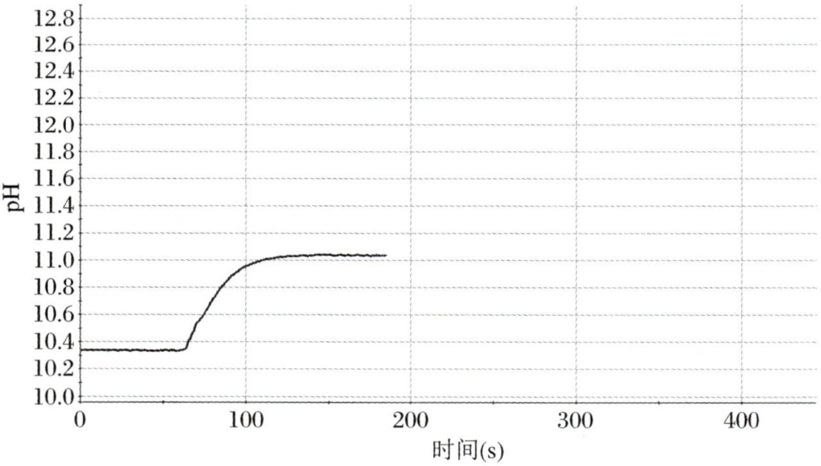

图 1.82

(4) 打开磁力搅拌器，点击计算机“开始”按钮采集 pH 数据。向小烧杯中加入 1 mL 乙醛，一段时间后，停止采集数据，得到 pH 变化曲线，如图 1.83 所示。

实验现象及解释：对比图 1.82 和图 1.83 可知，实验过程中，溶液曲线显示溶液 pH 明显增大，碱性明显增强，说明反应生成了强碱，由实验原理可知乙醇催化氧化生成了乙醛。

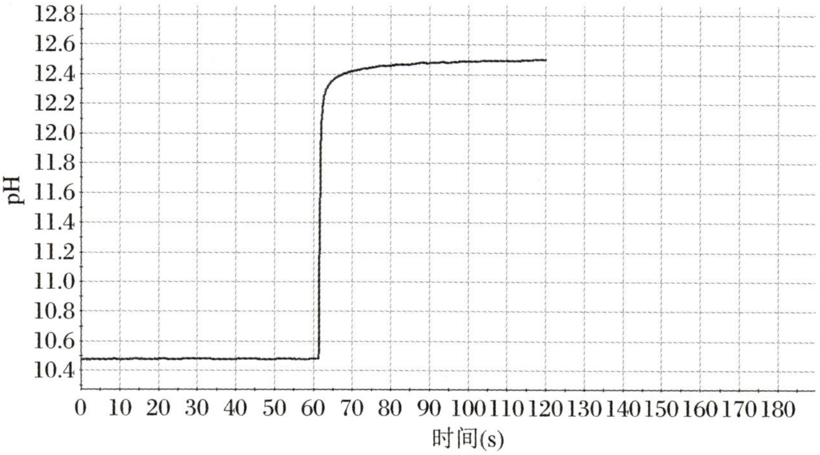

图 1.83

实验评价：数字实验的应用，将实验过程可视化和定量化，使实验结论更加准确可靠。数字实验和传统实验的有机融合，既保留了教材中传统实验的定性分析和规范操作等优点，又发挥了数字实验定量分析的优越性，优势互补，相得益彰。

参考文献

[1] 戴志群.乙醇氧化乙醛实验中铜不是催化剂[J].化学教学，1993(3)：40-41.

[2] 杜文敏.乙醇的(Cu)催化氧化实验补遗[J].化学教与学，2018(5)：92-93.

[3] 李先栓.铜催化氧化乙醇生成醛的反应机理[J].化学教学，2011(9)：45-46.

[4] 高媛.乙醇催化氧化的实验改进[J].高中数理化，2020(S1)：81.

[5] 叶小慈，谢永荣.乙醇催化氧化微型实验改进[J].教育与装备研究，2020，36(3)：53-54.

[6] 朱康.乙醇催化氧化的补充实验[J].中学化学教学参考，2021(7)：51-52.

[7] 王美志.乙醇催化氧化实验的改进[J].化学教学，2011(9)：43-44.

[8] 陈彩凤，陈迪妹，胡加烽，等.乙醇催化氧化实验的优化设计[J].教育与装备研究，2016，32(9)：61-63.

[9] 尚广斗，范聪慧.巧用“弯形具支试管”改进乙醇催化氧化的实验[J].中小学实验与装备，2014，24(1)：23.

[10] 张卜蕊，刘自科，李忠元.乙醇催化氧化及产物检验实验的创新设计[J].教育与装备研究，2018，34(2)：75-76.

[11] 李勇，袁清磊.乙醇催化氧化及产物性质实验的再改进[J].中学化学教学参考，2020(1)：53-54.

[12] 杨毅旭，丁伟，倪同慧.乙醇催化氧化实验创新[J].中学化学教学参考，2021(12)：74-75.

[13] 张婧，牛晨，韩秋霞，等.乙醇催化氧化实验的改进[J].化学教学，2019(10)：58-61.

[14] 肖修锋，符昕.滴醇生花：乙醇催化氧化反应的改进[J].化学教育，2015，36(3)：73-74.

[15] 吴亚男.从“滴醇生花”到“雾里看花”：乙醇催化氧化实验的改进[J].化学教与学，2015(10)：85-86.

[16] 郑海鹏，周星宏.乙醇催化氧化实验改进的研究综述[J].教育与装备研究，2022，38(1)：45-50.

[17] 孙继胜，杨芹，裴传友.基于数字实验的乙醇催化氧化产物的检验[J].中学化学教学参考，2021(20)：73-74.

第 二 部 分
创新型数字化实验

实验一　碘含量测定中的异常现象探究

实验视频

问题提出

海带中碘含量的测定包含氧化还原反应、酸碱中和滴定、化学反应限度与速率等相关知识，对其进行设计教学可以帮助学生在分析、解决问题的过程中，体会科学探究的过程，初步形成科学探究的方法和思路。

海带中碘含量的传统测定方法为滴定法，其主要反应原理为

$$H_2O_2 + 2I^- + 2H^+ \xlongequal{\quad} I_2 + 2H_2O \tag{1}$$

$$2Na_2S_2O_3 + I_2 \xlongequal{\quad} 2NaI + Na_2S_4O_6 \tag{2}$$

实验操作中，该反应达到滴定终点时的实验现象应为被测液由蓝色变为无色且半分钟内颜色不恢复。但在实际的实验教学中却出现了异常的现象：变为无色后的被测液会反复变回蓝色（图 2.1）。因此笔者对此异常现象进行了合理的假设，并以传统实验与数字化实验相结合的方式对此现象进行了探究以用于课堂教学。

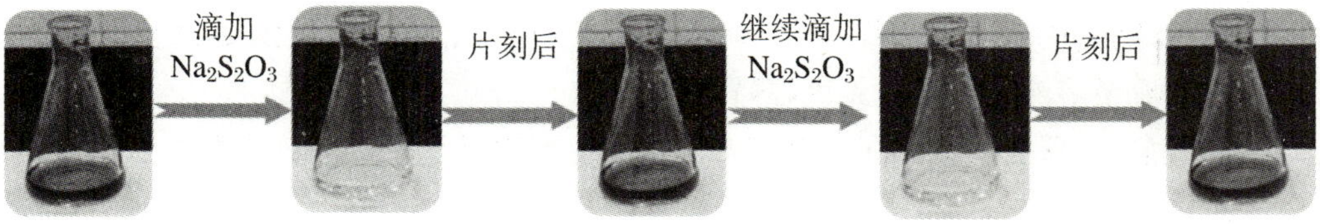

图 2.1

实验研究

（一）实验猜想

猜想 1：被测液由无色复变为蓝色的原理为碘离子又重新被氧化剂氧化成碘单质，结合测定碘离子含量的实验环境和相关实验用品，对氧化剂的成分提出如下合理假设：氧化剂为空气中的 O_2 或剩余的 H_2O_2。

猜想 2：上述反应(1)为慢反应，反应(2)为快反应，因此反应(2)进行完全后反应(1)

仍在反应生成 I_2。

（二）实验仪器和实验药品

实验仪器：锥形瓶，试管，胶头滴管，氧化还原电势传感器（ORP），数据采集器，电子搅拌器，注射器，鲁尔锁等。

实验药品：0.0082 mol/L $Na_2S_2O_3$ 溶液，0.01 mol/L KI 溶液，含 I^- 待测液，淀粉溶液，0.2 mol/L H_2O_2 溶液，0.02 mol/L H_2O_2 溶液，0.1 mol/L H_2SO_4 溶液等。

（三）传统实验探究 O_2 和 H_2O_2 对滴定过程中的影响

实验装置：如图 2.2 所示。

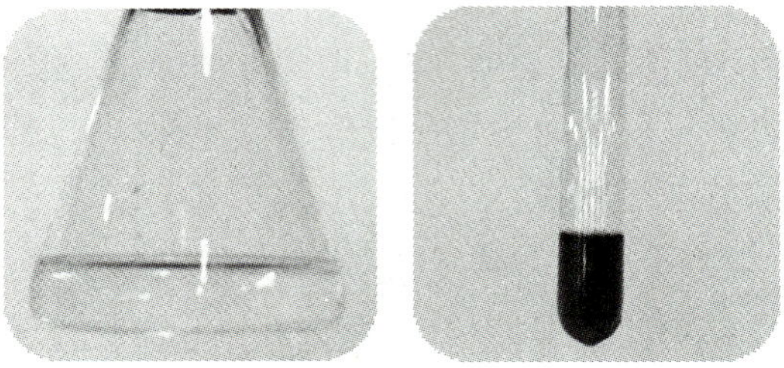

图 2.2

实验步骤：(1) 在锥形瓶中加入 10 mL 含 I^- 的待测液；另取一支试管用胶头滴管加入 3 mL 含 I^- 的待测液；

(2) 在锥形瓶和试管中各加入 2 滴 0.1 mol/L H_2SO_4 溶液与 2 滴淀粉溶液，静置并观察现象。

(3) 在试管中继续滴加 1 滴 0.2 mol/L H_2O_2 溶液，溶液颜色变为蓝色后加入 $Na_2S_2O_3$ 溶液至溶液恰好变为无色，静置观察现象。

实验现象：久置后的锥形瓶中溶液未发生颜色变化；经步骤(3)处理后的试管中溶液复变为蓝色。

实验结论：被测液由无色复变为蓝色并不是氧化剂造成的，即空气中的 O_2 或剩余的 H_2O_2 不是造成碘含量测定中异常现象的主要原因。

（四）传统实验探究化学反应速率对滴定过程的影响

实验装置：如图 2.2 所示。

实验步骤：(1) 在锥形瓶中加入 0.01 mol/L KI 溶液。

(2) 继续在锥形瓶中加入 8 滴 0.1 mol/L H_2SO_4 与 2 滴 0.02 mol/L H_2O_2（少量）溶液。

(3) 将第(2)步的混合溶液静置 12 h 后再用 0.0082 mol/L $Na_2S_2O_3$ 溶液进行滴定，观察有无反复变色情况。

实验现象：锥形瓶中的溶液变为无色后不出现反复变色现象。

实验结论：造成碘含量测定中异常现象的可能原因是，$H_2O_2 + 2I^- + 2H^+ = I_2 + 2H_2O$ 为慢反应，而 $2Na_2S_2O_3 + I_2 = 2NaI + Na_2S_4O_6$ 为快反应。

（五）数字化实验再探化学反应速率对滴定过程的影响

1. ORP 传感器测定 $Na_2S_2O_3$ 溶液滴定含碘离子待测液过程中电势的变化

实验装置：如图 2.3 所示。

图 2.3

实验步骤：（1）向烧杯中加入含 I^- 待测液 20 mL，0.1 mol/L H_2SO_4 溶液，0.2 mol/L H_2O_2 溶液与淀粉溶液各 2 滴，打开磁力搅拌器进行混合搅拌。

（2）将 ORP 传感器、数据采集器与计算机相连，并将 ORP 传感器放入烧杯中。

（3）将 0.0082 mol/L $Na_2S_2O_3$ 溶液加入注射器中，打开鲁尔锁的同时点击计算机中的"数据采集"按钮，用 Logger Pro 采集数据，通过软件分析并以时间为横轴、电势为纵轴作图。

（4）溶液变为无色后关闭鲁尔锁，待溶液复变为蓝色后再打开鲁尔锁继续滴定，并重复上述操作 3～4 次。

2. ORP 传感器测定 H_2O_2 溶液与含碘离子待测液反应过程中电势的变化

实验装置：如图 2.3 所示。

实验步骤：（1）向烧杯中加入含 I^- 待测液 20 mL，0.1 mol/L H_2SO_4 溶液，打开磁力搅拌器进行混合搅拌。

（2）将 ORP 传感器、数据采集器与计算机相连，并将 ORP 传感器放入烧杯中。

（3）在将 2 滴 0.02 mol/L H_2O_2 加入烧杯的同时点击计算机中的"数据采集"按钮，用 Logger Pro 采集数据，通过软件分析并以时间为横轴、电势为纵轴作图。

3. 实验数据处理

ORP 传感器能够测量溶液中氧化剂的氧化能力或还原剂的还原能力。当数值为正时，说明溶液含有氧化性物质，当数值为负时，说明溶液含有还原性物质。

$Na_2S_2O_3$ 溶液滴定含碘离子待测液过程中 ORP 传感器测定溶液的电势与时间关系如图 2.4 所示。H_2O_2 溶液与含碘离子待测液反应过程中 ORP 传感器测定溶液的电势与时间关系如图 2.5 所示。

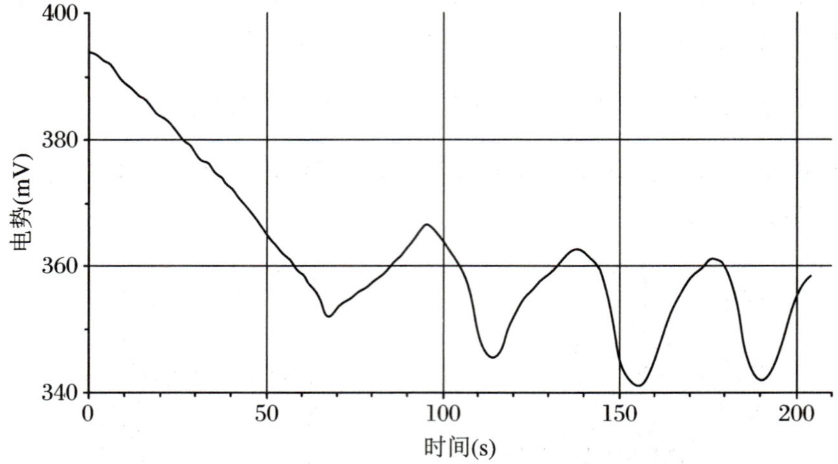

图 2.4

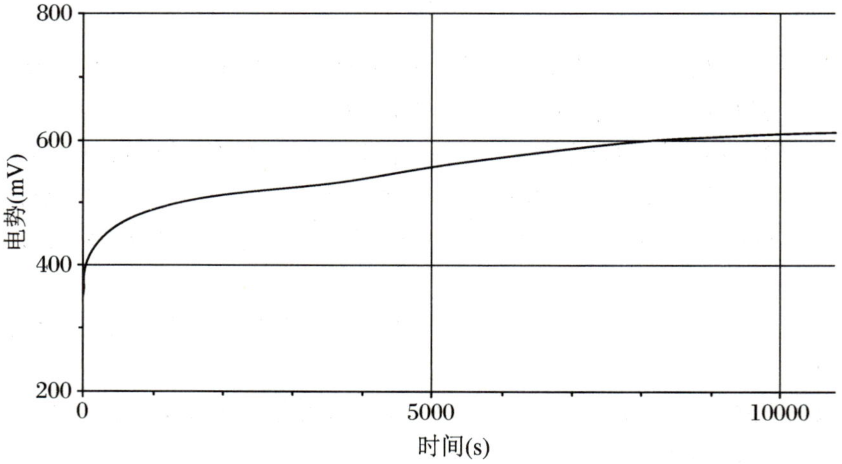

图 2.5

由图 2.4 可知，$Na_2S_2O_3$ 溶液滴定含碘离子待测液过程中电势呈下降趋势，且溶液由蓝色变为无色，在曲线下降过程中，溶液内的氧化性物质浓度在降低，主要发生反应(2)，即

$$2Na_2S_2O_3 + I_2 = 2NaI + Na_2S_4O_6$$

关闭鲁尔锁后曲线呈上升趋势，且溶液由无色复变为蓝色，在曲线上升过程中，溶液内的氧化性物质浓度在升高，主要发生反应(1)，即

$$H_2O_2 + 2I^- + 2H^+ = I_2 + 2H_2O$$

多次重复滴定仍发现反应(1)会持续进行，由此可说明反应(1)为慢反应。

结合图 2.5 可知，少量 H_2O_2 溶液与含碘离子待测液溶液反应约 3 h 后，溶液的电势值才趋于稳定，同样证实了反应(1)为慢反应。

实验结果与讨论

通过传统实验与数字化实验的互相印证，可以得知碘含量测定中被测液反复变蓝的异常现象并不是由于碘离子重新被氧化成碘单质，而是因为反应(1)与反应(2)的速率相差过大。

碘含量的滴定计算是氧化还原反应滴定中的重难点问题，其过程抽象复杂，对其异常反应的再探究，既促进学生对于化学知识与技能的学习，又可以帮助学生构建氧化还原反应滴定模型。通过定性实验与数字化实验相结合，宏观现象与曲线表征相结合，学生体会到化学反应速率对异常现象的影响，进而形成从热力学和动力学全面分析化学反应的意识。

实验二　硫酸亚铁和硝酸银溶液反应探究

实验视频

问题提出

硫酸亚铁与硝酸银溶液的反应在学生的认知中应为复分解反应，即发生

$$FeSO_4 + 2AgNO_3 = Ag_2SO_4\downarrow + Fe(NO_3)_2$$

实验现象应为产生白色 Ag_2SO_4 沉淀（已知 Ag_2SO_4 为白色固体，$K\mathrm{sp} = 1.20\times10^{-5}$），静置后上层清液呈浅绿色。但是在实验教学操作中，却出现了与学生原有认知不相符的实验现象：$FeSO_4$ 和 $AgNO_3$ 溶液混合后溶液变黑，静置后试管底部有灰色沉淀，上层清液呈黄色。

笔者依据此异常反应现象，综合利用氧化还原反应、离子反应、原电池与元素化合物等相关知识，逐步引导学生进行实验探究，在探究过程中结合 POE 教学策略，有效培养学生证据推理等学科核心素养。

实验研究

（一）实验仪器和实验药品

实验仪器：试管，胶头滴管，石墨电极，银电极，盐桥，电流表，烧杯，数据采集器，计算机等。

实验药品：0.1 mol/L $FeSO_4$ 溶液，0.2 mol/L $FeSO_4$ 溶液，0.1 mol/L $AgNO_3$ 溶液，0.2 mol/L $AgNO_3$ 溶液，0.2 mol/L $NaNO_3$ 溶液，KSCN 溶液等。

（二）硫酸亚铁与硝酸银反应的实验

实验步骤：(1) 向 2 mL 0.2 mol/L $FeSO_4$ 溶液中加入 2 mL 0.2 mol/L $AgNO_3$ 溶液，振荡，静置。

(2) 取经(1)静置得到的上层清液于另一试管中，滴加 KSCN 溶液，观察现象。

实验现象：$FeSO_4$ 和 $AgNO_3$ 溶液混合后溶液变黑，静置后试管底部有灰色沉淀，静

置后上层清液呈黄色(分别如图 2.6、图 2.7 所示)。在上层清液中滴加 KSCN 溶液发现溶液变红。

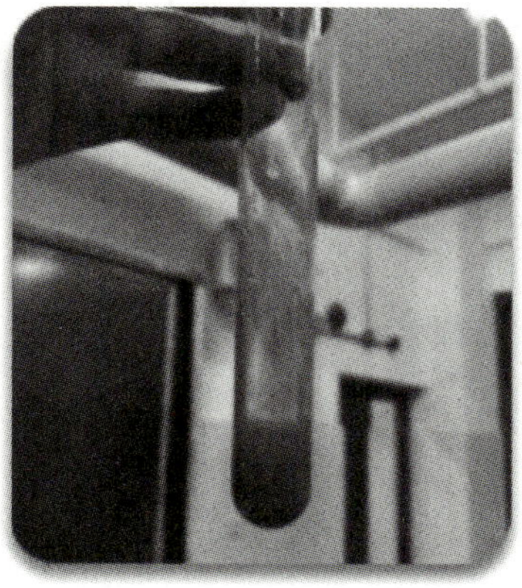

图 2.6

图 2.7

实验结论：$FeSO_4$ 和 $AgNO_3$ 溶液反应的过程中 Fe^{2+} 被氧化成了 Fe^{3+} 。

（三）验证 NO_3^- 与 O_2 对 Fe^{2+} 的氧化作用

实验步骤:(1) 对 $NaNO_3$ 溶液进行酸化,使其 pH 与 0.2 mol/L $AgNO_3$ 溶液的 pH 相等。

(2) 向 2 mL 0.2 mol/L $FeSO_4$ 溶液中加入 2 mL 0.2 mol/L $NaNO_3$ 溶液,静置。

(3) 向试管中加入 KSCN 溶液,观察溶液颜色变化。

实验现象:试管中溶液无明显现象,加 KSCN 溶液不变红。

实验结论：NO_3^- 与 O_2 并不能在硫酸亚铁和硝酸银溶液反应的过程中氧化 Fe^{2+} 。

（四）微电流传感器探究 Ag^+ 对 Fe^{2+} 的氧化作用

实验装置:如图 2.8 所示。

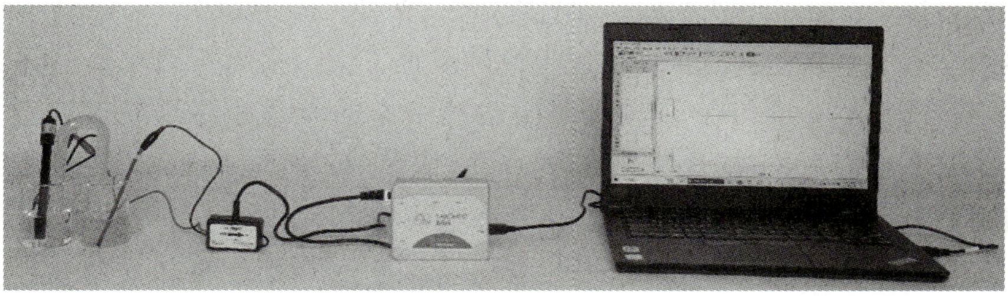

图 2.8

实验步骤:(1) 取两个烧杯,分别加入 50 mL 0.1 mol/L $FeSO_4$ 溶液与 50 mL 0.1 mol/L $AgNO_3$ 溶液。

(2) 将石墨电极放入 $FeSO_4$ 溶液中,将银电极放入 $AgNO_3$ 溶液中,并将电极与微电流传感器、数据采集器、计算机相连。

(3) 点击计算机中的“数据采集”按钮，放入盐桥，用 Logger Pro 采集数据，通过软件分析并以时间(s)为横轴、电流(A)为纵轴作图。

实验数据及处理：微电流传感器测定的原电池电流与时间关系如图 2.9 所示。

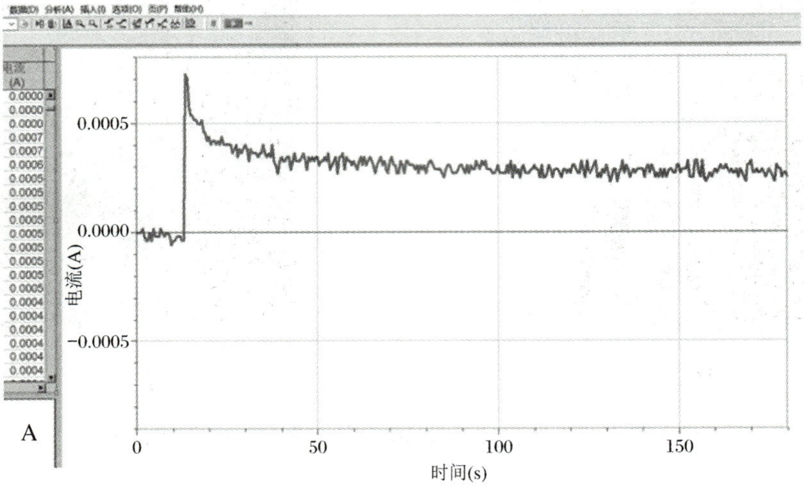

图 2.9

由图 2.9 可知，在盐桥放入的瞬间，电流数值产生突跃，由 0 变为 0.0007 A，说明线路中产生了电流，该原电池中发生了如下的氧化还原反应：

$$Ag^{+} + Fe^{2+} \xlongequal{} Ag + Fe^{3+}$$

实验结果与讨论

通过传统实验与数字化实验，可以得知 NO_3^- 与 O_2 并不能在硫酸亚铁和硝酸银溶液反应的过程中氧化 Fe^{2+}，而 Ag^+ 在此过程中氧化了 Fe^{2+}。

该实验可以用微课的形式在课堂中展现，可以按照发现 $FeSO_4$ 和 $AgNO_3$ 溶液反应的奇特现象—提出问题—进行合理假设—设计验证方案—预测实验现象—动手实验操作—观察实验现象—记录实验结果—得出实验结论的教学顺序组织微课教学，在对 $FeSO_4$ 和 $AgNO_3$ 溶液反应的奇特现象进行实验探究的过程中，可以有效提升学生的科学探究能力，培养创新意识，其中以数字化和原电池的形式探究 Ag^+ 对 Fe^{2+} 的影响可以进一步从多重表征的角度使学生树立变化观念，培养其证据推理能力。

实验三　氯化铜溶液的分解电压和导电性的测定

问题提出

电解氯化铜溶液是高中化学教学中一个非常重要的电化学实验。然而在实验时发现，如果电压过低，则没有电极现象，氯化铜溶液也几乎不导电，且在一定电压范围内溶液的电阻随着电压的增大而减小。以上状况是什么原因导致的呢？电解氯化铜溶液究竟应该采取多大的电压才合适呢？本实验利用电流、电压传感器通过测定氯化铜溶液的分解电压来解决这些问题。

实验研究

当直流电通过电解质溶液时，在溶液内部，阳离子向阴极移动，阴离子向阳极移动，并在电极上进行放电。阳离子在阴极上得到电子发生还原反应；阴离子在阳极上失去电子发生氧化反应。在 $CuCl_2$ 溶液中插入石墨电极电解，有如下电极反应：

阴极（负极）：　$Cu^{2+} + 2e^- = Cu$

阳极（正极）：　$2Cl^- - 2e^- = Cl_2(g)$

电解反应：　$Cu^{2+} + 2Cl^- = Cu + Cl_2(g)$

即电解反应的结果是使氯化铜分解。那么是不是任意电压都能使氯化铜分解呢？

1. $CuCl_2$ 溶液的理论分解电压

电解一旦开始，电极产物铜和氯气在电解池中构成了原电池，原电池产生的电动势与外加电压相反。理论分解电压即为由 Cu 和 Cl_2 组成的化学电池的反电动势，即

$Cu(s) \mid CuCl_2(1\ mol/L) \mid Cl_2(100\ kPa) \mid C$

$\varphi(Cu^{2+}/Cu) = \varphi^{\ominus} = 0.342\ V$

$\varphi(Cl_2/Cl^-) = \varphi^{\ominus} + 0.0592/2 \times \lg 1/2 = 1.358\ V - 0.0089\ V = 1.349\ V$

理论分解电压为

$$E(理论) = \varphi(Cl_2/Cl^-) - \varphi(Cu^{2+}/Cu) = 1.349\ V - 0.342\ V = 1.007\ V$$

那么，当外加电压达到理论分解电压时，氯化铜溶液的电解是不是就能持续进行了呢？

2. $CuCl_2$ 溶液分解电压

在电解时，电极的平衡状态已被破坏，成为不可逆电极，因此实际电解所需的电压比理论分解电压要大。为使电解不断进行而必须外加的最小电压值，称为电解质在该条件下的分解电压。分解电压超过原电池可逆电动势的部分称为超电势。

为了测定 $CuCl_2$ 溶液的分解电压，本实验在 1 mol/L $CuCl_2$ 溶液中插入两个石墨电极，连接电压和电流传感器，通过调节滑线电阻器的电阻逐渐增加电压进行电解，测定电极两端的电压和电流值（装置如图 2.10 所示）。当电压增加到某一数值时，电流突然呈直线上升，电极上有气泡逸出。从实验获得的电流-电压曲线上找出电流的直线上升段，将此直线作延长线与电势轴的交点即为所求分解电压（图 2.11）。

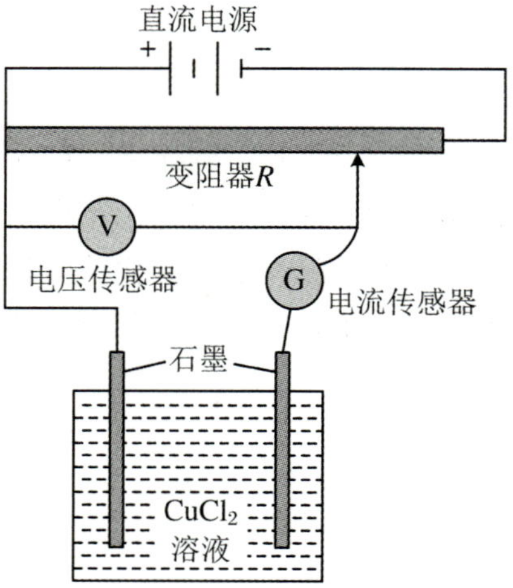

图 2.10

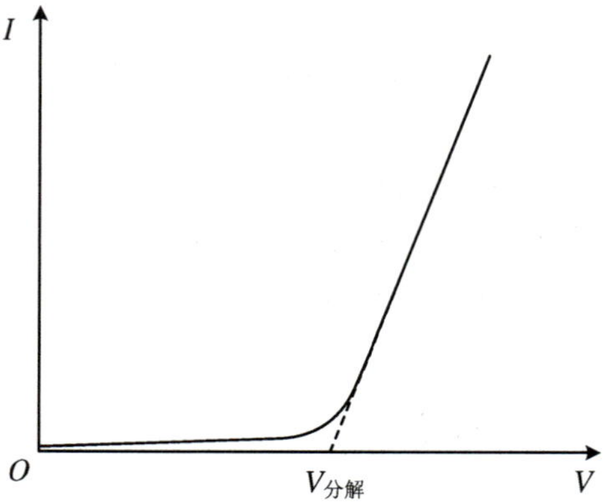

图 2.11

实验步骤：(1) 将两支石墨电极清洗干净后，分别插入已装 1 mol/L $CuCl_2$ 溶液的电解池中直至浸没。

(2) 按照要求正确连接线路，并使滑线电阻器的滑动点放在输出的最低处。

(3) 打开采集软件，开始采集数据。

(4) 缓慢移动滑线变阻器，使电压逐渐缓慢增加。到电压为 2.0 V 时，停止实验。软件采集到的电流随电势变化曲线如图 2.12 所示。

曲线分析与数据处理：由图 2.12 可以看出，刚开始加电压时（对应 A 点），电流强度很小，接近零。此时电极上几乎观察不到电解现象。之后，随着电压的增大，电流略有增大，如图中 A～B 段。此时对应的实验现象是电极表面附着极少量铜和氯气，氯气不易逸出。电解产物铜和氯气在电解池中又构成了原电池，该原电池产生的反电动势会随着外加电压的增大而同步升高。因为 Cl_2 从电极上缓慢向外扩散，使原电池电动势总是略小于外加电压，所以只有微小电流通过。外加电压必须克服原电池的反电动势，电解才能持续稳定地显著进行。当电压增至 B～C 段时，电流继续有少许增加。此时氯气的压力等于大气压力，有气泡逸出，原电池的反电动势达极大值。此后再增加电压，电流 I 就呈直线增加。此曲线斜率的倒数为 $U/I = R$，即为两电极间的氯化铜溶液的电阻。A 点的斜率很小，说明溶液的电阻很大。从 A 到 C 间，曲线的斜率在不断增大，说明此时溶液的电阻随着电压的增大而减小。在 C 之后的直线段，斜率几乎不再变化，说明此时溶液的电阻也保持不变，约为5 Ω。将直线外延至电流 $I=0$ 处，即可得到分解电压，这就是使 $CuCl_2$ 溶液不断发生电解需要外加的最小电压。本实验用石墨作电极，测出 1 mol/L $CuCl_2$ 溶液的分解电压为 1.248 V，超电势为 1.248 V − 1.007 V = 0.241 V。

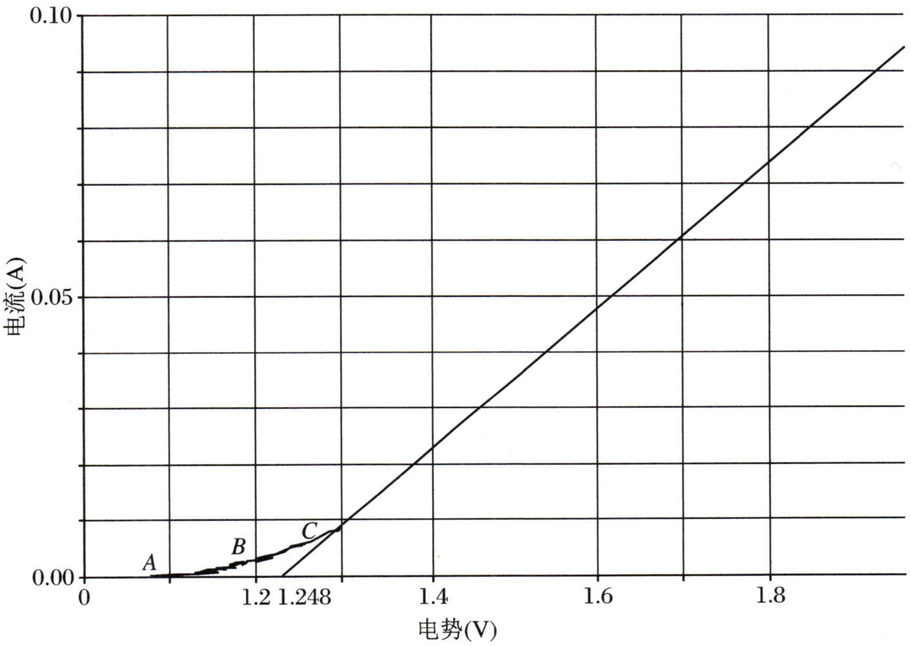

图 2.12

实验结果与讨论

1. 电解质溶液导电性与分解电压的关系

当外加电压低于电解质溶液的分解电压时，因为几乎没有发生电解，阴阳两极上转移的电子数很少，所以电流很小，直接体现为溶液的导电性很差。此时，溶液的电阻很大，可以高达数千欧姆，并且会随着外加电压的增大而减小。直到外加电压高于分解电压时，溶液的电阻才基本保持不变。这与其他类型导体的导电性相比呈现出很大的不同。由此可见，所谓的“电解质溶液能够导电”通常是指在外加电压大于其分解电压时的导电性。

2. 电解氯化铜溶液应采取的电压范围

同一个实验的分解电压在不同的情况下会存在差异。通常，两极间的距离越长，电解质溶液的浓度越小，分解电压就越大。所以在电解实验之前需要测定分解电压。然而，教学中往往没有时间在进行演示实验之前都测定分解电压。在不知道分解电压的情况下，我们就应该按照测定分解电压的方式逐渐增加外电压直到电解池中出现温和、稳定的电解现象为止。值得注意的是，在电解氯化铜溶液时，若电解电流过大，阴极碳棒上析出铜的速率较快，铜镀层就会由于质地疏松而容易脱落，并且阳极的碳棒上也会生成较多的氯气而产生污染。我们利用本实验原理，改变石墨电极间距和氯化铜溶液的浓度，通过多组实验确定电解氯化铜溶液比较合适的电压范围为 1.5～6.0 V。实验时我们可以根据需要在此范围内调节到一个合适的电压值。

参考文献

[1] 王新平，王旭珍，任素贞，等.关于超电势和电解压的教学讨论[J].大学化学，2016(6)：67-71.
[2] 尤蕾蕾，潘志刚.有关电解的概念及原理[J].化学教学，2010(10)：1-5.

实验四　氯酸钾热分解温度的测定

问题提出

“加热氯酸钾制取少量氧气”是初中化学教材广泛选用的一个经典实验。因而研究氯酸钾的分解温度和速率的文献比较多。但这些文献在涉及氯酸钾的具体分解温度时，大都语焉不详或相差较大。我们在比较这些文献时发现，人们得出不同结论的主要原因在于氯酸钾热分解过程的复杂性、实验手段、实验条件、实验方法的不同。其中最重要的一点在于不好判断氯酸钾具体的分解时刻，例如热重分析过程中由于氯酸钾受热迸射导致质量减少，但常使实验者误以为是其分解所致。我们受热重分析原理的启发，运用氧气传感器和高温传感器可以实时监测氧气浓度和加热温度的优势，在持续加热氯酸钾直到其分解时，容器内氧气的浓度会突然增加，以此来确定氯酸钾分解的具体温度，从而化解这一难题。

实验研究

(一)氯酸钾的热分解

1. 文献综述

我们查阅了各种化学手册、大量文献，发现人们对于氯酸钾的热分解温度，甚至熔点的认识还存在混乱之处。其中，代表性的观点有以下几种：朱文祥认为氯酸钾的熔点为356 ℃，加热至400 ℃左右时转变为高氯酸钾和氯化钾，550 ℃时释放出全部氧。赵继周认为纯氯酸钾加热到365 ℃时即熔化，到395 ℃时即分解为高氯酸钾和氯化钾，同时有少量氧气生成。《试剂手册》中描述氯酸钾的性质为：加热到368 ℃则发生分解生成氯化钾及高氯酸钾，再加热则分解为氯化钾及氧气，熔点为368 ℃。《兰氏化学手册》中提到氯酸钾熔点为368 ℃，沸点大于400 ℃。而《现代化学试剂手册》中描述：氯酸钾熔点为356 ℃，约400 ℃时开始分解，加热至610 ℃时放出所有的氧。

2. 实验内容

本实验均采用 Vernier 公司 Labquest 数据采集器、氧气传感器和热电偶高温传感器，采集软件为 Vernier 公司的 Logger Pro。

取一支 32 mm×300 mm 的大试管，向其中加入大约 4.0 g 氯酸钾（分析纯），并固定在铁架台上。把高温传感器探头小心地插入药品内，然后把氧气传感器插在试管口，实验装置如图 2.13 所示（省略夹持仪器）。打开 Logger Pro 软件，开始采集数据。点燃酒精灯加热试管。以氧气的体积分数为纵坐标，以温度为横坐标，得到曲线如图 2.14 所示；以氧气的体积分数和温度为纵坐标，以时间为横坐标，得到两条曲线如图 2.15 所示。

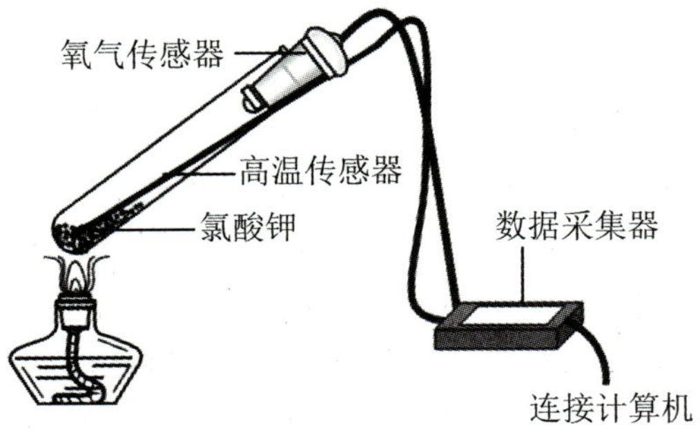

图 2.13

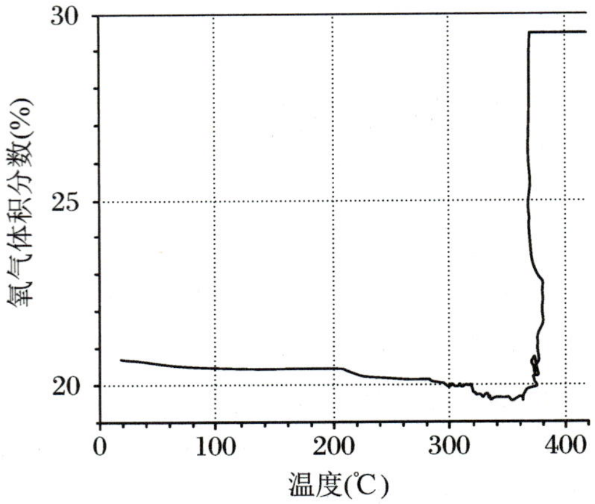

图 2.14

对图 2.14 和图 2.15 中的曲线，分析如下：

（1）加热前大试管内的空气中氧气的体积分数为 20.8%。刚开始加热时，试管内的温度不断上升，但氧气的体积分数却略有下降。原因是药品中含有少量水分，加热时产生的少量水蒸气使得氧气的含量略有下降。

（2）当温度达到 370 ℃时氯酸钾开始部分熔化，此时，氧气浓度开始迅速升高，温度继续升高到 380 ℃。即在不加催化剂时，在 370 ℃附近氯酸钾才有明显的分解。

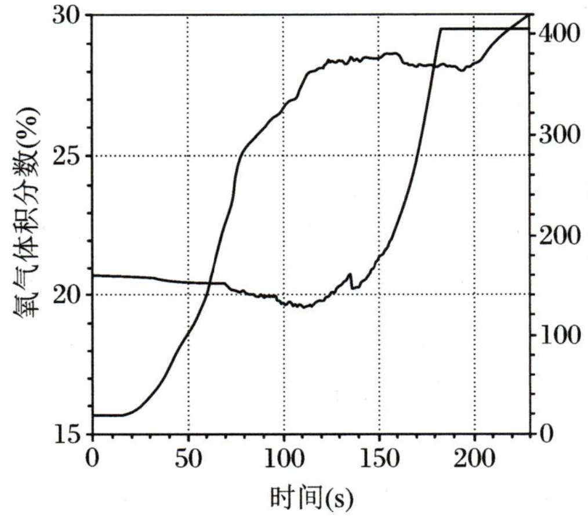

图 2.15

(3) 持续加热，在氯酸钾继续熔化的过程中，有一段时间试管内温度略有降低，由380 ℃降低12 ℃，然后在368 ℃左右保持不变，待氯酸钾完全熔化后，温度才开始继续上升。在此过程中，氧气浓度呈垂直上升趋势。开始我们以为试管内温度略有降低是实验误差所致，于是重复多次实验。结果表明，每次都出现如此情况。这是什么原因呢？我们推测，可能是熔化前高温传感器的探头监测到大试管直接与酒精灯火焰接触的内壁玻璃的温度，因而温度较高。后来温度略有降低的原因是氯酸钾部分熔化后，试管内温度变得较为均匀，且熔化过程不断吸热，导致温度在氯酸钾完全熔化前不再上升。

(4) 当氧气体积分数上升到27%左右时，曲线不再上升，呈一条平行于 x 轴的直线。这是因为达到了氧气传感器测量的上限。

重复多次实验，发现氯酸钾都是在加热到368±5 ℃时熔化，并且此时氧气的浓度都开始迅速升高。据此得出结论：氯酸钾熔点为368±5 ℃；氯酸钾在其熔点附近开始分解，即热分解温度为368±5 ℃。实验测定的氯酸钾熔点368±5 ℃与文献[2]、文献[3]、文献[4]非常接近，而比文献[1]和文献[5]的356 ℃高出约22 ℃。实验测定的氯酸钾热分解温度368±5 ℃比文献[2]、文献[3]的395 ℃和400 ℃低出30 ℃左右。由于氧气传感器的测量范围和实验手段有限，我们没有测量出氯酸钾释放出全部氧所需的温度。因此文献[1]、文献[5]提及的氯酸钾放出全部氧时的温度550 ℃和610 ℃，本实验无从证实。

（二）氯酸钾和二氧化锰混合体系的热分解

1. 文献综述

文献中关于 $KClO_3$ 在 MnO_2 催化作用下的分解温度还没有一个准确的结论。钱晓农等根据热重曲线确认其分解温度在330 ℃左右。冯增媛等根据差热曲线在350 ℃有一放热峰，确认其分解温度为350 ℃。曹锡章等认为是150 ℃。杨宏孝等认为，200 ℃下氯酸钾即可分解。

2. 实验内容

取氯酸钾（分析纯）和二氧化锰（分析纯）按质量比为5∶1、4∶1、3∶1、2∶1、1∶1、1∶2均匀混合，分别置于6支32 mm×300 mm大试管中，按图2.13所示准备好实验装置。按上述实验方法分别进行实验，并采集数据。

把实验所得的6组数据用Logger Pro软件导入到同一个文件中，以氧气体积分数为纵坐标，以时间为横坐标，得到图2.16。分析图2.16可知，当氯酸钾和二氧化锰的质量比为2∶1时，开始放出氧气所需的时间为32 s左右，在6个实验中最短；当二者质量比为5∶1时，开始放出氧气所需的时间最长，为60 s左右。但仅从图中似乎看不出改变氯酸钾和二氧化锰的配比对分解反应的影响规律。然而，当我们把图2.16中以时间为横坐标改为以温度作为横坐标，从而得到图2.17时，不禁感到惊喜！从图2.17可以明确看出，氯酸钾的分解温度随着氯酸钾和二氧化锰的配比变化呈现出规律性的变化：即混合体系中二氧化锰的含量越高，分解放出氧气的温度就越低。当氯酸钾和二氧化锰的质量比为 5∶1 时，氯酸钾在 340 ℃左右开始分解；而当这一比值为 1∶2 时，仅需要 70 ℃左右就开始分解放出氧气。二者相差竟达 270 ℃！据此，我们推测，文献[6]～文献[9]的数据出入较大的原因很可能是实验时氯酸钾与二氧化锰的配比关系不同。

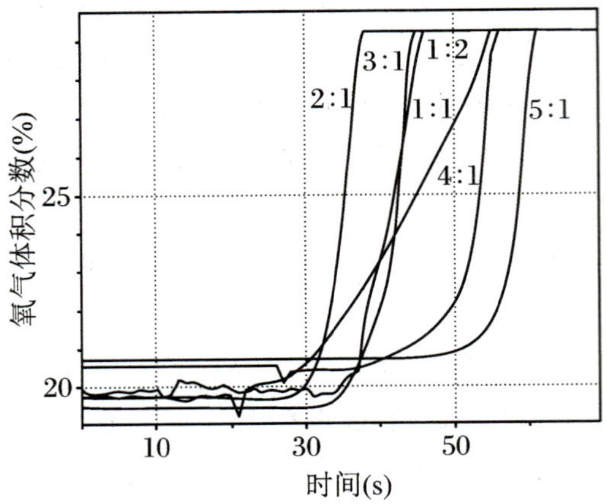

图 2.16

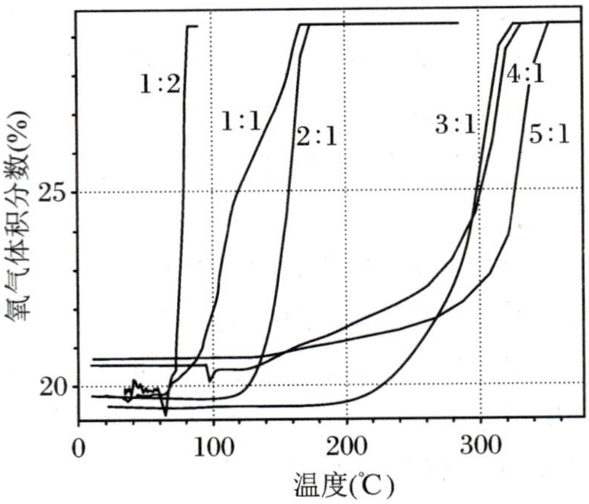

图 2.17

当我们采取与上述相同的方法，把不加二氧化锰时的数据也导入这个文件中，就得到了图 2.18 与图 2.19。通过观察图 2.18 与图 2.19，结论就更加清晰了：使用二氧化锰作为催化剂能大大缩短放出氧气所需的时间，但二氧化锰的不同配比对放出氧气所需的时间影响较小；使用二氧化锰作为催化剂能降低加热分解所需的温度，且二氧化锰在与氯酸钾的混合物中所占的比例越高，氯酸钾分解所需的温度就越低。从节约药品的角度考虑，在中学实验室制取氧气时，氯酸钾和二氧化锰的质量比推荐以 4∶1 为宜。

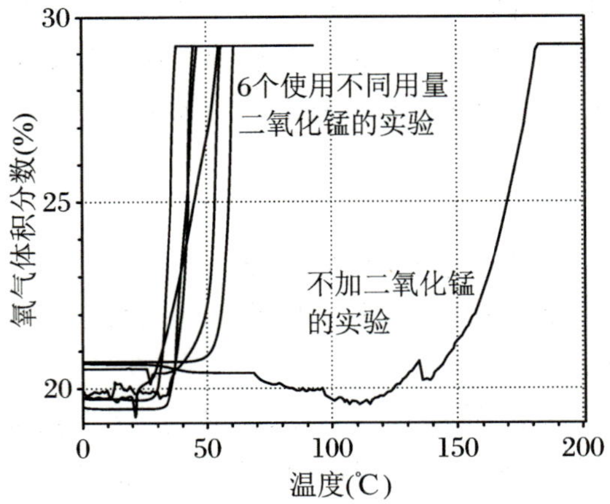

图 2.18

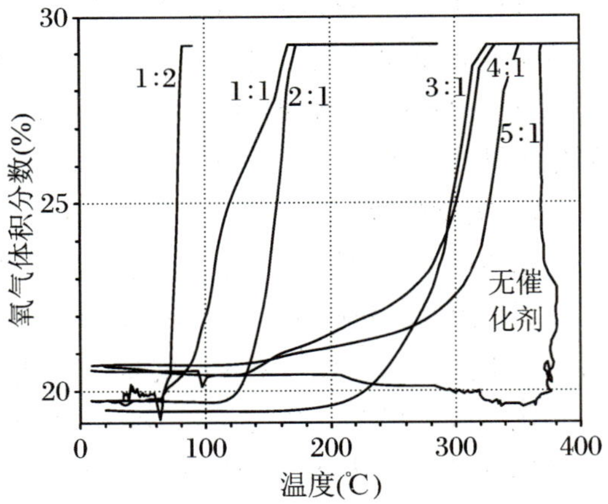

图 2.19

当然，氯酸钾的分解温度还受升温速率、药品颗粒大小、光照、催化剂的种类和用量等多种因素影响。本实验所用手段和加热方式与中学制取氧气所用完全相同，因此实验结果对于中学化学实验具有借鉴和指导作用。

参考文献

[1] 朱文祥.无机化合物制备手册[M].北京:化学工业出版社,2006:770.
[2] 赵继周.高等无机化学[M].北京:北京师范大学出版社,1987:272.
[3] 段长强.现代化学试剂手册:第一分册[M].北京:化学工业出版社,1988:93.
[4] 钱晓农,康云川,彭鸣.氯酸钾热分解机理研究[J].云南师范大学学报,1996,16(1):58-61.
[5] 冯增媛,潘云祥,吴衍苏.氯酸钾催化热分解反应是怎样进行的?[J].化学通报,1988(9):43-45.
[6] 曹锡章,张蕙,杜光国,等.无机化学:下册[M].北京:高等教育出版社,1991:34.
[7] 宋天佑,程鹏,徐家宁,等.无机化学:上册[M].4版.北京:高等教育出版社,2010:295.

实验五　数字化实验在沉淀溶解平衡模型建构中的应用

问题提出

以"培养学生学科核心素养"为标志的课程改革强调通过课程学习形成学生的关键能力和必备品格。在人教版选修四《化学反应原理》第三章第四节"难溶电解质的溶解平衡"教学中，常常利用在饱和的氯化钠溶液中加浓盐酸，有白色沉淀生成的宏观现象，说明可溶性电解质存在溶解平衡，再迁移到难溶性电解质的溶解平衡。这种用概念解释概念的教学方法，既不符合学生的认知规律，也无益于对学生高阶思维和学科核心素养的培养。如何有效帮助学生建构难溶电解质的溶解平衡模型，促进学生形成"变化观念与平衡思想""证据推理与模型认知"的学科核心素养？笔者采用数字化实验解决这一问题。

实验研究

（一）实验仪器和实验药品

实验仪器：计算机，Vernier LabQuest 2 数据采集器，电导率传感器，温度传感器，50 mL 烧杯两只，塑料杯。

实验药品：蒸馏水，碳酸钙固体粉末。

（二）实验装置

实验装置如图 2.20 所示。

（三）实验内容

室内温度为 19 ℃，相对湿度为 92%，气压为 101.3 kPa。

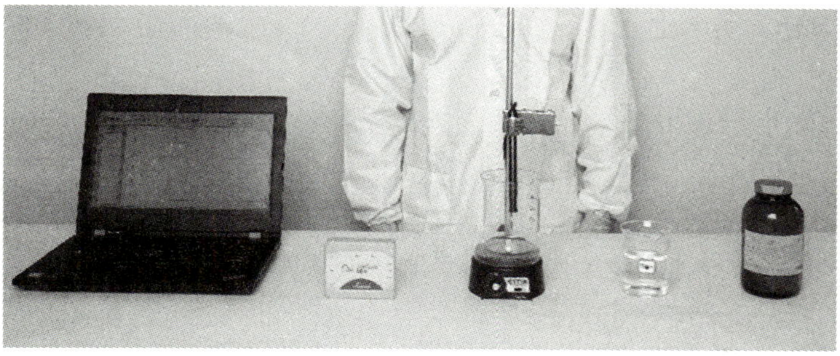

图 2.20

（1）用电导率传感器、温度传感器检测蒸馏水及加入碳酸钙粉末后电导率和温度的变化：

将电导率传感器、温度传感器、数据采集器与计算机相连；用电导率传感器探头、温度传感器探头浸没于 20 mL 蒸馏水中，用 Logger Pro 采集数据，通过软件分析并以时间为横轴、电导率和温度为纵轴作图，然后再向烧杯中加入 1 药匙碳酸钙粉末（约 2 g）；等达到平衡后，向塑料杯中加入开水，水浴加热，观察图像的变化。

（2）电导率传感器、温度传感器检测蒸馏水中加入碳酸钙粉末后的上层清液电导率随着温度升高的变化：

将电导率传感器、温度传感器、数据采集器与计算机相连；用电导率传感器探头、温度传感器探头浸没于装有上层清液的烧杯中，向塑料杯中加入开水，水浴加热；用 Logger Pro 采集数据，通过软件分析并以时间为横轴、电导率和温度为纵轴作图，观察图像的变化。

实验结果与讨论

电解质溶液的导电能力取决于溶液中离子的浓度、离子迁移的速率和离子的电量等，溶液的导电能力是溶液中所有离子电导的总和。

（1）电导率传感器、温度传感器检测蒸馏水及加入碳酸钙粉末后电导率和温度的变化：

由图 2.21 可知，以时间为横轴，电导率、温度为纵轴；分析数据得出，在开始到 105 s 时，电导率为 12.0 μS/cm，第 437 s 时，电导率为 52.0 μS/cm，电导率相差 40.0 μS/cm。温度维持在 19.3 ℃基本不变，表明在蒸馏水中加入碳酸钙粉末，电导率随着碳酸钙粉末的溶解而升高。随着沉淀溶解平衡的建立，通过曲线直观表明电导率不再变化。对于碳酸钙粉末溶解在蒸馏水中，通过肉眼观察不到明显现象，而数字化实验能为学生提供直观感受，促使学生主动建构沉淀溶解平衡模型。在实验中为什么会在达到平衡后升高温度，电导率会突然下降？就这一点，我们可以通过下面的内容进一步证实并说明。

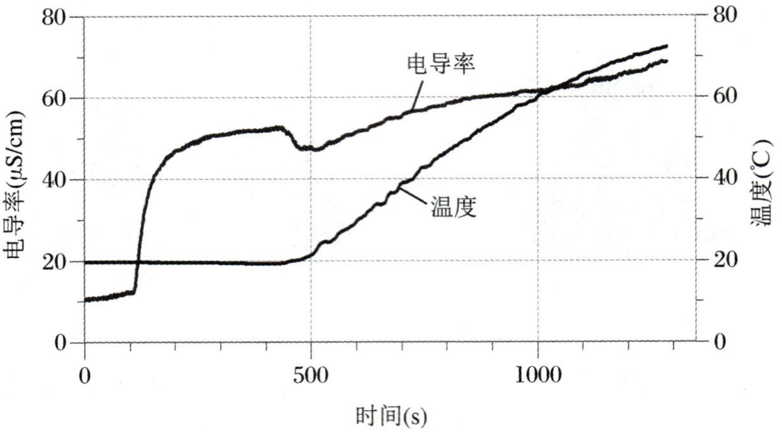

图 2.21

(2) 电导率传感器、温度传感器检测蒸馏水中加入碳酸钙粉末后的上层清液电导率随温度升高的变化：

由图 2.22 可知，以时间为横轴，电导率、温度为纵轴，分析数据可知，在开始到 105 s 时，温度为 18.2 ℃，电导率为 93.7 μS/cm。随着温度的升高，在第 728 s 时，温度为 74.6 ℃，电导率为 82.1 μS/cm，电导率相差 11.6 μS/cm，表明升高温度，电导率降低。说明升高温度时，离子迁移速率增大，离子活度降低，电离度下降，电导率也会下降。

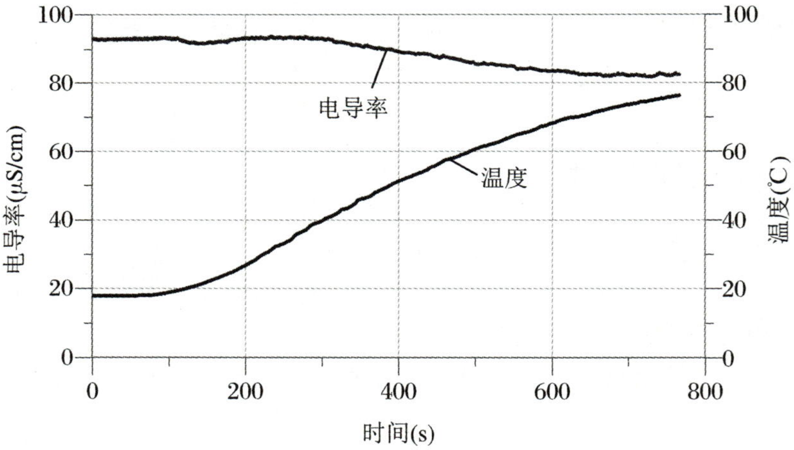

图 2.22

因此在图 2.21 中加热瞬间电导率下降，表明在加热过程中，在烧杯内布朗运动加剧、离子迁移速率增大、离子活度降低等综合因素影响下，使得离子的有效浓度下降，从而使得电导率降低。随后由于温度的升高促进了沉淀溶解平衡的移动，在溶液里的离子浓度增大的影响下，溶液的电导率增大。

沉淀溶解平衡的建立及平衡移动等概念理解起来比较抽象，对于难溶物的溶解平衡，传统实验看不到明显现象。而数字化实验“实时监控”全过程，将难溶物的溶解平衡建立过程直观、生动地呈现在学生面前，有效地帮助学生建构难溶电解质的溶解平衡模型，有利于学科核心素养的培养。数字化实验对化学四重表征中的微观表征和曲线表征更是有独特的优势，因此数字化实验在课堂上的运用是传统实验不能比拟的。

参考文献

[1]　孙德坤，沈文霞，姚天扬，等．物理化学学习指导[M]．北京：高等教育出版社，2007：361.
[2]　高妙添．基于“四重表征”与“手持技术”教学模式的实践研究[J]．化学教育，2013，34(6)：38-41.

实验六　数字化实验在干燥剂干燥性能研究中的应用

学科核心素养是学科育人价值的集中体现，是学生通过学科学习而逐步形成的正确价值观、必备品格和关键能力。化学实验作为化学学科的重要内容，在发展学生化学学科核心素养方面具有积极的作用。笔者选择中学化学中常见的干燥剂为研究对象，尝试借助数字化实验技术，通过实证的方式探究不同类型干燥剂的干燥效果，可以引导学生在探究过程中培养证据和思辨意识，进一步认识学科的价值。

实验视频

问题提出

碱石灰、硅胶、无水氯化钙、浓硫酸等干燥剂是中学化学实验中气体制备、纯化过程中常用的试剂，也是各类考试习题中常见的考查内容。如：

> 在实验室中，常使气体通过干燥剂达到干燥气体的目的。选择干燥剂时应考虑哪些因素？干燥下列气体（SO_2、NO、NH_3）可选择哪些干燥剂？

显然该题的考查目的主要是要求学生：能根据所干燥气体和干燥剂的性质进行选择，以 SO_2 为例，可以选择浓硫酸、无水氯化钙、硅胶等不同的干燥剂。那么这些干燥剂干燥效果是否一样呢？如何通过实验检测它们的干燥效果呢？实验室或生活中如何选择这些干燥剂呢？笔者带着这些问题和所授的高一学生借助数字化实验技术，以“不同干燥剂的干燥性能研究”为主题开展了实验研究。

实验研究

为检测不同干燥剂的干燥效果，本实验选择空气和实验室制取的氢气为干燥对象，分别选择碱石灰、硅胶、无水氯化钙、浓硫酸几种干燥剂，在相同的条件下，利用相对湿度传感器分别测定上述几种不同干燥剂使用前后的湿度变化，以定量的方式衡量各自的干燥性能。同时，以相同时间内相对湿度的变化曲线表征干燥的速率和效果。

（一）实验仪器和实验药品

实验仪器：计算机，Vernier LabQuest Mini 数据采集器，相对湿度传感器，50 mL 小烧杯，密闭容器，U 形干燥管，洗气瓶，塑料袋。

实验药品：碱石灰（上海纳辉干燥试剂厂），硅胶（青岛裕宝精细化工有限公司），无水氯化钙（泰州市长埔化学试剂有限公司），浓硫酸（天津市博迪化工有限公司），锌粒，盐酸（1∶2）。

（二）实验装置

实验装置及示意图如图 2.23 所示。

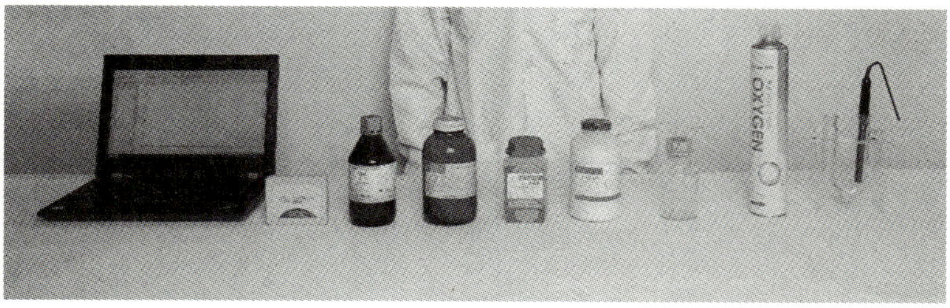

（a）

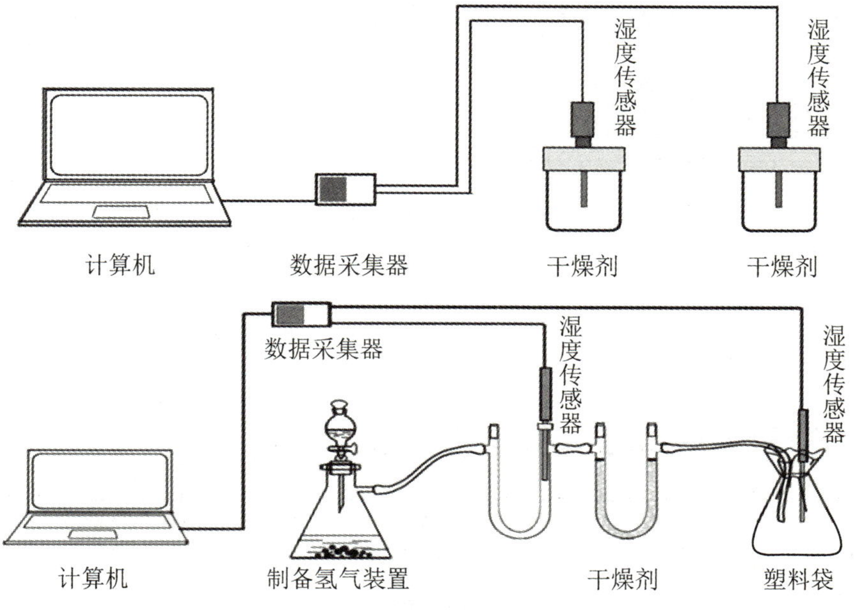

（b）

图 2.23

（三）实验内容

（1）将相对湿度传感器、数据采集器与计算机相连；将相对湿度传感器探头分别插入装有 50 g 无水氯化钙和碱石灰的两个相同的密闭容器中，开始用 Logger Pro 采集数据，通过软件分析并以时间为横轴、相对湿度为纵轴作图，得到如图 2.24 所示的曲线，以比较无水氯化钙和碱石灰的干燥性能。

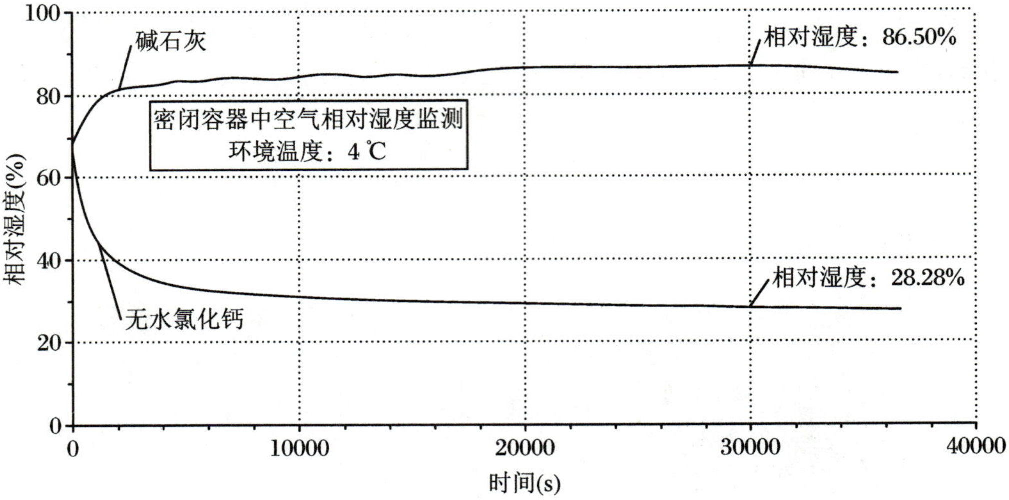

图 2.24

(2) 用浓硫酸和硅胶代替(1)中的无水氯化钙和碱石灰，重复(1)中操作。得到如图 2.25 所示的曲线，以比较浓硫酸和硅胶的干燥性能。

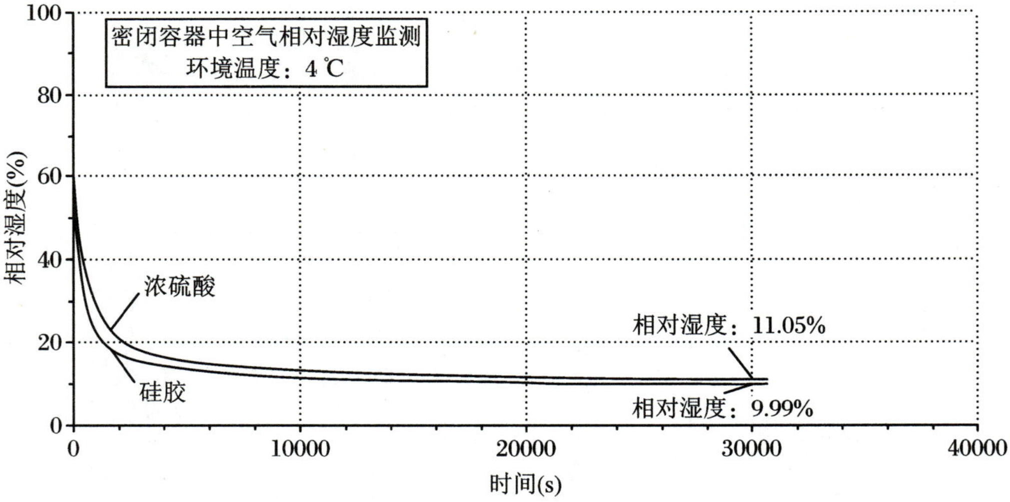

图 2.25

(3) 用硅胶代替(1)中的碱石灰，重复(1)中操作。得到如图 2.26 所示的曲线，以比较无水氯化钙和硅胶的干燥性能。

(4) 用浓硫酸代替(1)中的碱石灰，重复(1)中操作。得到如图 2.27 所示的曲线，以比较无水氯化钙和浓硫酸的干燥性能。

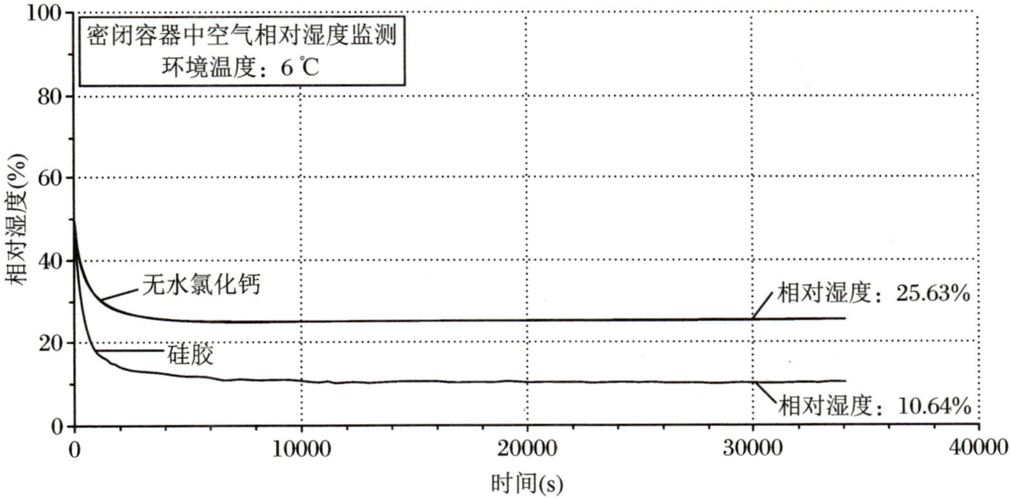

图 2.26

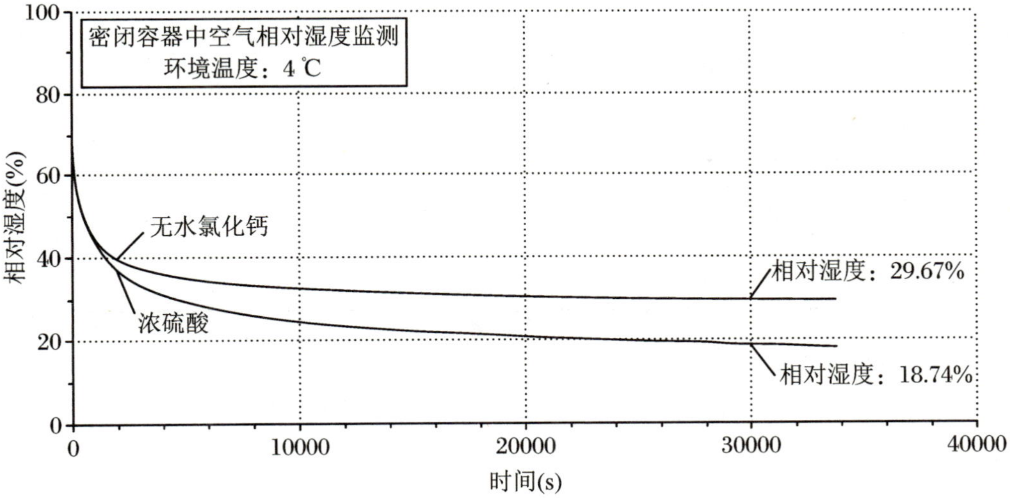

图 2.27

(5) 利用锌与稀硫酸反应制取氢气，连接装置及示意图如图 2.23 所示。分别将图中“干燥剂”以无水氯化钙、碱石灰、硅胶、浓硫酸进行实验(测浓硫酸时，用洗气装置代替 U 形管)，用 Logger Pro 采集数据，通过软件分析并以时间为横轴、相对湿度为纵轴作图，分别得到图 2.28～图 2.31，以比较不同干燥剂对氢气的干燥性能。

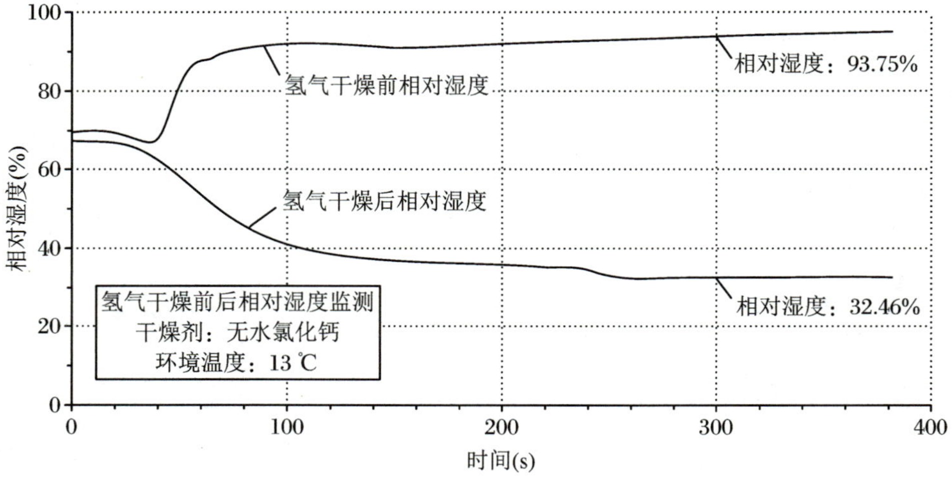

图 2. 28

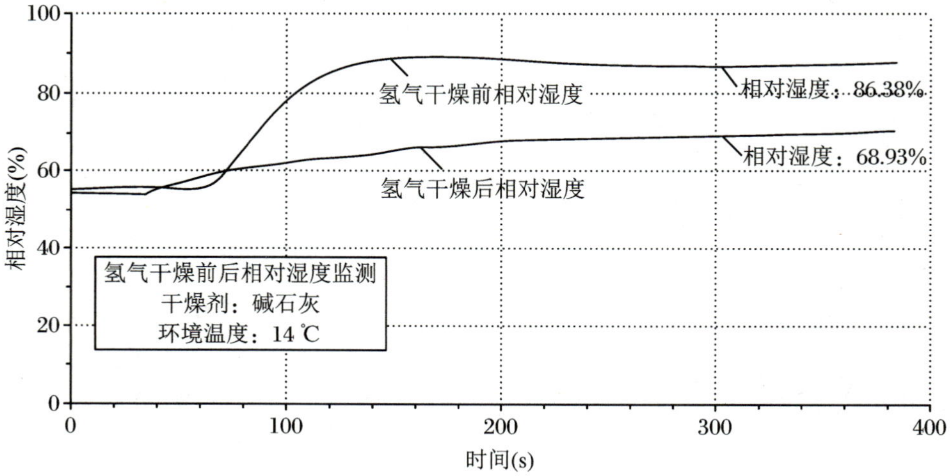

图 2. 29

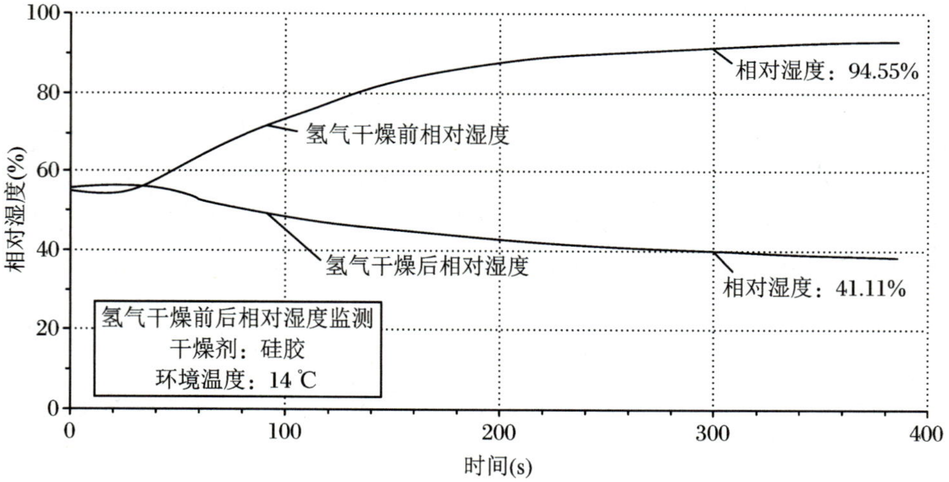

图 2. 30

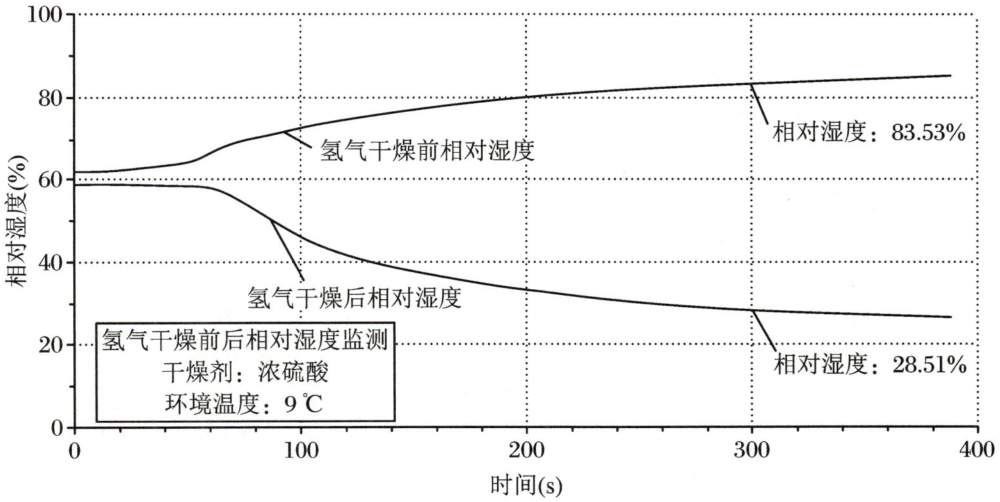

图 2.31

实验结果与讨论

(1) 利用相对湿度传感器同时检测两组不同干燥剂干燥空气的相对湿度变化：通过每组实验，记录两种不同干燥剂的起始相对湿度（相同）和干燥后密闭容器内的相对湿度数据，计算出相对湿度差值，可以了解在相同时间内干燥速率和干燥效果，见表 2.1。

表 2.1

实验组号	1		2		3		4	
环境相对湿度	69.10%		59.80%		50.30%		67.20%	
不同干燥剂干燥后的相对湿度	碱石灰	86.50%	浓硫酸	11.05%	无水氯化钙	25.63%	无水氯化钙	29.67%
	无水氯化钙	28.28%	硅胶	9.99%	硅胶	10.64%	浓硫酸	18.74%

以时间为横轴，相对湿度为纵轴，每组干燥剂都是在相同时间（大约 30000 s）内、相同温度下采集，分析数据得出不同干燥剂的干燥效果为：硅胶＞浓硫酸＞无水氯化钙＞碱石灰。从干燥速率来看，也是这个顺序。其中，碱石灰干燥空气的相对湿度不降反升的异常现象，说明对于湿度不大的空气，碱石灰不但达不到干燥的效果，还让湿度增大。究其原因可能是碱石灰制备过程中本身含有水，因此碱石灰不适宜干燥密闭空间空气里的水蒸气。

(2) 利用相对湿度传感器检测不同干燥剂干燥氢气前后的相对湿度变化。通过每组实验，记录不同干燥剂起始环境相对湿度和干燥氢气前后相对湿度数据，比较干燥效果，见表 2.2。

表 2.2

干燥前后相对湿度	无水氯化钙	碱石灰	硅胶	浓硫酸
环境	69.00%	55.00%	57.50%	61.50%
干燥氢气前	93.75%	86.38%	94.55%	83.53%
干燥氢气后	32.46%	68.93%	41.11%	28.51%

以时间为横轴，相对湿度为纵轴，分析采集干燥氢气前后的相对湿度数据得出，在通入采集数据大约 300 s 时，表 2.2 直观显示，浓硫酸干燥氢气的效果最好，而在密闭容器中硅胶效果最好，这和硅胶的形状有关，硅胶为球形，有间隙，使得气体不能充分接触干燥。液态的浓硫酸有利于气体的干燥，所以浓硫酸干燥效果大于硅胶。碱石灰为颗粒状，也有间隙，与气体开始相对湿度相比有一定的干燥性，但是最后相对湿度比环境湿度还要高。这更加证明了碱石灰在密闭系统干燥时不降反升的原因，且效果最差。无水氯化钙为片状，颗粒之间间隙不大，干燥效果也很好。

通过比较干燥氢气的效果可知：浓硫酸＞无水氯化钙＞硅胶＞碱石灰。当然对于干燥气体的干燥剂效果优劣与产生气体的速率、制备气体反应物浓度、干燥剂的状态、干燥剂的用量都密不可分。

对于常见的干燥剂，利用传统实验比较其干燥性能比较繁琐，通过相对湿度传感器的数字化实验"实时监控"全过程，能直观、生动地将结果呈现出来。数字化实验对于化学四重表征中的微观表征和曲线表征更有独特的优势，其在课堂上的运用是传统实验的重要补充，基于真实情境和实际问题，利用学科知识解决问题，可提高学生的学科核心素养。

参考文献

[1] 盛俭发，徐泓，郑军．二氧化碳制备中对盐酸挥发性的监测[J]．化学教学，2018(8)：66-68.

[2] 徐泓，夏建华，盛恩宏．核心素养导向下中考化学试题特点分析及对命题的思考：以 2018 年安徽省中考化学试卷第 15 题为例[J]．化学教育(中英文)，2018，39(21)：1-5.

实验七　碳酸氢铵溶液与氢氧化钠溶液的反应探究

问题提出

2012年上海高考化学试题46题：

为探究 NH_4HCO_3 和 NaOH 的反应，设计实验方案如下：含 0.1 mol NH_4HCO_3 的溶液中加入 0.1 mol NaOH，反应完全后，滴加氯化钙稀溶液。若有沉淀，则 NH_4HCO_3 与 NaOH 的反应可能为__________（写离子方程式）；若无沉淀，则 NH_4HCO_3 与 NaOH 的反应可能为__________（写离子方程式）。该实验方案有无不妥之处？若有，提出修正意见。

答案：$HCO_3^- + OH^- \longrightarrow CO_3^{2-} + H_2O$；$NH_4^+ + OH^- \longrightarrow NH_3 + H_2O$；需先煮沸，然后滴加氯化钙稀溶液。

文献研究：

(1) 张恒昌教师提出"碳酸氢铵溶液滴入少量的氢氧化钠溶液时首先发生的离子反应为

$$NH_4^+ + OH^- \xlongequal{} NH_3 \cdot H_2O$$

(2) 曾应超教师提出：碳酸氢铵溶液与氢氧化钠溶液反应时，并不存在明显过量与少量差异，均可用同一离子方程式表示：

$$HCO_3^- + NH_4^+ + 2OH^- \xlongequal{} NH_3 \cdot H_2O + H_2O + CO_3^{2-}$$

那么在 NH_4HCO_3 溶液中滴加 NaOH 溶液的反应中，真实情况到底是怎样的反应呢？笔者将采用数字化实验解决这一问题。

实验研究

（一）实验仪器和实验药品

实验仪器：计算机，Vernier LabQuest Mini 数据采集器，铵根离子传感器，pH 传感器，试剂库，250 mL 烧杯。

实验药品：碳酸氢铵，氢氧化钠。

（二）实验装置

实验装置如图 2.32 所示。

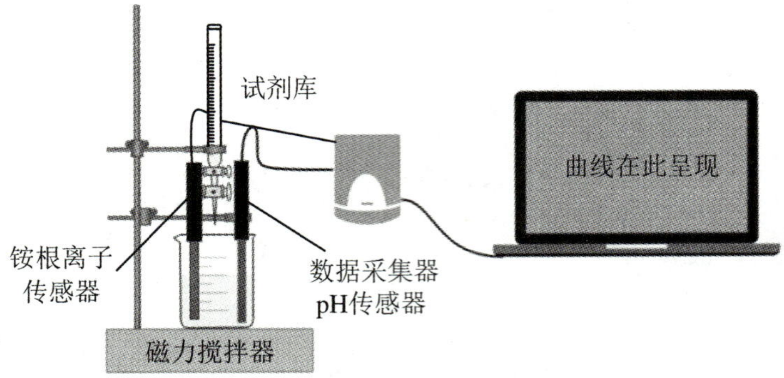

图 2.32

（三）实验内容

室内温度为 19 ℃，相对湿度为 72%，气压为 101.3 kPa。取 50 mL 0.1 mol/L 碳酸氢铵溶液，向其中滴加 0.1 mol/L 氢氧化钠溶液。

利用铵根离子传感器和 pH 传感器检测向碳酸氢铵溶液中滴加氢氧化钠溶液时，铵根离子浓度和 pH 的变化。

将铵根离子传感器、pH 传感器、数据采集器与计算机相连，并将铵根离子传感器和 pH 传感器探头浸没于 50 mL 0.1 mol/L 碳酸氢铵溶液中，用 Logger Pro 采集数据，通过软件分析并以时间为横轴、铵根离子浓度和 pH 为双纵轴作图，观察图像的变化。

实验结果与讨论

由图 2.33 可知，以时间为横轴，铵根离子浓度和 pH 为纵轴，分析数据得出，一开始碳酸氢铵溶液的 pH = 8.71，说明碳酸氢根的水解程度大于铵根的水解程度，溶液呈碱性。铵根离子浓度为 175.0 mg/L，当滴加 0.1 mol/L 氢氧化钠溶液时，铵根离子浓度立即下降，说明氢氧根离子和铵根离子一开始就发生了反应，随着氢氧化钠溶液的滴入，pH 不断增大，铵根离子的浓度在整个过程都在不断减小，但一开始变化得较快，说明铵根离子与氢氧根离子的结合能力较强。这时也不能证明氢氧根离子与铵根离子优先反应，因为在 pH = 12.23 后再滴加氢氧化钠溶液时，pH 维持此值基本不变。铵根离子还在继续降低，说明此时碳酸氢根已经参与了反应。当在 pH = 9.91 后，铵根离子浓度变化平缓，说明随着铵根离子浓度减小反应速率也慢慢减小，再滴加氢氧化钠溶液时，由于此时消耗氢氧根离子不大，且烧杯内溶液体积越来越大，滴加的氢氧化钠溶液对整个溶液的 pH 影响不大，pH 基本维持不变。

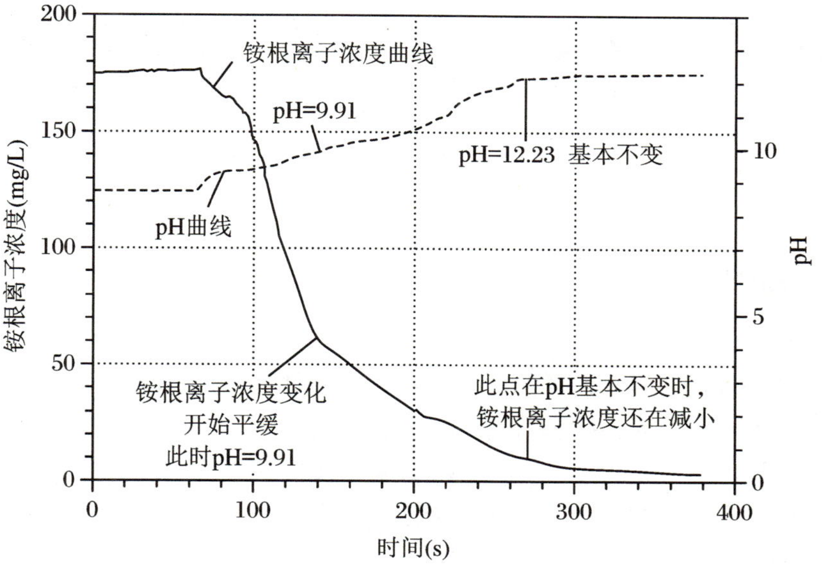

图 2. 33

因此我非常支持曾应超教师提出"碳酸氢铵溶液与氢氧化钠溶液反应时，并不存在明显过量与少量差异，均可用同一离子方程式表示：$HCO_3^- + NH_4^+ + 2OH^- = NH_3 \cdot H_2O + H_2O + CO_3^{2-}$"的观点。所以 2012 年上海高考化学试题第 46 题的出题者创设此题境欠妥。

碳酸氢铵溶液与氢氧化钠溶液反应，传统实验很难检测到其微观离子间的反应情况，通过铵根离子浓度及 pH 传感器的数字化实验"实时监控"全过程，可将微粒之间的反应直观、生动地呈现在学生面前，实验中检测出铵根离子浓度变化是传统实验无法完成的。因此，使用数字化实验可以让学生对微观粒子作用有更深入的认识，有利于对学生化学学科核心素养的培养。

参考文献

[1] 徐泓，夏建华，盛恩宏. 对"空气中氧气含量测定实验"的改进[J]. 化学教育，2018，39(5)：70-72.
[2] 张恒昌. 由因探果：与碳酸氢根相关的两个反应分析[J]. 化学教与学，2012(10)：76-77.
[3] 曾应超. NH_4HCO_3 与 NaOH 溶液的反应和反应物的量有关吗？[J]. 化学教学，2013(4)：74-75.
[4] 盛俭发，徐泓，郑军. 二氧化碳制备中对盐酸挥发性的监测[J]. 化学教学，2018(8)：66-68.

实验八　溴乙烷与 $AgNO_3$ 溶液的反应

问题提出

作为一类典型的不含氧的烃的衍生物，卤代烃不仅在生产和生活中应用广泛，具有重要的学科社会价值；而且其结构和性质的特点也使其成为中学有机化学基础的主要内容之一，体现了“结构决定性质”的学科观念，对于发展学生化学学科核心素养具有一定的教学价值。“新课标”中明确要求“认识卤代烃的组成和结构特点、性质、转化关系及其在生产、生活中的重要应用”。近年来，对卤代烃的教学研究主要涉及教学设计、实验改进、试题研究等方面，但对实际教学中出现的某些疑难问题仍存在一些争议或误解。因此，有必要进一步厘清这些问题的来龙去脉，笔者结合卤代烃教学实际中出现的问题和新教材相关内容的变化，讨论如下。

实验研究

（一）溴乙烷中加入 $AgNO_3$ 溶液会生成沉淀吗？

教学中，为证明溴乙烷是否属于电解质，很多教师常常建议补充实验：在溴乙烷中直接加入 $AgNO_3$ 溶液，并指出“二者混合后，只产生分层现象而不会生成沉淀”。但有学者研究显示：向溴乙烷中加入 $AgNO_3$ 溶液，可以观察到明显浅黄色或乳白色沉淀。对此的解释是：$AgNO_3$ 可以加快溴乙烷水解反应的速率或促进水解平衡的正向移动。那么，在溴乙烷中加入 $AgNO_3$ 溶液究竟会不会生成沉淀？反应的本质又是什么？

1．实验设计

为探究溴乙烷与 $AgNO_3$ 溶液的反应，设计并进行如下实验。

实验药品：溴乙烷（宜兴市广汇助剂化工有限公司，分析纯），$AgNO_3$（上海市化学试剂有限公司，分析纯），蒸馏水。

实验时环境温度为 27 ℃。

实验 1：取 0.5 mL 溴乙烷于试管中，加入约 2 mL 2% $AgNO_3$ 溶液，振荡并静置，每隔一段时间观察现象，同时用激光笔照射，记录现象（表 2.3）。

实验 2：取 1 mL 溴乙烷于试管中，加入 4 mL 水，每隔一段时间取 0.5 mL 上层清液（每次取样前振荡），再分别加入约 2 mL 2% $AgNO_3$ 溶液，观察现象，同时用激光笔照射，记录现象（表 2.3）。

表 2.3

时间(min)	0	10	30	60	120
实验 1	分层，上层有浑浊现象，有明显的丁达尔现象（图 2.34(a)）	有明显乳白色浑浊现象（图 2.34(b)）	下层呈乳白色，试管底部有少量灰白色固体（图 2.34(c)）	试管底部有较多灰白色沉淀（夹杂少量黑色固体）（图 2.34(d)）	试管底部有较多灰白色沉淀（夹杂少量黑色固体）（图 2.34(e)）
实验 2	溶液澄清，有较弱的丁达尔现象（图 2.35(a)）	溶液澄清，有较弱的丁达尔现象（图 2.35(b)）	溶液澄清，有较弱的丁达尔现象（图 2.35(c)）	溶液略显浑浊，有明显的丁达尔现象（图 2.35(d)）	溶液浑浊加深，有明显的丁达尔现象（图 2.35(e)）

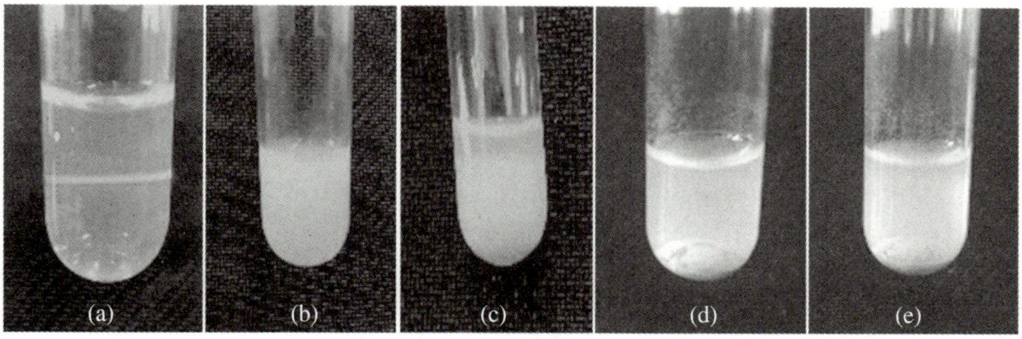

图 2.34

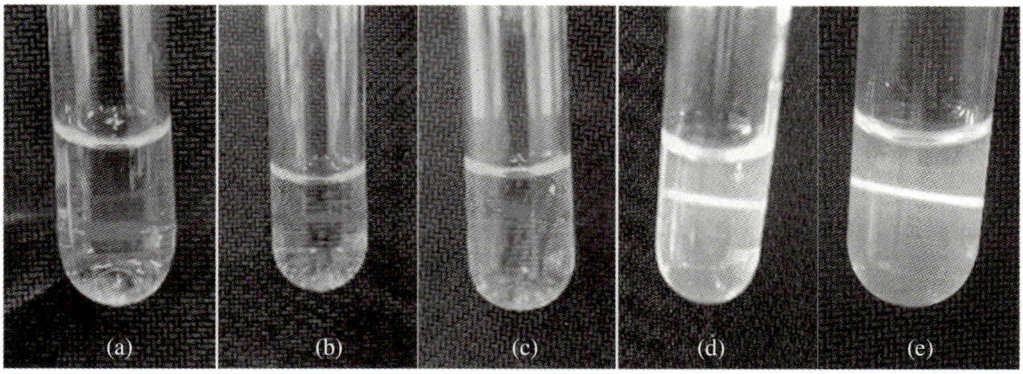

图 2.35

实验 1 现象：溴乙烷与 $AgNO_3$ 溶液直接混合后，很快会产生浑浊现象。30 min 左右就有明显的沉淀（AgBr），同时因部分 AgBr 分解而夹杂着少量黑色的银颗粒。

实验 2 现象：溴乙烷与水混合后，发生水解反应速率很慢。室温下，1～2 h 后的水解

液中加入 $AgNO_3$ 溶液才略有浑浊现象，相当于同温下，溴乙烷中直接加入 $AgNO_3$ 溶液并振荡后立即出现的现象，如图 2.35(d)和图 2.34(a)所示。

通过实验对比可知：溴乙烷在 $AgNO_3$ 存在时，很快能产生游离的 Br^-，反应速率更快；而无 $AgNO_3$ 存在时，其水解速率则很慢。

2. 理论探析

由于 Br 的电负性较 C 的大，CH_3CH_2Br 分子中溴原子带部分负电荷（δ^-），碳原子带部分正电荷（δ^+），形成极性较强的 $C^{\delta^+}—Br^{\delta^-}$，反应过程中带正电荷的碳原子易受到亲核试剂的进攻，最终使 C—Br 断裂而发生亲核取代反应。加入 $AgNO_3$ 溶液时，溶液中的 H_2O 和 $^-ONO_2$ 都是亲核试剂，因此均可发生如下亲核取代反应：

$$CH_3CH_2Br + :OH_2 \longrightarrow CH_3CH_2OH + HBr \quad (1)$$

$$CH_3CH_2Br + {}^-ONO_2 \longrightarrow CH_3CH_2ONO_2 + Br^- \quad (2)$$

对应的反应机理为

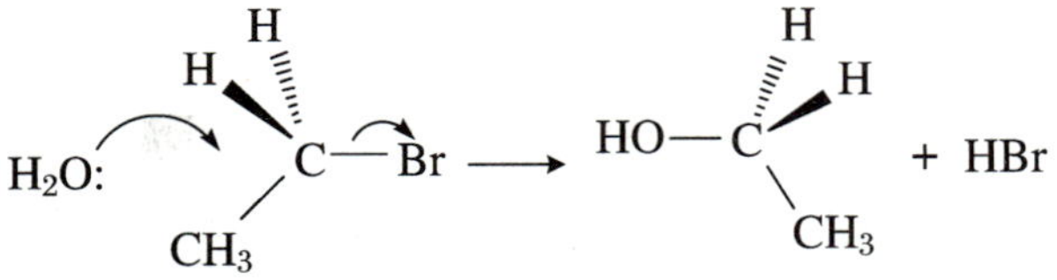

(3)

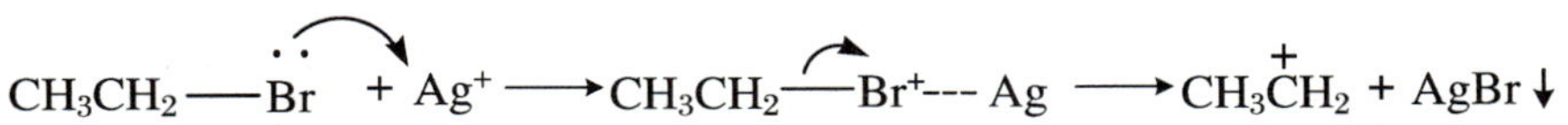

(4)

$$CH_3\overset{+}{C}H_2 + {}^-ONO_2 \longrightarrow CH_3CH_2ONO_2 \quad (5)$$

分析反应机理可知，前者发生的是双分子亲核取代反应（S_N2），其历程如式(3)，由于 H_2O 是一种亲核性弱的中性分子，其发生取代反应的速率较 OH^- 等亲核性强的试剂慢，其相对速率与 CH_3OH 相当。而后者由于银离子与卤代烷分子中的卤原子络合，使其离去倾向更大（离去的是溶解度极小的溴化银），形成碳正离子，而主要发生单分子亲核取代反应（S_N1），其历程如式(4)和式(5)，即 Ag^+ 使 S_N1 反应速率加快。

3. 实验结论

$AgNO_3$ 溶液与溴乙烷反应速率较快的主要原因是：Ag^+ 的加入易生成难溶性 AgBr 沉淀，即反应(4)和反应(5)的耦合使 NO_3^- 与溴乙烷发生亲核取代反应的速率加快，此时取代产物主要是硝酸乙酯（$CH_3CH_2ONO_2$），而并非溴乙烷的水解反应产物 CH_3CH_2OH。有学者向 1 mL 溴乙烷中加入 $AgNO_3$ 的无水乙醇溶液，会出现明显淡黄色沉淀，也证明了上述结论。因此，利用向溴乙烷中加入 $AgNO_3$ 溶液来证明溴乙烷不属于电解质，有些想当然了。同样，认为“$AgNO_3$ 可以加快溴乙烷水解反应的速率或促进水解平衡的移动”的观点也是不科学的。为避免这一问题可能带来的困扰，教学中不宜补充“溴乙烷中直接加入 $AgNO_3$ 溶液”的实验。对溴乙烷中溴元素的检验，建议采取教材中先通过加入碱（OH^- 亲核性较水强，其相对速率是水的约 10^4 倍）和加热的方法，以加快溴乙烷的水解反应速率，再加 $AgNO_3$ 溶液。

（二）卤代烃消去反应的实验探究选择何种代表物更合适？

消去反应作为卤代烃的性质之一，在促进学生从碳骨架、官能团和化学键的角度理解有机物结构与性质的关系，形成"结构决定性质"的化学观念等方面具有重要作用，因此也成为中学有机化学基础的重要教学内容之一。目前中学教师对卤代烃的研究主要集中在消去反应实验。为此，结合"新课标"和新教材的变化，对卤代烃消去反应代表物的选取综述如下。

1. 教材比较

实验版课程标准虽然对"卤代烃的消去反应"没有明确要求，但三种版本（人教版、鲁科版、苏教版）的教材中均不同程度地呈现相关学习内容。2017 版课程标准在卤代烃相关内容的"学习活动建议"中提供了"1-溴丁烷的取代和消去反应"的实验和探究活动建议，三种版本的教材中也相应调整了相关内容。通过比较不同版本的新旧教材在"卤代烃的消去反应"内容的呈现方式（表 2.4），可明显发现所选取的卤代烃也有所差异。鲁科版教材对"卤代烃的消去反应"未通过实验相关栏目呈现，仅通过反应方程式的方式在正文中介绍。旧版教材选取的是氯乙烷和溴乙烷，而新版教材选取的是 1-溴丙烷。人教版和苏教版教材均通过实验或探究的方式呈现，即要求通过演示或学生实验的方式获取卤代烃发生消去反应的证据，再认识其反应的本质。其中人教版旧教材选取的是溴乙烷，新教材则按"新课标"的建议选取的是 1-溴丁烷；而苏教版新、旧教材都选用 1-溴丙烷或 2-溴丙烷。为什么教材会出现这样一些差异和变化？究竟选取何种卤代烃作为消去反应实验研究的对象更合适？

表 2.4

教材版本	实验版课标教材（旧）			2017 版课标教材（新）		
	人教版	鲁科版	苏教版	人教版	鲁科版	苏教版
呈现栏目	科学探究	正文	观察与思考	探究	正文	观察思考
卤代烃代表物	溴乙烷	氯乙烷和溴乙烷	1-溴丙烷或2-溴丙烷	1-溴丁烷	1-溴丙烷	1-溴丙烷或2-溴丙烷

2. 文献分析

笔者在中国知网以"溴乙烷"和"消去反应"为关键词搜索到文献 37 篇；以"卤代烃"和"消去反应"为关键词搜索到文献 63 篇，从中遴选出有效文献 39 篇。通过对这些文献进行逐一分析，其研究的主要内容和篇数见表 2.5。从中可以看出，几乎所有文献的作者都认为：溴乙烷在 NaOH 醇溶液中的消去反应实验难做、成功率低。在此基础上，有 41%的文献对该实验或对反应条件开展探究以及对实验装置进行改进，以实现反应产生较多乙烯，并使用其来验证消去反应产物。如控制反应温度、调整溴乙烷和乙醇体积比、减小酸性 $KMnO_4$ 溶液浓度、增加水浴和冷凝装置等。值得注意的是，有 20.5%的文献对溴乙烷消去反应实验的可行性质疑，这些文献或从原理上指出：在碱性条件下，卤代烃的取代反应和消去反应本身是一对竞争反应，溴乙烷在 CH_3CH_2ONa 或 CH_3CH_2OH、反应温度为 55 ℃条件下发生取代反应和消去反应速率常数之比为 172 : 1.6，烯烃产物中乙烯所占的百分比为 0.9%；或从实验的事实证明：由于溴乙烷的沸点低，易挥发，导致挥发出的溴乙烷和乙醇使酸性 $KMnO_4$ 溶液褪色被误认为产生了乙烯。也有个别作者在“其他”类文献中建议选用 1,2-二氯乙烷和碘乙烷作为消去反应实验对象。

表 2.5

研究的主要内容	卤代烃消去反应机理	溴乙烷消去反应实验改进	对溴乙烷消去反应实验的质疑	溴丙烷消去反应实验改进	其他
篇数	6	16	8	5	4
占比(%)	15.4	41	20.5	12.8	10.3

那么究竟哪种卤代烃更适合作为消去反应实验的反应物呢？从反应机理看，由于卤代烃的消去反应多按双分子机理反应（三级卤代烃除外），故一般强碱、高温、弱极性溶剂有利于消除反应的发生。因此，沸点较低的溴乙烷其发生消去反应的理论产率和速率都是最不合适的，这应该也是新教材在引入卤代烃消去反应实验时都不再选用溴乙烷的原因。综合动力学、原料成本和危害性，以及实验效果等多方面因素考虑（相关信息见表 2.6），从消去反应的产率看，2-溴丙烷属于二级卤代烃，具有产率高的优势，且其毒性相对较小；从沸点和价格看，1-溴丁烷更具优势。

表 2.6

卤代烃	沸点(℃)	危害剂量(mg/kg)	生成烯烃产率(%)①	价格(元/500 g)②
溴乙烷	38.4	大鼠经口 LD50：1350	0.9(55 ℃)	98
1-溴丙烷	71	大鼠经口 LD50：3600～4000	9	139
2-溴丙烷	60.6	小鼠腹腔 LD50：4837	87	230
1-溴丁烷	101.6	大鼠经口 LD50：2761	9.8(55 ℃)	89

注：① 产率数据均为在乙醇－乙醇钠溶液中的反应，实际在乙醇－NaOH 溶液中产率应更小；

② 价格来源于“化学加”手机软件提供的由西亚化学科技（山东）有限公司生产的分析纯产品。

此外，有文献研究显示：无论是 1-溴丙烷还是 1-溴丁烷，分别与氢氧化钠或氢氧化钾醇溶液共热时，生成的主要是乙丙醚（产率为 60%）和乙丁醚（产率为 77.45～90.94%）。

3. 实验结论

根据上述文献分析，无论如何改进实验设计，溴乙烷都不适宜作为开展“消去反应实验探究”的代表物，从这一点上看，教材的变化是符合理论依据和实验事实的。相对而言，2-溴丙烷更适宜作为消去反应的代表，而 1-溴丙烷和 1-溴丁烷虽然发生消去反应的产率仍远低于其发生取代反应的产率，但从理论和实验的教学价值看，对于发挥卤代烃在培养学生科学探究、变化观念、模型认知等学科核心素养的载体作用，仍具有积极意义。

参考文献

[1] 黄元东,闫春更,鲁春梅,等.高二学生认知结构、学科核心素养及学习困难的测量:以“卤代烃”为例[J].化学教育(中英文),2018,39(17):40-46.
[2] 高佩德,冯德琴.课堂教学渗透研究性学习思想之我见[J].化学教学,2003(9):23-25.
[3] 鄢桃春.溴乙烷水解对比实验的设计[J].化学教学,2005(9):14-15.
[4] 李飞波.溴乙烷水解实验教学案例[J].化学教学,2009(9):41-42.
[5] 崇秀华.溴乙烷与氢氧化钠溶液的反应是水解还是碱解?[J].化学教育,2006(3):55.
[6] 冯红霞,钱胜.对验证卤代烃发生水解反应和消去反应实验的修正[J].中学化学教学参考,2015(9):69-70.
[7] 张建波.关于“卤代烃中卤原子检验”的实验反思与教学设想[J].化学教学,2009(4):17-19.
[8] 胡宏纹.有机化学:上册[M].3版.北京:高等教育出版社,2006:90-97.
[9] 杨生贵.关于溴乙烷取代反应的实验探究[J].化学教学,2014(11):53-55.
[10] 盛林娟,李雪萍,伍晓春.溴乙烷的水解和消去反应对比实验改进研究[J].化学教学,2020(1):59-62.
[11] 蒯文艺,蒯世定.溴乙烷消去反应的创新实验[J].中学化学教学参考,2018(6):49.
[12] 田博文,朱华英,杜文敏,等.溴乙烷的消去反应实验产物何以踪影难觅?[J].中学化学教学参考,2017(8):69-70.
[13] 刘怀乐.慎选卤代烃消去反应的代表物[J]].化学教学,2019(5):93-96.
[14] 赵珊珊,陆昌炘.选准代表物质 开辟探究路径 培育核心素养[J].化学教育,2019,40(9):32-36.
[15] 周存军,周冷辰.谈卤代烃性质实验的创新[J].化学教与学,2020(1):86-88.
[16] 韩广甸,赵树纬,李述文,等.有机制备化学手册:中卷[M].北京:化学工业出版社,1980.
[17] 邢其毅,裴伟伟,徐瑞秋,等.基础有机化学:上册[M].3版.北京:高等教育出版社,2005:291.
[18] 秦丙昌,何其戈,陈传战,等.1-溴丁烷与氢氧化钠或氢氧化钾醇溶液反应探讨[J].大学化学,2003(5):44-47.

实验九　饮料中维生素 C 含量的测定

实验视频

问题提出

高效的课堂必须激发学生的兴趣并产生持续的学习动力，在完成教学任务的同时还要提升学科核心素养。

传统的氧化还原反应课堂教学，总是联系初中所学知识，从得氧失氧的角度和化合价升降的角度让学生认识氧化还原反应，再从电子得失的角度认识氧化还原反应本质，通过层层推进，形成清晰完整的概念和较为系统的知识结构。但整个教学过程中理论性知识较多，以教师教为主，比较枯燥乏味。如何在氧化还原反应教学中激发学生学习的兴趣，让学生成为课堂的中心？可以用“饮料中维生素 C 含量的测定”作为情境，让学生通过主动参与提高兴趣，深化理解。

实验研究

维生素 C 又称为 L-抗坏血酸，是一种多羟基化合物，化学式为 $C_6H_8O_6$，结构式如图 2.36 所示。结构类似葡萄糖，主要以还原型维生素 C 的形式存在于新鲜的蔬菜和水果中，是人体内不可缺少的一种水溶性维生素。维生素 C 具有很强的还原性，很容易被氧化成脱氢维生素 C。

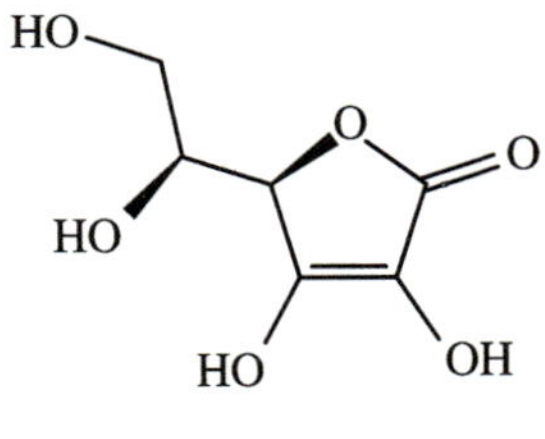

图 2.36

测定维生素 C 的常见方法有滴定法、荧光法、高效液相色谱法和气相色谱法等。结合学生已有的知识和高中的实际情况，一般选择简单且易于操作的氧化还原滴定法。

（一）文献调研

徐泓选择“市售果汁饮料中柠檬酸和维生素 C 含量的测定”作为活动主题，通过酸碱中和滴定实验来定量测定它们的含量。由于维生素 C 易被氧化，而柠檬酸不能被 KIO_3 氧化，因此用淀粉作为指示剂，利用氧化还原滴定来测定样品中抗坏血酸的含量。首先测出酸的总量，再测出抗坏血酸的量，最后通过计算得出所给饮料样品中柠檬酸的量。

该成果发表较早，用的是传统滴定实验方法，虽然能够培养学生动手操作能力，但测量结果的准确性有限。

章平平等采用铁-邻菲罗啉分光光度法、磷钼蓝分光光度法和紫外分光光度法 3 种分光光度法测定果蔬中维生素 C 的含量，同时将 SPSS 数据处理分析软件应用到实验数据处理中，并对准确度、精确度和灵敏度等指标进行比较，直观呈现不同果蔬中维生素 C 含量存在明显差异。

李佳璇等采用新型闭合式双极性电极（BPE）体系，借助普鲁士蓝（PB）电致变色薄膜电极的颜色作为指示信号，通过比色法对商业产品中的维生素 C 含量进行测定。该实验装置经济简便且可重复使用，实验方法简单易行，电流效率高，结果可靠，具有较强的实用性和推广价值。

上述两种测定方法准确性高，但涉及的仪器和药品超出高中学生的理解范围，可以作为拓展材料，但在实际教学中要结合高中氧化还原反应的内容，选择合适的实验路径。

（二）实验创新

笔者综合高中教材和学生的实际情况，采用如下数字化实验方案。

实验原理：ORP 传感器用来测量溶液中氧化剂或还原剂的氧化和还原能力。ORP 电极经常被用于测定氧化还原反应的等当点。当氧化还原反应接近滴定终点时，电势会发生突跃，直接通过绘制的体积-电势曲线来判定滴定终点。

实验仪器：数据采集器、软件系统、氧化还原传感器、滴数传感器、磁力搅拌器。

实验药品：0.002 mol/L I_2 标准液、含有维生素 C 的饮料。

实验装置：如图 2.37 所示。

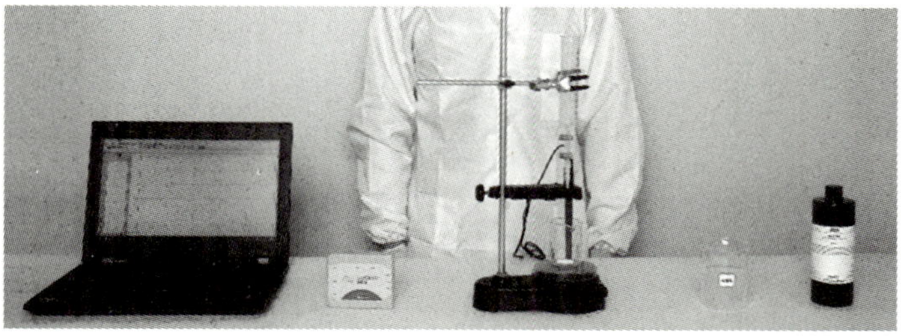

图 2.37

实验步骤：(1) 将仪器按图 2.37 组装好，将氧化还原传感器、滴数传感器进行校准。

(2) 向滴定管中加入 0.002 mol/L I_2 标准液，向烧杯中加入 30 mL 饮料待测液。

(3) 点击“数据采集”按钮，打开磁力搅拌器，同时打开滴定管的活塞，使标准液成滴流下。

实验结果与讨论

观察图像的变化如图 2.38 所示。

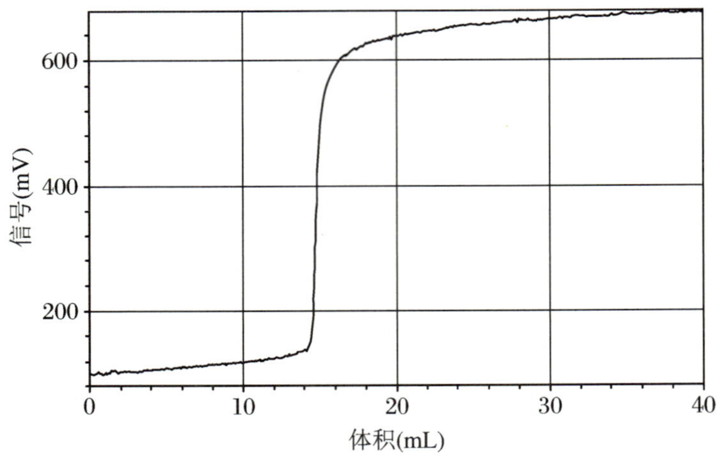

图 2.38

学生交流讨论：(1) 能否从图中找出滴定的终点？为什么会发生滴定的突跃？

(2) 试根据数据计算出饮料中的维生素 C 含量？(单位：mg/L)

数字化实验用 ORP 传感器测定的滴定曲线能指示反应终点，比肉眼观察溶液颜色突变更准确；用滴数传感器记录所滴碘液的体积，比人工控制滴定管更加精细。滴定曲线和数据直观反映出由滴定过程中溶液的电势变化，使得抽象、单纯的说教变为生动、直观的展示，便于学生掌握和理解，比传统实验操作更简便、准确。

参考文献

[1] 徐泓.市售果汁饮料中柠檬酸和维生素 C 的定量测定：高中综合活动设计一例[J].化学教学，2005(Z2)：47-49.

[2] 章平平，吴晓慧，唐传球.维生素 C 的 3 种分光光度法测量比较：仪器分析设计性实验教学的探索与实践[J].化学教育，2021，42(10)：40-44.

[3] 李佳璇，时竞竹，温利权，等.一种可视化电化学方法测定商业产品中维生素 C 的含量[J].化学教育(中英文)，2021，42(12)：41-46.

实验十　运用 pH 滴定法测定弱酸的电离常数

实验视频

问题提出

电离常数的应用十分广泛，精确测定弱酸的电离常数在环境化学、生物化学、药物化学以及药物开发等领域都有重要意义。在中学化学中，弱电解质的电离平衡及电离常数既是学生学习的重点，也是难点。因此，设计测定弱电解质的电离常数的实验，有助于学生理解电离平衡的实质和电离常数的意义。

弱酸的电离常数可以采用不同的实验方法进行测定，如 pH 法、pH 滴定法、电导法和分光光度法等。根据高中生的学情，前两种方法的原理较容易被接受。其中 pH 法必须精确标定弱酸的浓度，并测出该浓度下对应的 pH，再根据公式计算出电离常数。pH 法虽然原理简单，但操作麻烦，计算量和误差都较大。沈建中、许兵等使用了 pH 滴定法，需要实验人员先连续记录滴定过程的溶液体积和对应的 pH，然后沈建中手工绘制滴定曲线并用切线法确定滴定终点；许兵则通过人工输入计算机后再进行数据处理，过程都相当繁琐。因此，本实验对传统的 pH 滴定法进行了改进，运用手持技术设备及软件自动采集、处理实验数据，测定了乙酸和草酸的电离常数。

实验研究

（一）乙酸的电离常数测定

1. 实验原理分析

(1) 理论计算

乙酸是一元弱酸，其在水溶液中的电离平衡和电离常数表达式如下：

$$CH_3COOH \rightleftharpoons H^+ + CH_3COO^-,\quad K_a = \frac{[CH_3COO^-][H^+]}{[CH_3COOH]}$$

当 $\frac{[CH_3COO^-]}{[CH_3COOH]} = 1$ 时，$K_a = [H^+]$。如果在一定温度下，测得乙酸溶液在

$[CH_3COO^-]=[CH_3COOH]$时的 pH，那么可获得乙酸的电离平衡常数 $pK_a = pH$。

(2) 误差分析

本实验用 pH 传感器和滴数传感器测定 NaOH 与 CH_3COOH 滴定过程中的 pH 变化和 NaOH 溶液的体积，然后以消耗 NaOH 溶液的体积为横坐标，溶液的 pH 为纵坐标，自动采集出滴定过程中的 pH 变化曲线，即滴定曲线。找出滴定终点消耗的 NaOH 溶液的体积 $V(\text{NaOH})$，那么消耗 $\frac{1}{2}V(\text{NaOH})$ 处（即"半终点"）的溶液就是 $[CH_3COONa]:[CH_3COOH]=1:1$ 的缓冲溶液。此半终点溶液中，由于同离子效应，$[CH_3COO^-]$与$[CH_3COOH]$的大小比较接近，但并非完全相等。那么，若按二者相等进行计算，给 K_a 计算带来的误差有多大呢？

此溶液中，有

$$[CH_3COO^-] = [CH_3COONa] + [H^+] - [OH^-]$$
$$[CH_3COOH] = [CH_3COOH] - [H^+] + [OH^-]$$

常温下，当半终点对应的缓冲溶液不太稀时，由$[H^+]\approx K_a\frac{[CH_3COONa]}{[CH_3COOH]} = K_a$，可知$[H^+]=10^{-4.76}$ mol/L，则$[OH^-]=10^{-9.24}$ mol/L。由于$[OH^-]$数值远小于$[H^+]$，可以略去。

设 $A=\frac{[CH_3COO^-]}{[CH_3COOH]}\approx\frac{[CH_3COONa]+[H^+]}{[CH_3COOH]-[H^+]}$，由于 $K_a = A\cdot[H^+]$，在 $A=1$ 时，$K_a=[H^+]$；在 $A\neq1$ 时，若认为 K_a 仍然等于$[H^+]$，则 K_a 相对误差为

$$\frac{[H^+]-K_a}{K_a} = \frac{[H^+]}{A\cdot[H^+]} - 1 = \frac{1}{A} - 1$$

如果要控制相对误差的绝对值小于 2%，即

$$\left|\frac{1}{A}-1\right| = 1 - \frac{[CH_3COONa] - 10^{-4.76}\ \text{mol/L}}{[CH_3COOH] + 10^{-4.76}\ \text{mol/L}} < 2\%$$

则

$$[CH_3COONa] = [CH_3COOH] > 10^{-2.76}\ \text{mol/L}$$

所以让半终点溶液中的$[CH_3COONa]$和$[CH_3COOH]$大于 $10^{-2.76}$ mol/L，就可以控制相对误差的绝对值小于 2%。例如，若本实验在半终点时，$[CH_3COONa]$和$[CH_3COOH]$分别为 0.05 mol/L，代入上面的公式，可算出 K_a 的相对误差为 −0.07%，完全符合实验的准确度要求。

综上可知，实验所用的酸碱浓度越大，K_a 的方法误差就会越小。但是，酸碱的浓度越大，中和后溶液的温度就上升得越多，对 K_a 的影响就越大。例如，在隔热良好的情况下，若使 0.50 mol/L CH_3COOH 溶液和 0.50 mol/L NaOH 溶液等体积混合，溶液的温度会升高约 3.4 ℃。因此，若没有使用恒温槽，则实验所用的酸碱浓度就不宜过大。本实验在室温条件下进行，使用浓度同为 0.1 mol/L 的 CH_3COOH 溶液和 NaOH 溶液，由于滴定时的热量散失，最后溶液温度升高幅度不足 0.5 ℃。在温度变化不大的情况下，一般

可不考虑温度变化对电离平衡的影响。

2. 实验过程

实验仪器：烧杯、移液管、威尼尔 pH 传感器（已校准）、威尼尔滴数传感器（已校准）、磁力搅拌器等。

实验药品：约 0.1 mol/L CH_3COOH 溶液，0.10 mol/L NaOH 溶液。

实验步骤：在室温条件下，按图 2.39 所示的装置，边用磁力搅拌器搅拌边向 20.00 mL 约 0.1 mol/L CH_3COOH 溶液中逐滴加入 0.10 mol/L 的 NaOH 溶液，用 pH 传感器和滴数传感器同时测量烧杯内溶液的 pH 和所用 NaOH 溶液的体积。同时注意观察显示屏中滴定曲线的变化（图 2.40），直到 pH 发生突跃后，继续滴加 2～3 mL NaOH 溶液。实验测得溶液的 pH 随 NaOH 溶液体积的变化曲线如图 2.40 所示。重复实验 2～3 次。

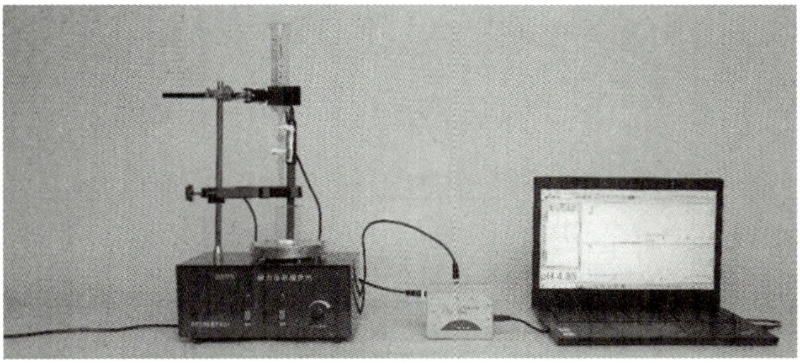

图 2.39

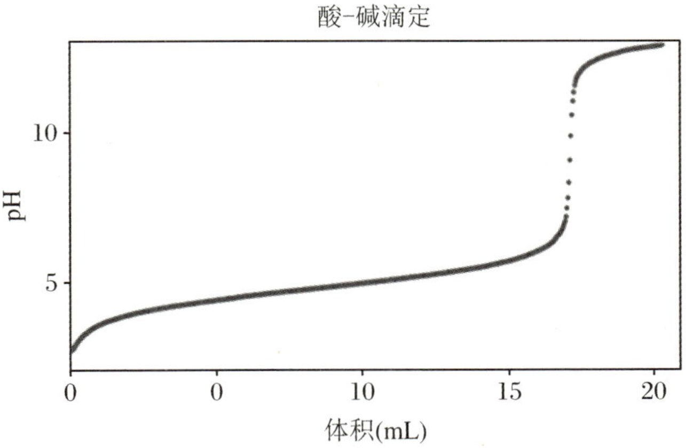

图 2.40

3. 数据处理

利用 Logger Pro 软件自带的数据处理功能，以 NaOH 溶液的体积为横坐标，对图 2.40 曲线中的 pH 进行一阶求导，所得曲线如图 2.41 所示。图 2.41 中曲线的极大值即为滴定终点，极大值的横坐标值即为滴定终点消耗的 NaOH 体积 V(NaOH)。可以在

Logger Pro 软件的数据栏中找出$\frac{1}{2}V$(NaOH)所对应的 pH。四次实验的数据及结果处理见表 2.7。

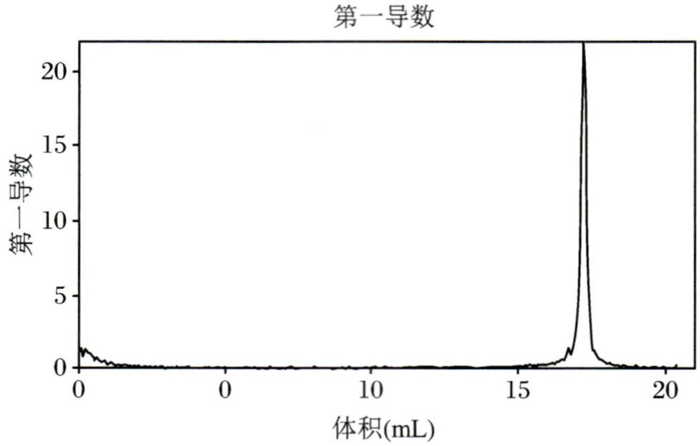

图 2.41

表 2.7

实验编号	CH_3COOH 体积(mL)	终点 NaOH 溶液体积(mL)	半终点 NaOH 溶液体积(mL)	半终点 pH	pK_a	平均 pK_a	平均 K_a
1	20.00	17.20	8.60	4.77	4.77	4.74	1.82×10^{-5}
2	20.00	17.46	8.73	4.80	4.80		
3	20.00	16.94	8.47	4.68	4.68		
4	20.00	17.30	8.65	4.70	4.70		

本实验测得乙酸电离常数 $pK_a=4.74$，$K_a=1.82\times10^{-5}$。从中学教材中查到乙酸的 $K_a=1.75\times10^{-5}$，$pK_a=4.76$。实验的相对误差为$\frac{4.74-4.76}{4.76}\times100\%=-0.42\%$。

（二）草酸的二级电离常数的测定

1. 实验原理及误差分析

草酸是二元弱酸，其在水溶液中的电离平衡和电离常数表达式如下：

$$H_2C_2O_4 \rightleftharpoons H^+ + HC_2O_4^-,\quad K_{a1}=\frac{[HC_2O_4^-][H^+]}{[H_2C_2O_4]}$$

$$HC_2O_4^- \rightleftharpoons H^+ + C_2O_4^{2-},\quad K_{a2}=\frac{[C_2O_4^{2-}][H^+]}{[HC_2O_4^-]}$$

用氢氧化钠溶液滴定草酸溶液的过程中，在第一计量点，$H_2C_2O_4$ 刚好完全反应生成 $NaHC_2O_4$；在第二计量点，刚好全部生成 $Na_2C_2O_4$。第一计量点时消耗的 NaOH 溶液的体积 $V_{突跃1}$(NaOH)恰好是第二计量点时消耗 NaOH 溶液的体积 $V_{突跃2}$(NaOH)的一半。

草酸的一级电离程度较大($pK_{a1}=1.27$),在消耗$\frac{1}{2}V_{突跃1}$(NaOH)处(即“第一半终点”)形成的$H_2C_2O_4$-$NaHC_2O_4$缓冲溶液中,由于$\frac{[HC_2O_4^-]}{[H_2C_2O_4]}$总是大于1,使得此时的$[H^+]$不再等于$K_{a1}$。用pH滴定法测定草酸一级电离常数的相对误差,可先由公式$[H^+]=K_{a1}\frac{[H_2C_2O_4]-[H^+]}{[NaHC_2O_4]+[H^+]}$求出$[H^+]$,再通过表2.8所述的方法计算出来。由表2.8可以看出:第一半终点溶液的pH与$pK_{a1}=1.27$相差较大;用pH滴定法求草酸的K_{a1}误差较大,不宜使用。

表 2.8

$[H_2C_2O_4]$ (mol/L)	$[NaHC_2O_4]$ (mol/L)	pH	$[H^+]$ (mol/L)	$A=\frac{[NaHC_2O_4]+[H^+]}{[H_2C_2O_4]-[H^+]}$	相对误差$=\frac{1}{A}-1$ (%)
0.100	0.100	1.53	0.0294	$\frac{0.1+0.0294}{0.1-0.0294}=1.83$	−45.3
1.00	1.00	1.31	0.0488	$\frac{1.0+0.0488}{1.0-0.0488}=1.10$	−9.1

在消耗$\frac{3}{4}V_{突跃2}$(NaOH)处(即“第二半终点”)的溶液就是$[Na_2C_2O_4]:[NaHC_2O_4]=1:1$的缓冲溶液,此溶液所对应的pH即为$H_2C_2O_4$的$pK_{a2}$。常温下,当第二半终点溶液不太稀时,由$[H^+]\approx K_{a2}$,可知$[H^+]\approx 10^{-4.27}$ mol/L。若要控制K_{a2}的相对误差的绝对值小于2%,即

$$\left|\frac{1}{A}-1\right|=1-\frac{[Na_2C_2O_4]-10^{-4.27}\text{mol/L}}{[NaHC_2O_4]+10^{-4.27}\text{ mol/L}}<2\%$$

可得

$$[Na_2C_2O_4]=[NaHC_2O_4]>10^{-2.27}\text{ mol/L}$$

综上可知,让第二半终点溶液中的$[Na_2C_2O_4]$和$[NaHC_2O_4]$大于$10^{-2.27}$ mol/L,即可控制相对误差的绝对值小于2%。例如,在第二半终点溶液中,若$[Na_2C_2O_4]$和$[NaHC_2O_4]$均为0.05 mol/L,代入上面的公式可算出理论上K_{a2}的相对误差为−0.2%。所以仍然可以利用pH滴定法求出草酸的K_{a2}。

2. 实验过程

温室条件下,按图2.39所示装置,边用磁力搅拌器搅拌边向20.00 mL约0.1 mol/L的$H_2C_2O_4$溶液中逐滴加入0.10 mol/L的NaOH溶液,用pH传感器和滴数传感器同时测量烧杯内溶液的pH和所用NaOH溶液的体积。同时注意观察显示屏中滴定曲线的变化,直到pH发生两次突跃后,继续滴加2～3 mL NaOH溶液。实验测得溶液的pH随NaOH溶液体积的变化曲线如图2.42所示。重复实验2～3次。

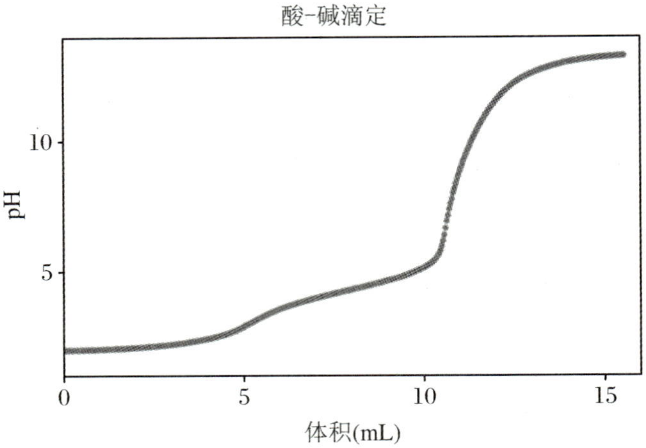

图 2.42

3. 数据处理

由图 2.42 中的曲线可以看出，草酸在第二计量点的 pH 突跃范围大于第一计量点。所以滴定终点停在第二计量点更为准确。对图 2.42 中的曲线进行一阶求导，所得曲线如图 2.43 所示。图 2.43 中曲线的极大值即为滴定终点，极大值的横坐标值即为滴定终点时消耗的 NaOH 溶液体积 $V_{突跃2}$(NaOH)。在 Logger Pro 软件的数据栏中找出消耗 $\frac{3}{4}V_{突跃2}$(NaOH)所对应的 pH。四次实验的数据及结果处理见表 2.9。

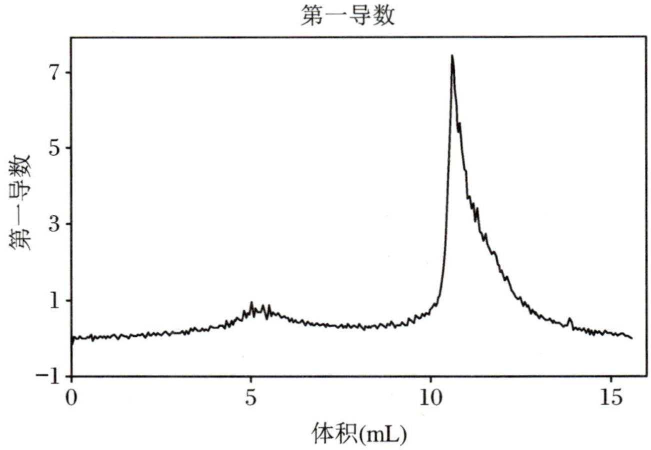

图 2.43

本实验测得草酸 $pK_{a2}=4.26$，$K_{a2}=5.5\times10^{-5}$。从中学教材中查到草酸的 $K_{a2}=5.4\times10^{-5}$，$pK_{a2}=4.27$，实验的相对误差为$\frac{4.26-4.27}{4.27}\times100\%=-0.23\%$。

表 2.9

实验编号	$H_2C_2O_4$ 体积（mL）	$V_{突跃2}$（NaOH）（mL）	$\frac{3}{4}V_{突跃2}$（NaOH）（mL）	$\frac{3}{4}V_{突跃2}$（NaOH）对应 pH	pK_{a2}	平均 pK_{a2}	平均 K_{a2}
1	20.00	10.60	7.95	4.26	4.26	4.26	5.5×10^{-5}
2	20.00	10.75	8.06	4.30	4.30		
3	20.00	10.56	7.92	4.25	4.25		
4	20.00	10.49	7.87	4.24	4.24		

实验结果与讨论

（1）本实验采取 pH 滴定法，使用手持技术进行实验，并通过数据处理，得出半终点对应的 pH，该 pH 即为弱酸的 pK_a。实验测出了常温下乙酸的电离常数 $pK_a=4.74$，草酸的二级电离常数 $pK_{a2}=4.26$，相对误差分别为 -0.42% 和 -0.23%。

（2）在测定弱酸的电离常数时，要控制酸碱的浓度在适当的范围。酸碱的浓度越稀，误差就越大。在规定的误差范围内允许使用的酸碱的最低浓度，可以根据表 2.9 所述的方法计算。而所用酸碱的浓度也不宜过大，否则滴定时溶液温度升高较多，会导致所测的电离常数偏离常温时的数据。通常，使用 0.1 mol/L 的酸和碱可以使滴定时溶液的温度升高幅度不超过 0.5 ℃。

（3）对于中强酸 HA 来说，由于半终点时溶液中的 $\frac{[A^-]}{[HA]}$ 比值偏离 1，对应的 pH 与 pK_a 相差较大，从而造成测量结果误差偏大。虽然可以通过准确配制中强酸的浓度，并通过计算加以校正，但是已经失去了原理简单、实验方便的优势，也远远超出了高中学生的知识范围。因此中学阶段不宜使用 pH 滴定法测定中强酸电离常数。

（一）实验优点

本实验不必知道所用弱酸和强碱的准确浓度即可测出乙酸的 K_a 和草酸的 K_{a2}，避免了因标准液浓度不准确带来的试剂误差。借助软件对 pH 曲线进行一阶求导判断滴定终点，排除了通过观察指示剂变色判断滴定终点等主观因素带来的操作误差。手持技术中仪器中的 pH 传感器和滴数传感器准确度高，实验的仪器误差小。pH 滴定法涉及的原理简单易懂，不需要复杂的计算就能得出准确客观的结果。使用手持技术能自动记录消耗的碱液体积和对应的 pH，实验操作简便、快捷，适合中学生使用。

（二）教学意义

手持技术的运用实现了实时监测实验过程中体系 pH 的变化。学生通过观察显示屏中滴定曲线的生成过程，有助于理解滴定终点和滴定突跃的意义，有利于建立变化观念和平衡思想。半终点的理论计算对应滴定突跃、电离平衡、盐类水解等重要内容，这对水溶液中的离子反应和平衡的教学能起到相辅相成的作用。通过使用软件对 pH 曲线进行求导，能准确地找出滴定终点，使学生认识到数学工具在数据处理中的重要作用。

（三）实验展望

本实验的原理可以进一步拓展，用于测定氨水等弱碱的电离常数。但 pH 滴定法的运用受弱酸或弱碱的强度限制。本实验以草酸的一级电离常数为例进行误差分析，提出了 pH 滴定法不宜用于测定中强酸的电离常数，但对于中强酸的电离常数并没有给出界定。另外，pH 滴定法用于测量极弱酸的电离常数时，也与中强酸一样存在着类似原因导致的较大误差。这些问题需要在后续的相关研究中再进行深入的探讨。

参考文献

[1] 李晓莉，陈彦玲．测定醋酸电离度和电离常数的两种微型方法的比较研究[J]．内蒙古民族大学学报，2009，15(4)：123-125.

[2] 陈彦玲，王彬彬，蔡艳，等．醋酸电离度和电离常数测定方法的比较研究[J]．长春师范学院学报(自然科学版)，2009，28(8)：39-42.

[3] 许兵，王晓岗，张荣华．醋酸电离常数测定实验数据处理方法的改进[J]．实验室科学，2015，18(1)：15-18.

[4] 陆晨刚．电导法测定醋酸电离平衡常数的实验探究[J]．化学教学，2018(7)：79-81.

[5] 方舟，钱扬义．运用手持技术测定甲基橙的电离常数 K_a[J]．化学教育，2011，32(9)：71-72.

[6] 熊艳，李香，李俊，等．分光光度法测定指示剂解离常数的实验教学改进与实践[J]．化学教育(中英文)，2020，41(6)：31-35.

[7] 华中师范大学．分析化学：上册[M]．3 版．北京：高等教育出版社，2010：109-110.

实验十一　运用手持技术探究银氨溶液的成分

实验视频

问题提出

银氨溶液又称托伦试剂(Tollens reagent),用于检验和定量测定有机物中含有的醛基。银氨溶液检验醛基时发生的反应称为银镜反应,该反应是大学及中学有机化学中鉴定醛基化合物的一个典型实验。人们常常认为银氨溶液中的溶质是 $Ag(NH_3)_2OH$。例如,人教版高中化学教材中有关银氨溶液的制备实验的相关描述如下:

> 在洁净的试管中加入 1 mL 2% $AgNO_3$ 溶液,然后边振荡试管边逐滴加入 2%稀氨水,至最初产生的沉淀恰好完全溶解,制得银氨溶液。银镜反应化学方程式为
>
> $$CH_3CHO + 2Ag(NH_3)_2OH \xrightarrow{\triangle} CH_3COONH_4 + 2Ag\downarrow + 3NH_3 + H_2O$$

由此可以看出,教材认为硝酸银与氨水生成的银氨溶液的主要成分是 $Ag(NH_3)_2OH$。并且由于 $Ag(NH_3)_2OH$ 是强碱,许多人就想当然地认为银氨溶液的碱性应该比配制银氨溶液所用的氨水碱性强。事实果真如此吗?此处所得银氨溶液中的溶质主要成分究竟是不是 $Ag(NH_3)_2OH$?为了揭示其真面目,本实验将从反应原理分析和实验验证两个方面进行探讨。

实验研究

(一)反应原理分析

银氨溶液的制备实验中发生的先后反应可以用化学方程式表示如下:

$$AgNO_3 + NH_3 \cdot H_2O = AgOH\downarrow + NH_4NO_3 \qquad (1)$$

$$AgOH + 2NH_3 \cdot H_2O = Ag(NH_3)_2OH + 2H_2O \qquad (2)$$

由反应(2)可见,实验中所得溶液的溶质主要成分似乎是 $Ag(NH_3)_2OH$。但事实并非如此,因为 $Ag(NH_3)_2OH$ 是强碱,其电离出的 OH^- 必然会跟第(1)步中的产物

NH_4NO_3 电离出的 NH_4^+ 结合生成 $NH_3 \cdot H_2O$，其化学方程式为

$$Ag(NH_3)_2OH + NH_4NO_3 = Ag(NH_3)_2NO_3 + NH_3 \cdot H_2O \quad (3)$$

而反应(3)生成的 $NH_3 \cdot H_2O$ 又会作为反应物参与反应(2)中的化学反应。

因此，由(1)+(2)+(3)，得

$$AgNO_3 + 2NH_3 \cdot H_2O = Ag(NH_3)_2NO_3 + 2H_2O \quad (4)$$

由反应(4)可以看出，根据教材中所用方法配制成的银氨溶液，其主要成分是 $Ag(NH_3)_2NO_3$。$Ag(NH_3)_2NO_3$ 是配位化合物，在水溶液中完全电离生成 $Ag(NH_3)_2^+$ 和 NO_3^-，而 $Ag(NH_3)_2^+$ 只能微弱电离出 Ag^+ 和 NH_3，对应的化学方程式为

$$Ag(NH_3)_2NO_3 = Ag(NH_3)_2^+ + NO_3^-$$

$$Ag(NH_3)_2^+ \rightleftharpoons Ag^+ + 2NH_3$$

所以 $Ag(NH_3)_2NO_3$ 只能呈微弱碱性，而 $Ag(NH_3)_2OH$ 呈强碱性。因此，我们只要通过实验测定按教材中所用的方法制得的银铵溶液的 pH，就可以证明银氨溶液的成分。

(二) 实验验证

为了验证上述推理，我们利用以下药品和器材完成了两个实验。

实验药品：2% $AgNO_3$ 溶液，约 2%氨水。

实验器材：烧杯、pH 传感器(已校准)、滴数传感器(已校准)、磁力搅拌器等。

实验 1：用 pH 传感器测定约 2% 氨水的 pH，其 pH 为 11.69。

实验 2：按图 2.44 所示装置，边用磁力搅拌器搅拌边向 25.00 mL 2% $AgNO_3$ 溶液中逐滴加入上述氨水，用 pH 传感器和滴数传感器同时测量烧杯内溶液的 pH 和所用氨水的体积，直到生成的沉淀完全溶解，继续滴加 1～2 mL 氨水。实验测得溶液的 pH 随氨水加入体积的增加的变化曲线如图 2.45 所示。重复多次实验，所得曲线均与图 2.45 相似。

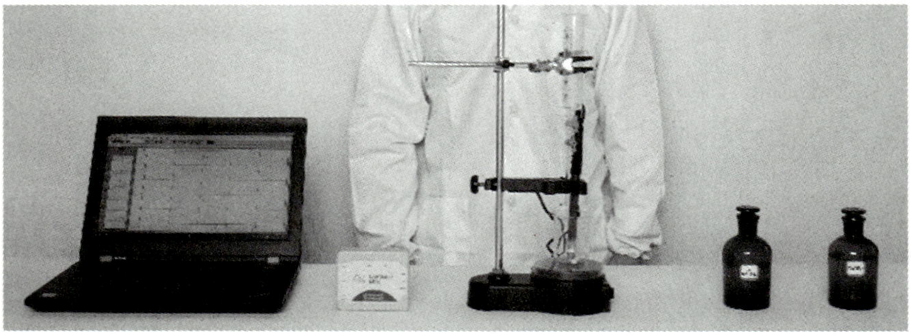

图 2.44

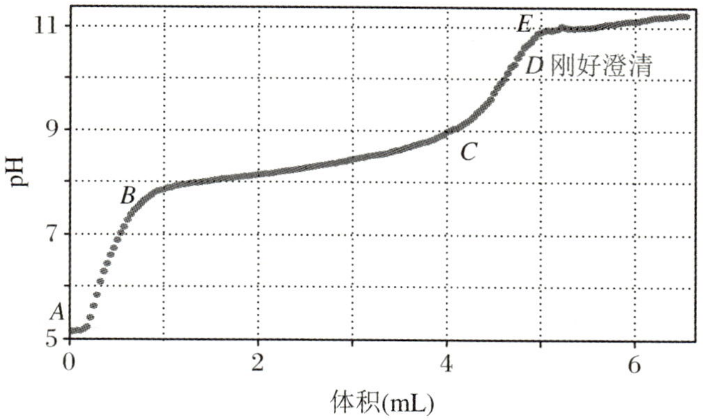

图 2.45

实验结果与讨论

（一）实验曲线分析

由图 2.45 可以看出，曲线起点 A 对应 $AgNO_3$ 溶液的 pH 为 5.16，呈酸性。这是因为 $AgNO_3$ 溶液发生水解。随着氨水的加入，AB 之间 pH 快速升高，此时能看到有褐色的沉淀生成。B 点 pH 为 7.9 左右。BC 之间开始生成大量沉淀，后来沉淀又逐渐减少。C 点后，沉淀量明显减少，溶液逐渐变得澄清，到达 D 点时溶液迅速变得澄清透明。此时 D 点 pH 为 10.29，用去的氨水体积为 4.71 mL，约为 $AgNO_3$ 溶液体积的 1/5。

图 2.45 中的 pH 曲线出现了两个突跃：AB 段与 CE 段。在 AB 段，$AgNO_3$ 溶液由弱酸性变为碱性，只需少量氨水即可，因而会出现 pH 的突跃；在 C 点，AgOH 的溶解已经接近尾声，此时加入的氨水不会继续被反应物大量消耗，使得溶液中的 OH^- 离子浓度快速升高，因而再次出现 pH 的突跃。CE 段的 pH 突跃标志着配制银氨溶液的化学反应已经完成。

图 2.45 中的 pH 曲线出现了两个相对平缓的上升阶段：BC 段与 E 点之后。在 BC 段，虽然加入了大量的氨水，但是 pH 并没有显著升高，这是因为加入的氨水主要用于 AgOH 的生成和 AgOH 的溶解，氨水被消耗殆尽，因而溶液中的 OH^- 的浓度没有明显的变化。在 E 点之后，溶液的 pH 仅有缓慢升高的原因显然是此时溶液的 pH 较大，氨水浓度的增大对 pH 影响就非常有限了。

（二）实验数据分析

(1) 查阅相关资料可知：实验中使用的 2%硝酸银溶液密度为 1.015 g/mL，则其物质的量浓度为

$$c(AgNO_3) = 1.015\ g/mL \times 1000\ mL/L \times 2\% \div (170\ g/mol) = 0.120\ mol/L$$

(2) 用浓氨水配制2%稀氨水时，由于浓氨水的质量分数不准确，导致稀释后的2%氨水浓度也不准确。因此用盐酸作为标准液标定本实验中使用的约2%氨水，浓度为1.275 mol/L。则其OH^-物质的量浓度为

$$c(OH^-) = [c(NH_3 \cdot H_2O) \times K_b]^{1/2} = [1.275 \times 1.8 \times 10^{-5}]^{1/2}\ \text{mol/L} = 4.79 \times 10^{-3}\ \text{mol/L}$$

$$pH = 11.68$$

此计算值与实验1中测得的氨水的pH为11.69非常接近。由于2%氨水的物质的量浓度大约是2%硝酸银溶液的10倍，根据反应(4)，$AgNO_3 \sim 2NH_3 \cdot H_2O$，所以实验2中所用氨水的体积约为$AgNO_3$溶液体积的1/5。此比例关系恰恰也证明了所得银氨溶液的主要成分是$Ag(NH_3)_2NO_3$。

(3) 由前面的理论分析可知：当沉淀刚好溶解时，生成的银氨溶液中，主要成分是$Ag(NH_3)_2NO_3$。此时溶液中OH^-浓度计算应同时考虑在此条件下$NH_3 \cdot H_2O$的电离、Ag^+的水解、体积的变化、配位平衡等因素。根据配位平衡：

	Ag^+	+ $2NH_3$	$\rightleftharpoons$ $Ag(NH_3)_2^+$
起始浓度(mol/L)	a	b	0
平衡浓度(mol/L)	x	$b-2\times(a-x)$	$a-x$

近似：x很小，故$b-2\times(a-x)\approx b-2a$。

a、b均为混合后体积增大后的浓度，其中

$$a = 0.120\ \text{mol/L} \times 25.00\ \text{mL} \div (25.00 + 4.71)\text{mL} = 0.100\ \text{mol/L}$$

$$b = 1.275\ \text{mol/L} \times 4.71\ \text{mL} \div (25.00 + 4.71)\text{mL} \approx 0.202\ \text{mol/L}$$

求得

$$c(Ag^+) = x \approx a \div [(b-2a)^2 \times K_f] = a \div [(b-2a)^2 \times 1.12 \times 10^7] = 0.100 \div [(0.202 - 2 \times 0.100)^2 \times 1.12 \times 10^7] = 2.2 \times 10^{-3}(\text{mol/L})$$

由于Ag^+浓度很低，水解程度又很小，因此其水解作用忽略不计。此时，

$$c[Ag(NH_3)_2^+] = a - x = (0.100 - 2.2 \times 10^{-3})\text{mol/L} \approx 0.098\ \text{mol/L}$$

$$c(NH_3 \cdot H_2O) = b - 2a \approx 0.002\ \text{mol/L}$$

因为$c/K_b = 0.002 \div (1.8 \times 10^{-5}) < 400$，则

$$c(OH^-) = [-K_b + (K_b^2 + 4cK_b)^{1/2}] \div 2 = [-1.8 \times 10^{-5} + (1.8^2 \times 10^{-10} + 4 \times 0.002 \times 1.8 \times 10^{-5})^{1/2}] \div 2 = 1.81 \times 10^{-4}(\text{mol/L})$$

$$pH = 10.26$$

此计算结果与实验2测定的溶液刚好澄清时的pH=10.29非常接近，比2%氨水的pH小得多。既然银氨溶液的碱性没有配制银氨溶液所用的氨水碱性强，那么就表明其主要成分的确为$Ag(NH_3)_2NO_3$。

(4) 与上述银氨溶液物质的量浓度相当的$Ag(NH_3)_2OH$溶液，即浓度为

0.098 mol/L 的 $Ag(NH_3)_2OH$ 溶液，由于其完全电离出 OH^-，所以其 $pH = 14 + \lg 0.098 = 12.99$。与实验 2 测定的溶液刚好澄清时的 pH 为 10.29 相比，$Ag(NH_3)_2OH$ 溶液的碱性要强得多。因此，实验所得银铵溶液中的溶质主要成分不可能是 $Ag(NH_3)_2OH$。

不管是反应原理分析还是实验探究均可以明确得出结论：硝酸银溶液与氨水反应制得的银氨溶液中溶质的主要成分不是 $Ag(NH_3)_2OH$，而是 $Ag(NH_3)_2NO_3$。溶液的 OH^- 主要来自于 $NH_3 \cdot H_2O$ 的电离，故溶液仅呈弱碱性。基于上述推导和实验探究，建议在高中教材中对乙醛的银镜反应的化学方程式作适当修改，建议修改以后的化学方程式为

$$CH_3CHO + 2Ag(NH_3)_2NO_3 + H_2O \xrightarrow{\triangle} CH_3COONH_4 + 2Ag\downarrow + 2NH_4NO_3 + NH_3$$

参考文献

[1]　北京师范大学.实用化学手册[M].北京：北京出版社，1980：208.

[2]　李成刚，何小稳.用于银镜反应的银氨溶液成分及碱性的探究[J].化学教学，2013(9)：39-41.

第 三 部 分
数字化实验教学课例

课例一　手持技术数字化实验促进模型建构的化学教学——沉淀溶解平衡

教学主题内容及教学现状分析

（一）教学主题内容

“沉淀溶解平衡”是2019年人教版高中化学选修一第三章第四节的内容。本节课为新授课的第一课时，主要内容包括：① 了解难溶电解质的“可溶”；② 建构难溶电解质的沉淀溶解平衡模型；③ 理解溶度积常数的概念，并通过 K_{sp} 与 Q 的相对大小判断溶液中难溶电解质的沉淀或溶解。

（二）教学现状分析

沉淀溶解平衡的教学及研究主要通过传统实验或数字化实验来解决沉淀的生成、溶解、平衡及转化相关问题。沉淀溶解平衡教学中的传统实验主要解决难溶电解质的“可溶”及转化问题，如难溶电解质“可溶”的问题，一般是向硝酸银溶液中加入等物质的量或过量的氯化钠溶液，再用碘离子或硫离子验证混合后溶液中仍含有银离子，来获取难溶电解质“可溶”的证据。由于该过程涉及沉淀的“转化”，而沉淀的转化是至少含有两种难溶电解质的沉淀溶解平衡且相互转化的复杂体系，在此基础上构建的难溶电解质的“可溶”与沉淀的转化易混淆，在一定程度上增加了学生学习的难度。

沉淀溶解平衡教学中的数字化实验主要以“氢氧化镁”为主题，测 pH 的变化来解决难溶电解质的“可溶”和沉淀转化问题。而以“碳酸钙”为主题，系统利用数字化实验解决难溶电解质的“可溶”、沉淀溶解平衡的建立、沉淀溶解平衡的移动、溶度积常数等问题的教学设计还没有开发。沉淀溶解平衡、溶度积常数概念的建立更多的是利用化学平衡及化学平衡常数进行迁移学习，很少以数字化实验为情境让学生自主建构，特别是在课堂教学中利用离子传感器测离子浓度，定量计算得到溶度积常数的设计还没有开展。

在学习化学平衡之后，学生能依据勒夏特列原理、平衡常数与浓度商之间的关系及正逆反应速率大小来判断平衡移动的方向；具有一定的迁移能力，能将化学平衡中的相关概念迁移应用到电离平衡、水解平衡中，从而加深对平衡大概念的理解。但在学习沉淀溶解平衡中学生仍有很多困惑，如知道碳酸钙属于盐，属于强电解质，推理出溶于水的那部分能完全电离，但与碳酸钙难溶相关联，往往就会产生困惑，因为缺少直接证据，很难直观测到碳酸钙的电离。“沉淀溶解平衡”安排在选修教材中，学生具有宏-微相结合的分析视角及解决问题的能力，但在“沉淀溶解平衡”的学习中，学生认识的宏观概念在此变成了“微量”，研究的对象是难溶电解质在水溶液中溶解的“微量”变化关系，再加上大部分学生错误地认为“难溶”即溶的很少，“不溶”就是不溶，导致学生迁移和理解“沉淀溶解平衡”相对“可溶物质的溶解平衡”（如氯化钠晶体在氯化钠饱和溶液中的溶解平衡）变得比较困难。

教学理念及创新

（1）充分发挥数字化实验的曲线表征功能，通过四重表征认识沉淀溶解平衡中的沉淀溶解、生成和平衡。本节课创设了以“碳酸钙”为主题的四组数字化实验情境，系统地解决难溶电解质的“可溶”、沉淀溶解平衡的建立、沉淀溶解平衡的移动、溶度积常数等问题。通过测量溶液中的电导率、浊度的变化，用曲线表征出溶液中微观离子的变化，充分挖掘宏观、微观、曲线、符号四重表征在课堂教学中的价值。

（2）充分发挥数字化实验直观、直接的作用，使复杂问题简单化。四组实验中的第一组实验是向蒸馏水中加入碳酸钙粉末，测电导率的变化，其曲线直接表征了难溶电解质在水中的电离，相比向饱和 PbI_2 溶液中加 KI 溶液等传统实验说明难溶电解质的“可溶”性，该数字化实验可提供更直观、更直接的证据。第二组实验是向第一组实验得到的碳酸钙浊液中再加蒸馏水，测电导率变化，电导率先迅速变小，然后再慢慢增大至不变，该实验溶液的溶质只有碳酸钙，没有干扰项，学生更易自主建构难溶电解质的沉淀溶解平衡。

（3）充分发挥数字化实验精准、定量的作用，解决传统实验无法解决的问题。四组实验中的第三组实验是向碳酸钙的饱和溶液中加入碳酸钠溶液。实验前学生根据平衡移动原理预测出溶液变混浊，实验中观察不到溶液变混浊的现象，再用浊度传感器分别测加入碳酸钠溶液前后的饱和碳酸钙溶液浊度的变化。该数字化实验解决了向碳酸钙饱和溶液中加碳酸钠溶液无法用肉眼观察碳酸钙析出而呈现混浊现象的难题。第四组实验是向不同浓度的碳酸钠溶液中分别加入碳酸钙粉末，平衡后测溶液中的钙离子浓度，计算出碳酸根离子的浓度。学生根据实验数据自主建构碳酸钙的溶度积常数，相比直接给出难溶电解质溶度积常数概念的传统教学更能发挥其主动性。

教学目标

（1）通过测难溶电解质水溶液中的电导率变化，表征出难溶电解质在水中的“可溶”性，初步建构难溶电解质的沉淀溶解平衡模型，并能准确写出沉淀溶解平衡的表达式。

(2) 通过数字化实验测溶液浊度的变化，表征出沉淀溶解平衡的移动。并通过实验准确获取相关数据，对实验数据进行处理、分析，得出难溶电解质的溶度积在一定温度下为定值的结论。

(3) 通过借助 K_{sp} 与 Q 的关系定量认识难溶电解质的沉淀溶解平衡，能运用其关系对实验曲线进行解释、判断沉淀溶解平衡移动的方向。

教学流程

本节课创设了四个环环相扣、层层递进的数字化实验情境，学生通过对实验现象的分析逐步完成沉淀溶解平衡模型的建构，具体教学流程如图 3.1 所示。

教学实录

(一) 突破难溶电解质的“可溶”特征

【问题 1】 碳酸钙溶于水吗？说出你的判断依据。

学生观点 1：不溶于水，因为碳酸钙是沉淀。

学生观点 2：因为碳酸钙是强电解质，所以可能会溶解少量。

【教师】 我们用实验来证明同学们的观点，请同学们观察实验现象，思考此现象能说明什么问题。

实验：取盛有 100 mL 蒸馏水的烧杯，测其电导率，再向其中加入 1.0 g 碳酸钙粉末，同时用磁力搅拌器搅拌，观察电导率的变化。装置图及电导率变化曲线如图 3.2 所示。

【问题 2】 实验中看到了什么现象？

【学生】 向蒸馏水中加入碳酸钙粉末后溶液变浑浊了，电导率突然增大，然后保持不变。

【问题 3】 电导率为什么会突然增大？电导率增大说明了什么？

【学生】 电导率增大说明溶液中离子浓度增大。

【问题 4】 约 100 s 后，电导率为什么不变了？

【学生】 电导率不变说明离子浓度不变，进而推理出其溶解达到了饱和。

【总结】 难溶电解质也是有部分可溶的，只是溶解度较小，一般其溶解度小于 0.01 g/100 g H_2O，我们称其为难溶，俗称“不溶”。

教学环节	教师行为	学生行为	设计意图
环节一：突破难溶电解质的“可溶”特征	实验一：向蒸馏水中加入$CaCO_3$粉末，测其导电率变化	结合曲线，认识难溶盐多数是强电解质，溶于水的部分完全电离	结合数字化实验曲线，运用问题串的形式，将学生引向深度思考，从微观的视角认识难溶电解质的“可溶”特征
环节二：建立沉淀溶解平衡观念	实验二：向饱和$CaCO_3$溶液中多次加入蒸馏水，测量溶液电导率变化	结合实验，分析讨论沉淀溶解平衡也是动态平衡	通过POE教学策略，教师充分了解学生的“已知”，再结合平衡概念，学生自主建构沉淀溶解平衡模型
环节三：再探沉淀溶解平衡	实验三：向饱和$CaCO_3$溶液中加入Na_2CO_3溶液测量溶液浊度变化	交流讨论，发现沉淀溶解平衡的移动	用浊度传感器测浊度的变化验证理论预测结果的正确性，加深学生的证据意识
环节四：自主构建溶度积常数	实验四：向$CaCO_3$的饱和溶液中加入Na_2CO_3溶液，测量Ca^{2+}浓度变化	计算发现溶度积常数，找到Q与K_{sp}的关系	引导学生由定性走向定量分析，培养学生依据实验数据通过分析、迁移等方法确定本质特征并建模的能力
环节五：运用沉淀溶解平衡模型	引导学生利用Q与K_{sp}的相对关系解释实验曲线	应用Q与K_{sp}的关系解决问题	多维度加深学生对沉淀溶解平衡的理解，使学生不仅知识结构化，认识方法也结构化

图 3.1

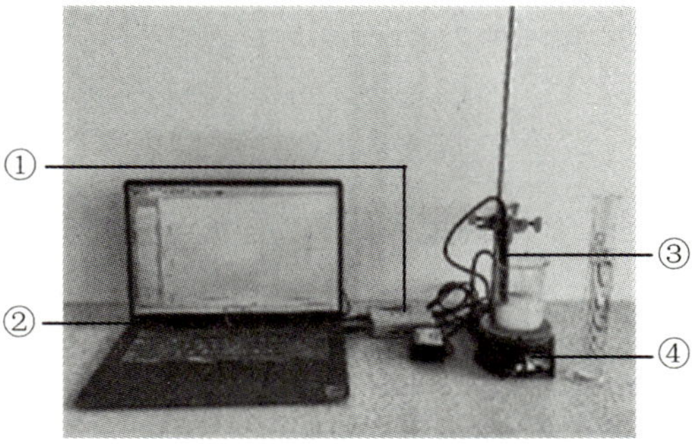

① 数据采集器　② 计算机
③ 电导率传感器　④ 磁力搅拌器

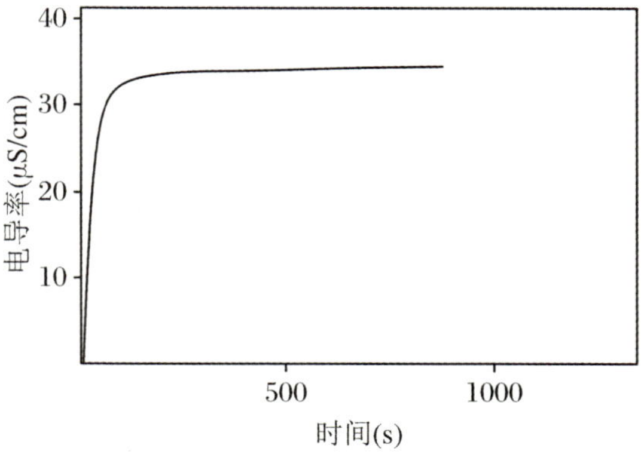

图 3.2

（二）建立沉淀溶解平衡观念

【教师】 一段时间后，电导率不变，说明碳酸钙溶解达到饱和，如果此时向烧杯中再加入蒸馏水，请同学们预测电导率会发生什么样的变化？并说明判断的依据。

学生预测 1：电导率将变小，因为加水后，饱和溶液变为不饱和溶液了，离子浓度减小，电导率减小。

学生预测 2：电导率不变，因为烧杯中还剩余大量碳酸钙粉末，碳酸钙溶液浓度不变，电导率不变。

学生预测 3：电导率先减小，后增大，因为加水后碳酸钙溶液的浓度瞬间减小，电导率减小，剩余的碳酸钙会继续溶解，电导率会增大。

【教师】 为了证明同学们的预测，我们此时向烧杯中再加入 100 mL 蒸馏水，请同学们观察电导率的变化。

实验：向烧杯中加入 100 mL 蒸馏水，测其电导率的变化，重复两次，实验曲线如图 3.3 所示。

【问题】 实验结果说明预测 3 与实验曲线相符，其解释也非常合理，但电导率增大后又保持不变，为什么呢？

【学生】 碳酸钙会继续溶解至再次达到饱和，其离子浓度不变，电导率不变。

【追问】 电导率不变，碳酸钙的溶解是否停止了？

【师生】 溶解没有停止，依据平衡判断此时的饱和溶液应该是碳酸钙继续溶解，同时也析出碳酸钙，且相同时间内溶解的量与析出的量相同，即为沉淀溶解平衡状态，表示为

$$CaCO_3(s) \rightleftharpoons Ca^{2+}(aq) + CO_3^{2-}(aq)$$

（三）再探沉淀溶解平衡

【教师】 为了更好地证明难溶电解质的沉淀溶解平衡，我们取烧杯中的上层澄清碳酸钙饱和溶液，向其中加入 1 滴管 1 mol/L Na_2CO_3 溶液，请同学们预测一下烧杯中会有

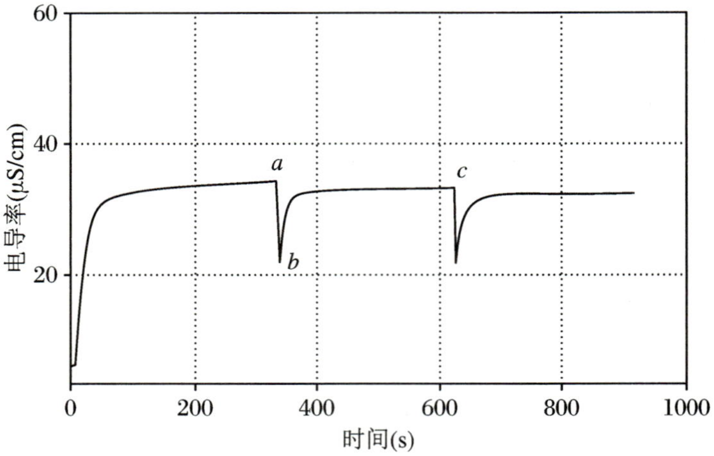

图 3. 3

什么现象？并说明你的判断依据。

学生预测：会变浑浊，依据勒夏特列原理，碳酸根离子浓度增大，平衡向左移动，生成更多的碳酸钙。

实验：取碳酸钙的饱和溶液，向其中加入 1 滴管 1 mol/L Na_2CO_3 溶液，观察烧杯中的实验现象。

实验现象：无明显现象。

学生观点 1：碳酸钠溶液与碳酸钙不反应，无沉淀析出。

学生观点 2：析出的碳酸钙颗粒较小，观察不到浑浊。

【教师】 如果析出的碳酸钙颗粒较小，观察不到浑浊，那我们用浊度传感器来测一下加入碳酸钠溶液前后饱和碳酸钙溶液浊度的变化。

实验：分别测碳酸钙饱和溶液与向其中加入 1 滴管 1 mol/L Na_2CO_3 溶液后的混合溶液的浊度，得到实验曲线如图 3.4 所示。

结论：实验曲线表明向碳酸钙的饱和溶液中加入碳酸钠溶液，碳酸根离子浓度增大，平衡左移，有碳酸钙析出。

（四）自主构建溶度积常数

【教师】 先配制 0.1 mol/L Na_2CO_3 溶液，然后用稀释的方法分别得到 1×10^{-4} mol/L、5×10^{-5} mol/L、1×10^{-5} mol/L、5×10^{-6} mol/L、1×10^{-6} mol/L Na_2CO_3 溶液，分别取 100 mL 稀释后的 5 种 Na_2CO_3 溶液，再分别向其中各加入 1.0 g $CaCO_3$ 粉末，搅拌，静置。用钙离子传感器分别测溶液中钙离子浓度，实验数据见表 3.1。因为$CaCO_3(s) \rightleftharpoons Ca^{2+}(aq) + CO_3^{2-}(aq)$，所以溶液中的 $c(CO_3^{2-}) = c(Na_2CO_3) + c(Ca^{2+})$，计算得出溶液中的 $c(CO_3^{2-})$如表 3.1 中的 $c(CO_3^{2-})$。

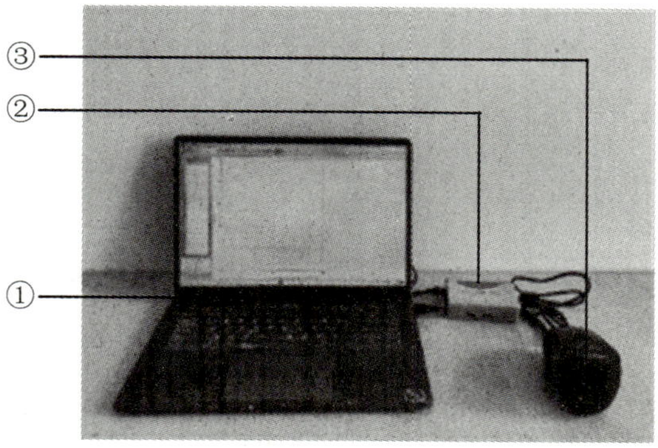

① 计算机　② 数据采集器　③ 浊度传感器

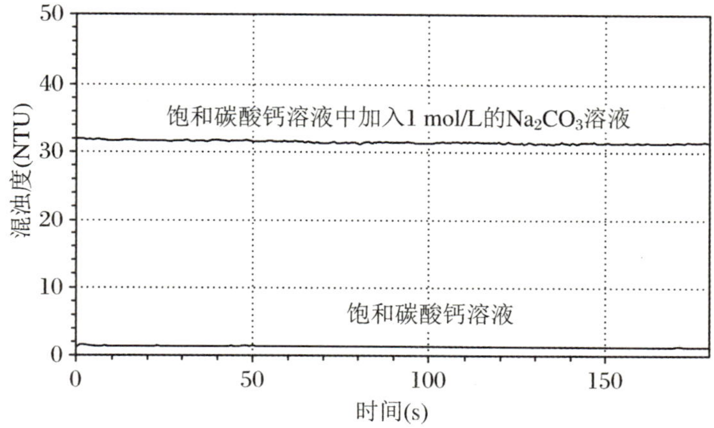

图 3.4

表 3.1

序号	$c(Na_2CO_3)$ (mol/L)	$m(CaCO_3)$ (g)	$c(Ca^{2+})$ (mol/L)	$c(CO_3^{2-})$ (mol/L)	$c(Ca^{2+})\cdot c(CO_3^{2-})$
①	1×10^{-4}	1.0	2×10^{-5}	1.2×10^{-4}	2.4×10^{-9}
②	5×10^{-5}	1.0	2.95×10^{-5}	7.95×10^{-5}	2.35×10^{-9}
③	1×10^{-5}	1.0	4.35×10^{-5}	5.35×10^{-5}	2.33×10^{-9}
④	5×10^{-6}	1.0	4.75×10^{-5}	5.25×10^{-5}	2.49×10^{-9}
⑤	1×10^{-6}	1.0	4.91×10^{-5}	5.01×10^{-5}	2.46×10^{-9}

任务：分别计算每组 $c(CO_3^{2-})$ 与 $c(Ca^{2+})$ 的乘积，填入表 3.1。

【追问】　根据计算结果，得出什么结论？

【学生】　常温下沉淀溶解平衡时，钙离子浓度与碳酸根离子浓度积为常数，即

$$c(Ca^{2+})\cdot c(CO_3^{2-})\approx 2.41\times10^{-9}$$

【教师】　我们称难溶电解质的沉淀溶解平衡常数为溶度积常数，简称溶度积，用 K_{sp} 表示。请同学们依据化学平衡常数与浓度商之间的关系，推理怎么利用难溶电解质的溶

度积(K_{sp})与其溶液中离子积(Q)的相对大小来判断难溶电解质的沉淀或溶解情况。

【学生】 当 $Q>K_{sp}$时,溶液中有沉淀析出;当 $Q=K_{sp}$时,沉淀与溶解处于平衡状态;当 $Q<K_{sp}$时,其沉淀会溶解。

(五)环节五:运用沉淀溶解平衡模型

问题1:运用 Q 与 K_{sp}的关系来解释图3.3中曲线 bc 段变化的原因。

【学生】 b 点加蒸馏水,钙离子与碳酸根离子浓度减小,该溶液中的离子积 $Q(CaCO_3)$减小,而 $K_{sp}(CaCO_3)$不变,即 $Q(CaCO_3)<K_{sp}(CaCO_3)$,沉淀会溶解,离子浓度逐渐增大,电导率增大。当 $Q(CaCO_3)=K_{sp}(CaCO_3)$时,离子浓度不变,沉淀与溶解处于平衡状态,电导率不变。

【教师】 能否再解释图3.4中,加入1 mol/L Na_2CO_3 溶液后,溶液的浊度增大原因。

【学生】 当加入1 mol/L Na_2CO_3 溶液后,溶液中的碳酸根离子浓度增大,即溶液中的离子积 $Q(CaCO_3)$增大,而 $K_{sp}(CaCO_3)$不变,所以 $Q(CaCO_3)>K_{sp}(CaCO_3)$,溶液中碳酸钙析出,浊度增大。

【追问】 怎么理解碳酸钙不溶于水,而溶于盐酸呢?

【学生】 碳酸钙不溶于水是指碳酸钙溶解度小,少量碳酸钙就使 $Q(CaCO_3)=K_{sp}(CaCO_3)$,达到沉淀溶解平衡,形成饱和溶液。而溶于盐酸,是因为氢离子与溶液中的碳酸根离子结合生成 CO_2,从而使碳酸根离子浓度减小,导致 $Q(CaCO_3)<K_{sp}(CaCO_3)$,促使碳酸钙溶解。

教学反思

数字化实验可以直观、实时监控反应过程中的微观变化,并以曲线的形式表征其变化过程,相对于传统实验,更易固化证据反映变化过程,可聚焦复杂情境中的关键问题,更易促进学生对概念、原理的理解。通过课后对学生的访谈,也可以看出学生都对数字化实验表现出极大的兴趣,认为实验曲线能激发自己思考其产生的原因,也认为通过数字化实验直接建构沉淀溶解平衡模型,可有效降低实验的学习难度。通过教学中学生用 Q 与 K_{sp}的关系去解释实验曲线产生的原因,能明显感受到学生可以灵活运用沉淀溶解平衡模型,也能从勒夏特列原理、Q 与 K_{sp}的关系等多个角度理解沉淀溶解平衡,达到了认识方法的结构化。

将数字化实验引入课堂教学,并不意味着否定传统实验的价值,而是在传统实验无法解决或者要表征微观变化过程时,发挥数字化实验的优势,更易促进学生对学科本质的理解、发现复杂现象背后的规律、实现更大的教育价值。如本实验中向碳酸钙饱和溶液中滴加碳酸钠溶液,根据平衡移动原理,预测有白色沉淀生成,实际并没有观察到白色沉淀,改用浊度传感器检测加入碳酸钠溶液前后饱和碳酸钙溶液浊度的变化,直接“观测”到有碳酸钙析出，其原因不是没有碳酸钙析出，而是析出的颗粒较小，用肉眼无法观察到，此实验是传统实验无法完成的，数字化实验则发挥了最大的优势，也能让学生感受到现代信息技术的进步推动化学学科的发展。

参考文献

[1] 张发新.促进知识意义生成的化学教学实践与思考[J].化学教育(中英文),2016,37(17):39-42.

[2] 张弛.化学文化观照下的核心素养培养:以“沉淀溶解平衡”为例[J].化学教育(中英文),2019,40(17):65-69.

[3] 黄鸣春,王建林,苏鑫,等.指向学生科学实践能力培养的校本专题课设计与实施:以“玩转沉淀”为例[J].化学教学,2018(11):47-51.

[4] 曾凤英,潘祥泰.NO的制备和性质实验的改进与创新[J].化学教学,2014(2):91-93.

[5] 范德超,黄萍,杨国章,等.基于曲线问题情境的信息化教学尝试:以“沉淀溶解平衡”为例[J].化学教育(中英文),2021,42(23):77-81.

[6] 苏淑芬,杨发福.手持技术探究离子浓度对沉淀溶解平衡的影响:同离子效应和盐效应[J].化学教育(中英文),2023,44(1):107-112.

[7] 朱成东.手持技术数字化实验促进模型建构的化学教学:沉淀溶解平衡[J].化学教育(中英文),2023,44(19):41-45.

课例二　凸显科学态度与探究意识的化学实验教学——配制一定物质的量浓度的溶液

教学主题内容及教学现状分析

(一) 教学主题内容

“配制一定物质的量浓度的溶液”是人教版教材必修一中第二章第三节“物质的量”中的教学内容，也是“新课标”中明确规定的高中生必做的实验之一。本节课的教学内容主要包括：① 配制一定物质的量浓度的溶液基本技能及步骤；② 加深对物质的量浓度概念的理解及物质的量、摩尔质量、质量之间的相互转化关系的理解；③ 容量瓶的正确使用。

(二) 教学现状分析

教师在进行该实验教学的过程中，多倾向于学生动作技能的训练、溶液配制步骤的规范性以及误差的分析，缺乏真实教学情境的创设和对学生思维发展过程的关注。笔者在中国知网以“一定物质的量浓度的溶液”为主题进行文献检索，选择了“新课标”颁布后下载量相对较多的文献进行比较和分析发现，教学设计充分体现“学科核心素养”，并在教学实施的过程中注重发挥教学理论的指导作用。例如，孙萌的STEM思维导图，张银芝的“双单三卡”，张年宝的类比思维，以及李晨灿基于多元智能理论的思考与创新等。尽管教学形式出现不同程度的创新，但教学意图依然指向的是学习结果，未能很好地关注该实验在发展学生思维水平，尤其是发展学生高阶思维方面所蕴含的功能和价值。

教学理念及创新

(1) 本研究基于学生已有的经验和基础，引导他们通过实验仪器的迭代、创新，实现首次粗略配制溶液向二次精确配制溶液的转变；并利用精密仪器电导率仪对各组溶液浓度进行数字化表征，科学直观地展现了精确计量的意义。在真实情境中发现并解决问题，突破了常规技能训练的层面，发挥了实验所承载的“严谨求实的科学态度、探索未知和崇尚真理的意识”的教育价值，真正意义上实现了深度学习。

（2）鉴于学生在初中阶段已经学习过“一定溶质质量分数的氯化钠溶液的配制”，本节课以“情景化—去情景化—再情景化”的思路进行教学设计。首先，以农业上“盐水选种”中人们对盐水浓度控制的认识过程引入课题。以前配制盐水依靠经验，即通过生鸡蛋在盐水中漂浮出一元硬币大小来粗略确定盐水浓度。现在通过精确测量，可以准确知道每种农作物对应盐水的具体浓度。以此来引导学生回忆初中所学溶液配制的基本思路。其次，回到学科任务“配制 0.1 L 含 0.014 mol NaCl 的溶液”，在一定质量分数溶液配制的实验基础上，明确实验原理，梳理基本步骤，完成溶液的首次配制；并从中发现问题：仪器不够精准，引发学生对实验仪器的创新，并再次进行溶液的精确配制。最后，利用电导率仪对所配溶液进行浓度检测，通过客观存在的浓度偏差思考错误操作的来源与影响，并在真实世界的问题解决中培育学生的素养。本节课，教师没有直接给出精确仪器——容量瓶，而是引导学生根据实际需要在已有经验的基础上，思维逐步进阶。教学目的不在于直接“给予”，而在于引导学生主观能动地进行“索取”；不仅在于实验技能的训练，更在于探究意识的深度挖掘与核心素养的内化。在情景化阶段，将化学知识与社会应用相融合，感受精确计量的应用，提升学科价值的认同感。

教学目标

（1）能够正确使用容量瓶配制一定物质的量浓度的溶液，并总结出配制一定物质的量浓度的溶液的实验步骤。

（2）从用量筒配制到用容量瓶配制“一定物质的量浓度的溶液”的演变中，感受仪器的创新对化学学科发展的价值。

（3）能够基于物质的量浓度的概念进行误差分析，养成严谨求实的科学态度。

（4）能够举例说明精确配制在前沿科技中的应用，提升学科价值的认同感。

教学流程

本节课的教学流程如图 3.5 所示。

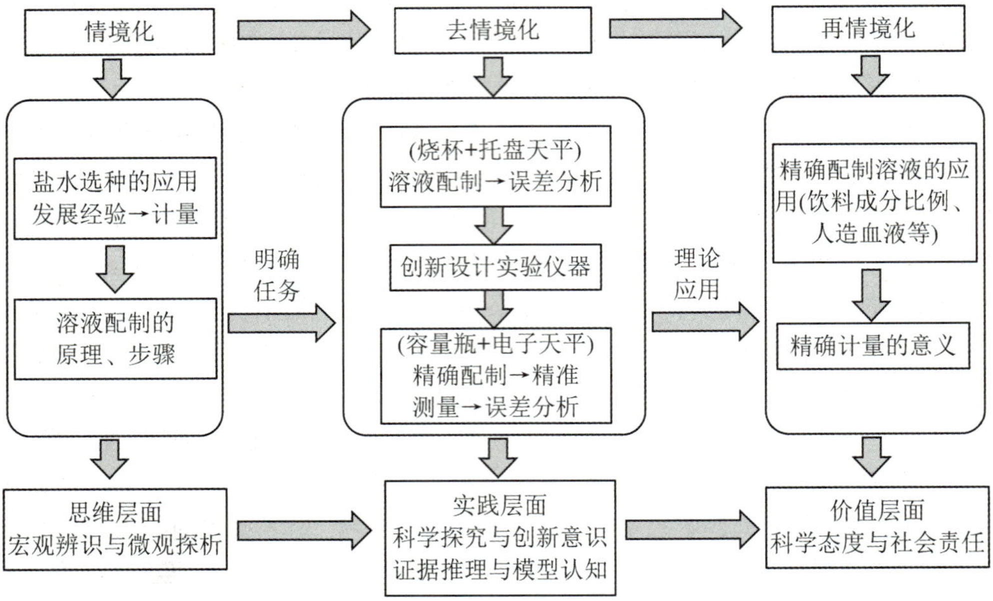

图 3.5

教学实录

(一) 创设真实情境，引出溶液配制

情境：PPT 展示农业"盐水选种"的经验方法——利用生鸡蛋的漂浮(图 3.6)。

图 3.6

【教师】 农业上常以盐水进行选种。根据经验，当盐水中生鸡蛋浮出硬币大小时，此盐水可用于小麦、水稻选种，是什么原理？

【学生】 浮力；溶液浓度增大。

【教师】 这种经验是有一定科学道理的，新鲜鸡蛋的密度大约为 1.07 g/cm^3，使鸡蛋浮起来，说明盐水的密度大于鸡蛋的密度。研究表明，水稻如果用大于 1.13 g/cm^3 的盐水选种比用水选种的产量要高出 5.6%。当然现在可以精确测量，根据不同农作物，计算出选种所用的盐水浓度。如果已知氯化钠与蒸馏水的质量比，你会怎么配制溶液？需要哪些仪器？

【学生】 先称量固体，再量取对应体积的水，在烧杯中搅拌溶解。

实验仪器：托盘天平、烧杯、量筒、玻璃棒、胶头滴管。

设计意图：以农业选种时配制盐水的真实情境引出本节课的主题，生动有趣，通过简单的定性设问，引发学生对初中已有知识的回顾，由此诊断学生对一定质量分数溶液配制的认知水平。

（二）限定实验仪器，完成首次配制

教师引导学生清点各组实验仪器：200 mL 烧杯、托盘天平、100 mL 量筒、玻璃棒，胶头滴管。

【教师】 如果用这些仪器配制“0.1 L 0.014 mol NaCl 溶液”，该怎么操作呢？

【学生甲】 先计算 NaCl 的质量，再称量，放在烧杯中，加 100 mL 蒸馏水，搅拌、溶解。

【学生乙】 不能直接加 100 mL 水进行配制，而应该将溶解的食盐水先加入 100 mL 量筒中，再加水至 100 mL 刻度处。

【教师】 为什么？

【学生】 因为这里的 100 mL 是溶液的体积，而不是溶剂的体积。

【教师】 非常正确。那么请同学们自己动手来配制这个溶液。

分组实验：四人一组进行溶液配制的实验。

设计意图：明确实验任务，制定实验方案，通过学生的反馈辨析易混淆的知识点。引导学生利用给定的仪器完成溶液的配制，让学生在动手操作中发现问题，为后续仪器的创新作铺垫。

（三）根据实验需求，创新设计仪器

【教师】 用刚才的操作配制的生理盐水，病人能用吗？为什么？

【学生】 不能，溶液的配制不准确。

【教师】 为什么不准确？

【学生】 托盘天平的精确度不够，我们计算的是 0.819 g，而实际称量的是 0.8 g。

【教师】 是的，为了解决这个问题，我们今天带来了精确度为 0.001 g 的电子天平。还有其他原因吗？

【学生】 100 mL 量筒的口径有点大，加水至 100 mL 刻度时，加一滴水，观察不到体积的变化，所以口径大，体积的精确度不易控制。

【教师】 那你们理想中的容器是什么样的？

【学生甲】 口径细的。

【学生乙】 仅口径细，仪器会很长。因此应该像平底烧瓶那样，下端既可以盛放溶液，又能平稳地放在实验台上，上端口径细，便于精确控制加水的体积。

【教师】 展示一个相对较大的平底烧瓶(不带任何标识)。

【学生】 这个体积好像不止 100 mL,且口径还是有点大。

【教师】 再展示 100 mL 容量瓶(不含瓶塞),这个可以吗?

【学生】 可以。

【教师】 这个仪器叫作“容量瓶”,你们从它的“身上”能读出哪些信息?

【学生】 瓶颈上有一条刻度线,应该是 100 mL 的位置。标了温度 20 ℃,说明不能加温度高或低的溶液进去,瓶口是磨砂的,说明可能还有瓶塞。

【教师】 观察得非常仔细,推理得有道理。实验室里不仅有 100 mL 容量瓶,常见的还有 250 mL、500 mL、1000 mL 容量瓶(同时展示)。

【教师】 现在我们为每组配上 100 mL 容量瓶,大家讨论一下现在该怎么配制? 玻璃塞起什么作用?

设计意图:这个环节通过引导学生根据需求设计实验仪器,训练学生的发散思维及解决真实问题的能力。保留对容量瓶的介绍,期待学生在探索中发现问题,更能体现学生在学习过程中的主体地位。

(四) 更换精确仪器,完成二次配制

【教师】 下面我们先来讨论一下,换成容量瓶后的实验步骤。

【学生】 首先还是在电子天平上称 NaCl 固体 0.819 g。

【教师】 然后是在容量瓶中溶解还是在小烧杯里溶解?

【学生甲】 在容量瓶里溶解就可以了。

【学生乙】 容量瓶属于细口瓶,一般加液体,添加固体容易洒落到瓶外。

【学生丙】 容量瓶标有 20 ℃,如果固体溶解放热或者吸热,就不符合要求了。

【教师】 同学们分析得很好,所以我们应该在小烧杯里溶解,溶解后做什么呢?

【学生】 溶解后溶液恢复到室温,再将溶液加到容量瓶中。

【教师】 小烧杯里的溶液怎样才能全部转移到容量瓶中?

【学生】 一次很难全部转移,应该洗涤几次,一起转移到容量瓶中。

【教师】 接下来又该怎么做?

【学生】 应该和用量筒配制的操作相似,加水定容。

【教师】 加水定容后,还要盖上瓶塞摇匀,这时瓶塞的作用就体现了。方案明确了,那用同学们讨论的方案和给大家提供的精确仪器重新进行溶液的配制。

分组实验:用容量瓶再次进行溶液的配制。

设计意图:更换精确的仪器重新配制溶液,原理相似,却有更多的细节需要学生注意。师生共同讨论的方案,就是对一定物质的量浓度溶液配制的再认识,同时通过两次实验操作进行对比,提升了学生的科学探究水平,培养了学生知识迁移的应用能力。

(五) 利用数字仪器,导出误差分析

【教师】 大家完成了配制,那配制的溶液都是一致的 0.14 mol/L 吗? 怎么检测呢?

【学生】 用已知浓度的含银离子的溶液和它反应，看看用了多少体积。

【教师】 为这个思路点赞，这将是我们以后要学习的“滴定法”。今天，我给大家介绍一种直接精确测量的仪器——电导率仪。当浓度在一定范围时，溶液的导电能力与其浓度之间是线性关系。利用该关系，可以通过测量溶液的导电能力来判断溶液浓度的大小。现在我们挑选一组用量筒配制的溶液和四组用容量瓶配制的溶液进行测量。

【演示】 取学生配制的溶液分别倒进洁净干燥的烧杯，放入电导率仪的探头直接进行测量，测量结果如图 3.7 所示。

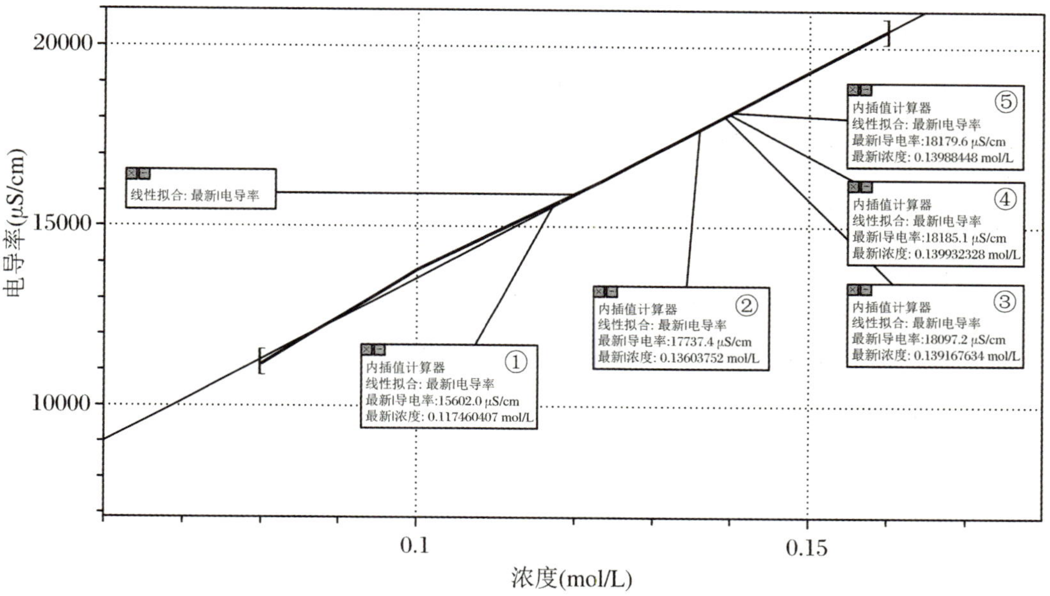

图 3.7

【教师】 第①组数据是用 100 mL 量筒配制的溶液，其误差明显较大；第②③④⑤组数据是用容量瓶配制的溶液，其中第④⑤组数据显示浓度近似为 0.1399 mol/L，第③组浓度为 0.1392 mol/L，属于正常误差范围，还是比较精准的。第②组数据的浓度是 0.1360 mol/L，稍有误差，原因可能是什么？

【学生】 这是我们组配制的溶液，我们在盖上塞子颠倒摇匀后，发现体积减小了，我们又加几滴水重新定容了。

【教师】 摇匀时瓶塞沾有少许溶液，体积减小是正常的，如果加水再定容就是错误操作了。结合浓度公式 $c = n/V$，可以很清晰地分析出再加水溶液浓度偏小。接下来，我们再看看其他操作。

展示：学生在配制溶液过程中规范的和错误的操作照片。师生共同分析、评价。

【教师】 请同学们再总结一下精确配制溶液经历了哪些步骤？

【学生】 计算—称量—溶解—冷却—转移—洗涤—定容—摇匀。

【教师】 配制完成后，我们要把容量瓶里的溶液转移到试剂瓶中，贴上浓度标签，方便以后取用。

设计意图：溶液配制完成后，通过对 NaCl 溶液浓度检验的设问，引发学生向滴定的方向发散思考，初步形成定量计算的观念。借助电导率仪对浓度的直接测量，用科学的数据表明更换仪器后溶液配制更精确，带领学生感受精确计量的应用。再利用浓度偏差和照片投屏示范规范的操作和引导学生查找不规范的操作，活跃了课堂氛围，同时培养了学生的思维辨析能力。

（六）提升理论应用，认同学科价值

【教师】 我们学习精确配制溶液，究竟有没有用武之地呢？

【学生】 可以精确地配制生理盐水，也可以精确地配制盐水进行选种。

【教师】 精确配制在科研、医疗等方面用处十分广泛。比如，我们国家正在研制的“人造血液”。人造血液的目标是模仿血液中的血红蛋白，以携带或释放氧气。其成分中的抗生素、水、维生素和盐等均按特定比例混合成四氟化碳的乳剂，也被称为“氧气-治疗”血液替代品。环顾四周，还有许多精确配比和精确计量的例子，我们无法在此一一列举，需要同学们去探寻。

设计意图：将课内的溶液配制延伸到课外的应用，通过对真实案例的讨论与交流，深刻理解精确配制溶液与精确计量的意义，感受人类科技进步的魅力，深化学生对化学学科价值的认同感。

教学反思

（一）创设真实情境，实现有意义学习

传统实验教学更多地关注的是实验事实性知识和基本技能，不关注知识的来源、应用和发展情境，学生的学习多停留在对实验细节的识记，缺少知识在实践中的应用载体。本节课以溶液配制为主线，首先创设盐水选种的情境，引导学生了解配制溶液的应用；再在限定条件下给配制溶液设置合理的障碍，引发学生对精密实验仪器的需求；最后利用同样的操作步骤配出不同浓度的溶液，引发学生思考不规范操作的来源。多样化情境的创设，有利于引导学生“有意义地学习”，在问题解决中习得知识、迁移应用，理解知识与应用的因果衔接，真正地感受化学知识的价值。

（二）深刻理解教材，体现教学逻辑

“物质的量”相关内容在新人教版教材中出现的位置发生了明显的变化。新教材先介绍离子反应与氧化还原反应，再呈现部分元素及其化合物的内容，旨在引导学生对化学反应先定性了解，再产生定量计算的需求。教材由浅入深的编排也体现了学生认知的发展脉络：从初中“一定质量分数溶液的配制”进阶到高中“一定物质的量浓度溶液的配制”。学生不仅实现了知识迁移，思维也得到了发展。因此，教材在此处的实验安排，既

提升了学生的动手能力，也培养了学生的高阶思维。教师应深刻理解知识的逻辑顺序、学生认知顺序和学生心理发展顺序，通过各式教学手段，引导学生思考知识的来源、内涵、应用与价值。

（三）巧妙借助仪器，辅助教学开展

化学是以实验为基础的学科，仪器支撑着实验，也促进了化学学科的发展。通过物质的量浓度配制实验中的仪器创新，培养学生严谨的科学态度及其创新能力。如教材中多处强调容量瓶是一种容积精确的仪器，但没有给出明确的证据，只能让学生根据容量瓶的外形特征自行意会。在实际教学过程中，教师既然已经引导学生根据需求设计出精确仪器——容量瓶，就应该向学生展示容量瓶精确的事实，因此从氯化钠溶液电导率与浓度的线性关系入手，选择使用了电导率仪。数字化实验的引入给予学生真切的体验，学生通过简单的操作，便可直观地读出实际浓度，再与理论浓度进行对比，可以很明显地体现出容量瓶的精确。

考虑到实验的趣味性，本实验也可以选择配制低浓度的硫酸铜溶液。相较无色的氯化钠溶液而言，蓝色的硫酸铜溶液更能吸引学生的关注，且硫酸铜较大的式量也有利于称量精确性的控制。对应的数字化仪器可以选择分光光度计，利用吸光度与浓度之间的正比关系进行测定，同样可以直接读出所配溶液的实际浓度。例如，配制两份 0.1 L 0.1 mol/L 硫酸铜溶液，利用分光光度计测得实际浓度分别为 0.1092 mol/L 和 0.1071 mol/L（图 3.8 ）。

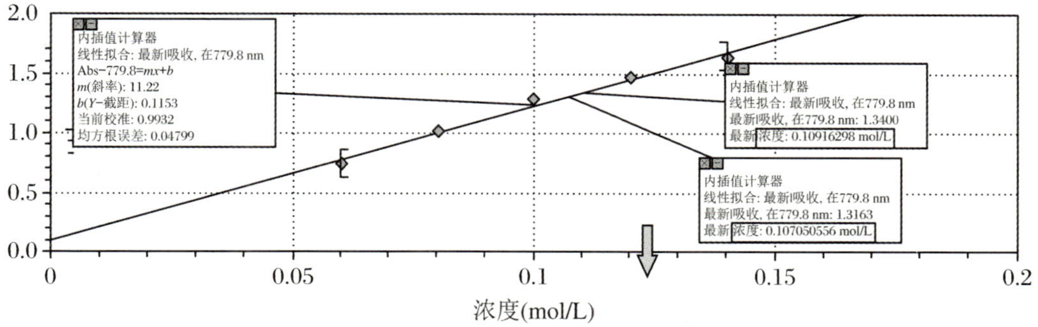

图 3.8

参考文献

[1] 孙萌，陈强，李凤凤，等. STEM 思维导图在化学教学设计中的应用研究：以“物质的量在化学实验中的应用”为例[J]. 中学化学教学参考，2018(12)：36-38.

[2] 张年宝. 类比思维在教学中“闪光”：以“配制一定物质的量浓度溶液”教学为例[J]. 中学化学教学参考，2016(2)：16-17.

[3] 李晨灿，杨发福. 多元智能理论在化学实验教学中的应用：以溶液的配置为例[J]. 化学工程与装备，2021(3)：250-252.

[4] 吴喆,何善亮.物理教学的“情境化”、“去情境化”与“再情境化”[J].物理教师,2017,38(11):21-25.

[5] 李彦利,贾玉敏,孟令君,等.不同盐水比重选种对水稻产量及品质的影响[J].吉林农业科学,2011,36(1):8-10.

[6] 徐良斌.鸡蛋在稀盐酸中沉浮实验的探究[J].化学教学,2015(3):43-45.

[7] 孙敏.基于真实情境开展化学学科核心素养为本的教学案例[J].化学教育(中英文),2019,40(11):41-47.

[8] 叶成杰.数字化实验在中学化学教学中的应用:评《数字化实验与中学化学教学深度融合》[J].化学教育(中英文),2019,40(23):97.

[9] 朱成东,杨香菊,徐泓.凸显科学态度与探究意识的化学实验教学设计及实施:配制一定物质的量浓度的溶液[J].化学教育(中英文),2023,44(11):38-43

课例三　基于发展科学探究与创新意识的生成性教学——碘含量测定中的异常现象探究

生成性教学是指教师根据课堂中的互动状态及时地调整教学思路和教学行为的教学形态。生成性教学依赖于课堂中师生互动产生的生成性资源，而实验作为化学学科的基础，是化学课堂生成性资源的重要来源。“预设”与“生成”是一对矛盾统一体，教材已经阐明的实验结果，抑或是由学生通过已经掌握的化学知识进行证据推理与预测得到的实验现象等均可作为课堂“预设”，而在化学实验中出现一些与预期的实验现象不相符的异常现象，如颜色变化异常等，则是课堂中的“动态生成”。

学生在实验中发现异常现象，教师利用异常现象组织生成探究式教学，以此组织开展的生成性教学，不仅考虑到学生主体在学习过程中的兴趣、态度、批判、质疑等内在学习体验，还能够在师生课堂互动过程中，充分调动学生的积极性、发挥教师的创造性。在对异常现象进行猜想、假设、验证的过程中，既能体验科学探究的一般过程，又可发展证据推理与模型认知、科学探究与创新意识等学科核心素养。

教学主题内容与教学现状分析

（一）教学主题内容

本课时选自鲁科版高中化学必修二中第一章微项目“海带提碘与海水提溴”，是基于该内容设计的实验复习课。“从海带中提取碘”和“含碘盐的检验”是高中阶段重要的化学实验，多个版本的必修教材和实验选修教材均有所涉及。此外，强酸与强碱的中和滴定是高中阶段的重要定量实验，对海带中的碘进行提取与测定的过程不仅是对酸碱滴定的拓展提升，更需要综合运用氧化还原反应、化学反应的速率与限度等知识。从知识内容上看，该教学具有巩固化学反应原理知识，拓展滴定实验，进一步发展学生解决问题能力的功能。从学习方法上看，基于真实情境的科学探究过程可以有效促进知识与技能的迁移，可为后续开展复杂真实的实验探究活动打下基础，其教学功能如图 3.9 所示。

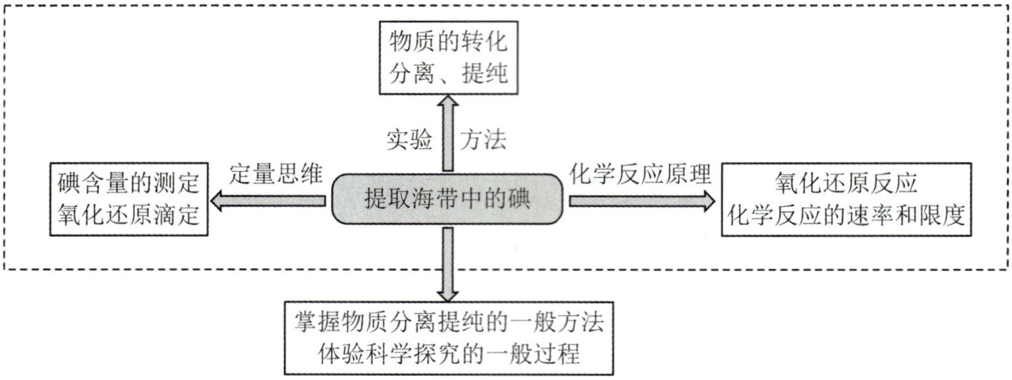

图 3.9

（二）教学现状分析

现有“从海带中提取碘”“碘含量的测定”等相关教学研究、实验研究，主要侧重于以实验最佳条件的探讨以及以了解物质的提取和分离方法为教学目标的项目式教学。如探讨氧化碘离子的最佳条件应为酸性条件，而最适氧化剂为铁盐溶液或过氧化氢溶液等。在组织教学时也常涉及实验方案的设计、实验条件的探讨，以此培养学生的科学探究和创新能力。以上案例都对实验成功的关键进行了探讨，也能够让学生在“从海带中提取碘”的实验中观察到预期的实验现象，因此都较为关注课堂中的“预设”，很少提及氧化剂的错误选取会对该实验造成的异常影响，缺少动态“生成”。

海带中碘含量的测定方法众多，如分光光度法，气相色谱法虽精确易行，但所涉及的原理和设备均超出高中教学要求和条件；我国现行行业标准《海带碘含量的测定》中所提及的碘量法虽原理简单，但过程复杂且需要用到溴水和甲酸钠等对人体不友好的化学物质，因此也不适用于高中课堂教学。笔者在实际教学时拟采用双氧水做氧化剂氧化碘离子，再用硫代硫酸钠标准液进行滴定，从原理、安全等多个角度满足了课堂小组实验的需求。但在进行预实验时，笔者意外发现了变为无色后的待测液会反复变回蓝色的异常现象(图 3.10)。经查阅文献发现，造成该异常现象的原因在于过氧化氢氧化碘离子的反应速率远小于硫代硫酸钠还原碘单质至碘离子的反应速率。

图 3.10

教学理念及创新

《普通高中化学课程标准》(2017 年版)中“科学探究与创新意识”这一素养强调学生要具有较强的问题意识，并能够提出假设进行验证。除此之外，在“水平 4”中也特别提到学生能对实验中的“异常”现象质疑并且提出新的设想，并进一步付诸实施。随后便以发展学生高水平的科学探究能力为教学目标，结合该异常现象作为课堂的生成性资源，调整教学思路，进行了实验探究活动。

在真实情境中“生成”问题，引导学生利用“猜想与假设—实验验证—收集证据—得出结论—交流讨论”的科学探究一般步骤解决问题，从而体会科学探究的心路历程，培养严谨求实的科学态度。同时本节课采取整体结构化设计，探究活动在师生对话互动中逐渐深入，遵循由易到难、由简到繁的设计原则，兼顾化学知识与技能的学习和化学观念与思维构建，最终促进学生科学探究与问题解决能力的提升。其主要教学策略如图 3.11 所示。

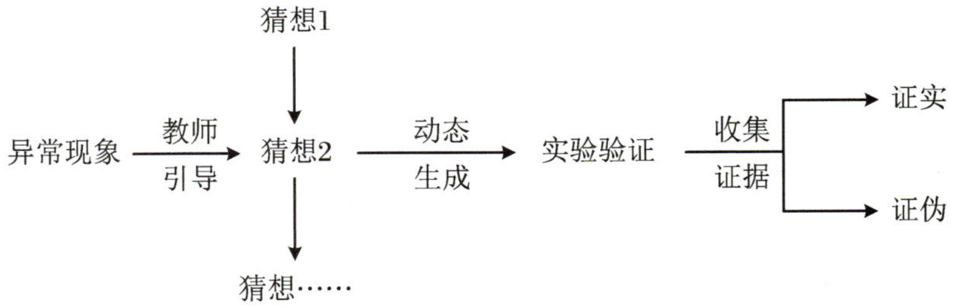

图 3.11

教学流程

本节课的教学流程如图 3.12 所示。

教学实录

(一) 发现问题：待测液为何反复变蓝?

【提出问题】 碘元素是人体必需的微量元素之一，健康成人体内的碘的总量约为 30 mg，摄入过多或摄入不足均会对我们的健康造成危害。加碘盐和海带是我们日常摄入碘的主要来源，上节课我们将海带通过灼烧、浸泡、过滤等实验操作，获得了含碘离子

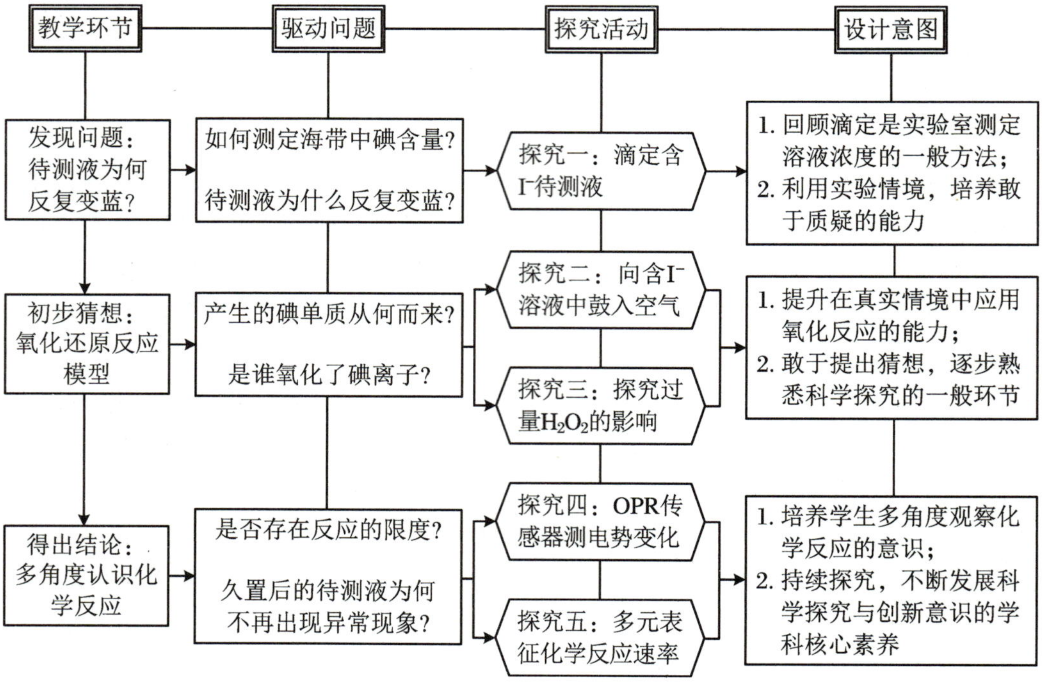

图 3.12

的待测液，那又该如何去测定海带中的碘含量呢？

【学生】 联系旧知，根据强酸与强碱的中和滴定，明确滴定法是实验室测定溶液浓度的一般方法。

【追问 1】 如何选取指示剂和标准液呢？

【思考讨论】 碘单质遇淀粉溶液变蓝，可以先将碘离子氧化成碘单质，选取淀粉溶液做指示剂，再选取还原剂做标准液。

【归纳总结】 含碘待测液的测定原理为

$$H_2O_2 + 2I^- + 2H^+ \longrightarrow I_2 + 2H_2O \quad (1)$$

$$2Na_2S_2O_3 + I_2 \longrightarrow 2NaI + Na_2S_4O_6 \quad (2)$$

【小组实验】 根据实验原理进行小组实验，如图 3.13 所示。

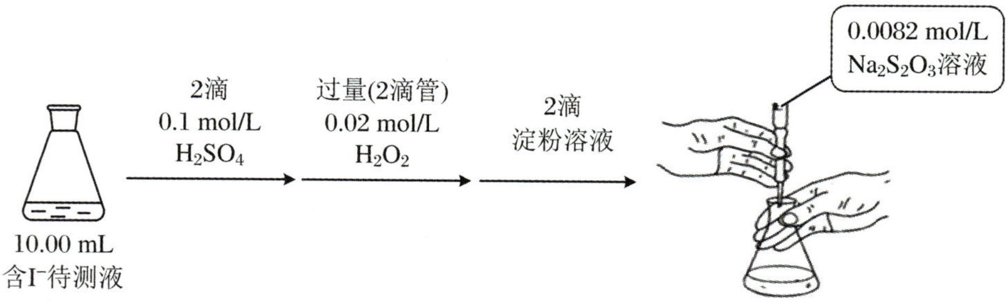

图 3.13

【学生1】　发现问题：达到滴定终点时其实验现象应为蓝色变为无色且半分钟内不褪色，但是在实验时，待测液变为无色后会反复变回蓝色（如图3.10），为什么一直达不到滴定终点？

【引导提问】　待测液变回蓝色后你是如何操作的？

【学生1】　继续滴加硫代硫酸钠标准液，再次让待测液变回无色，但是很快就又变为蓝色。

【追问】　待测液反复变回蓝色，实验出现了异常现象，同学们能结合所学的化学知识，提出合理的猜想吗？

（二）初步猜想：应用氧化还原反应模型探究异常现象

出现异常现象后，教师要充分利用该生成性资源进行教学，逐步引导学生自主讨论探究。由于造成该异常现象的原因较为复杂，学生在未熟悉科学探究的一般步骤时，很难主动地提出合理的猜想，这时就需要教师充分扮演好课堂引导者的角色，从学生熟悉的易想到的原因入手，在平等的对话中进行持续探究。

【引导发问】　待测液蓝色褪去，说明碘单质转化为了碘离子，那蓝色恢复呢？

【学生】　说明碘离子又被氧化成了碘单质。

【追问1】　氧化剂是什么？

【学生】　锥形瓶为敞口容器，溶液接触氧气。提出猜想1：待测液反复变蓝是因为碘离子被空气中的氧气氧化。

【追问2】　如何设计实验进行验证呢？

【小组讨论】　可以向滴有淀粉溶液的含 I^- 待测液中鼓入空气，观察溶液是否会变为蓝色。

【评价实验方案】　方案巧妙可行，但是待测液中依然需要加入等量的酸进行酸化。

【小组实验】　实验现象：打开充气泵开关，待测液始终保持为无色，如图3.14所示。得出结论：空气中的氧气很难在短时间内氧化碘离子，猜想1不成立。

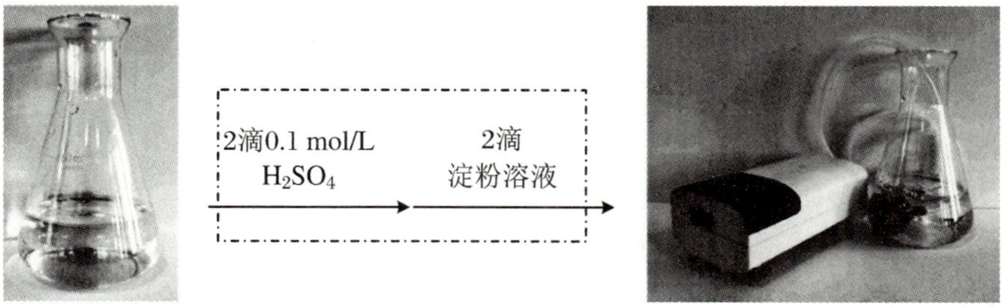

图3.14

【追问3】　反应体系中是否还存在其他氧化剂呢？

【交流思考】　滴定前，待测液中加入了过量的 H_2O_2 溶液，提出猜想2：待测液反复变蓝是因为碘离子被过量的 H_2O_2 氧化了。

【追问1】　如何设计实验验证呢？

【交流讨论】 可以向滴有 H_2SO_4 溶液和淀粉溶液的待测液中加入少量 H_2O_2 再滴定，进行对比实验。

【评价实验方案】 待测液中的碘离子含量未知，如何确保 H_2O_2 少量呢？

【定量实验】 在试管中加入 2 滴管 0.1 mol/L KI 溶液，经硫酸酸化，滴加淀粉溶液作指示剂后仅仅加入 1 滴 0.2 mol/L H_2O_2 溶液进行氧化，从而确保过氧化氢少量，如图 3.15 所示。

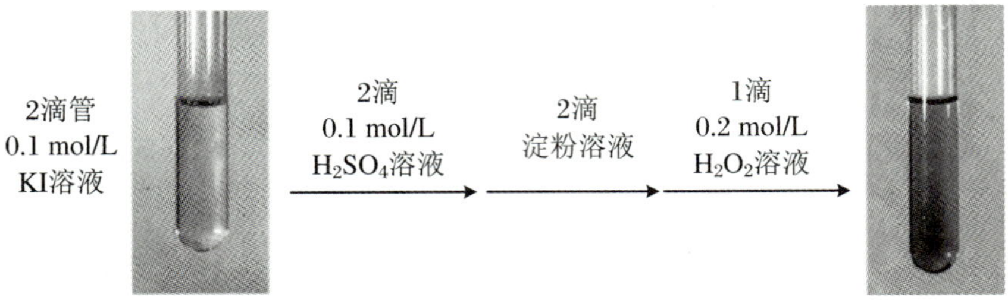

图 3.15

【小组实验】 实验现象：变为无色后的待测液会再次变蓝。得出结论：过量的 H_2O_2 不是造成该异常现象发生的主要原因。

【得出结论】 猜想 2 也不成立。

（三）深入探索：化学反应的速率和限度对异常现象的影响

利用氧化还原反应原理进行了两次猜想与假设后，学生已经熟悉了科学探究的一般步骤，这时只需从化学反应的限度入手稍加引导，学生便可自主生成新的猜想，随后再利用实验证据逐渐过渡到反应的速率角度，让探究活动与学生的思维生成始终保持一致，课堂的生成性在该环节中也得到较大程度的体现。

【引导】 大家能否再提出新的猜想与假设，思考什么情况下溶液中会始终存在碘单质？

【学生 1】 提出猜想 3：有没有可能过氧化氢与碘离子的反应是一个可逆反应，即

$$H_2O_2 + 2I^- + 2H^+ \rightleftharpoons I_2 + 2H_2O$$

【学生 2】 若为可逆反应，溶液中始终存在 I_2，滴加 $Na_2S_2O_3$，溶液不会变为无色。

【追问】 如何判断一个反应进行的程度？

【学生 3】 可以利用平衡常数的数值来进行判断。

【提供资料】 该反应的平衡常数约为 1×10^{42}。

【得出结论】 猜想 3 也不成立。

【启发思考】 课前，进行了如图 3.16 所示的实验，待测液放置 12 h 后再进行滴定，异常现象就消失了，这是为什么呢？

【学生 1】 说明反应(1)的时间长短对滴定过程有一定的影响。

【追问 1】 反应时间的长短取决于什么？

【学生 2】 化学反应速率。

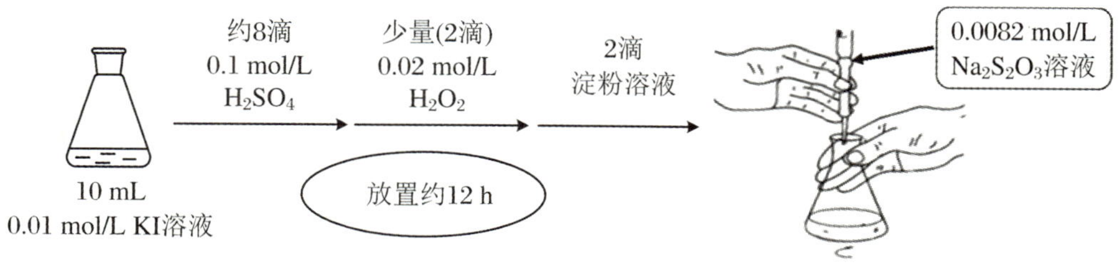

图 3.16

【追问 2】 化学反应速率是否会对该异常现象造成影响呢？请大胆地猜想。

【交流讨论】 从化学反应速率的角度思考，提出猜想 4：造成异常现象的可能原因是 H_2O_2 氧化 I^- 的反应比 $Na_2S_2O_3$ 还原 I_2 的反应慢，因此在滴定的过程中不断产生新的 I_2，故溶液会再次变蓝，如图 3.17 所示。

反应(1)： $H_2O_2 + 2I^- + 2H^+ \xlongequal{\quad} I_2 + 2H_2O$ 慢

反应(2)： $2Na_2S_2O_3 + I_2 \xlongequal{\quad} 2NaI + Na_2S_4O_6$ 快

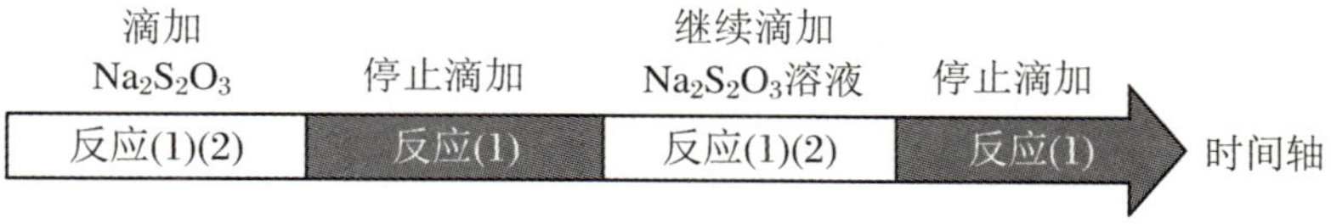

图 3.17

【提问】 如何验证反应(1)在滴定的过程中是持续进行的慢反应呢？

【交流讨论】 很难从宏观实验现象中进行判断。

【教师引导】 我们可以引入氧化还原电势传感器，去测定滴定过程中的电势变化，进而通过曲线变化趋势探寻反应的微观本质，实验装置如图 3.18 所示。

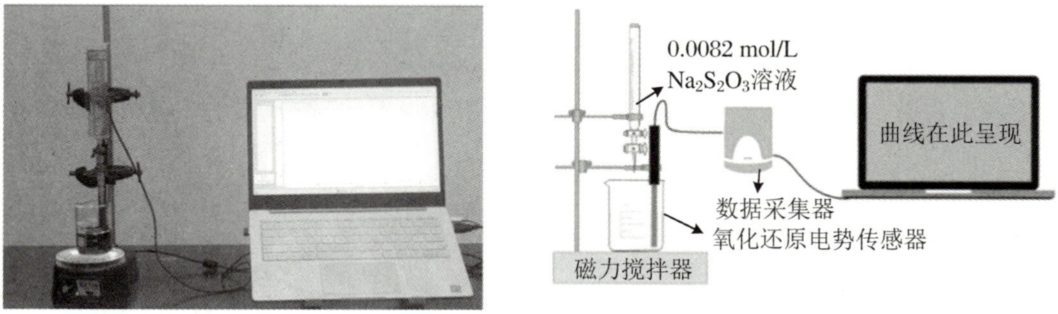

图 3.18

【预测】 已知氧化性物质的电势高于还原性物质的电势，如果猜想 4 为正确猜想，请预测曲线变化趋势。

【观察】 预测结束后，注意观察烧杯内溶液颜色变化和曲线变化(曲线变化如图 3.19 所示)。

【解释】 构建四重表征(表 3.2)。滴定前，烧杯中溶液为蓝色，打开双阀滴液管滴加硫代硫酸钠溶液，曲线立刻呈现下降趋势，溶液也由蓝色变为无色；恰好变为无色后，关闭双阀滴液管，曲线又呈现上升趋势，溶液也恢复为蓝色。重复实验操作可以观察到相同的宏观现象和曲线变化。

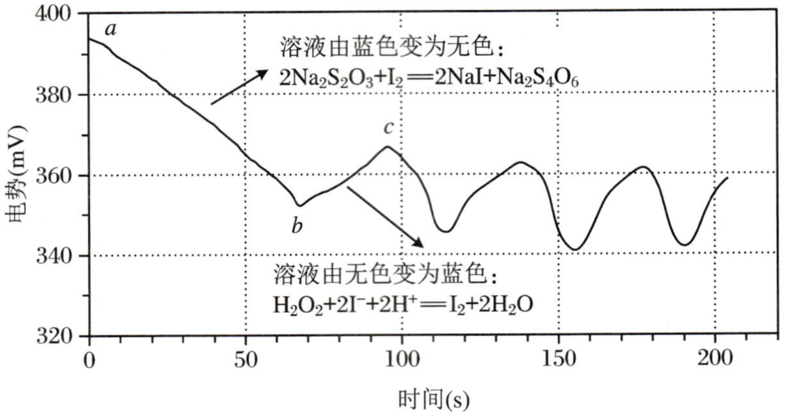

图 3.19

表 3.2

宏观表征	曲线表征	符号表征	微观表征
	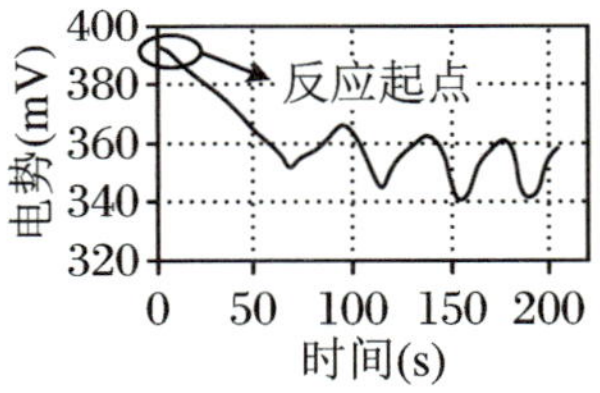	过氧化氢在不断缓慢地氧化碘离子：$H_2O_2+2I^-+2H^+ = I_2+2H_2O$	溶液中部分碘离子被氧化为碘单质，溶液中含有 I^-、I_2
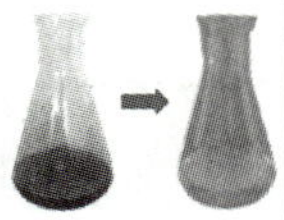	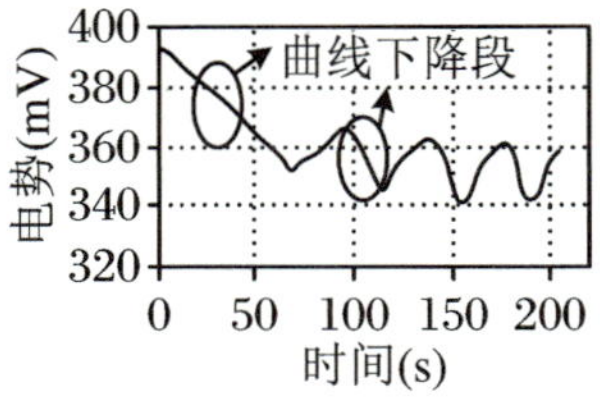	碘单质被还原：$2Na_2S_2O_3+I_2 = 2NaI+Na_2S_4O_6$	碘单质被还原速率大于碘离子被氧化速率，所以波谷位置主要含有 I^-
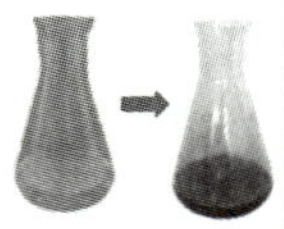	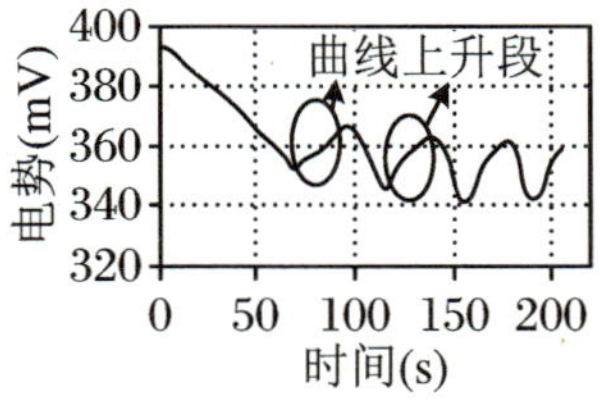	剩余碘离子继续被氧化：$H_2O_2+2I^-+2H^+ = I_2+2H_2O$	碘离子被氧化为碘单质，波峰位置溶液中又含有 I^-、I_2

【提问】 曲线在下降和上升的过程中，溶液中的离子分别发生了怎样的化学变化？

【学生 1】 碘单质具有氧化性，其电势值较高，曲线下降，说明碘单质被还原为了碘离子；相反，曲线上升则说明具有还原性的碘离子又被氧化成了碘单质。

【追问 1】 关闭双阀滴液管后曲线上升的趋势重复出现，说明什么？

【学生 2】 说明 H_2O_2 与 I^- 的反应确实是在滴定的过程中持续进行的。

【追问 2】 为什么 *a* 点的电势值要始终高于 *c* 点和之后的每一个曲线顶点呢？

【学生 3】 因为滴加了硫代硫酸钠溶液，相当于稀释溶液，溶液中各溶质的物质的量浓度都会降低。

【学生 4】 因为 *a* 点为滴定起点，滴定前溶液静置的时间长，所以此时溶液中的碘单质含量高，电势就高；而 *b* 与 *c* 之间的时间间隔短，H_2O_2 与 I^- 的反应速率可能较慢，因此 *c* 点溶液中的碘单质含量低，电势就低。

【评价升华】 我们需要从多个角度认识化学反应，特别是要从化学反应速率的角度对实验现象进行解释。

【设问】 那如何进一步验证 H_2O_2 与 I^- 的反应速率就很慢呢？可以直接测定 H_2O_2 与 I^- 反应过程中的电势变化，曲线如图 3.20 所示。可以发现 2 h 后电势还有上升的趋势，说明该反应确实很慢。

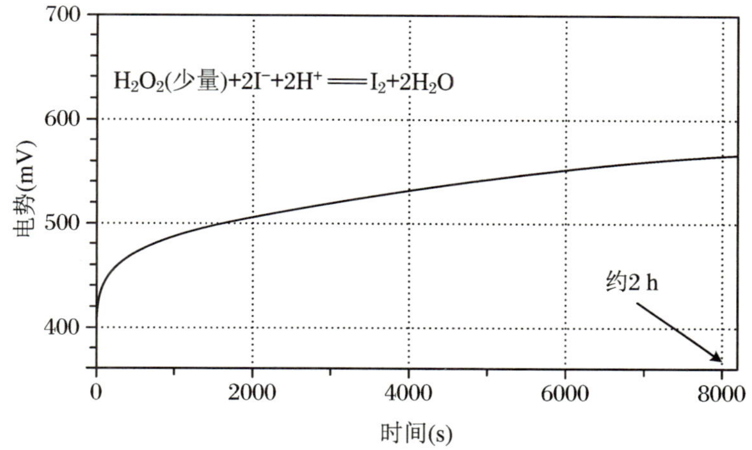

图 3.20

【提问】 那如何设计实验表征 $Na_2S_2O_3$ 与 I_2 的反应很快呢？

【学生】 依然可以测定反应过程的电势变化，观察电势曲线趋于平稳所需的时间。

【引导】 大家还可以将待测液直接倒入硫代硫酸钠溶液中，观察现象，如图 3.21 所示。

【小组实验】 实验现象：几乎在倒入的瞬间，蓝紫色就会消失。实验结论：说明反应(2)的速率远远大于反应(1)。

【总结】 通过宏观现象和曲线斜率等多种途径，让化学反应速率可视化。最终得出结论：碘含量测定中被测液反复变蓝的异常现象是因为反应(1)与反应(2)速率相差过大。同学们课下还可继续探讨造成该异常现象的其他可能原因。

图 3.21

（四）拓展升华：如何精确地测定海带中的碘含量

【提问】 既然 H_2O_2 做氧化剂有这么多弊端，还是造成该异常现象的主要原因，我们能否更换氧化剂进行实验呢？

【学生】 交流讨论，选取其他常见的氧化剂，如 $KMnO_4$、Fe^{3+} 等。

【总结】 如图 3.22 所示。

【课后作业】 请大家课后查阅文献，找到国家制定的海带中碘含量测定的相关标准，思考不同氧化剂对碘含量测定的影响。

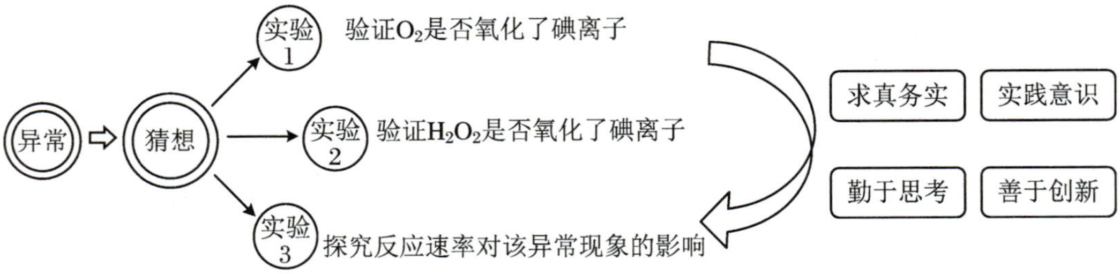

图 3.22

教学反思

（一）生成性教学更需关注学生的真实表现

生成性教学中学生的表现行为是个性的和未知的，学生素养发展的表征往往就体现在各种课堂表现之中，因此需要不断关注学生在复杂情境中的活动表现，注重“教—学—评”一体化理念的落实。对此可以采取“环节 + 问题”的形式引发学生的探究活动，突出科学探究的各个环节，进而有条不紊地对学生进行表现性评价，评估教学目标的达成和个体创造性的有效发挥。

（二）生成性教学需要合理的预设

精心预设可以为动态生成“保驾护航”——保证生成的合情、合理和有效。异常实验现象可作为“合情”的生成性资源，而对异常实验现象的持续探究过程则需“合理”“有效”。但学生在进行猜想、实验方案设计乃至实验过程中都常常会出现不合理乃至错误的情况，如何快速准确地解决问题，引导课堂朝向教学目标达成的方向进行，则依赖于教师在课前对该异常现象的充分探究和分析，进行充分地“预设”。

（三）生成性教学需要高质量的师生互动

课堂以师生之间的平等互动为基础，但生成性教学更需要关注师生间互动的质量。高质量的互动离不开教师准确并带有指向性的提问和引导，由师生对话引发的“设计—实验—再设计—再实验”的课堂经历使得学生的“生成”能力不断提高。如此一来，生成性教学对发展学生科学探究与创新意识等素养的价值也不断得到体现。

参考文献

［1］ 罗祖兵.生成性教学及其基本理念[J].课程・教材・教法，2006(10)：28-33.

［2］ 文庆城，李凤，刘柳.谈化学教学过程中生成性教学资源及利用[J].化学教育，2004(12)：12-13.

［3］ 李祎，涂荣豹.生成性教学的基本特征与设计[J].教育研究，2007(1)：41-44.

［4］ 许玉明，陈新华，张贤金.“海盐中碘的检测及含量测定”项目式教学[J].中学化学教学参考，2020(17)：31-34.

［5］ 许美羡，张贤金.基于项目式学习的高三化学实验和工艺流程专题复习：以“海带中碘的提取”为例[J].化学教育(中英文)，2022，43(11)：37-45.

［6］ 史文杰，郭玉林，李冉，等.培养高阶思维和核心素养的高考有效复习：以“从海洋到餐桌上的碘”为例[J].化学教育(中英文)，2021，42(7)：50-55.

［7］ 龙琪.蓝瓶子实验与碘时钟实验比较研究[J].化学教育(中英文)，2019，40(5)：71-76.

［8］ 龙琪.海带提碘实验氧化条件的原理推导与实验验证[J].化学教育(中英文)，2018，39(13)：64-68.

［9］ 张爱梅，王术皓，崔慧.阻抑动力学分光光度及荧光光度法测定微量碘[J].分析化学，2001(10)：1160-1162.

［10］ 单守尧.海带碘含量的气相色谱测定[J].食品科学，1991(4)：46-48.

［11］ 陈肖虎，薛安，杨善志，等.过氧化氢-硫酸氧化碘离子反应动力学研究[J].过程工程学报，2009，9(S1)：181-184.

［12］ 吴玲，郭孝文.有效教学：让课堂生成与课前预设互动共生[J].中国教育学刊，2007(11)：52-54.

［13］ 朱成东，孙永兴，徐泓，等.基于实验异常现象的生成性教学实践研究：以“海带中碘含量的测定”为例[J].化学教学，2023(7)：37-43，66.

课例四　指向学生创新能力培养的实验教学
——亚硫酸钠质量分数的测定

科学探究与创新意识是高中化学学科核心素养的重要组成部分,“新课标”明确提出:能从问题和假设出发,依据探究目的,设计探究方案,运用化学实验、调查等方法进行实验探究。中国高考评价体系把“创新性”作为考查要求的“四翼”之一,以重点考查学生“敢于质疑和批判的思维能力、自主决策并发表见解的能力、独立自主设计方案的能力”。为实现对学生创新能力培养的教学与评价,发现真实而有价值的探究主题、设计进阶而有挑战性的学习任务、组织全面而有效的课堂活动、实施持续而有针对性的学习评价是几个关键要素。尤其是在高三复习教学中,如何通过优化上述要素实现对学生创新能力的培养?笔者选择“硫及其化合物”的专题复习内容,以“亚硫酸钠质量分数的测定”为主题开展了教学实践。

教学主题内容及教学现状分析

(一) 教学主题内容

本课是“硫及其化合物”的高三专题复习课,聚焦真实亚硫酸钠质量分数的测定任务,通过以实验方案的创新设计、传统实验与数字化实验对比为学生的核心活动来培养其创新能力,课后由学生创新制作“亚硫酸钠质量分数测量仪”为创新能力提升的具体表征。本节课整合了必修及选修相关的教学内容,如图 3.23 所示。

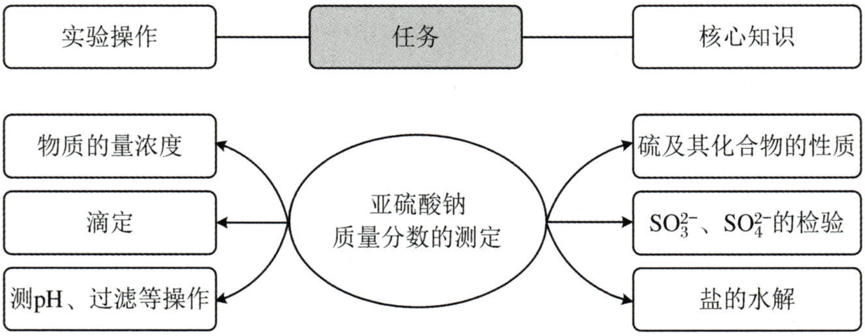

图 3.23

（二）教学现状分析

随着“三新”的推进，课堂教学向着基于深度学习或建构大概念的单元学习方向转变。如高一元素化合物的新课教学就已经开始了价类二维模型的建构，并将其运用在陌生情境中解决真实问题。其中，铁、氮、硫元素及其化合物具有丰富的价态和物质类别，高一新课更是以价类二维图为统领进行教学。在中国知网检索高三元素化合物复习的相关教学设计，主流也是在课堂中构建价类二维图，运用价类二维图中的转化关系解决问题或解释现象来发展学生的宏观辨识、证据推理、模型认识、科学探究等核心素养，很少有关注学生创新能力培养的教学设计。

在高三的实际教学中，仍然是通过简单机械地重复知识点或刷题讲题来提高所谓的课堂复习效率(即单位时间内复习知识点的数量)，很少关注化学学科的价值和学科方法，也缺少系统化的学生活动，造成复习课枯燥乏味，学生对复习提不起兴趣。实验教学中实验方案的设计及实验活动有助于学生迁移、创新能力的发展，但高三的化学实验学习基本上是学生以做实验题代替做实验，教师以找实验题讲实验代替创设用实验解决的真实问题情境。学生更很少有机会设计、创新、实施实验方案，并在其过程中产生“方案创新”带来的化学学科价值认同感。

教学理念及创新

(1) 课前自主构建知识结构化、课中以学生活动为主、课后完成创新任务是新型高三复习模式。课前学生在高一价类二维的视角基础上，再从元素周期表的视角来整合硫及其化合物的性质，即从三维视角构建硫及其化合物的性质转化关系。课堂中留给学生充分活动的时间，即让学生通过完成一系列具有进阶性和挑战性的学习任务，充分完成评价实验方案、称量样品质量、配制溶液、滴定、计算等活动，让学生的思维活动、操作技术能充分外显，为评价提供充分的证据。学生在经历课前重构知识体系、课中实现能力提升的基础上，课后提出具有挑战性的任务——亚硫酸钠质量分数测量仪的制作，进一步提升学生运用所学知识解决实际问题的实践能力和进行独立自主设计的创新能力。

(2) 立足于学生创新能力的培养，打破学生的惯性思维，引导学生对实验方案进行创新。亚硫酸钠质量分数测定的常用方案之一是：称量样品质量、用盐酸酸化，再加过量氯化钡溶液，过滤、洗涤、干燥、称量。用盐酸酸化，不能用硫酸或硝酸酸化几乎成为学生和多数教师的“共识”，对于高三学生来说已经是思维定式，而本教学设计要打破学生的思维定势，引导学生分析得出用硝酸酸化、用硫酸酸化不仅可以，而且从称量误差来看，还优于用盐酸酸化，极大地激发学生的参与热情和创新意识，营造出创新的氛围。学生思维极其活跃，并创新提出先称量 m g 样品，配成 100 mL 溶液，测其 pH，再根据亚硫酸根的水解平衡常数计算其浓度，进而求出其质量分数的方案(此方案为课堂的生成)。

(3) 将传统的滴定实验与数字化实验对比深度融合于课堂教学。数字化实验为解决传统滴定实验的问题而引入，它解决了滴定管活塞难以控制的问题，因不需要指示剂也避免了指示剂因消耗标准液而带来的误差。数字化实验的计算系统自带的求导功能，解决了传统滴定实验中因人的视觉差异而对滴定终点的判断不同带来的滴定误差，同时也解决了因读数带来的滴定误差。数字化实验与传统实验的对比不仅体现在仪器的发展、进阶和创新，也体现了现代化信息技术对化学实验发展的支撑作用，更让人直观地理解滴定终点的突变。

(4) 综合运用化学知识、数学工具、信息技术制作亚硫酸钠质量分数测定仪，真实地将跨学科、综合实践活动落实到教学中，同时在一定程度上体现了 STEM 理念。将学生创新设计制作出切实可用的创新“产品”，这种创新给学生带来极大的成就感，也在学生心里埋下“创新”的种子。在制作的过程中学生将化学问题转化成数学问题，再用信息技术手段处理数学问题，最后综合解决问题，让学生认识到学科知识的深度融合对解决真实问题的重要性。曲线的生成及曲线转化为直线的过程，让学生从本质上理解高考中相关图像的热点问题，提升学生将图像的信息与自己已有的知识相关联的能力，符合高三复习的定位，同时也对传感器的基本工作原理有了新的认识。

教学目标

(1) 能够从物质类别、元素价态、元素周期表三个视角整合硫及其化合物的转化关系。

(2) 能够熟练地进行一定物质的量浓度溶液的配制、滴定等实验操作，提升学生的基本实验技能。

(3) 能够调用已有的知识多角度地设计、评价、创新、实施实验方案，发展学生独立思考、敢于质疑、勇于创新、勤于实践的素养。

(4) 通过“亚硫酸钠质量分数测量仪”的制作，提升学生运用跨学科综合知识来解决真实复杂问题的能力，发展创新能力。

教学流程

本节课的教学流程如图 3.24 所示。

教学实录

【情境】 亚硫酸钠常用作锅炉水和油田注水的脱氧剂、市政用水或工业用水的脱氯剂，同时说明亚硫酸钠易被氧化为硫酸钠，使用前一般要测其纯度。

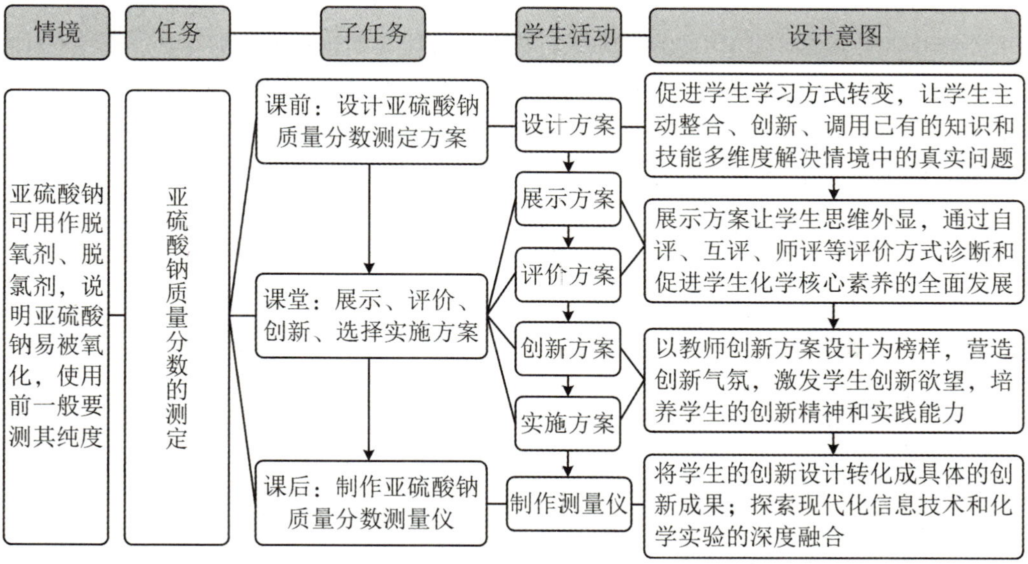

图 3.24

课前任务：从价类表三维视角整合硫及其化合物的性质，并设计亚硫酸钠质量分数测定方案。

【教师】 怎样测亚硫酸钠的纯度，请同学们展示课前自己设计的方案。（同时展示一瓶开过口的亚硫酸钠试剂）

（一）展示实验方案，生生互评方案

【学生甲】 称量 m g样品，加水溶解，加盐酸酸化，再加氯化钡溶液，过滤，洗涤，称量（方案 1）。

【学生乙】 称量 m g样品，配成 250 mL 溶液，再用标准酸性高锰酸钾溶液滴定（方案 2）。

【学生丙】 称量 m g样品，加水溶解，加盐酸酸化，收集二氧化硫气体，测二氧化硫气体的体积（方案 3）。

【学生丁】 称量 m g样品，加水溶解，加盐酸酸化，收集二氧化硫气体，测二氧化硫气体的质量（方案 4）。

【学生戊】 称量 m g样品，在空气中加热，测其前后质量差（方案 5）。

…………

【教师】 另外请同学们根据实验的科学性、安全性、可行性、节约性等多个角度对展示的方案进行评价。

【学生 1】 方案 1 过滤后要干燥，否则称量误差较大。

【学生 2】 方案 1 产生二氧化硫会污染空气。

【学生 3】 方案 3、4 实验较复杂，实施操作可能难度较大。

【学生 4】 方案 5 要确保亚硫酸钠完全被氧化才可以。

【师生总结】 五个方案的设计思路基本没有问题，其中方案1进行干燥即可；方案3一般要排饱和亚硫酸氢钠溶液收集测量二氧化硫气体体积；方案4可用碱石灰吸收二氧化硫气体，称量前后质量变化，其中要注意装置中的气体要全部被吸收且防止吸收空气中的水与二氧化碳；方案5要确保亚硫酸钠完全被氧化，一般操作是连续两次加热、冷却称量其差值小于0.1 g(用托盘天平称量)，说明亚硫酸钠完全被氧化。

（二）创新方案设计，培养创新能力

【教师】 对于同学们展示的实验方案1中用的是盐酸酸化，如改用足量的硝酸酸化，可以吗？

【学生】 不可以(异口同声)。

【追问】 为什么不可以？

【学生】 硝酸会氧化亚硫酸钠。

【再追问】 硝酸会把亚硫酸钠氧化成硫酸钠，会导致什么结果？

【学生】 得到的硫酸钡增多。

【教师】 得到的硫酸钡是增多了，但我认为用硝酸酸化是可以的。(学生一脸疑惑)

【学生】 为什么可以？

【教师】 用硝酸酸化后，加足量氯化钡溶液，得到的硫酸钡中的硫是从哪儿来的？

【学生】 亚硫酸钠和硫酸钠中的硫。

【教师】 所以硫酸钡的物质的量就等于样品中的亚硫酸钠与硫酸钠物质的量之和。

【学生】 然后呢？

【教师】 还有哪个量是已知的？

【学生】 样品的质量。

【教师】 那现在能否求出亚硫酸钠的质量分数了呢？怎样求呢？

【学生】 可以求出。由 $n(Na_2SO_3)+n(Na_2SO_4)=n(BaSO_4)$ 和 $m(Na_2SO_3)+m(Na_2SO_4)=m$(样品)可以求出。

【教师】 用硝酸酸化可以，如果将方案中的盐酸化换成硫酸酸化，还可以吗？为什么？

【学生1】 不可以，引入硫酸根。

【学生2】 如果酸化的硫酸的物质的量已知，该方案还是可以的，因为此时硫酸钡中的硫来自酸化的硫酸与样品中硫酸钠的硫，所以用生成硫酸钡的物质的量减去加入酸化的硫酸的物质的量就等于样品中硫酸钠的物质的量，即 $n_{样品}(Na_2SO_4)=n(BaSO_4)-n(H_2SO_4)$，进而求出亚硫酸钠的质量分数。

【教师】 从学生2分析可以看出用硫酸酸化也是可以的。相同质量的样品，用硝酸酸化或硫酸酸化，得到的硫酸钡质量比用盐酸酸化的要多，称量误差相对较小，从这个角度来看，用硝酸酸化或硫酸酸化优于用盐酸酸化。同学们还有其他的设计方案吗？

【学生】 样品中亚硫酸钠会水解，而硫酸钠不水解，所以可以称取 m g 样品，配成100 mL 溶液，测其 pH，通过亚硫酸钠水解平衡常数算出其浓度，进而求出亚硫酸钠质量

分数。(方案 6,课堂的生成)

【教师】 通过盐的水解,用 pH 表征亚硫酸根的浓度,方案非常新颖,思路很独特,很有创意,我们为你点赞。理论上忽略亚硫酸根的第二步水解,该方案是完全可以的,我认为不仅可以,而且亚硫酸钠的不同浓度对应不同 pH,因此我们可以课下利用 pH 传感器做一个亚硫酸钠质量分数测定仪。

(三) 选择实施方案,培养实践能力

【教师】 根据对方案 1～5 的总结,考虑实验步骤、操作便捷性、环境保护等因素,我们选择哪一种方案在课堂上来测定亚硫酸钠质量分数?

【学生】 方案 3。

学生实验:分组实施方案 3 测定亚硫酸钠质量分数。

【教师】 滴定实验的难点是什么?

【学生】 活塞的控制,滴定终点的判断。

【教师】 滴定管的使用在一定程度上为滴定实验带来便捷,也提高了滴定实验的精准度,但也有同学们所说的缺点,如滴定管活塞不易控制,特别是当快到滴定终点时,很容易滴多或少。不同的人对颜色的敏感度不同也会导致终点判断的差异,今天我来用氧化还原传感器、滴数传感器来做滴定实验,看一下能否解决同学们的问题。装置如图 3.25 所示,滴定曲线如图 3.26 所示,对曲线求导如图 3.27 所示。

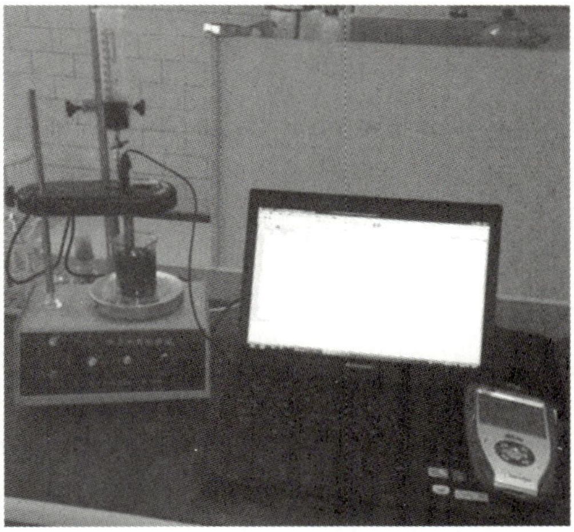

图 3.25

【教师】 数字化实验相比传统实验有哪些优势?

【学生】 不需要用指示剂,不用担心多滴,便捷高效,利用求导数学工具直接找到突变点,消除了因读数、终点判断带来的误差。

【教师】 数字化实验是在传统实验的基础上融入了现代化信息技术,解决了传统实验的一些弊端,也是一种创新,也可以看出现代化信息技术推动着化学实验技术的发展。

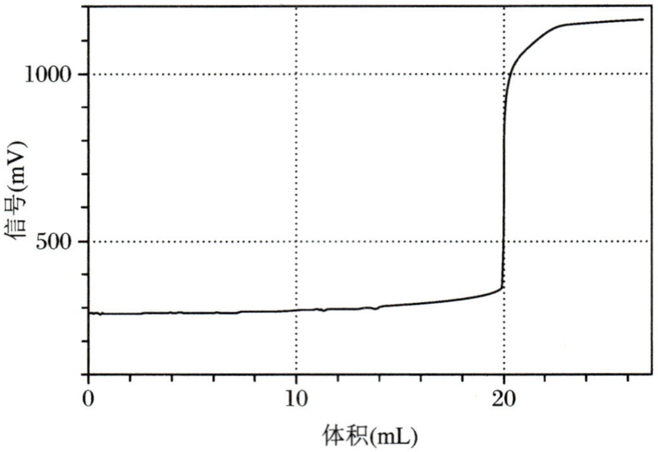

图 3.26

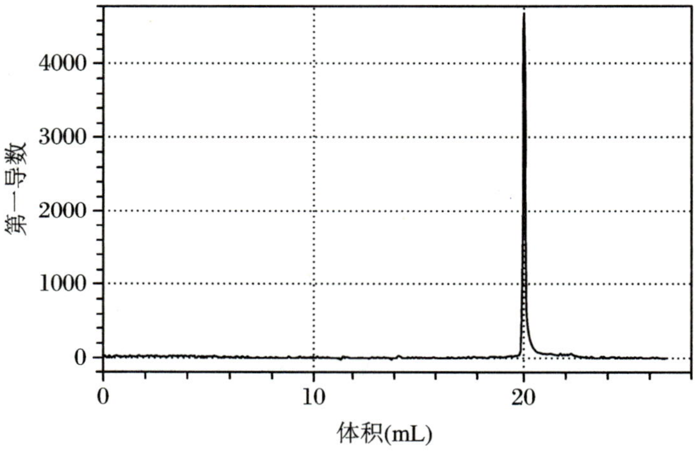

图 3.27

（四）课后拓展实践，设计制作亚硫酸钠质量分数测量仪

子任务 1：理论推演亚硫酸钠质量分数与其溶液 pH 的函数关系。

亚硫酸的电离平衡常数为

$$k_{a1} = 1.29 \times 10^{-2}, \quad k_{a2} = 6.3 \times 10^{-8}$$

亚硫酸根离子水解平衡常数为

$$k_{h1} = 1.59 \times 10^{-7}, \quad k_{h2} = 7.75 \times 10^{-13}$$

第一步水解远大于第二步水解，所以第二步水解忽略不计。亚硫酸根离子水解方程式为

$$SO_3^{2-} + H_2O \rightleftharpoons HSO_3^- + OH^-$$

计算亚硫酸钠物质的量浓度与其 pH 之间的关系如下：

由

$$k_{h1}=\frac{c(OH^-)\times c(HSO_3^-)}{c(SO_3^{2-})}\approx\frac{c^2(OH^-)}{c(SO_3^{2-})}$$

$$k_w=c(OH^-)\times c(H^+)$$

可得

$$k_{h1}=\frac{k_w^2}{c(SO_3^{2-})\times c^2(H^+)}$$

又因为

$$pH=-\lg c(H^+)$$

则

$$k_{h1}=\frac{k_w^2}{c(SO_3^{2-})\times(10^{-pH})^2}$$

所以

$$c(SO_3^{2-})=\frac{k_w^2}{k_{h1}\times(10^{-pH})^2}=\frac{(1.00\times10^{-14})^2}{1.59\times10^{-7}}\times10^{2pH}$$

$$\approx6.29\times10^{-22}\times10^{2pH}(mol/L)\qquad(1)$$

得到亚硫酸钠物质的量浓度与 pH 之间的函数关系后，设每次取样品 10 g，配成 100 mL 溶液，则亚硫酸钠质量分数为

$$\omega(Na_2SO_3)=\frac{c(SO_3^{2-})\times0.1\ L\times126\ g/mol}{10\ g}\times100\%$$

$$=\frac{6.29\times10^{-22}\times10^{2pH}\ mol/L\times0.1\ L\times126\ g/mol}{10\ g}\times100\%$$

$$\approx7.93\times10^{-22}\times10^{2pH}\times100\%\qquad(2)$$

子任务 2：制作亚硫酸钠质量分数测量仪

由(2)式可以看出亚硫酸钠质量分数与 pH 之间是指数函数关系，现利用“威尼尔”pH 传感器自带的 Logger Pro 软件拟合出亚硫酸钠质量分数随 pH 变化而变化的曲线(图 3.28)，即(2)式函数关系。

如图 3.28 所示的曲线表示着亚硫酸钠的质量分数与 pH 的一一对应关系，此时再加上软件中“分析”菜单里的“内插值计算器”就可以将 pH 传感器改造成亚硫酸钠质量分数测量仪。

子任务 3：测试亚硫酸钠质量分数测量仪。

取 10 g 样品配制成 100 mL 溶液，取部分溶液于小烧杯中，将亚硫酸钠质量分数测量仪插入溶液中，结果如图 3.29 所示，可以直接读出其质量分数为 0.7573，即 75.73%。

另取上述配制的溶液 25 mL，用标准高锰酸钾溶液进行滴定的结果与质量分数测量仪测出的值基本保持一致。从测试的结果来看，此方法可行。实际上很多传感器的工作原理也与之类似，即在传感器的内置芯片里储存着测量信号与显示的数据之间的函数关系式，测量信号与显示的数据一一对应。在高考试题的图像中也经常见到坐标为 pM、 lg *M* 等，这是为什么呢？其实这是为了将曲线转化为直线，我们怎样将图 3.29 的曲线转化为直线呢？

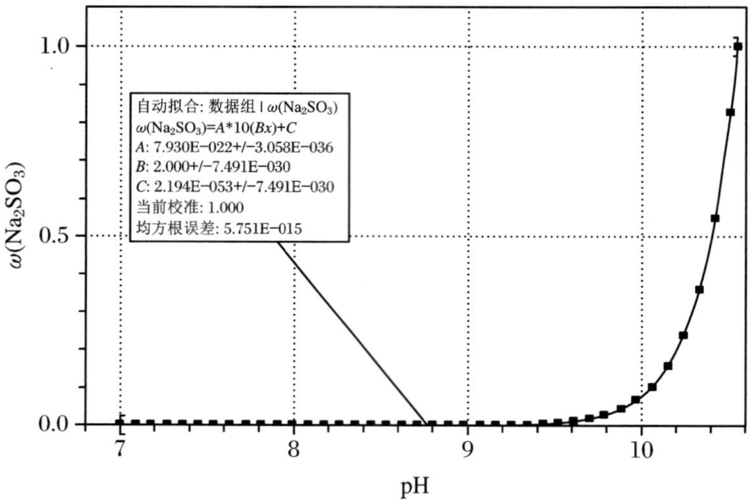

图 3.28

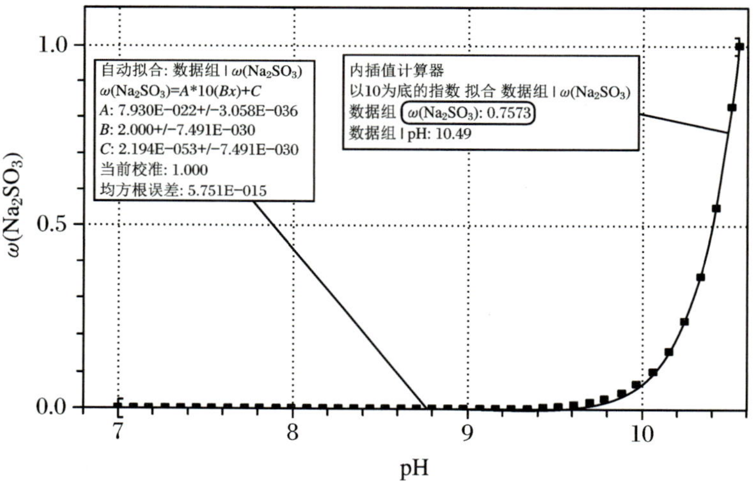

图 3.29

子任务 4:将曲线转变为直线。

对亚硫酸钠质量分数与 pH 的关系式((2)式)两边同时取对数得

$$\begin{aligned}\lg \omega(Na_2SO_3) &= \lg 7.93\times10^{-22}\times10^{2pH}\\ &= \lg 7.93\times10^{-22}+2pH\\ &\approx -21.10+2pH\end{aligned}$$

则

$$p\omega(Na_2SO_3) = -\lg \omega(Na_2SO_3) \approx 21.10-2pH \tag{3}$$

同样根据(3)式可在 Logger Pro 软件中拟合出横坐标为“pH”，纵坐标为

“$p\omega(Na_2SO_3)$”的直线，并用它测量亚硫酸钠质量分数，具体如图 3.30 所示。

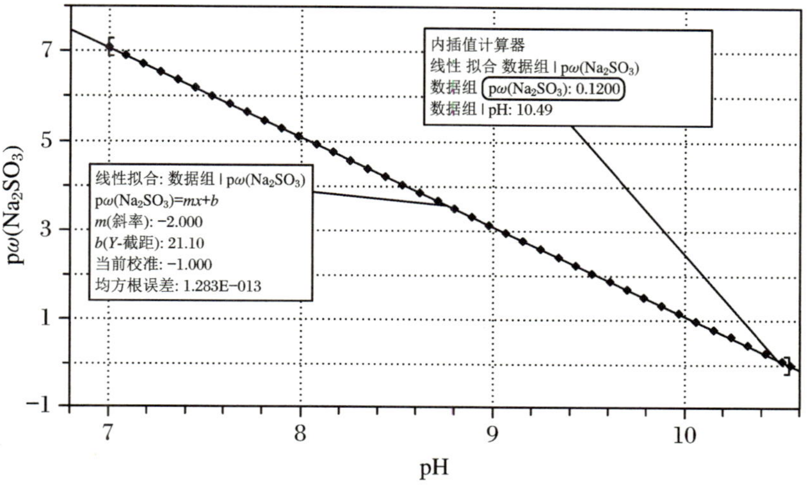

图 3.30

教学反思

（一）教师要有创新的意识，为学生的创新做好榜样

教师是学生的榜样，教师的创新对学生起到引领示范作用，激发了学生的创新欲望。教师可以通过不断创新教学活动，营造创新的氛围，通过设计突破学生固有认知的创新方案，让学生始终保持好奇心，再通过“为什么不可以？”“怎样做才可以？”等设问引导学生质疑批判和鼓励学生大胆表达自己的不同见解，如果再将学生的设想变为现实，让学生获得极大的成就感，创新就有可能成为学生的主动行为。

（二）传统实验与数字化实验的深度融合，引领学生的创新

实验是培养学生创新能力的重要途径。高三的实验不应该停留在试题中，应该在课堂教学的活动中，应该让学生调用、整合自己已有的知识独立自主地设计实验方案、实施方案。实验中既要继承发挥传统实验的优势，也要引用新的实验技术弥补传统实验的不足、解决学生的疑难问题。如引入数字化实验进行滴定时，氧化还原传感器的示数几乎一直不变，而滴到 20 mL 时学生看到曲线“突然升高”，学生由衷地发出“哦”声时，瞬间明白了什么是“突跃”，滴定结束时的回放让学生彻底地理解了“突跃”。数字化实验的使用本身就体现了仪器的进阶、创新。

（三）跨学科综合与实践，提升学生解决复杂问题的能力

知识为创新提供原料，创新是知识的转化与整合，知识的整合并不一定是学科内的

整合，更多的是跨学科的深度融合，知识的转化并不一定是知识间的转化，更多的是知识通过实践转化为解决复杂问题的能力。亚硫酸钠质量分数测量仪的制作更多的是对课堂教学的延续，也是一种有益的尝试。这种尝试让笔者重新认识学生，首先是学生表现出极大的好奇心和兴趣，可以看出学生进行跨学科融合与综合实践活动的意愿，其次是学生在理论推演的过程中表现出的数学思维的敏捷、在信息技术的使用过程中的动手实践能力都超出预期，可以看出学生是有能力进行跨学科综合实践活动的，最后学生纷纷和测量仪拍照，以纪念人生第一个有意义的创新产品，可以看出学生期待着更多的跨学科综合实践活动。这次活动也让笔者认识到，教师不能单纯地从单一学科的视角思考解决问题，还要有学科融合的理念，要有给学生提供更多这样类似的通过学科的融合创造性解决真实问题的情境，这样才能更好地培养学生的创新能力，提升学生解决复杂问题的能力。

参考文献

[1] 任子朝，陈昂，单旭峰．高考加强创新能力考查的研究[J]．教育理论与实践，2017，37(1)：29-32.

[2] 苏华虹，陈博殷，王杯文，等．"铜元素化合物"的高三线上主题式复习[J]．化学教育(中英文)，2021，42(15)：32-38.

[3] 刘臣，于春华，贾同改．以问题解决整合知识的高三复习教学：以"铁的重要化合物"为例[J]．化学教育(中英文)，2019，40(21)：20-26.

[4] 高佳玉，张援，王伟群．基于实验探究发展学生化学核心素养的教学设计：以"铁及其化合物"高三复习课为例[J]．化学教学，2020(10)：56-60.

[5] 黄海云，吴庆生．用"元素价-类二维图"复习元素化合物策略探索[J]．化学教学，2014(5)：34-37.

[6] 任宝华．复习课中使用"元素价-类二维图"的误区及教学改进建议[J]．化学教育，2016，37(1)：40-44.

[7] 左传鹏，晏曦，喻建军，等．基于"价-类二维图"促进观念建构的教学实践与反思：以"氨的性质与用途"高三一轮复习课为例[J]．化学教与学，2019(5)：46-48，53.

[8] 上官庆景，阮雪丹．基于元素化合物认识模型的单元教学设计实践探索：以"铁及其化合物"单元教学为例[J]．化学教育(中英文)，2021，42(19)：69-74.

[9] 马佩强，孟静．巧用情境线索 渗透核心素养 创设生机课堂：以"铁的重要化合物"的教学设计为例[J]．化学教与学，2019(9)：33，51-55.

[10] 罗铖吉，赵凌云，胡久华，等．基于社会性科学议题促进核心素养发展的元素化合物教学：以"论证重雾霾天气'汽车限行'的合理性"为例[J]．化学教育(中英文)，2020，41(17)：49-53.

[11] 于少华，林博娇，王磊，等．化学核心素养背景下的元素化合物教学改进[J]．化学教育(中英文)，2020，41(5)：60-65.

[12] 徐凯里，陈永平．基于模型认知的价-类二维图在元素化合物学习中的应用：以"自然界中硫氮元素的循环"教学为例[J]．化学教学，2020(7)：42-48.

[13] 李靖轩．化学学科思想在元素化合物教学过程中的渗透：以"铁的转化"教学为例[J]．化学教育，2017，38(1)：10-13.

[14] 叶剑强，陈迪妹．当前国内科学实验能力的研究现状及启示[J]．化学教育(中英文)，2019，40(1)：82-87.

[15] 郑金洲．创新能力培养中的若干问题[J]．中国教育学刊，2000(1)：13-16，52.

课例五　实验探究促进化学概念的形成
——配合物

教学主题内容及教学现状分析

（一）教学主题内容

“配合物”是2019年人教版高中化学选修二第三章第四节“配合物与超分子”的内容。本节课为新授课的第一课时，主要内容包括：① 知道配位键的特点及其形成的条件；② 认识简单配位化合物的成键特征；③ 了解配合物的存在及内界的稳定性。

（二）教学现状分析

教材中共有五个演示实验，其中四个演示实验在“配合物”这一节。“配合物”的教学研究以硫酸铜溶液制备氢氧化四氨合铜的演示实验为情境，通过讨论四水合铜离子、四氨合铜离子的组成、结构及其转化来落实配合物的概念教学。创设新的实验情境，让学生以自主探究来代替演示实验，如通过探究三氯五氨合钴溶于水的电离来进行配合物的教学目前还没有。

教学理念及创新

（一）通过实验探究突破旧知识同时自主构建新知识

实验探究是一种重要的科学实践活动，是化学学科核心素养的构成要素之一。笔者巧妙地利用 $Co(NH_3)_5Cl_3$ 的内界有一个氯离子配体不易电离的性质，创设将 $Co(NH_3)_5Cl_3$ 粉末配成溶液的实验情境。探讨 $Co(NH_3)_5Cl_3$ 溶于水电离方程式的书写，对其电离出的微粒种类及数量进行定性到定量的探究，逐步突破“学生对盐类物质中氯离子易电离”的认识，这也是教学的难点。学生根据定量实验的结论在正确书写出其电离方程式的同时，也自主构建了氯离子作为配体在内界不易电离的新认知，进而认识了配合物内界的稳定性。

（二）创设真实问题情境，促进学生学习方式的转变

学生在配合物的学习过程中，多数是被动记忆知识的学习方式。真实、具体的问题情境有利于学生主动思考、解决问题，从而转变其学习方式。笔者创设“三氯五氨合钴粉末配成溶液”“$[Co(NH_3)_4Cl_2]Cl$ 呈现紫色和绿色两种颜色”等真实情境，产生了真实的问题，如“溶液中主要存在什么微粒?”“$[Co(NH_3)_4Cl_2]Cl$ 为什么有两种颜色的物质?”等，这些陌生情境中的真实问题极大地激起学生探究的欲望，而对应的学生方案设计、实验验证、现象分析、结论修正、模型制作都说明学生学习方式的改变。

教学目标

（1）通过从定性到定量探究 $Co(NH_3)_5Cl_3$ 的电离，不断修正结论，认识到配位化合物内界的稳定性，同时建立起观点、证据、结论之间的逻辑关系。

（2）通过配位键模型的建立、配位键特点及其形成条件，掌握分析、推理等方法，认识研究对象的本质特征；应用配位键模型，认识简单配位化合物的成键特征，提升迁移应用能力。

（3）通过分析$[Co(NH_3)_4Cl_2]Cl$ 有两种颜色物质的微观本质，建立与有机同分异构体的联系，了解配位化合物的多样性，同时进一步理解结构决定性质的大概念。

教学流程

本节课的教学流程见表 3.3。

表 3.3

教学环节	教师教学行为	学生学习活动	设计意图
环节一：探究配合物的电离	（1）创设情境：配制 $Co(NH_3)_5Cl_3$ 溶液； （2）提出问题：哪个电离方程式是正确的？设计实验证明； （3）演示实验：用标准硝酸银溶液滴定溶液中的 Cl^-	（1）书写 $Co(NH_3)_5Cl_3$ 电离方程式； （2）交流讨论、设计方案、实验对 $Co(NH_3)_5Cl_3$ 电离进行证实或证伪； （3）观察实验现象，得出实验结论，重新认识 $Co(NH_3)_5Cl_3$ 的电离	通过探究 $Co(NH_3)_5Cl_3$ 的电离，落实配合物内界稳定性的教学；同时通过设计方案、动手实验、得到结论，建立起观点、证据、结论之间的逻辑关系

续表

教学环节	教师教学行为	学生学习活动	设计意图
环节二：再探配合物成键特点	(1) 展示资料：H^+ 与 NH_3 反应历程； (2) 提出问题：氢离子与氨分子形成新键有什么特点？ (3) 展示 Co^{3+} 空轨道的形成机理图	(1) 归纳配位键的形成条件； (2) 阅读分析资料，分析 $[Co(NH_3)_4Cl]^{2+}$ 成键过程	详细探究配位键的种类和数目，促进学生理解配位键知识难点；提升学生用类比的思想解决问题的能力
环节三：配合物理论的应用	(1) 提出问题：预测向硫酸铜溶液中加入过量浓氨水的实验现象； (2) 提出问题：生成蓝色沉淀后又溶解的原因	(1) 小组合作实验； (2) 解释实验现象	促进学生运用“宏观—微观—宏观”思维解决学科内的陌生问题
环节四：配合物的拓展延伸	(1) 提出问题：为什么 $[Co(NH_3)_4Cl_2]Cl$ 呈现紫色和绿色两种颜色？ (2) 展示资料	(1) 小组活动，交流讨论； (2) 搭建 $[Co(NH_3)_4Cl_2]Cl$ 同分异构体的球棍模型	由内界、外界的判断到立体异构、顺反异构的区分，通过模型的设计与搭建来强化“模型认知”这一化学学科核心素养

教学实录

(一) 探究配合物的电离

情境：将 $Co(NH_3)_5Cl_3$ 粉末配成 100 mL 0.001 mol/L 的溶液(图 3.31)。

图 3.31

【问题】 $Co(NH_3)_5Cl_3$ 加水溶解形成的溶液中主要存在什么微粒，请同学们尝试写出其电离方程式。

【学生】 写出主要的电离方程式

$$Co(NH_3)_5Cl_3 \xlongequal{\quad} Co^{3+} + 5NH_3 + 3Cl^- \quad (1)$$

$$Co(NH_3)_5Cl_3 \xlongequal{\quad} Co(NH_3)_5^{3+} + 3Cl^- \quad (2)$$

【追问】 哪一个电离方程式正确呢？请设计方案证明。

【学生】 交流讨论，提出实验方案。

检验 Cl^-：取少量溶液于试管中，向其中加入 HNO_3 酸化的 $AgNO_3$ 溶液，观察是否有白色沉淀。

检验 NH_3：取少量溶液于试管中，测溶液的 pH。

【学生】 分组实验。

实验 1：滴加 2～3 滴 HNO_3 酸化的 $AgNO_3$ 溶液，有白色沉淀生成(图 3.32)。

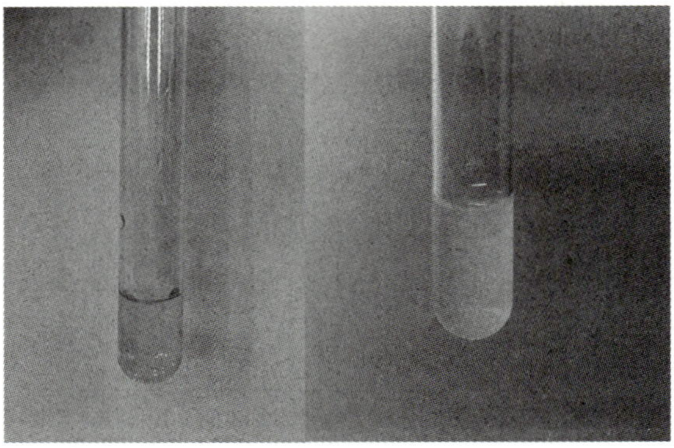

图 3.32

推出结论：$Co(NH_3)_5Cl_3$ 水溶液中有 Cl^-。

实验 2：测得溶液 pH = 5.09(图 3.33)。

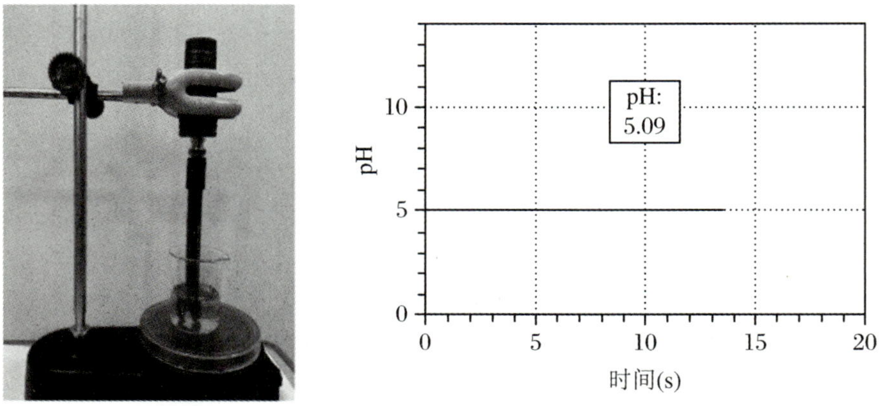

图 3.33

推出结论：$Co(NH_3)_5Cl_3$ 溶液中无 NH_3。

实验结论：$Co(NH_3)_5Cl_3$ 在水溶液中没有电离出氨气，电离出氯离子，所以电离方程式(1)错误,(2)可能正确。

【追问】 如果要证明第二个方程式是正确的,还需要证明什么?

【学生】 需要设计定量实验,即证明 1 mol $Co(NH_3)_5Cl_3$ 在水溶液中是否电离出 3 mol Cl^- 。

【教师】 请同学设计方案测定 $Co(NH_3)_5Cl_3$ 电离出 Cl^- 的数目。

【学生】 交流讨论,提出实验方案。

用 0.001 mol/L $AgNO_3$ 溶液滴定 10.00 mL 0.001 mol/L $Co(NH_3)_5Cl_3$ 溶液,达到滴定的终点时,如果消耗 30.00 mL $AgNO_3$ 溶液,则说明 1 mol $Co(NH_3)_5Cl_3$ 在溶液中电离出 3 mol Cl^-,电离方程式(2)是正确的。

实验:定量实验——测定 $Co(NH_3)_5Cl_3$ 在水溶液中电离出 Cl^- 的数目。

取 10.00 mL 浓度为 0.001 mol/L 的 $Co(NH_3)_5Cl_3$ 溶液,用浓度为 0.001 mol/L 的 $AgNO_3$ 溶液进行滴定,用滴数传感器记录滴加 $AgNO_3$ 溶液的体积,用电导率传感器测溶液电导率的变化,装置如图 3.34 所示,得到曲线如图 3.35 所示。

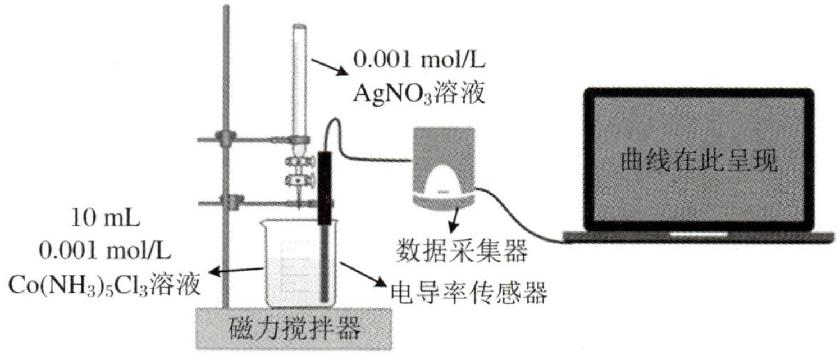

图 3.34

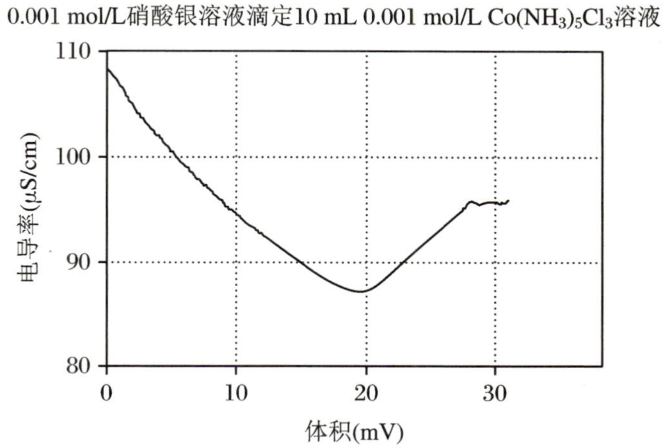

图 3.35

【学生】 观察宏观现象以及曲线变化,读数:19.857 mL (滴定终点时消耗 $AgNO_3$ 溶液体积),得

$V(Co(NH_3)_5Cl_3) : V(AgNO_3) \approx 1 : 2$，　$n(Co(NH_3)_5Cl_3) : n(Cl^-) \approx 1 : 2$

实验结论：1 mol $Co(NH_3)_5Cl_3$ 电离出 2 mol Cl^-，第二个电离方程也不正确。

【教师】 结合上述实验，你们认为 $Co(NH_3)_5Cl_3$ 正确的电离方程式怎么写？

【学生】 $Co(NH_3)_5Cl_3$ 在水溶液中的电离方程式为

$$Co(NH_3)_5Cl_3 = [Co(NH_3)_5Cl]^{2+} + 2Cl^-$$

【教师】 根据电离方程式，还可以把它的化学式改写成什么形式？

【学生】 $[Co(NH_3)_5Cl]Cl_2$。

【教师】 初步介绍配合物，区分其内界、外界。

一般情况下，配合物内界离子较稳定，在水溶液中不易再电离出离子，上述实验也验证了这一结论。

（二）再探配合物成键特点

情境：H^+ 与 NH_3 反应历程如图 3.36 所示。

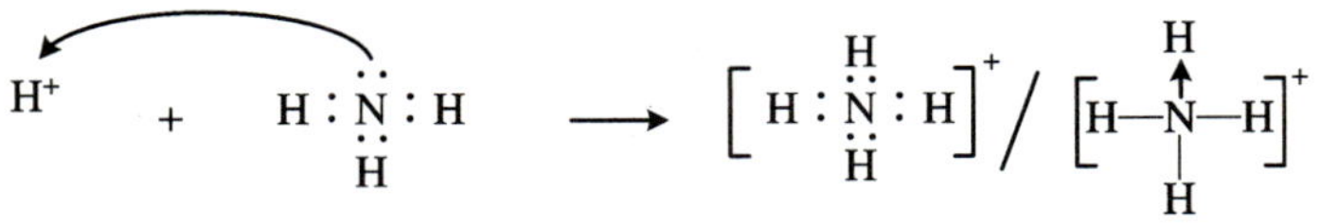

图 3.36

【问题】 氢离子与氨分子形成的共价键有什么特点？

【学生】 氢离子仅提供空轨道，而形成新共价键的两个电子均由氨分子中氮原子的一对孤电子对提供。

【师生】 总结配位键概念，归纳配位键的形成条件（图 3.37）。

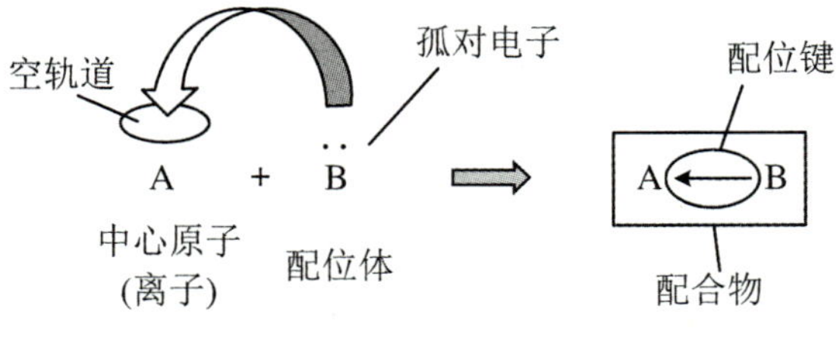

图 3.37

任务：根据以下 Co^{3+} 空轨道的形成机理信息，利用配位键形成模型，分析 $[Co(NH_3)_4Cl]^{2+}$ 成键。

资料：空轨道的形成机理如图 3.38 所示，Co^{3+} 的价层电子构型为 $3d^6$。6 个 d 电子重排，空出的两条 3d 轨道参与杂化，中心发生 d^2sp^3 杂化，杂化轨道在空间呈八面体分布。

【学生】 Co^{3+} 进行重排、杂化后有 6 个空轨道，需要 6 对孤电子，而 5 个氨分子和 1 个氯离子每个配体提供 1 对孤电子，正好配入其中形成 6 个配位键，如图 3.39 所示。

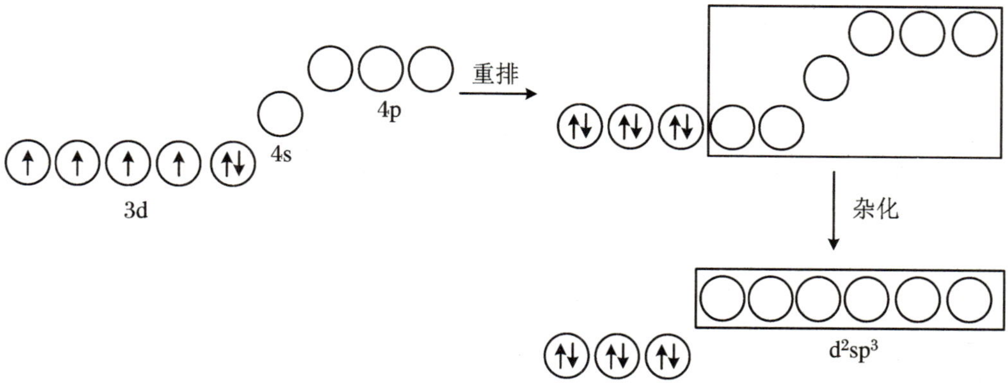

图 3.38

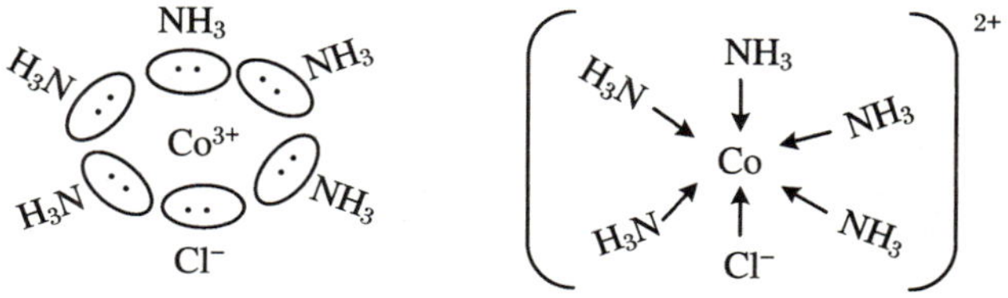

图 3.39

（三）配合物理论的应用

【教师】　向 $CuSO_4$ 溶液中逐滴滴加浓氨水至过量，请预测其实验现象。

【学生】　预测 1：产生蓝色沉淀。

预测 2：先产生蓝色沉淀，蓝色沉淀可能溶解。

实验：向 $CuSO_4$ 溶液中逐滴滴加浓氨水至过量（现象如图 3.40 所示）。

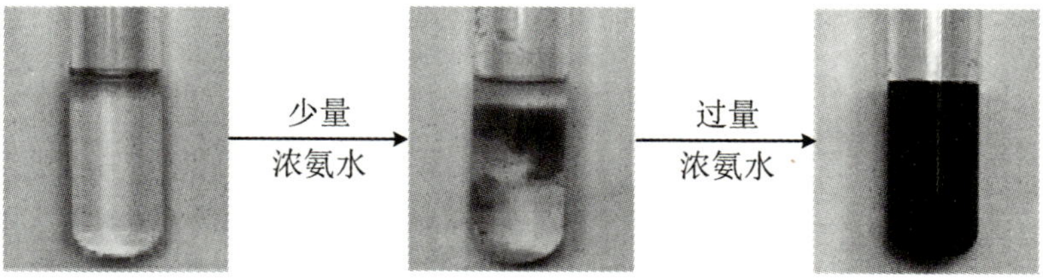

图 3.40

结论：预测 2 成立。

【问题】　请解释先产生蓝色沉淀，蓝色沉淀又溶解的原因。

【学生】　沉淀产生原因为：$Cu^{2+}+2NH_3\cdot H_2O = Cu(OH)_2\downarrow +2NH_4^+$。

蓝色沉淀又溶解是因为氢氧化铜沉淀溶于浓氨水，转变为$[Cu(NH_3)_4]^{2+}$。用化学式表示为

$$Cu(OH)_2+4NH_3 = Cu(NH_3)_4(OH)_2$$

结论：$[Cu(NH_3)_4]^{2+}$的形成，是因为中心离子（Cu^{2+}）提供 4 个空轨道，而 NH_3 为配

体，4 个氨分子，每个提供 1 对孤电子，形成$[Cu(NH_3)_4]^{2+}$。

（四）配合物的拓展延伸

情境：$[Co(NH_3)_4Cl_2]Cl$ 呈现紫色和绿色两种颜色。

【问题】 $[Co(NH_3)_4Cl_2]Cl$ 为什么有紫色和绿色两种颜色？

【学生】 $[Co(NH_3)_4Cl_2]Cl$ 配位数为 6，根据价层电子对互斥理论和杂化轨道理论，可推测出其空间结构为八面体构型，进而在八面体的六个顶点位置上找到两个 Cl^- 的相邻与相对两种关系，即存在两种同分异构体，因而呈现紫色和绿色两种颜色。

【活动】 制作并展示$[Co(NH_3)_4Cl_2]Cl$ 的两种同分异构体的球棍模型（图 3.41）。

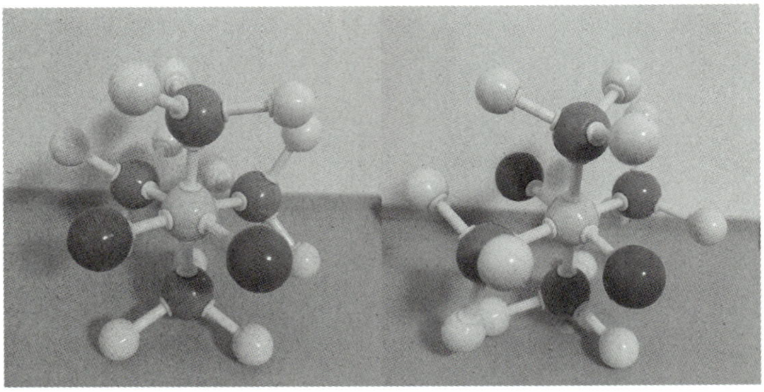

图 3.41

【教师】 展示资料（图 3.42、图 3.43）验证学生制作的球棍模型。

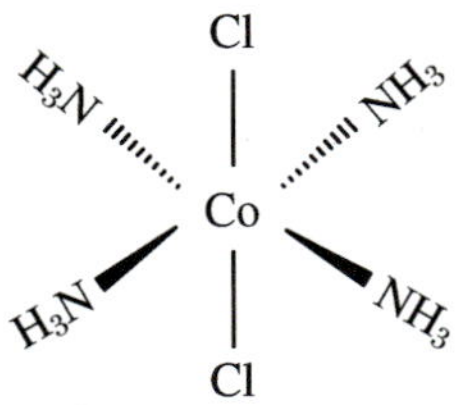

cis-$[Co(NH_3)_4Cl_2]Cl$

图 3.42

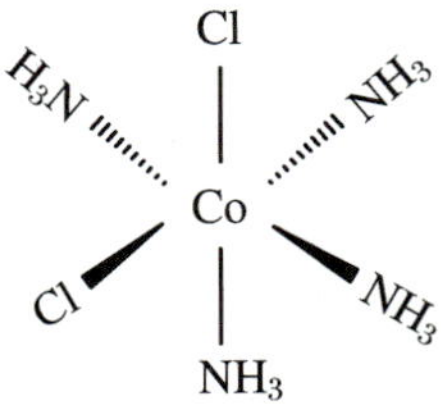

trans-$[Co(NH_3)_4Cl_2]Cl$

图 3.43

教学反思

（一）基于学生认识发展进行教学

对于 $Co(NH_3)_5Cl_3$ 电离的探究充分考虑了学生的认知发展。$Co(NH_3)_5Cl_3$ 对于学生来说是陌生的物质，基于学生的经验很容易判断其三个氯离子是完全电离的。用硝酸酸化后，加硝酸银溶液产生了白色沉淀，初步验证了学生的想法。但用 0.001 mol/L $AgNO_3$ 溶液滴定 10.00 mL 0.001 mol/L 的 $Co(NH_3)_5Cl_3$ 溶液，滴定终点时体积比为 1∶2，用数据说明了一个 $Co(NH_3)_5Cl_3$ 中有一个氯离子不电离的事实，突破了学生的认知，同时也构建了氯离子作为配体在内界不易电离的新认知。用实验挑战学生的旧认知，同时构建学生的新认知。

（二）巧建配位键模型并用模型解释新知

由实验得到$[Co(NH_3)_5Cl]^{2+}$不电离的这一性质，引导学生思考内界中的氯离子和氨分子为什么不电离、怎样从微观的角度进行解释。笔者先以学生熟悉的氨气与氢离子反应为情境，探讨氢离子与氨分子的反应历程，从微观的角度理解氢离子与氨分子形成的新共价键的特点，由此总结配位键形成条件及其结构特点，建构配位键模型，并用此模型理解$[Co(NH_3)_5Cl]^{2+}$中配位键的形成，用配位键模型从微观角度解释其内界不易电离的原因。

参考文献

[1] 王星乔，张金水，陈孝娜，等．促进学科能力发展的“配合物”教学研究：基于农村学校的实践探索[J]．化学教学，2023(2)：42-48．

[2] 李砚耘，谢海婷，邓阳．基于核心素养发展的高中化学深度教学：探究配合物的性质[J]．化学教育（中英文），2023，44(1)：50-55．

[3] 魏崇启．基于批判性思维培养的化学课堂教学：以“配合物的形成”为例[J]．中学化学教学参考，2018(9)：23-25．

[4] 张道年．基于大概念“相互作用力”的配合物教学理论与实践[J]．化学教与学，2022(4)：7-12．

[5] 谌冰洁．化学学科核心素养指引下的“配合物”教学探讨[J]．化学教育（中英文），2020，41(21)：42-48．

课例六　生活情境驱动下的定量滴定思维模型建构——补钙剂中钙含量的测定

教学主题内容及教学现状分析

（一）教学主题内容

“酸碱中和滴定”是“新课标”中规定的具有定量实验属性的中学生必做的实验之一，该实验位于人教版选修一第三章的“实验活动 2”。学生在进行该实验活动前，已经掌握了元素化合物知识、氧化还原反应原理知识、与物质的量有关的化学计算知识等，因此该实验活动具有规范滴定实验操作、发展定量思维、衍生拓展定量实验方法等重要作用。如何将上述目标在教学中逐一得到落实？笔者结合实际学情，在学生初步接触“酸碱中和滴定”实验后，又接着开展与“定量滴定”有关的课堂教学，进一步形成“定量滴定”的分析思路，将核心知识最终整合为思维模型。

（二）教学现状分析

目前高中阶段的已有研究可大致分为两类：一类为课堂教学案例研究，注重开展以理解实验原理，准确选择仪器、指示剂，实验误差分析与计算为目标的课堂教学；另一类则为基于手持技术的数字化实验改进研究。笔者结合已有研究，提出以下两个问题进行思考：① 过度关注滴定实验中的教学难点，将实验原理、数据处理等进一步深化是否会加剧学生的畏难情绪，是否能够有效促进学生思维模型的构建和发展？② 采用数字化仪器进行滴定实验具有一定的优势，如方法简便、滴定终点易判断等，但是否会弱化传统滴定实验中蕴含的实验教学价值？手持技术传感器进行定量实验的误差是否经得住考验？又是否会弱化定量实验的教学价值？

教学理念及创新

（一）以生活情境为明线，以发展定量滴定思维为暗线

教学从酸碱中和滴定实验后的已有认知出发，进一步重构学生的核心概念，找寻与定量滴定有关的核心知识，明确学生已经具备的实验能力（表3.4），最终确定学生的发展点应为“定量滴定思维模型”的建构。找寻生活情境“补钙剂中钙含量的测定”，其目的在于：① 钙元素既是学生熟知的元素，也是人体内最重要且含量最多的矿物元素，可在一定程度上激发学生的学习兴趣。② 钙含量的测定这一问题存在着多种解决途径，能将不同的定量实验方法、滴定方法进行联系比较。在真实情境下展开的氧化还原滴定、配位滴定实验活动中进一步凝练定量滴定的一般过程，促进学生深入思考定量滴定实验的核心应为“找寻物质间具有的定量计算关系”，在课堂实验证据中发展证据意识，形成定量滴定的思维模型，教学路径如图3.44所示。

表3.4

模块	章节	核心概念	核心知识	实验能力
必修一	第一章 物质的分类及转化	第二节 离子反应	离子反应的实质	离子反应的实质是溶液中离子浓度或离子种类的改变
		第三节 氧化还原反应	氧化性与还原性 氧化还原反应中的电子守恒	氧化还原反应过程中氧化剂得到电子的总数等于还原剂失去电子的总数
选修一	第三章 水溶液中的离子反应与平衡	实验 强酸与强碱的中和滴定	滴定原理	滴定实验的核心原理为找寻物质间具有的定量计算关系

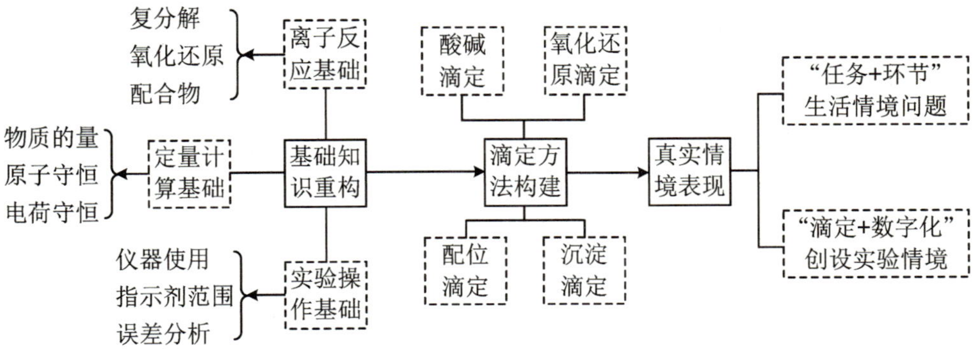

图3.44

（二）融合手持技术传感器，突破课时难点

实际教学中笔者发现如何从氧化还原滴定过渡到配位滴定是教学的难点，主要原因在于学生在该阶段还未掌握配位化合物的相关知识，仅在 Fe^{3+} 与 Fe^{2+} 的检验或胆矾晶体的结构中略有涉及。于是在实际教学中借助手持传感器技术，用钙离子传感器作为桥梁，让学生感受到现代信息技术的进步切实推动着化学实验方法的革新，但同时实验的精确程度、误差范围等却又受到不同程度的影响。笔者再以如何简化实验步骤的同时还能提高实验准确性为驱动问题展开配位滴定法的学习活动，进而顺利地将定量滴定分析这一概念下的知识和技能构建统一，最终形成定量滴定分析思维模型，如图 3.45 所示。

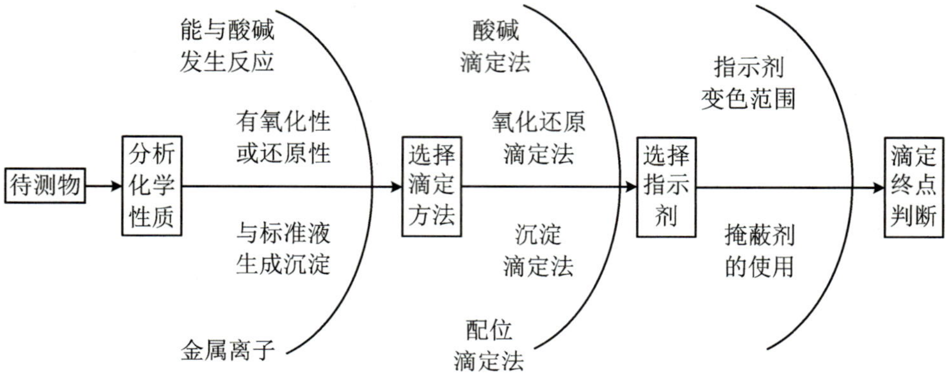

图 3.45

教学目标

（1）通过沉淀洗涤、离子检验、滴定终点判断等基本实验操作，进一步掌握利用化学仪器进行物质的分离、提纯检验及定量研究的方法。

（2）不断优化补钙剂中钙含量测定的实验方案，并感受数字化仪器分析在中学化学实验中的重要作用，继而对实验误差提出疑问，发展批判性思维。

（3）通过配位滴定-EDTA 法的讨论分析，能够自主设计出 EDTA 法的操作流程图，提升知识迁移应用能力，最终建构定量滴定思维模型。

教学流程

本节课教学流程如图 3.46 所示。

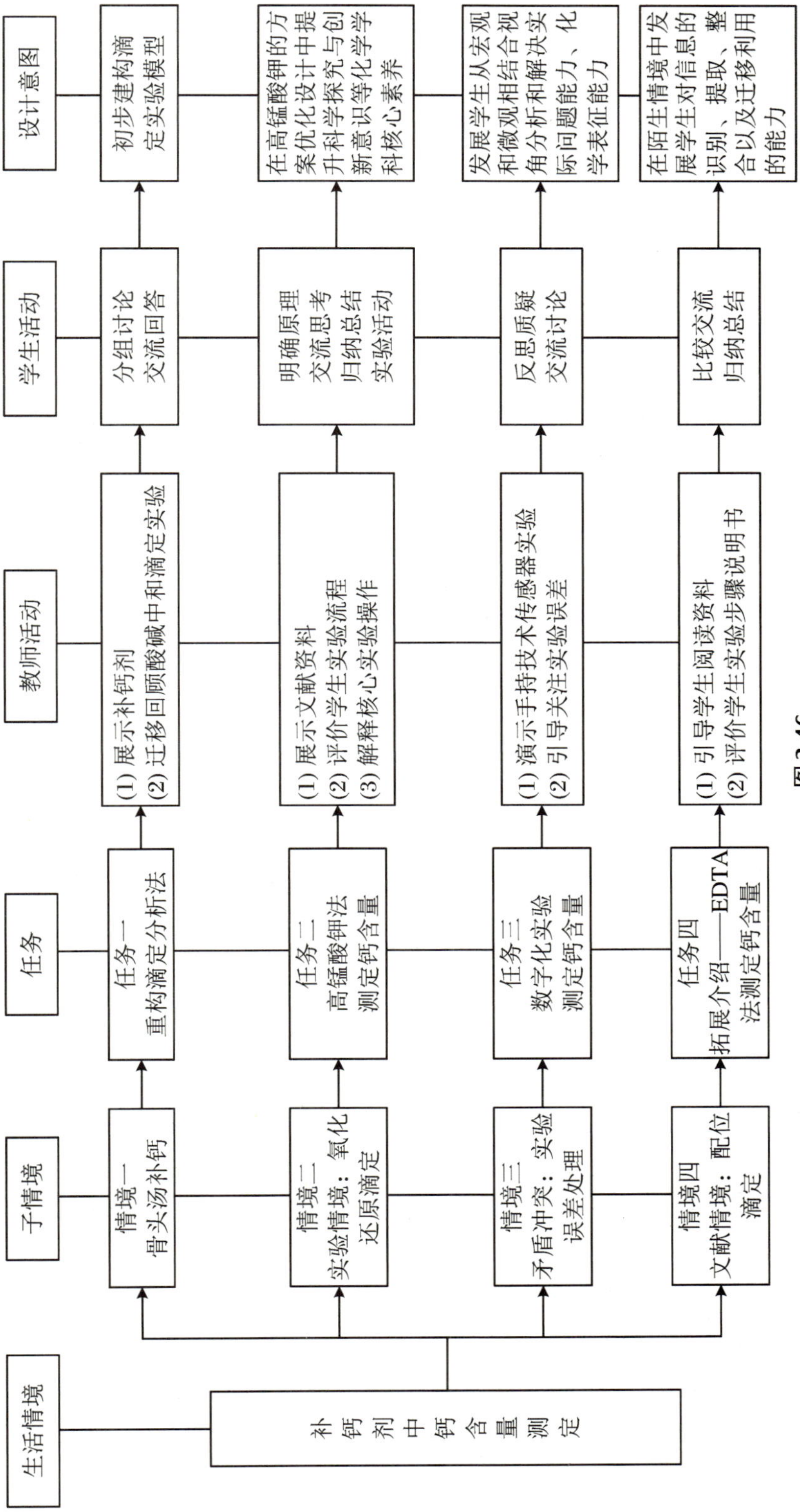
生活情境
补钙剂中钙含量测定
子情境
情境一 骨头汤补钙
情境二 实验情境：氧化还原滴定
情境三 矛盾冲突：实验误差处理
情境四 文献情境：配位滴定
任务
任务一 重构滴定分析法
任务二 高锰酸钾法测定钙含量
任务三 数字化实验测定钙含量
任务四 拓展介绍——EDTA法测定钙含量
教师活动
(1) 展示补钙剂
(2) 迁移回顾酸碱中和滴定实验
(1) 展示文献资料
(2) 评价学生实验流程
(3) 解释核心实验操作
(1) 演示手持技术传感器实验
(2) 引导关注实验误差
(1) 引导学生阅读资料
(2) 评价学生实验步骤说明书
学生活动
分组讨论 交流回答
明确原理 交流思考 归纳总结 实验活动
反思质疑 交流讨论
比较交流 归纳总结
设计意图
初步建构滴定实验模型
在高锰酸钾的方案优化设计中提升科学探究与创新意识等化学学科核心素养
发展学生从宏观和微观相结合视角分析和解决实际问题能力、化学表征能力
在陌生情境中发展学生对信息的识别、提取、整合以及迁移利用的能力

图 3.46

教学实录

任务一：重构滴定分析法

环节一：生活情境引入

【教师】 生活情境引入：钙元素在人体内发挥重要功能。

提出问题：喝骨头汤能补钙吗？

【学生】 小组讨论。

【教师】 引导学生关注生活中的补钙剂，介绍补钙剂说明书（图 3.47）。本实验使用的补钙剂为山西振东制药股份有限公司生产的碳酸钙 D_3 颗粒，每袋含碳酸钙 1.25 g，相当于钙 500 mg。

碳酸钙 D_3 颗粒说明书

请仔细阅读说明书并按说明使用或在药师指导下购买和使用

【药品名称】 通用名称：碳酸钙 D_3 颗粒

【成　　分】 本品为复方制剂，每袋含碳酸钙 1.25 g（相当于含钙 500 mg），维生素 D_3 5 μg（200 国际单位）。辅料为甘露醇、聚维酮 K30、香精、糖粉。

【性　　状】 本品为白色或类白色颗粒。

【作用类别】 本品为维生素及矿物质非处方药品。

【适 应 症】 用于儿童、妊娠和哺乳期妇女、更年期妇女、老年人等的钙剂补充，并帮助防治骨质疏松。

【规　　格】 每袋含钙 0.5 g 与维生素 D_3 5 μg（200 国际单位）

图 3.47

【教师】 提出问题：如何测定其钙离子含量？

【学生】 交流讨论，初步提出实验方案一：向补钙剂中加入过量的盐酸，过滤后再加入过量的碳酸钠溶液，称量生成的碳酸钙固体质量。

【教师】 实验方案可行，但固体在干燥、转移、称量的过程中会产生较大的误差，实验室中是否有更好的方法测定未知离子的浓度呢？

【学生】 迁移定量实验方法——酸碱中和滴定。

环节二：辨析分类，初构模型

【教师】 滴定分析法包括酸碱滴定、氧化还原滴定、配位滴定和沉淀滴定。

提出问题：如何选择合适的滴定分析法？

【学生】 小组讨论。

回答：一般需要根据待测物的成分及其性质，选择合适的指示剂和滴定方法。

任务二：高锰酸钾法测定钙含量

环节一：讨论方案，确定原理

【教师】 展示文献资料：高锰酸钾法测定原理，如图 3.48 所示。

提出问题：

(1) 请同学用高考常考的工艺流程图形式表达出实验步骤。

(2) 该方法属于那种滴定分析方法？

(3) 请思考能否用盐酸替换硫酸，为什么？

> 准确称取补钙制剂两份（每份含钙约 0.05 g），分别置于 250 mL 烧杯中，加入适量蒸馏水及 HCl 溶液，加热促使其溶解。于溶液中加入 2～3 滴甲基橙，以氨水中和溶液由红转变为黄色，趁热逐滴加约 50 mL $(NH_4)_2C_2O_4$ 溶液，在低温电热板（或水浴）上陈化 30 min。冷却后过滤（先将上层清液倾入漏斗中），将烧杯中的沉淀洗涤数次后转入漏斗中，继续洗涤沉淀至无 Cl^-（承接洗液在 HNO_3 介质中以 $AgNO_3$ 检查），将带有沉淀的滤纸铺在原烧杯的内壁上，用 50 mL 1 mol/L H_2SO_4 把沉淀由滤纸上洗入烧杯中，再用洗瓶洗 2 次，加入蒸馏水使总体积约 100 mL，加热至 70～80 ℃，用 $KMnO_4$ 标准溶液滴定至溶液呈淡红色，再将滤纸搅入溶液中，若溶液褪色，则继续滴定，直至出现的淡红色 30 s 内不消失即为终点。

图 3.48

【学生】 小组讨论，明确原理：

$$CaCO_3 + 2H^+ = Ca^{2+} + CO_2\uparrow + H_2O$$

$$Ca^{2+} + C_2O_4^{2-} = CaC_2O_4\downarrow$$

$$CaC_2O_4 + H_2SO_4 = CaSO_4 + H_2C_2O_4$$

$$5H_2C_2O_4 + 2MnO_4^- + 6H^+ = 2Mn^{2+} + 10CO_2\uparrow + 8H_2O$$

绘制流程图，如图 3.49 所示，并思考：高锰酸钾法测定钙含量属于氧化还原滴定法，酸性高锰酸钾会将盐酸中的氯离子氧化吗？

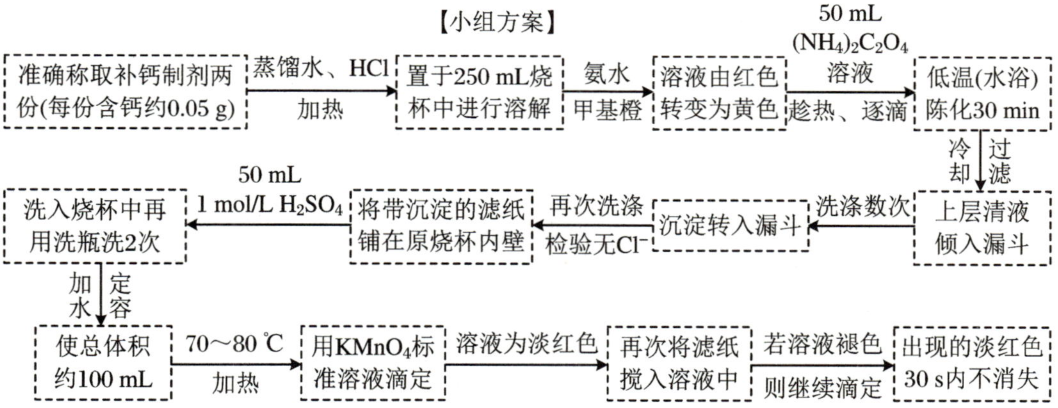

图 3.49

环节二:进行实验,初步测定钙离子含量

【教师】 提出两处不同的操作:

(1) 为什么选择陈化(图 3.50)、倾析(图 3.51)操作而不选择过滤操作?

(2) 为什么选择在烧杯中而不是锥形瓶中进行滴定?

【学生】 交流、讨论进行回答:

(1) 选择陈化、倾析操作而不选择过滤操作是因为 CaC_2O_4 颗粒太小,导致常压过滤不干净,而在减压过滤实验过程中会出现滤纸破损的情况。

(2) 选择在烧杯中而不是锥形瓶进行是方便将滤纸中的沉淀 $CaSO_4$ 溶解。

【学生】 分组进行实验:用 0.02 mol/L $KMnO_4$ 标准溶液滴定 20.00 mL 未知浓度的 $H_2C_2O_4$ 溶液中,如图 3.52 所示。

(a) 0时刻　(b) 10 min　(c) 20 min　(d) 30 min

图 3.50

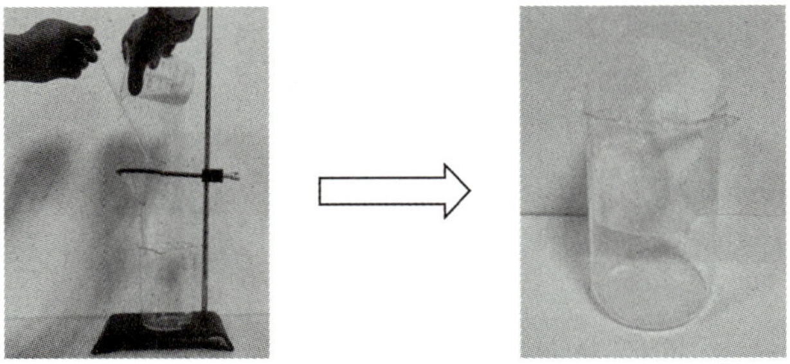

图 3.51

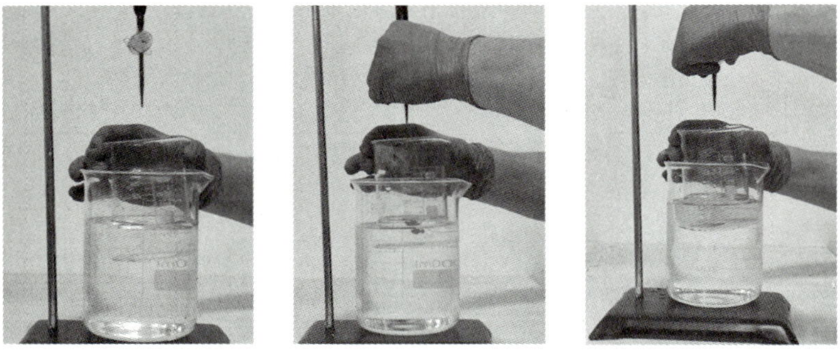

(a) 滴定前　(b) 滴定时　(c) 滴定终点

图 3.52

环节三：分析数据，提出改进

【教师】 引导学生用数据计算补钙剂中钙离子含量(表 3.5)。

表 3.5

数据对比	实验数据(0.3 g 样品)	钙离子含量	相对误差
某品牌补钙剂(实际含量)	0.05 g	16.67%	
高锰酸钾法(检测含量)	25.10 mL	17.33%	4%

【学生】 思考、汇报计算结果。

【教师】 用高锰酸钾法测定钙含量原理的结果虽然令人满意，但是实验步骤较多且繁琐，完整的实验耗时长达 4 h，且对温度控制要求较高，能否改进实验方案，更加便捷地检测钙含量呢？

任务三：数字化实验测定钙含量

环节一：数字化实验，提出质疑

【教师】 利用数字化实验操作简单、结果直观的特点，选择钙离子传感器(图 3.53)测定补钙剂中钙离子含量，并分析实验数据(如图 3.54)。

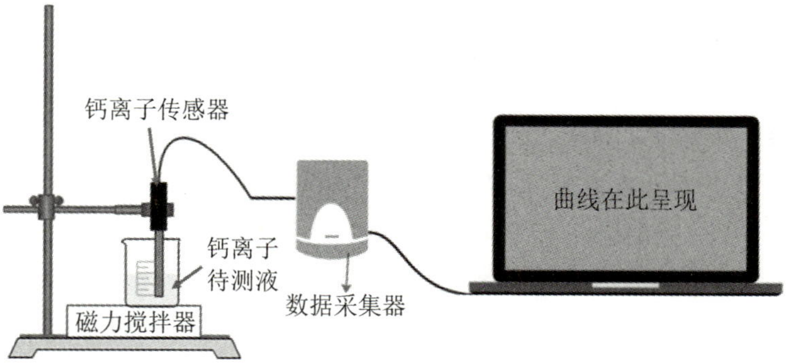

图 3.53

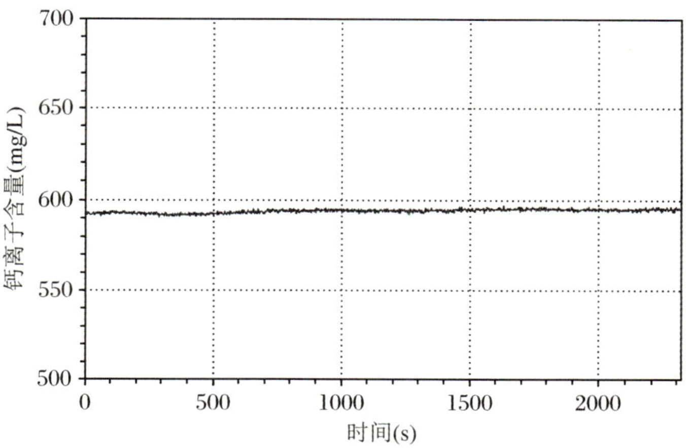

图 3.54

环节二：数形结合，提出质疑

【学生】 思考、汇报计算结果（表 3.6）。

表 3.6

数据对比	实验数据（0.3 g 样品）	钙离子含量	相对误差
某品牌碳酸钙 D_3 颗粒	0.05 g	16.67%	
高锰酸钾法	25.10 mL	17.33%	4%
钙离子传感器	592.3 mg/L	19.74%	15.55%

【学生】 提出质疑：钙离子传感器虽然便捷，但是实验误差较大。

【教师】 引导学生从补钙剂说明书中找出原因。给出提示：Mg^{2+} 等也会对钙离子的测定产生干扰。

【学生】 补钙剂中有硬脂酸镁成分，所以可能使镁离子对钙离子检验产生干扰，导致实验数据的相对误差偏高。

任务四：拓展介绍——EDTA 法测定钙含量

环节一：解释原理，构建体系

【教师】 能否再次设计新的实验方案，同时兼顾操作简便和测定精准这两方面的因素呢？

【提供信息】 介绍 EDTA 法的原理，提出问题：

(1) EDTA 也能与 Mg^{2+} 形成配合物，实验时如何排除 Mg^{2+} 干扰？

(2) 到达滴定终点时的实验现象是什么？

(3) EDTA 与待测离子的计量关系是什么？

(4) 请你结合上述问题，制作一张 EDTA 法测定 Ca^{2+} 的实验操作说明卡。

【学生】 交流讨论，查阅资料，进行展示，如图 3.55 所示。

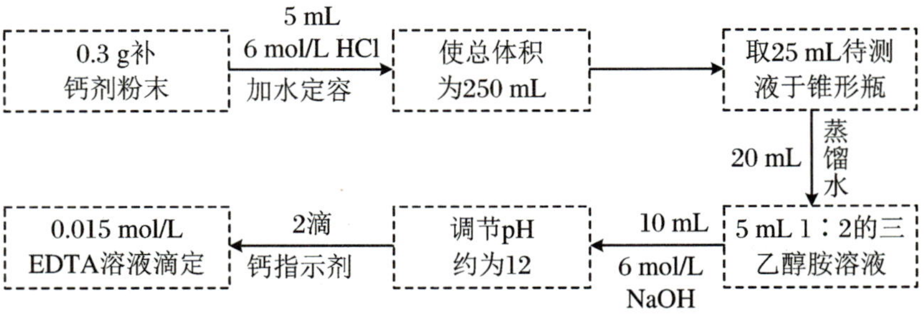

终点：红色⟶浅蓝色

已知：1. 三乙醇胺能够掩蔽 Fe^{3+}、Al^{3+} 等干扰离子；

2. pH = 12 时 $Mg(OH)_2$ 完全沉淀；

3. EDTA 与 Ca^{2+} 的计量关系为 1∶1

图 3.55

环节二：总结提升，建构模型

【教师】 教师从滴定分析法原理、分类及选择依据、滴定关键、常见滴定法、新操作及对三种实验方案的评价，进行总结提升和模型建构。一定要让学生理解三种滴定分析法本身并没有好坏之分，只有在解决这个问题中适合或不适合之分。

【学生】 提出猜想：能否用 EDTA 法中掩蔽的思想来减少数字化实验过程中的误差？

【教师】 可以以课下学习小组的形式进行实验验证。

教学反思

（一）挖掘生活情境中的化学问题，转化为可实施的学生活动

以补钙剂中钙离子含量的测定为生活情境，设计了层层递进的四项任务。任务一为重构滴定分析法，旨在迁移应用酸碱中和滴定的已有知识并明确滴定法是实验室测定未知离子浓度的一般方法。任务二为高锰酸钾法测定钙含量，即介绍新的滴定方法——氧化还原滴定法。任务三在任务二的基础上实现了测定方法的现代化，解决了氧化还原滴定法操作繁琐的问题，但精确度有待提高，于是进行任务四，即 EDTA 法测定钙含量。任务四在实现方法进阶的同时，在自主探寻指示剂变色情况、掩蔽剂的使用、设计实验操作说明书的活动中实现了思维进阶，从而进一步整合定量滴定的思维模型。

（二）合理利用数字化仪器，关注数字化实验中的思维发展

基于手持传感器进行的数字化实验不仅要着眼于其实验教学价值，更需探寻学生在实验中是否蕴含着思维发展路径。首先，高锰酸钾法测定钙含量的完整实验时长需 4 h，而钙离子传感器测定钙含量仅需 5 min 就能完成，大大发挥了数字化实验仪器的便捷性，可以在课堂中完整地展现实验过程，让学生感受到现代技术的发展推动着化学实验方法的进步和多样化发展，促进学生科学态度素养的发展。其次，钙离子传感器测定钙含量会受到溶液中其他离子的干扰造成实验误差较大的实验结论。笔者在课前进行实验时基于这一特点，引入配位滴定，在完善定量滴定思维模型中滴定方法的同时，向学生介绍掩蔽剂的概念，促进学生思维进阶，思考能否在数字化实验中也引入掩蔽剂。最后，数字化实验过程简便与结果误差偏大这一辩证的情境也在向学生传递不同的滴定方法本身并无优劣，实验成功的关键在于能否选择合适的滴定分析方法。

（三）关注教学难点，找寻学生思维发展突破点

滴定实验与计算是近年高考的热点，也是教学的难点，其原因在于该类题型需要学生综合运用化学反应原理知识、元素化合物知识、化学实验知识以及原子守恒、电荷守恒等多种计算方法，对学生的化学学科核心素养要求较高。基于此，笔者尝试结构解题路

径，在课堂创设真实情境，在体验真实实验操作过程的同时结合常见问题驱动学生活动，从而发展学科核心素养的同时细化解题思路，突破教学难点。

参考文献

[1] 林秀銮，张贤金．基于“模型认知”的定量实验方案设计的教学实践：摩尔盐纯度的测定[J]．化学教育（中英文），2022，43(23)：67-72.

[2] 陈新华．化学学科核心素养为本的高三化学深度复习：以沉淀滴定为例[J]．化学教育（中英文），2020，41(5)：26-31.

[3] 文继明，张军．基于思维发展的化学实验仪器教学：以滴定管的教学为例[J]．化学教育（中英文），2018，39(11)：61-63.

[4] 韩慧磊，信欣，孙影．运用数字化技术探究盐酸滴定碳酸钠溶液的反应[J]．化学教学，2020(3)：56-60.

[5] 李霞，黄菲菲，钱扬义．运用手持技术探究酸碱滴定过程中电导率的变化[J]．化学教育，2011，32(6)：55-57.

[6] 王晓英，顾宗珠，史先振．食品分析技术[M]．武汉：华中科技大学出版社，2010.

课例七　基于思维发展规律，深度学习中和滴定——强酸与强碱的中和滴定

教学主题内容及教学现状分析

“强酸与强碱的中和滴定”实验位于新人教版化学教材选修一第三章的“实验活动2”，是“新课标”中明确规定的高中必做的实验之一。

人教版教材在必修一中设置的“溶液配制”实验，为“滴定”实验中标准液的配制提供了技术支持。并且，学生在进行“滴定”之前，已经系统学习了溶液中离子之间的各类反应，明确了水溶液中物质间反应的本质，掌握了强酸强碱溶液 pH 的计算方法。同时，学生经过高中一年多的化学学习，具备系统的元素化合物及基本的化学反应原理知识，以及简单实验的设计能力，也逐渐掌握了分析与解决简单问题的方法。将“滴定”安排在章末的实验活动课，目的就在于引导并实现学生对化学知识的综合应用。

作为中学化学为数不多的定量实验，“滴定”在教学中的地位不言而喻。通过中国知网进行文献筛查，发现关于滴定的实验还出现在大学化学及医学院校的分析化学课程中。因此，中学阶段应该注重对滴定本质的理解，以便迁移、运用到其他类型滴定实验的问题解决中，为高中与大学化学教育衔接奠定基础。纵观基础教育阶段“滴定”的研究，主要集中在实验步骤的记忆、实验仪器的熟练操作以及与滴定相关的习题的整理方面。如果在教学中将“中和滴定”的教学局限在：给出实验步骤，让学生练习滴定实验操作，就会成为以锻炼实验技能为主的课堂教学，缺乏对实验过程的探究与创新，从而难以实现向其他类型的滴定实验迁移，不能充分体现其教学功能和价值。因此，教学中要以真实问题为情境，紧紧围绕“准确测定溶液中溶质的浓度”这一根本任务，引导学生建构滴定的认知模型，针对滴定实验中出现的真实问题进行思考，培养学生严谨求实的科学态度与解决实际问题的能力。

教学理念及创新

“中和滴定”与“一定物质的量浓度溶液配制”两个实验的相似之处在于，不仅要完成

定性分析向定量研究的转化，也要打破传统的实验技能训练教学，突出学科本质，充分发挥实验技能蕴含的素养功能。例如滴定实验在精准度方面的培养要求，“仪器的进阶”对化学学科发展的促进（即实验仪器是发展变化的、是要不断创新的，以满足实验更加方便、精准的需求）。真实情境的创设，更利于展开“素养为本”的教学，激发学生学习化学的兴趣。因此本课题以常见白醋中醋酸含量多少为问题引入，转换为测量方案的设计、评价与实施。通过限定条件的实验设计，引发学生对仪器进阶的设想、对滴定终点的思考以及对指示剂的选择等。据此，引入滴定管和滴定原理，并分析指示剂选择，再次进行滴定操作，实现对滴定本质的理解。最后结合现代化信息技术制作白醋浓度测量仪、介绍现代化技术手段测浓度的方法拓展学生的认知，同时让学生明白滴定不是测量浓度的终点，用以培养学生的创新意识。

教学目标

（1）掌握酸碱中和滴定的原理及操作方法，能用酸碱中和滴定的方法测定酸或碱的浓度。

（2）能准备判断滴定终点，掌握数据分析与处理的方法，并能从定量的角度开展研究。

（3）通过对酸或碱浓度测量的仪器发展了解，认识实验仪器对化学学科发展的重要性，理解实验仪器的进阶。

（4）通过数字化滴定实验，动态观察滴定“突跃”现象，理解酸碱中和滴定实验中的指示剂选择。

教学流程

本节课具体教学流程如图 3.56 所示。

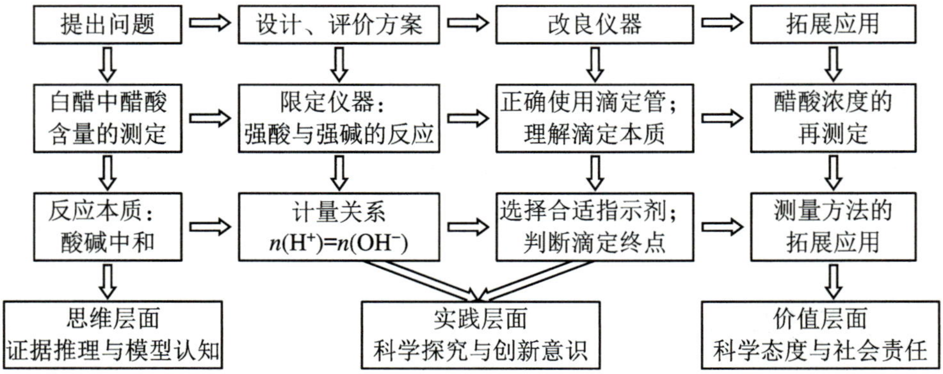

图 3.56

教学实录

（一）取材生活实际，引入学习主题

情境：俗话说，“家中常备二两醋，不用经常跑药铺。”生活中有白醋、香醋、米醋等很多种类，醋不仅种类多而且应用也十分广泛，不仅可以调味，还可以制作醋饮，如果醋等。

【教师】 这些不同种类醋中醋酸的含量是否相同？你有什么方法可以测量白醋中的醋酸浓度呢？

【学生】 醋酸属于酸，可以通过消耗碱的物质的量来确定其含量。

【教师】 今天我们就来探究怎样确定溶液的浓度。

展示：教师展示一瓶无浓度标签的盐酸。

【教师】 这瓶盐酸没有浓度标签，我们又有哪些方法可以知道它的浓度大小呢？

【学生】 ① 取一定量的盐酸与活泼的金属反应，测量氢气的体积，计算盐酸浓度；② 用 pH 试纸或者 pH 计，直接测量盐酸浓度；③ 根据酸碱中和反应原理，溶液中性时用 NaOH 的消耗量推算盐酸含量。

设计意图：本环节从生活中相对熟悉的白醋切入主题，对于生活中很多物质我们需要知道它的具体含量，读取产品信息是一个比较简单、直接的方法，同时也存在无法读取信息的时候。因此，选取最简单的一元强酸作为滴定的对象，更容易引发学生直观地建构理论模型。

（二）互评实验方案，确立滴定方案

【教师】 那么，以上选取的三种方案，你觉得可行性如何？

【学生甲】 方案①中选用的金属不能太活泼，例如金属 Na，并且测量气体体积的装置较复杂，且对密封性要求较高。

【学生乙】 pH 是对 H^+ 浓度很小时溶液浓度的计量方法。方案②用 pH 试纸测量不够准确，只能粗略测量。pH 计测量相对精确很多，但一般针对的是浓度很小的盐酸，如果盐酸浓度太大，就不适合这个方法了。

【学生丙】 与方案①②相比，方案③原理简单、操作方便。但是，需要一个指示溶液中性的指示剂，或者用 pH 计时刻监测溶液的 pH 也可以。

【教师】 同学们的评价都很有道理，看得出大家更倾向于方案③。像这种用已知物质的量浓度的碱（或酸）来测定未知物质的量浓度的酸（或碱）的方法，我们称之为酸碱中和滴定。其中，已知物质的量浓度的碱（或酸）称为标准液，未知物质的量浓度的酸（或碱）称为待测液。

设计意图：学生在对不同方案甄别的过程，实际也是对理论知识掌握程度的检验过程。通过学生对三种方案进行评价与筛选，教师可以快速了解学生的知识储备和综合能

力，对于教师把握授课过程中难易程度具有直接的反馈作用。同时，教师作为教学过程的领路人，应该时刻关注学生对于知识的反馈，有目的地进行引导，方可助力学生有效学习。

（三）限定实验仪器，设计酸碱滴定

【展示】 教师展示给定的实验仪器：10 mL 量筒（一支）、试管（一支）、胶头滴管（两支）、0.1 mol/L NaOH 溶液、酚酞试剂、甲基橙试剂、pH 试纸。

【教师】 同学们，如果只给这些仪器和试剂，你能设计简单的实验方案来测量盐酸的浓度么？

【分组实验】 学生分析所给实验仪器，设计方案；分组实验，测盐酸浓度；实验结束后，请根据小组介绍方法算出盐酸浓度。

学生实验1：量取5 mL 盐酸于试管中，滴入2滴酚酞试剂，再用胶头滴管向试管中逐滴加 NaOH 溶液至溶液变红。把试管中溶液倒回量筒，用增加体积的差值算出 NaOH 溶液的体积为2.2 mL，最后根据 $n(HCl) \approx n(NaOH)$，计算盐酸浓度是0.044 mol/L。因为没有中性指示剂，所以选择了相对熟悉的酚酞试剂。

学生实验2：直接在量筒中进行 NaOH 与盐酸的反应。首先，用 pH 试纸测了盐酸的 pH 在1和2之间。然后，取5 mL 盐酸和2滴酚酞试液在10 mL 量筒中，用胶头滴管向量筒滴加 NaOH 溶液，出现浅红色时停止。最后，直接从量筒刻度读出 NaOH 溶液体积是2.3 mL。算出来盐酸浓度是0.046 mol/L。

【教师】 第二组同学比第一组同学更加细心，在实验开始之前，知道利用 pH 试纸粗略测量盐酸浓度，这一点值得赞扬。但是，第二组同学直接在量筒中进行中和反应并测量 NaOH 溶液体积。你赞成这种做法吗？

【学生】 我赞成第一组，在试管中进行反应。因为量筒上面标明了“25 ℃”，而酸碱中和反应剧烈放热，可能会超过25 ℃使量筒变形。

【学生】 我觉得第二组的更方便，不用在仪器间转移溶液，减少了酸或碱溶液的损失。

设计意图：学生在限定实验仪器的条件下进行实验设计，虽然精度无法得到保证，但实验原理是一致的。本环节，正因为限定了实验条件，才可以顺畅地引发学生对滴定过程逐步产生思考，以及根据实际条件对实验仪器进行改良。在遵循学生思维发展的前提下逐渐满足学生对知识的需求，比直接呈现教学目标对应的知识更容易引导学生进行建构性学习。

（四）改良实验仪器，实现思维进阶

【教师】 我在两组同学的操作中，看到的是对实验的细微观察，都各有优点。通过刚才的滴定操作，我们可以确定中和滴定的实质就是酸提供的 H^+ 与碱提供的 OH^- 的物质的量相等。同时，也反映出了另一个问题：改良仪器迫在眉睫！

【教师】 同学们，如果让你来设计滴定的仪器，你会做出怎样的设计呢？

学生对“新”仪器的要求：比 10 mL 量筒更细；带精确刻度；下方有旋钮，能随时关上或者打开，并读出溶液的体积。

展示：展示不同时期的几种滴定管（图 3.57）。

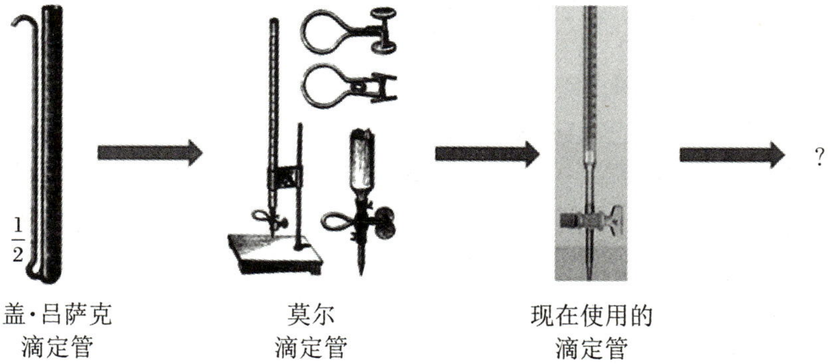

图 3.57

【教师】　18 世纪，容量分析的方法兴起以后，很快就产生了滴定管。1791 年，法国化学家德克劳西发明了最原始的滴定管，其形状像一个标了刻度的圆筒。后来，吕萨克改进了滴定管，在管的下部加了一个支管。1824 年，他提出了“滴定管”的专业名词。1846 年，法国人亨利发明了铜制活塞玻璃滴定管，不久后又出现了玻璃“磨砂”活塞。1855 年，莫尔发明了用“剪式夹”控制流速的滴定管。

同学们，是不是感觉自己对实验仪器改进的需求与科学家是一致的？也许时间切换一下，滴定管的发明者中也会有你们的名字。

展示：展示酸式滴定管与碱式滴定管，引导学生仔细观察。

【教师】　同学们能否自己来区分这两种滴定管对应酸式还是碱式？滴定管与你以前见过的计量仪器有什么不同的地方？

【学生】　(1) 碱会与玻璃中的 SiO_2 反应。所以，有玻璃活塞的是酸式滴定管，橡胶头的是碱式滴定管。

(2) 滴定管的刻度，从上到下，逐渐变大，比 10 mL 量筒更精确。并且，盛装的溶液体积应该在刻度线范围以内，否则无法读数。

(3) 滴定管上口标了温度，所以，滴定管中不能进行反应，应该还需要一个容器作为滴定反应的容器。

【教师】　下面我们来介绍如何使用这两种滴定管。

展示：教师边演示，边讲解滴定管的洗涤、排气泡、润洗等操作。

设计意图：首先引导学生像科研工作者一样设计滴定管，其次，通过滴定管的发展史认同学生的设计理念，并引发学生的情感归属。

（五）借助数字仪器，促进思维“突跃”

分组实验：完成“已知浓度的氢氧化钠溶液滴定未知浓度盐酸”实验。

【教师】 滴定实验过程中同学们遇到了哪些问题?

【学生甲】 量取一定体积盐酸时酸式滴定管的活塞很难控制,滴定时挤压碱式滴定管的玻璃球操作也很困难。

【学生乙】 滴定终点很难控制,很容易多加。

【学生丙】 指示剂用的是酚酞,滴定终点时溶液已经变红,说明呈碱性,碱已经过量,用此时的数值计算,准确吗?

【学生丙】 滴定终点也较难判断,我们几组滴定的终点溶液颜色都不同。

【教师】 滴定管的使用在一定程度上为滴定实验带来了便捷,也提高了滴定实验的精准度,但也有同学们所说的缺点,如滴定管活塞不易控制,特别是滴定终点时,很容易多滴,也因人对颜色的敏感度不同导致终点判断的差异。随着现代信息化技术的发展,其推动着实验仪器的发展,下面我们就用滴数传感器、pH 传感器等数字化仪器来进行滴定实验,看看能否解决同学们滴定时遇到的困难以及同学丙的疑问。

教师活动:教师演示数字化滴定实验,实验装置如图 3.58 所示。

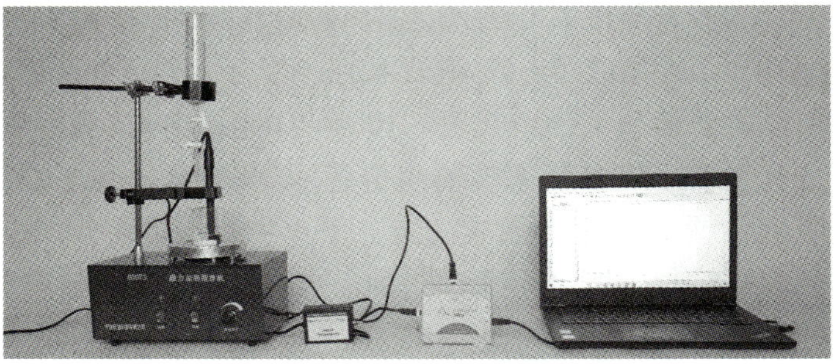

图 3.58

滴定过程中的曲线变化进行投屏,滴定最终如图 3.59 所示,并进行一次求导得到图 3.60。

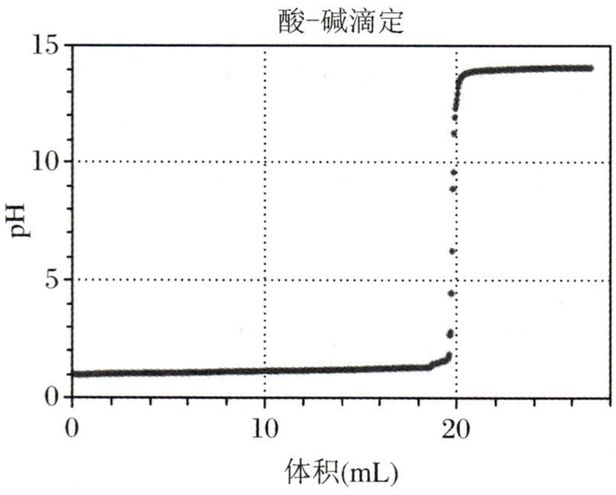

图 3.59

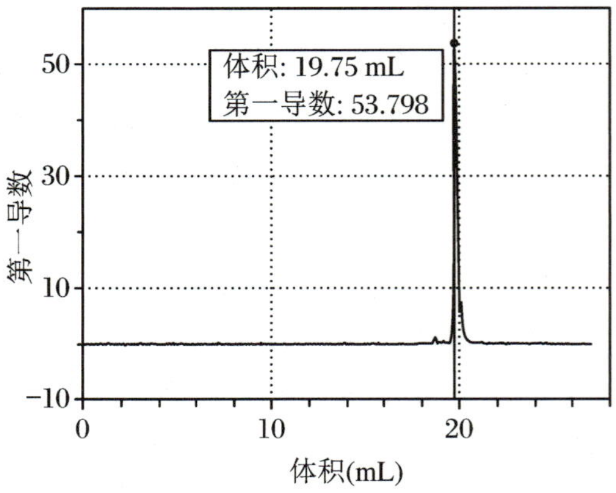

图 3.60

【教师】 这个实验解决同学们的问题了吗? 同学丙的问题呢? 你现在是怎么理解

“滴定终点碱过量”的问题呢?

【学生丙】 解决了。首先这个数字化实验不用指示剂,直接读出 pH 为 7 时消耗氢氧化钠溶液的体积。其次用数字化实验数据来理解传统滴定实验终点,可以看出刚开始滴入氢氧化钠溶液时,pH 变化很小,但在接近终点时,“一滴”氢氧化钠溶液就可以使整个溶液的 pH 变化很大,所以稍过量引起的误差应该比较小。

【教师】 同学们理解得非常好,通过数字化实验我们不仅可以解决这些问题,还可以对曲线进行一次求导,直接读出滴定终点消耗氢氧化钠溶液的体积(图 3.59),也可以解决因人为因素而导致的读数误差问题。

教学活动:回放滴定数据,pH 接近 7 时,设置回放速率为正常速率的 0.5 倍。

【教师】 从 pH 的变化可以看出,同学们的分析是正确的,在中性点前后加一滴或者半滴溶液都会使整个溶液 pH 发生明显的改变,这个变化范围被称为“突变范围”。酚酞与甲基橙的变色可以在突变范围内被识别出来,因此,在没有 pH 计的条件下,我们可以借助酚酞、甲基橙等指示剂来判断“反应终点”。同时,我们也应该明确:反应终点不一定是中性点。

设计意图:数字化仪器是中学阶段相对比较先进的技术手段,但是,对于化学教学而言,仪器的引入只能是辅助手段,而非唯一途径。因此,在学生进行分组实验之后,将传统实验与数字化实验结合以图像的形式展示,既能看见指示剂的变色,又能读出 pH 变化,验证学生的猜想,让知识更有科学性,通过学生对滴定曲线“突跃”的认识促进学生思维的“突跃”。对曲线一次求导读出消耗氢氧化钠溶液的体积体现了数学工具在化学学科中的应用,也体现了 STEM 教学理念。

(六) 拓展测定方法,感受学科价值

【教师】 通过上面的学习我们可以用滴定的方法来测白醋中醋酸的浓度(假设白醋中的酸均以醋酸计)。测醋酸浓度我们也可以利用不同浓度的醋酸一一对应不同的 pH,可以先将醋酸浓度与 pH 拟合成一条曲线,这样通过测醋酸的 pH 就可以直接读出其浓度。

实验:用 pH 传感器测醋酸浓度,结果如图 3.61 所示。

【教师】 展示体检报告的血常规检查中出现的“钾:4.1 mmol/L;钠:140 mmol/L……”检测数据,这里的浓度是用滴定方法测的吗?

【学生】 浓度很小,物质种类有很多,应该不是滴定法测的。

【教师】 是的,它主要是利用分光光度仪来进行检测的。通过今天的学习不仅要掌握滴定的原理和操作技能,更要了解从量筒、胶头滴管测量浓度进阶到滴定管,再到数字化实验滴定、pH 传感器直接测得,最后可以用分光光度仪来测定等多种方法,同时也要明白仪器也是随着科技的进步而随之创新、发展变化的。

设计意图:通过回归课前的问题情境,引导学生应用数字化实验解决白醋浓度的测定问题,进一步感受仪器进阶带来的便捷性、准确性。同时利用生活中血常规检查中浓度测定,拓宽学生的视野,感受化学学科的价值。

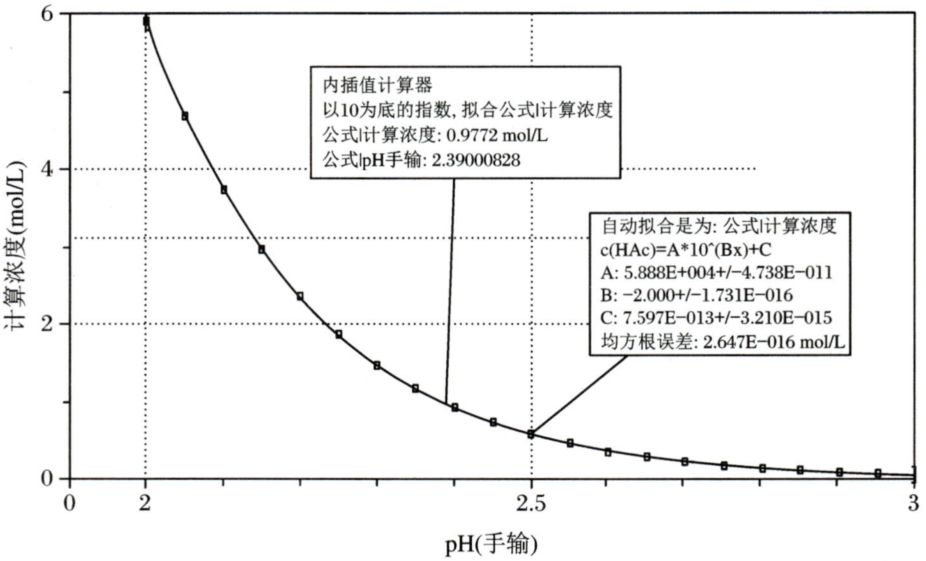

图 3.61

教学反思

（一）教学中渗透科学史，提升学科价值认同感

丹皮尔在《科学史》的“序”中说“再没有什么故事能比科学思想发展的故事更有魅力了”。在教学过程中渗透化学史，引导学生了解科学家探究未知的过程、处理问题的态度以及勇敢创新的精神，会增加学生对知识因果关系的了解。本课例从量筒、胶头滴管测定溶液浓度过渡到滴定管，介绍了滴定管的产生与发展，并通过学生设计的对比，激发学生学习化学的兴趣，使学生更易关注现代滴定管（酸式或碱式）的构造及应用注意事项，为正确使用、精准滴定做好铺垫。滴定管的发展史让学生了解到实验仪器的创新发展也是化学的一部分，而这种实验仪器的创新发展也提高了学生对化学学科价值的认同感，更有助于培养学生的化学学科核心素养。

（二）以仪器的进阶为载体，关注学生的思维发展

滴定操作是学生需要掌握的实验基本技能之一，但教学中不能仅仅关注技能训练，更要挖掘该实验中蕴含的学科素养、关注学生思维的发展。本课例从用量筒、胶头滴管测量浓度进阶到用滴定管滴定，再到数字化实验滴定，然后是拟合曲线用 pH 传感器直接测得，最后以分光光度仪测定溶液浓度，既体现了测量方法的多样性，也让学生明确了实验仪器是动态创新、发展变化的，是需要不断进阶的，而且每一次的进阶都是思维发展的体现。量筒、胶头滴管测量溶液浓度是对滴定原理的理解，利用滴定管测溶液浓度是仪

器的创新与发展，是滴定实验操作技能的训练。数字化实验直观地让学生理解滴定“突跃”，拟合曲线用 pH 传感器直接测得，分光光度仪测定溶液浓度更多的是整合信息技术手段，体现学科间的融合，以及方法的创新。每一次进阶都突破了学生原有的认知，都是思维发展的过程，也是培养学生发散思维的过程。

（三）适时引入数字化实验，直观解决滴定“突跃”难点

数字化实验的引入不仅解决了传统实验中活塞难控制、滴定终点难判断、人为读数有差异等问题，更直观地解决了滴定“突跃”的难点问题。动态的 pH 变化、数据的慢回放，让学生直观、清晰地看到接近终点时 pH 的变化。而这种变化与前期、后期的变化形成明显的差异，能让学生直观地理解在终点附近 1 滴或半滴溶液对 pH 的影响。利用求导数学工具可以读出滴定终点时消耗氢氧化钠溶液的体积及拟合 pH 与浓度的曲线关系。因此，对于教师而言，除了钻研教学内容外，还应时刻保持专业的敏感度，学习相关信息技术及其他学科的知识，在课堂教学中也要不断引入先进的实验技术，大胆尝试新的教学手段，切实解决学生的疑难问题，发展学生的化学学科核心素养。

参考文献

[1] 徐开建. 例谈 STS 试题的命题特点[J]. 化学教学，2002(2)：42-45.

[2] 文继明，张军. 基于思维发展的化学实验仪器教学：以滴定管的教学为例[J]. 化学教育（中英文），2018，39(11)：61-63.

课例八　利用系列实验促进课堂深度学习——原电池

教学主题内容及教学现状分析

（一）教学主题内容

人教版高中化学选修一第四章第一节“原电池”中第 1 课时“原电池的工作原理”，是一节新授课。主要内容包括：双液原电池的构成要素和工作原理。

本节课是在必修二中单液原电池的基础上，对其进行深化，引出双液原电池，并利用数字化实验对比分析了单液、双液原电池的缺点，指出改进措施。通过创新实验，弥补了教材中膜电池和燃料电池实验的空白，完善了学生对原电池的认知，促进了学生科学素养的发展，形成深度学习。

（二）教学现状分析

已有的教学设计中的教学思路均着重凸显数字化实验检测原电池的性能，直接对比单液和双液原电池的电流和温度的变化，给出双液原电池性能更优的结论，忽视学生思维的发展过程中产生的疑惑。如单液原电池到底存在哪些问题，该从哪些角度进行思考改进；双液原电池的电流稳定，为什么实用性不大；单液和双液原电池中离子移动能否用实验证明等。

教学理念及创新

（一）教学理念

对比不同类型原电池的实验现象和检测数据，让学生学会从多个视角出发，有效整合宏观、微观和符号等表征的形式及功能，激发学生的高阶思维，以构建概念的深度理解。借助数字化实验，发展学生的数据分析能力和实验设计水平，通过一系列实验，提升学生的科学态度和社会责任感等化学学科核心素养。

（二）教学创新点

整节课以让小车跑起来，跑得稳定持久和绿色环保为活动线索，引导学生设计原电池。传统实验和数字化实验相结合，从定性和定量角度实时反馈评价。基于数字化实验，让学生学会从宏观和微观相结合解释实验问题。实验数据真实准确，有利于培养学生严谨求实的科学态度。

创新实验如：在锌片和铜片中间滴加1滴 $KMnO_4$ 溶液，可以观察到 MnO_4^- 离子移向锌电极附近，即阴离子向负极移动。用pH传感器检测铜电极附近pH，发现开始一段时间pH逐渐减小，说明 H^+ 向铜电极移动，即阳离子向正极移动。宏观现象与微观解释相结合，让学生直观地感受到内电路中阴阳离子的移动，更利于学生理解，同时为盐桥中的离子移动问题做好铺垫。氢氧燃料电池实验使用pH传感器检测产生 H_2 电极附近pH的变化，说明 H_2 在反应时先转变成了 H^+，揭示了燃料电池的工作原理。

通过一系列实验探究，使学生积极参与到学习过程中，思维得到全面发展，科学探究能力和创新意识得到提升。本节课将知识问题化、问题活动化、活动能力化，促进学生深度学习。

教学目标

原电池是学习化学电源的基础，具有承上启下的重要作用。本节课的教学要求是，认识化学能与电能相互转化的意义及重要应用，了解原电池及常见化学电源的工作原理。能设计简单的原电池，并能利用相关信息分析化学电源的工作原理。从教材内容出发，结合学生的实际情况制定本节课的教学目标为：

（1）通过观察实验现象和收集数据，让学生从宏观和微观相结合的视角分析电子、离子间的相互作用与运动方向，发展“宏观辨识与微观探析”的化学学科核心素养。

（2）通过数字化实验，将微观反应可视化，发展学生数据分析能力，提升学生的实验设计水平。让学生能基于证据提出假设，通过推理、实验验证建立模型，发展模型认识素养。

（3）通过对原电池装置的分析与创新改进，诊断并发展学生对原电池原理的运用进阶，鼓励学生勇于实践、敢于创新。利用生活中的材料设计原电池，使学生认识到化学电源对节能减排的贡献及化学推动人类社会发展的价值，发展“科学态度与社会责任”的核心素养。

教学流程

表3.7展示了本节课的教学环节、教师教学行为、学生学习活动和设计意图。

表3.7

教学环节	教师教学行为	学生学习活动	设计意图
探究单液原电池的优缺点	创设情境,引导学生设计原电池	回顾单液原电池的工作原理,设计原电池,让小车跑起来	提升学生的学习兴趣,回顾单液原电池的工作原理,培养知识迁移能力
探究双液原电池的优缺点	演示手持技术实验,促进学生类比思考	分析盐桥、双液原电池的工作原理,并建构模型	让学生学会从宏观、微观、能量等多角度分析问题
探究隔膜电池	介绍离子交换膜电池类型和工作原理	联系生活,创新装置,建构膜电池模型	提高学生的实验探究和创新能力
探究燃料电池	改进实验装置,演示实验	分析燃料电池的工作原理,模型健全	提升学生的科学态度和社会责任核心素养

教学实录

(一)探究单液原电池的优缺点

情境:设计原电池让小车跑起来。

Cu、Zn电极之间滴加高锰酸钾溶液

图3.62

【学生】 设计原电池,搭建装置(图3.62)。

【教师】 你设计的原电池的工作原理是什么?内电路的离子是如何移动的?

【学生】 铜锌原电池中锌片做负极,铜片做正极,锌失去电子经导线转移到铜片,形成电流。内电路中阳离子移向正极,阴离子移向负极。

【教师】 演示创新实验:① 向Zn、Cu两电极间加一粒$KMnO_4$晶体,可以观察到MnO_4^-离子移向Zn电极(负极)附近,即阴离子向负极移动。② 改用一小粒$CuSO_4 \cdot 5H_2O$晶体,重复上述实验,观察到Cu^{2+}向正极移动。

【教师】 小车为什么很快就停下来了?

【学生】 说明电流减小或者没有电流了。

【教师】　通过温度、电流传感器测出锌铜稀硫酸单液原电池在反应过程中的电流和温度的变化如图 3.63 所示，并结合宏观现象，在反应过程中锌电极表面也产生了气泡，说明锌和 H^+ 直接发生反应，一部分化学能转化为热能，因此电流衰减快，化学能转化为电能的效率低。

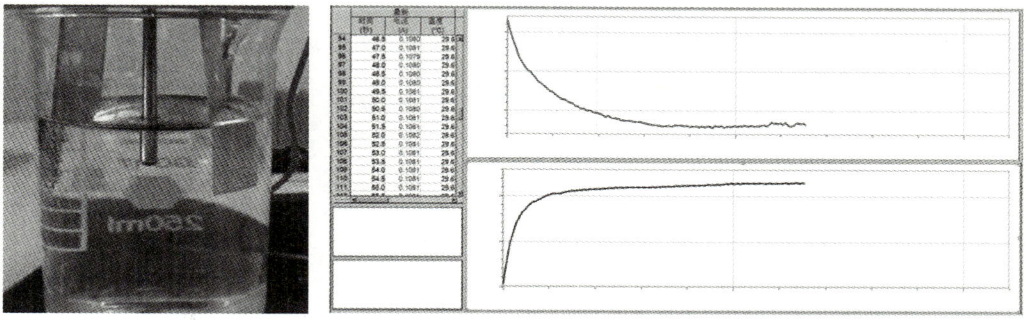

图 3.63

（二）探究双液原电池的优缺点

【教师】　如何改进锌铜单液原电池，让其产生持续稳定的电流？试画出基本模型图，分析其工作原理，并搭建装置。

【学生】　画出简单双液原电池的模型，并分析其工作原理，如图 3.64 所示。

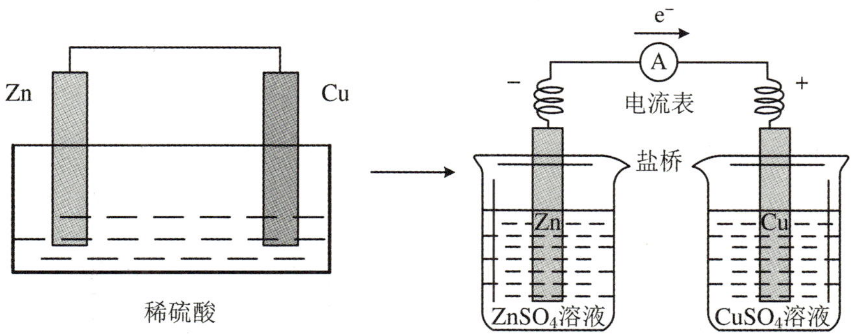

负极（锌片）：　$Zn-2e^-$ ═══ Zn^{2+}　（氧化反应）

正极（铜片）：　$Cu^{2+}+2e^-$ ═══ Cu　（还原反应）

总反应离子方程式：　$Zn+Cu^{2+}$ ═══ $Zn^{2+}+Cu$

图 3.64

【教师】　盐桥的作用是什么？盐桥是如何制作的？

【学生】　盐桥用来连接两个半电池，形成闭合回路。盐桥中装有含 KCl 饱和溶液的琼胶，离子可以在其中自由移动，从而形成电流。

【教师】　小组设计的双液原电池能否让小车跑起来？

【学生】　无法使小车跑起来，说明电流小。

【教师】　为什么盐桥电池的电流很小？

【学生】 可能是由于盐桥内阻大，导致电流小。

【教师】 能否设计实验证明盐桥内阻可以影响电流？

【学生】 可以减小盐桥长度或增大盐桥的横截面积，观察电流的变化。

【教师】 通过减小盐桥长度，检测发现电流明显增大（图 3.65 与图 3.66）。对比得出结论：单液原电池因为部分化学能转化为热能，因此能量转化率低，电流衰减快。双液原电池电流稳定，但由于盐桥内阻大，电流小，实用性不大。

盐桥较长的原电池电流与温度变化

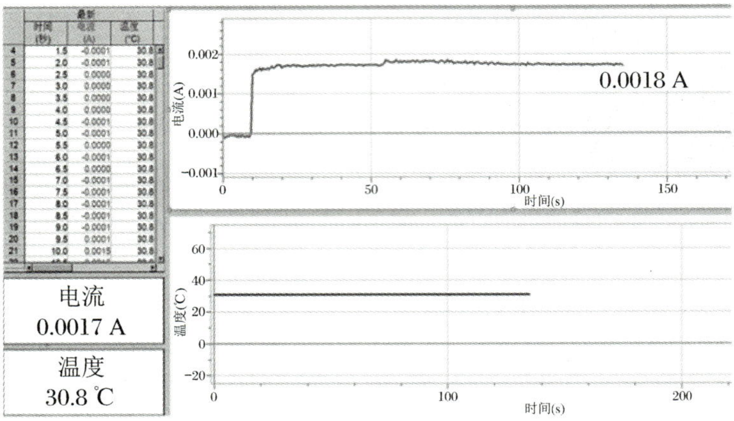

图 3.65

盐桥较长的原电池电流与温度变化

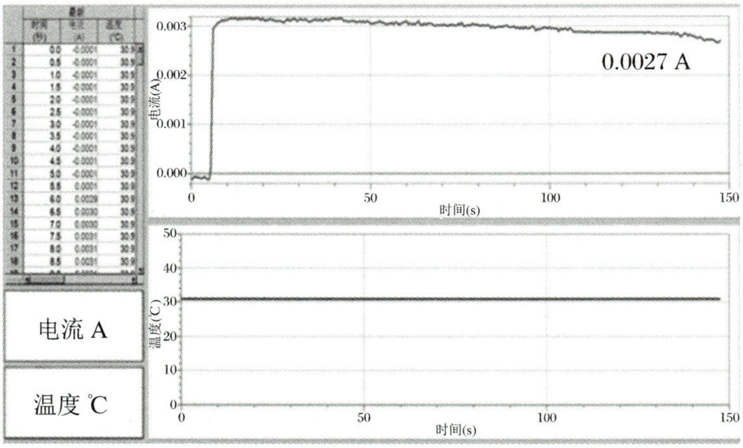

图 3.66

（三）探究隔膜电池

【教师】 能否联系生活实例，改进盐桥原电池让小车跑起来？

【学生】 参考干电池中隔膜的设计，如图 3.67 中的装置，采用牛皮纸将硫酸锌和硫酸铜溶液隔开，发现能使小车跑起来且电流持续时间较长。

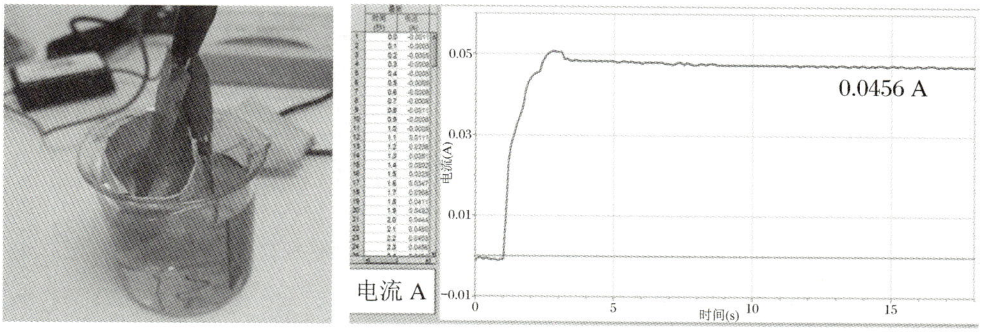

图 3.67

【教师】　能否进行微型化的改进？

【学生】　结合人教版必修二教材中的图片，不断进行微型化改进，最终设计如图 3.68 中的装置。用浸透硫酸锌溶液的滤纸包裹锌片，用浸透硫酸铜溶液的滤纸包裹铜片，将两包裹滤纸的电极叠在一起，把浸透了氯化钾溶液的滤纸片隔在中间，检测发现电流大且持久稳定，直到 2000 s 时才出现明显的衰减。

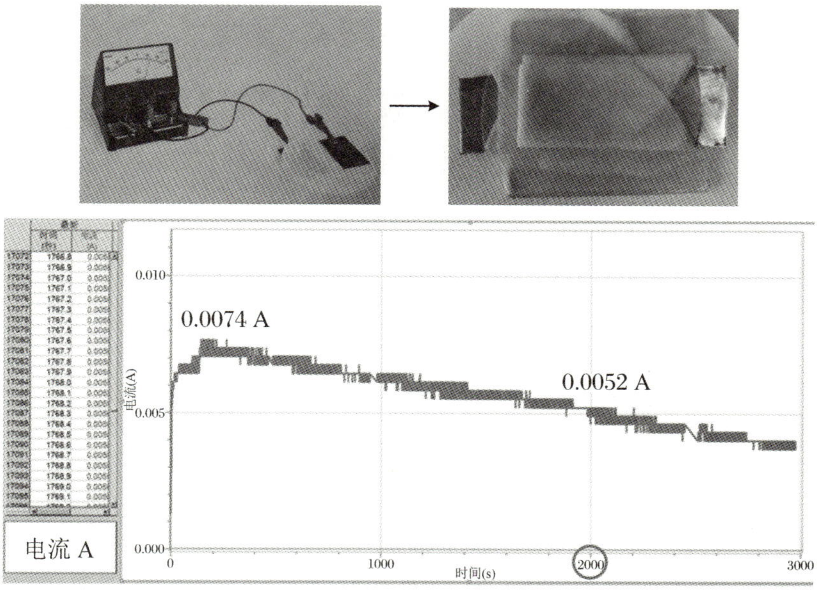

图 3.68

【教师】　为什么滤纸包裹的锌片最终也变黑？

【学生】　说明滤纸并没有真正阻挡铜离子与锌片接触。

【教师】　能否采用更好的材料进行改进？

【学生】　如果包裹锌片的材料能阻止铜离子进入，允许其他离子通过，就可以分隔电极和电解质溶液且不造成短路，提高能量转化率。

【教师】　介绍常见的隔膜，总结并建构膜电池的模型(图 3.69)。

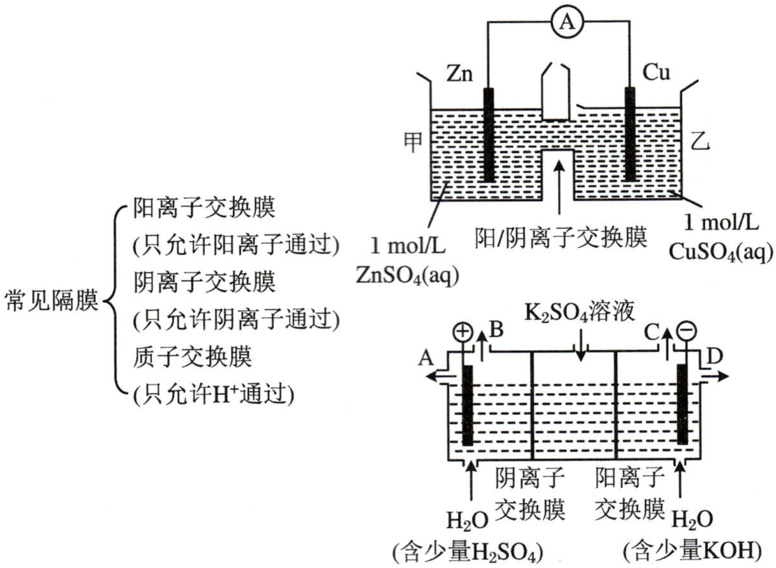

图 3.69

(四) 探究燃料电池

【教师】 能否改进装置让小车跑得更加绿色环保?

【学生】 设计并画出氢氧燃料电池装置图(图 3.70(a))。

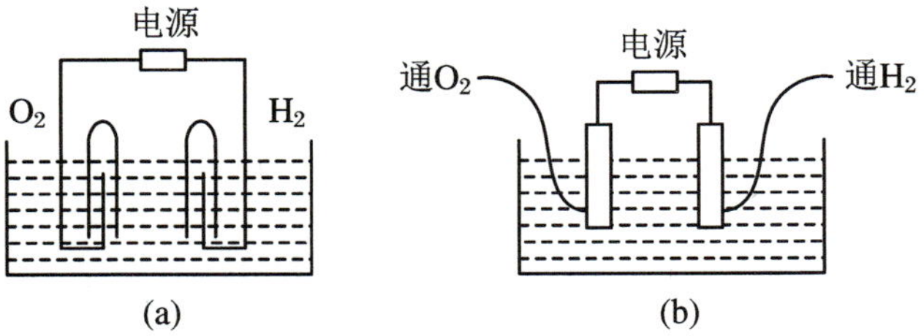

图 3.70

【教师】 改进装置(图 3.70(b)),将石墨棒和活性炭颗粒用纱布包裹在一起,制成让气体更容易附着的电极。在 15 V 电压下,选用 0.5 mol/L NaOH 溶液,电解 1 min 左右,就能让小车跑起来。接上小车后,H_2 和 O_2 是如何反应产生电流的呢?

【学生】 H_2 和 O_2 反应生成水,从价态变化来看,H_2 应失去电子,O_2 得到电子。

【教师】 H_2 与 O_2 构成原电池,其工作原理示意图如图 3.71 所示。

【教师】 鼓励学生课后查阅资料,了解人类社会所面临的能源危机及未来的新型能源,利用生活中的材料设计并制作一个原电池。

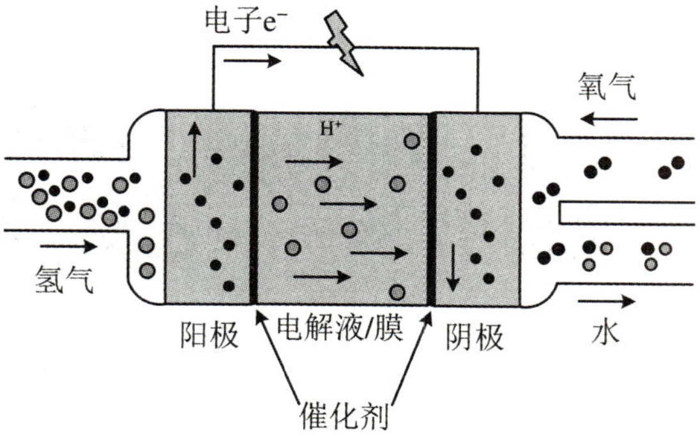

正极反应：　$H_2+2e^-=\!=\!=2H^+$
负极反应：　$O_2+4e^-+4H^-=\!=\!=2H_2O$

图 3.71

教学反思

本节课以让小车跑起来，跑得持久稳定和绿色环保为实验活动明线，以原电池模型建构和应用为思维暗线贯穿课堂始终。通过数字化实验，动态地解释了学生难以理解的单液、双液原电池的电流和温度的变化。改变了学生的认知观念，让学生以宏观现象和微观粒子性质解释实验中的问题。引导学生发现带盐桥原电池的不足，进行不断改进，进而升级到离子交换膜。通过创新实验，高锰酸根离子的移动和铜电极附近 pH 的变化，直观展示了内电路的离子移动；采用牛皮纸和电极叠加改进双液原电池，逐步引出了膜电池的改进；通过燃料电池的设计和探究，提升了学生的绿色化学理念。

在设计的一系列活动中，培养了学生的探究能力和创新意识，转变了学生的偏差认识，建立了对电化学的系统分析思路，提高了学生对电化学本质的认识。整节课将知识问题化，问题活动化，活动能力化，增强了学生对于科学知识的感性认知和探究性体验，落实了化学学科核心素养，形成了课堂深度学习。

参考文献

[1]　刘月霞.指向“深度学习”的教学改进：让学习真实发生[J].中小学管理，2021(5)：13-17.
[2]　王月英.原电池实验的改进与思考 [J].安徽教育科研，2022(32)：27-28.
[3]　张瑞琳，刘晓华，姜言霞.整合多重表征 促进概念深度理解：以“原电池”为例[J].化学教育(中英文)，2022，43(3)：23-31.

课例九　基于“平衡思想”制备气体的实验教学——乙烯的制备

教学主题内容及教学现状分析

（一）教学主题内容

“乙烯的制备”是新人教版教材选修三中第 3 章“烃的衍生物”中第二节“醇酚”的教学内容。本设计结合物质微观结构，联系动态平衡观点，运用化学实验进行实验探究，学生在乙烯的制备过程中温故了有机物断键、成键的结构特点及化学平衡移动原理，逐步形成制备气体的基本思路，建构制备气体的一般模型。同时了解有机反应类型和有机物组成结构特点，有助于学生对化学反应条件的调控，本课例起到承上启下、巩固复习的作用。

（二）教学现状分析

在实际教学中，乙醇制备乙烯实验缺点十分明显：实验装置复杂、乙醇易挥发、浓硫酸有危险性、温度难以迅速上升至 170 ℃、实验碳化严重等。但由于该实验现象十分明显，所以教师也常用该实验培养学生观察、描述实验现象等能力，发展学生宏观辨识与微观探析、证据推理与模型认知等核心素养。

针对该实验的缺点，苏教版选修三教材中“乙醇脱水制备乙烯”实验采用 P_2O_5 做乙醇脱水反应的催化剂。学者们则在“乙醇制备乙烯气体”的教学实践中对化学试剂和实验装置等进行各种改进。

综合上述研究发现：

(1) 乙烯制取实验的改进很多只局限于试剂、装置等改进。

(2) 未引导学生从断键、成键的微观角度预测物质在特定条件下可能具有的性质和发生的变化。只是介绍制备乙烯的原理方程式，没有引导学生思考反应条件的来源。

(3) 未能定性、定量比较不同反应条件下乙烯的制备速率。在教学中，不仅要让学生记忆物质制备的化学方程式，还应让学生推理物质制备的过程，引导学生利用所学化学知识分析问题、解决问题，发展学生的变化观念与平衡思想、证据推理与模型认知素养。

教学理念及创新

“新课标”中，普通高中的教学目标是进一步提升学生综合素质，着力发展核心素养，使学生具有理想信念和社会责任感，具有科学文化素养和终身学习能力。普通高中的化学课程目标是能根据物质的微观结构预测物质在特定条件下可能具有的性质和发生的反应，并能解释原因；能用对立统一、联系发展和动态平衡的观点学习化学反应，预测在一定条件下某种物质可能发生的化学变化；能运用化学实验等方法进行定性、定量实验探究等。

对比已有的教学研究，笔者认为本节课的创新点有以下三点：

(1) 从微观结构化学键角度分析原料乙醇、乙烯利等制备乙烯的方程式，基于“平衡思想”确定制备乙烯所需要的反应条件。我们可以通过搭建乙醇、乙烯球棍模型这一微观模拟，利用微粒结构图式描述乙烯的制备过程。我们也可以通过果农稀释乙烯利溶液制备乙烯催熟水果这一宏观事实，利用化学方程式描述乙烯的制备过程。了解反应条件对化学平衡的影响，能利用化学反应平衡移动原理设计制备乙烯所需要的反应条件，并通过实验加以验证，建构制备气体的一般模型。

(2) 巧妙地将生活中的物件融于课堂实验教学中，增强课堂教学的趣味性。本节课课前，笔者和学生共同决定选择生活中常见的硅胶干燥剂、蒙脱石干燥剂、氧化铝催化剂作为反应试剂。学生设计并搭建了简易实验装置：用注射器代替分液漏斗添加液体，用卤料包固定固体试剂，用棉花球固定液体试剂。这样的设计让学生体会到化学与生活紧密相连，发出“生活中的物件还有这样用途”的感叹，学习热情高涨。

(3) 发展了学生的“变化观”“辩证观”等思想观念。本节设计了利用化学平衡移动原理选择反应条件以发展学生的变化观。以定性、定量比较不同条件下乙烯利溶液制备乙烯的速率，比较果农和实验室制备乙烯的不同需求，帮助学生理解不同环境下需要不同的制备速率，发展学生的辩证观。

教学目标

(1) 通过课前选择反应试剂，设计搭建简易反应装置等活动，鼓励学生用生活中的物品替代实验试剂、仪器等，增强课堂教学与生活的联系。

(2) 通过利用“平衡思想”，讨论分析乙醇、乙烯利制备乙烯方程式，选择促使平衡正向移动所需要的反应条件，发展学生辩证观，以及形成模型认知，提高分析问题、解决问题的能力。

(3) 通过定性、定量比较不同反应条件下乙烯利制备乙烯的速率大小，结合果农和实验室制备乙烯的实际要求，形成辩证看问题的视角。

教学流程

基于以上认识，笔者设计了“复兴路上话乙烯制取篇”的具体教学流程，如图 3.72 所示。

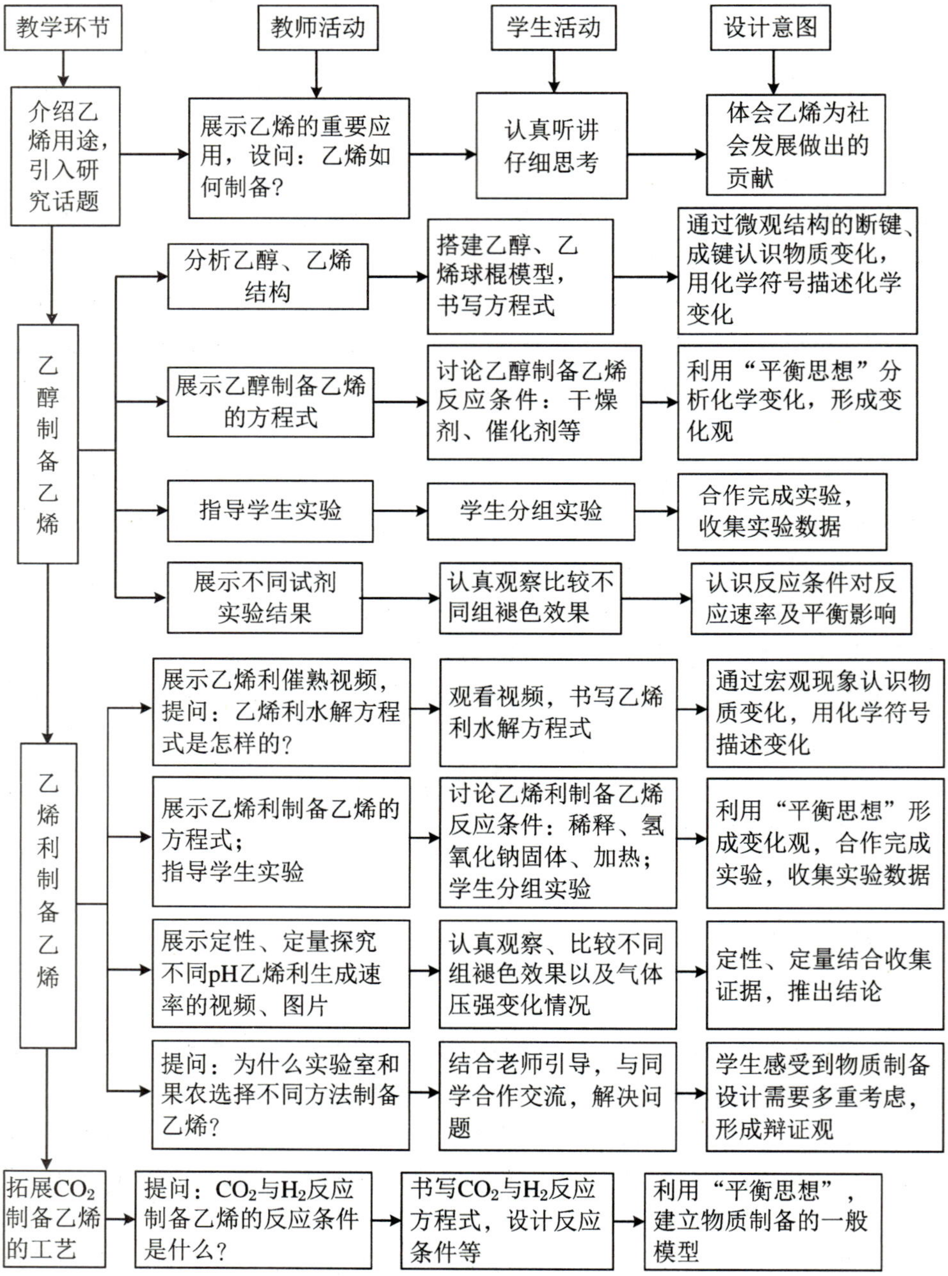

图 3.72

教学实录

(一) 介绍乙烯用途,引入研究话题

导入图片:中国的复兴历程、乙烯在生活中的应用(图 3.73)。

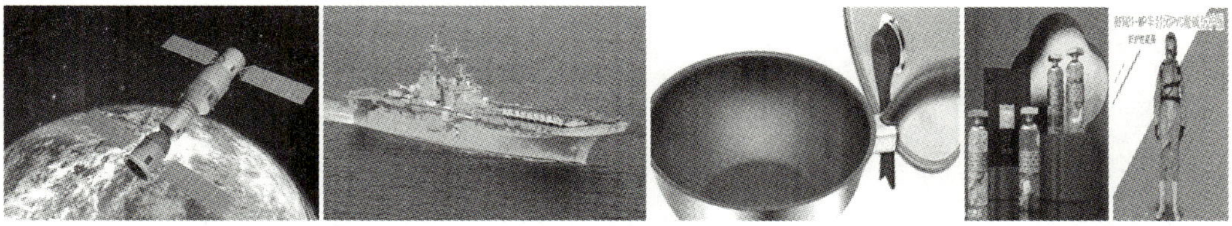

图 3.73

“复兴”不是一句口号,它体现在国家的富强和人民的幸福之中,大家看,这些都离不开谁?所以本单元我们将围绕乙烯来展开学习,本节课我们将从多个层面来探究乙烯的制取方法。

【教师】　教材上如何制取乙烯?

【学生】　乙醇在浓硫酸作用下,加热 170 ℃时生成乙烯。

【教师】　这种制备方法有什么不足?

【学生甲】　浓硫酸危险,温度不容易快速上升至 170 ℃等。

【学生乙】　能看到碳化严重等。

【评价】　同学们根据所学知识找出了教材中制备乙烯实验的不足,而我们今天就利用所学知识来避免这种不足。

(二) 乙醇制备乙烯

【教师活动】　指导学生搭建乙醇、乙烯的球棍模型。

【学生活动】　生生合作搭建乙醇、乙烯的球棍模型。

【问题 1】　对比二者球棍模型(图 3.74),从化学键视角分析乙醇如何一步引入碳碳双键?并用化学方程式描述上述变化过程。

【学生甲】　乙醇需要脱去水,即 $CH_3CH_2OH \longrightarrow CH_2=CH_2 + H_2O$。

【问题 2】　要想制备乙烯可以选择哪些反应条件?

【学生乙】　干燥剂可以吸水,促使平衡正向移动,可以生成乙烯。

【学生丙】　选择合适的催化剂加快反应速率,也可以生成乙烯。

【评价】　同学们的回答非常合理,利用了平衡思想,干燥吸水促使平衡正向移动生成乙烯,也从催化剂的角度进行了思考,非常正确。生活中的干燥剂有多种,乙醇制备乙烯的催化剂也有多种。

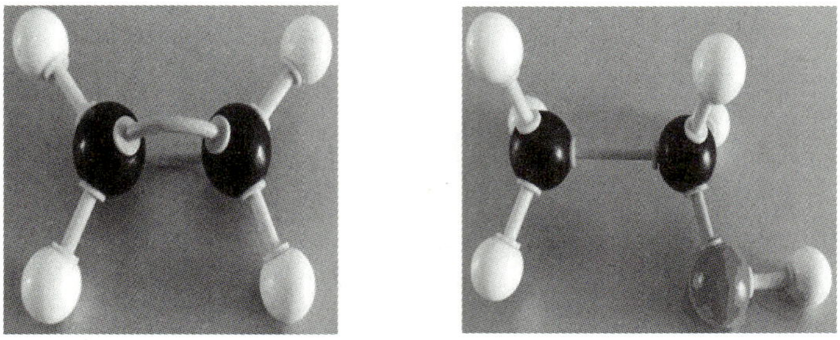

乙烯　　　　乙醇

图 3.74

【图片展示】 比如生活中常见的干燥剂有蒙脱石(图 3.75)、硅胶(图 3.76),催化剂是氧化铝(图 3.77)。

蒙脱石干燥剂

图 3.75

硅胶干燥剂

图 3.76

氧化铝催化剂

图 3.77

分组实验:上课班级 48 人,分为 6 组,每组 8 人,6 组分别编号 1、2、3、4、5、6。利用学生课前搭建的固液加热装置进行分组实验。其中 1、2 组完成“蒙脱石干燥剂”组实验(图 3.78),3、4 组完成“硅胶干燥剂”组实验(图 3.79),5、6 组完成氧化铝催化剂组实验(图 3.80)。

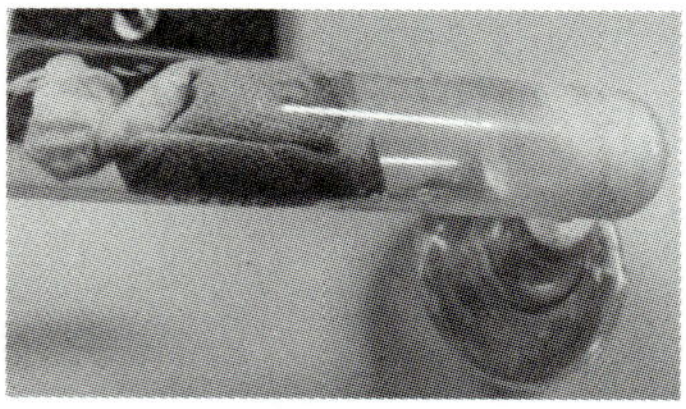

蒙脱石干燥剂组

图 3.78

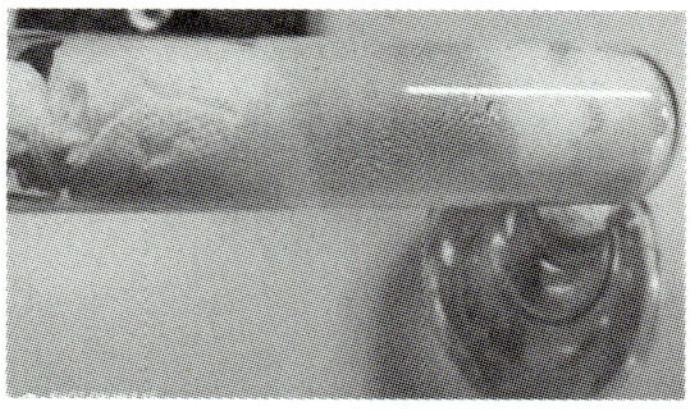

硅胶干燥剂组

图 3.79

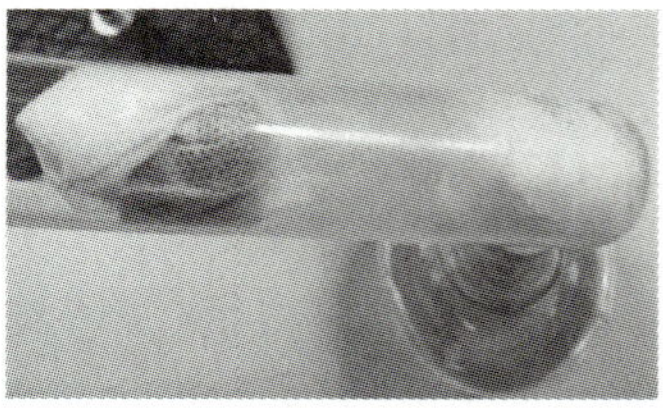

氧化铝催化剂组

图 3.80

实验展示:10 min 左右,蒙脱石催化效果好(图 3.81～图 3.83),说明即便是常见试剂也可以产生良好的效果。

【解说】 化学与生活紧密相连,即便是生活中的试剂也可以产生良好的效果,我们要善于运用所学知识分析问题,解决问题。

蒙脱石干燥剂组

图 3.81

硅胶干燥剂组

图 3.82

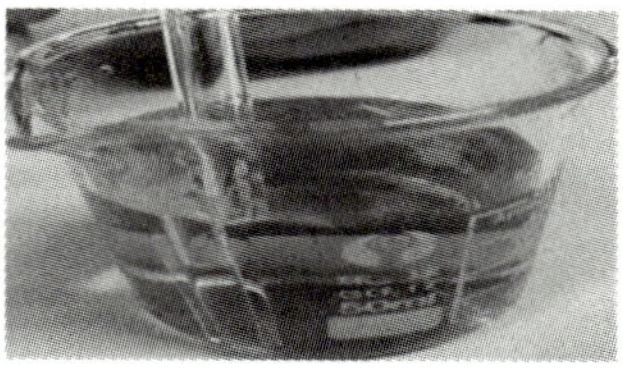

氧化铝催化剂组

图 3.83

（三）乙烯利制备乙烯

【教师】 以上，我们改进了教材中乙醇制备乙烯的实验，那生活中有没有制备乙烯的物质呢？

视频展示：果农稀释 40%的乙烯利溶液制备乙烯催熟水果。

提示：乙烯利化学名称是 2-氯乙基膦酸，果农将其稀释成百上千倍来制备乙烯（图 3.84）。

40%的乙烯利溶液使用方法和用量

作物	防止对象	制剂用量	使用方法
番茄	催熟	800～1000倍液	喷雾/浸渍
棉花	催熟	330～500倍液	喷雾
棉花	增产	330～500倍液	喷雾
柿子	催熟	400倍液	喷雾/浸渍
水稻	增产	800倍液	喷雾
水稻	催熟	800倍液	喷雾
橡胶树	增产	5～10倍液	涂布
烟草	催熟	1000～2000倍液	喷雾

图 3.84

【问题 1】 结合果农稀释乙烯利制备乙烯这一宏观事实，分析乙烯利如何水解生成乙烯？并用化学式描述上述变化过程。

【学生甲】 乙烯利发生水解，乙烯利和水反应生成乙烯、氯化氢和磷酸，其反应方程式为

$$ClCH_2CH_2H_2PO_3 + H_2O \longrightarrow CH_2{=}CH_2 + HCl + H_3PO_4$$

【问题 2】 利用平衡思想，要想制备乙烯可以选择哪些反应条件？

【学生乙】 因为是水解反应，所以该反应可能为吸热反应，加热促使平衡正向移动，生成乙烯。

【学生丙】 结合果农的实践，可以用稀释乙烯利溶液的方法。

【学生丁】 加入氢氧化钠固体，促使平衡正向移动，也可生成乙烯。

【评价】 同学乙利用所学的水解知识，分析了该反应为吸热反应，再利用化学平衡

原理，选择加热这一方法制备乙烯。同学丙结合果农的生活实践，选择了稀释这一方法，但果农选择了成百上千倍，我们仅稀释 1 倍，看能不能加快反应速率。同学丁利用氢氧化钠与氯化氢和磷酸反应，促使平衡正向移动来制备乙烯！

【问题 3】 那么什么现象可以证明这三种方法能让乙烯利生成乙烯呢？

【学生戊】 将产生的气体通入酸性高锰酸钾或溴水中，观察是否褪色。

【评价】 你回答得很好，但由于溴水有毒，我们这里就选择酸性高锰酸钾溶液做指示剂。

【图片展示】 同学们可以利用课前设计的简易制备装置（图 3.85、图 3.86），根据实验篮中试剂和仪器开始分组讨论，设计实验。

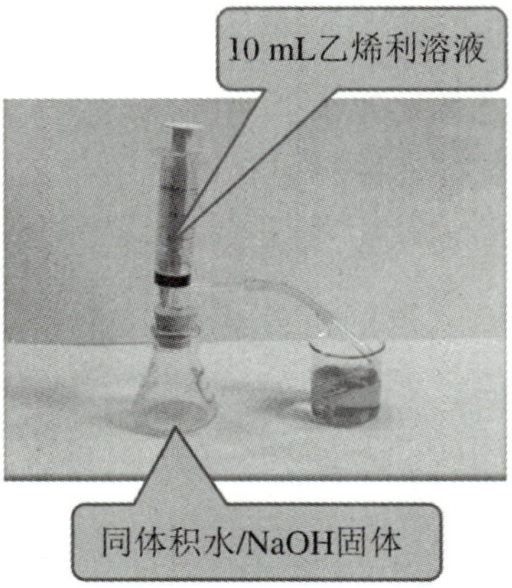

图 3.85

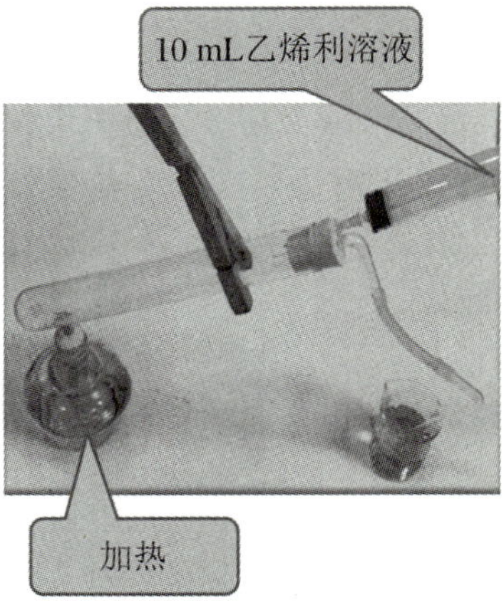

图 3.86

【分组实验】 利用注射器取 10 mL 左右乙烯利溶液，缓慢注入至容器中，同时观察酸性高锰酸钾溶液褪色情况，并记录在学案中。

【实验展示】 稀释组没有明显现象（图 3.87）。加热组可以看见酸性高锰酸钾溶液缓慢褪色（图 3.88）。氢氧化钠固体组，可以看见产生大量气泡，同时酸性高锰酸钾溶液迅速褪色（图 3.89）。

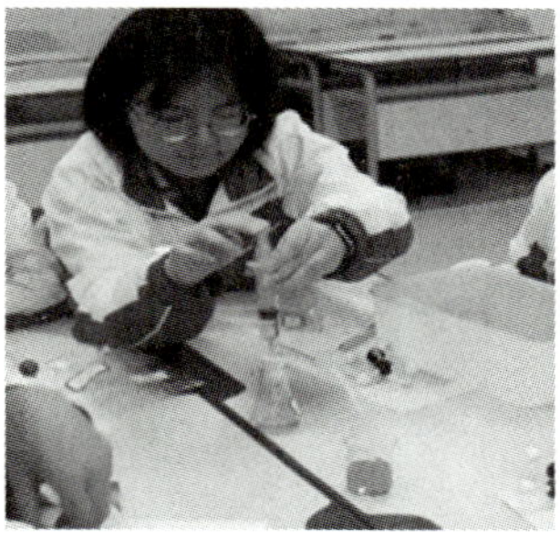

图 3.87

图 3.88

【解说】 酸性高锰酸钾溶液褪色快慢可以定性比较乙烯利制取乙烯的速率。

图 3.89

【问题 4】 如何定量比较不同 pH 下乙烯利制取乙烯的速率?

【学生己】 可以比较单位时间内生成乙烯的体积。

【评价】 该同学回答得非常好,教材上的确采用单位时间内体积之类的变化量来比较,但在这里我们利用 pH 数字传感器和压强传感器来进行比较,前者能准确测量溶液的 pH,后者能准确测量体系内压强的变化情况。

实验展示:滴加氢氧化钠溶液,就会同时绘出 pH 和压强的变化曲线图。滴加不同浓度氢氧化钠溶液,就会绘出不同的变化曲线图,如图 3.90 所示。

【实验结论】 通过实验现象能得出结论,见表 3.8。

表 3.8

制备方法	稀释	加 NaOH
高锰酸钾褪色情况	不褪色	褪色明显

【问题 5】 稀释乙烯利溶液产生乙烯的速率很慢,为什么果农还用该种方法制备乙烯?

【学生庚】 氢氧化钠价格昂贵,成本高。

【学生辛】 如果迅速产生大量乙烯气体催熟水果,那么水果可能卖不掉易腐烂,不划算。

【评价】 同学们从不同角度分析了果农利用稀释法制备乙烯的原因,但同学辛的说法更准确。我们在实验室追求速度,故利用氢氧化钠固体与乙烯利反应制备乙烯。而在日常生活中果农追求慢,故利用稀释乙烯利制备乙烯,要一分为二地看待问题,形成辩证的思想。

(四) 拓展 CO_2 制备乙烯的工艺

【问题】 结合目前的“减碳”目标,拓展 CO_2 制备乙烯的工艺,并填写在学案上。

【学生甲】 如图 3.91 所示。

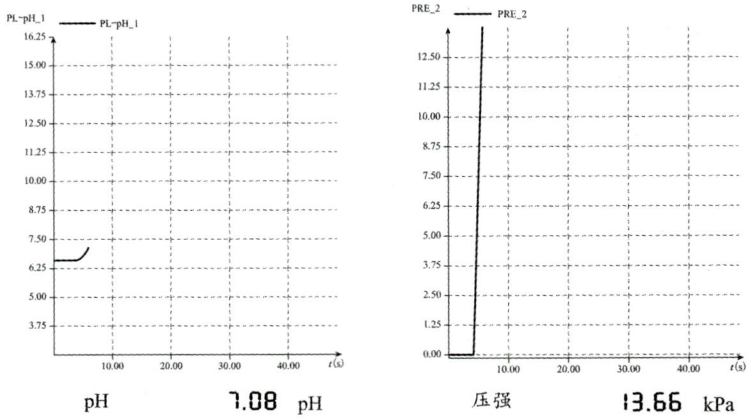

pH≈1.3时

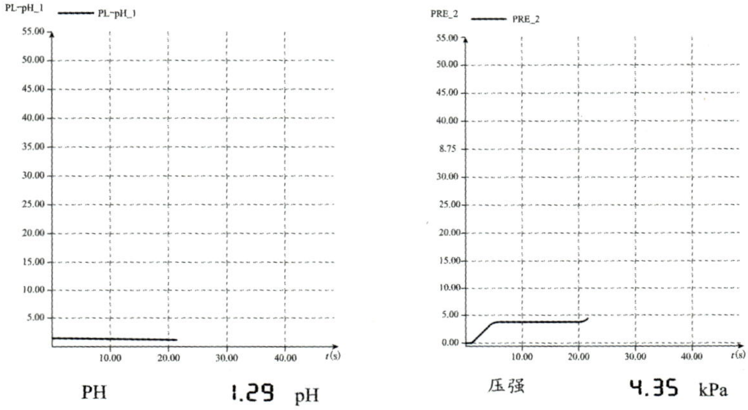

pH≈3时

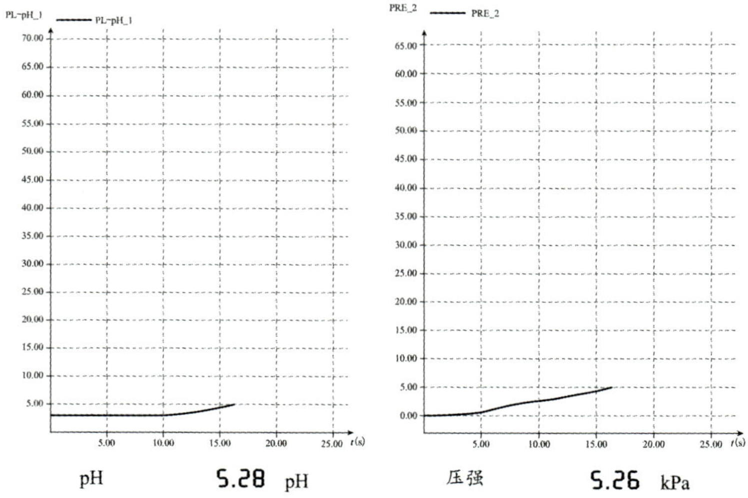

pH≈7时

图 3.90

问题(1) 写出 CO_2+H_2 的反应方程式：$2CO_2+6H_2 \longrightarrow CH_2=CH_2+4H_2O$。

问题(2) 判断自发进行：$\Delta G=\Delta H-T\Delta S<0$。

系数变小，ΔS < 0，自发进行的条件：低温（高温、低温）。

问题(3) 根据平衡移动原理，设计 CO_2 和 H_2 反应的条件。

条件	温度	压强	$n(CO_2):n(H_2)$
控制条件	低温	高压	1∶3

图 3.91

作业布置：通过查阅资料，探究更多制取乙烯的方法。

教学反思

以乙醇制备乙烯为例帮助学生建立物质制备的一般思路：通过比较乙烯、乙醇球棍模型的差异，预测乙醇制备乙烯的变化过程，再利用平衡思想归纳促进平衡正向移动的反应条件，最后进行实验验证。借助陌生物质乙烯利，评价学生掌握物质制备一般思路的程度：通过比较乙烯与乙烯利的结构式，学生能准确地书写乙烯利与水反应的化学方程式，对照方程式，学生能总结乙烯利制备乙烯的方法——加氢氧化钠和加热，并通过实验，观察高锰酸钾溶液的褪色情况验证了制备情况。分析二氧化碳制备乙烯的反应方程式和反应条件，通过收集反馈的信息，学生能建立以宏微结合、平衡思想为基础的制备原理模型。

参考文献

[1] 杨玉峰.活性白土催化乙醇脱水制备乙烯的实验探究[J].化学教学，2017(10)：66-80.
[2] 彭清生.用黄土作催化剂改进乙烯的实验室制法[J].湘潭师范学院学报，1990，11(6)：95-96.
[3] 马春生，朱莹敏.对五氧化二磷催化乙醇脱水反应的研究[J].化学教育，2011，32(6)：68-71.

课例十　基于问题的探究式教学——苯酚

教学主题内容及教学现状分析

（一）教学主题内容

人教版高中化学选修三第三章第二节“醇 酚”第2课时“苯酚”是一节新授课。通过前面的学习，学生已经对有机物的结构特点与研究方法有所了解，并已掌握部分有机物的性质和应用，已完成了对同样含有羟基官能团的醇类物质的学习。本节课以有机物苯酚的性质为载体，创设了八个进阶性问题启迪学生用实验探究的手段发现苯酚的物理性质、化学性质，再运用课上所学的知识来解决苯酚的检验和废水的处理，并且引导学生思考苯酚和乙醇性质差异的根本原因。问题环环相扣，实践提升素养。

（二）教学现状分析

检索相关教学案例发现教师在设计本节课时，主要分为两类：一类是性质与应用的关系，另一类是结构与性质的关系。“新课标”中明确要求“认识酚的组成和结构特点、性质、转化关系及其在生产、生活中的重要应用”。但受上课时间的限制，教师只能有所取舍或干脆将苯酚分为两个课时完成。笔者尝试通过问题驱动，引导学生展开探究，在探究活动中不断得出苯酚的性质、应用和结构特点。

教学思想及创新

“问题驱动”能使课堂更优质高效，在“问题驱动”下展开的“科学探究”更有利于学生自主学习(图3.92)。首先，发现并提出问题；接着，分析研究问题；然后，设计问题的解决方案并实施；最后，解决问题并进入新的探究过程。问题作为探究的中心，其实是不可忽视的。将两种教学形式融合在教学中，引导学生运用化学知识来解释问题，既避免了学生从经验中寻找答案的直觉反应，又有助于学生化学思维的形成，每一次探究活动都是一次能力的提升、素质的培养。

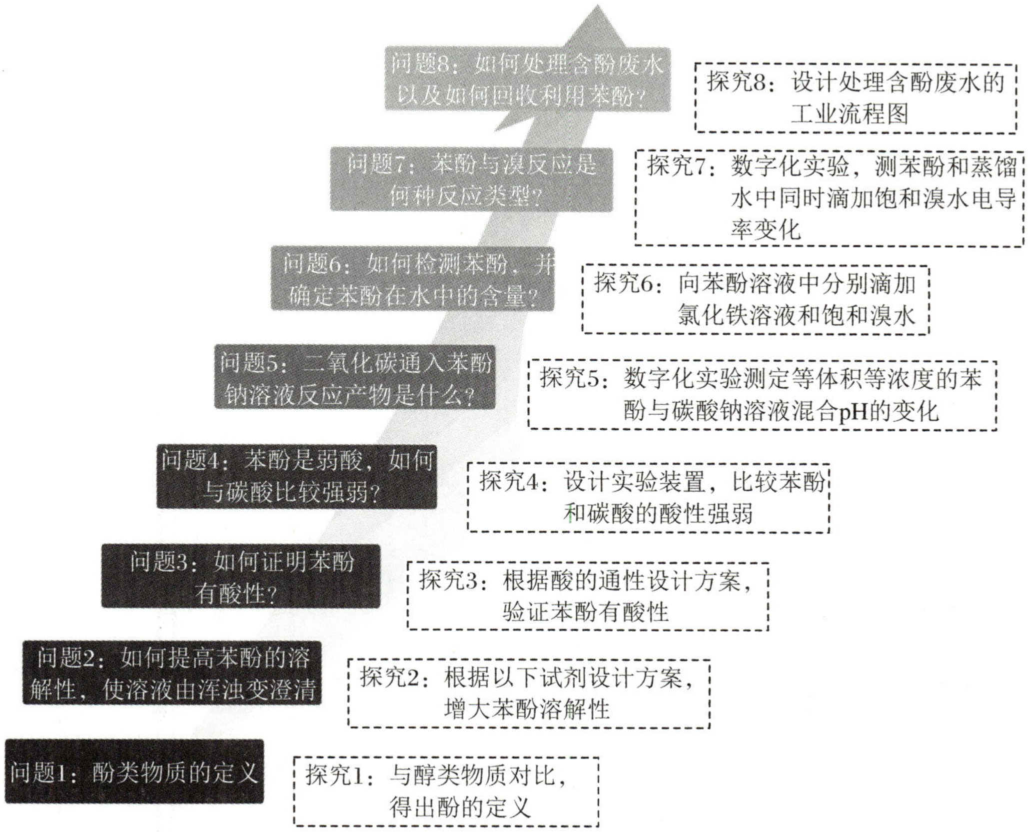

图 3.92

教学目标

(1) 通过观察结构模型，书写结构简式，识别醇和酚的结构特征。

(2) 通过观察苯酚的色、味、态，完成溶解性实验，归纳苯酚的物理性质，形成“宏观辨识与微观探析”的核心素养。

(3) 通过苯酚弱酸性、易被溴水取代等性质的探究，建立有机物“基团间相互影响”的思维模型。

(4) 通过苯酚酸性大小比较实验的设计和苯酚与溴水反应原理探究实验的设计，形成科学探究、分析解决问题的能力。

(5) 通过苯酚钠通入二氧化碳的反应产物探究的数字化实验中 pH 变化图像分析，以及苯酚和溴水反应数字化实验电导率变化图像分析，提高逻辑思辨能力，发展“证据推理与模型认知”的核心素养。

(6) 通过含酚废水分离回收利用的讨论，理解“性质决定应用，应用体现性质”的化学学科核心思想，培养科学态度，增强社会责任感。

教学流程

“苯酚”的教学主要分为五个环节展开，如图 3.93 所示。

情境线	问题线	知识线	活动线	素养线
环节一：认识酚	酚类物质的定义是什么？	酚的定义、官能团	观看视频《苯酚》分析苯酚结构	科学态度与社会责任、宏观辨识与微观探析
环节二：初识物性	如何使苯酚浊液变澄清？	苯酚的物理性质	苯酚溶解性实验	宏观辨识与微观探析、证据推理与模型认知
环节三：再识化性	如何证明苯酚有酸性？和碳酸酸性大小比较如何？	苯酚是弱酸，酸性比碳酸弱	苯酚和NaOH反应，苯酚钠和CO_2、盐酸反应	宏观辨识与微观探析、科学探究与创新意识
环节四：检验苯酚	如何检测水中是否含有苯酚污染物？苯酚与溴的反应是什么反应类型？	苯酚的显色反应、取代反应	苯酚和氯化铁、浓溴水反应	宏观辨识与微观探析、科学态度与社会责任
环节五：归纳总结	如何处理含酚废水以及回收利用苯酚？	苯酚物理性质和化学性质的应用	含酚废水分离提纯的工业流程	科学态度与社会责任

图 3.93

教学实录

本节课以微课的形式介绍苯酚的发现以及酚类物质在生活中的应用。

（一）认识酚

情境：展示生活中含有酚的几种物质(图 3.94)。

【问题 1】 它们有什么共同的官能团？

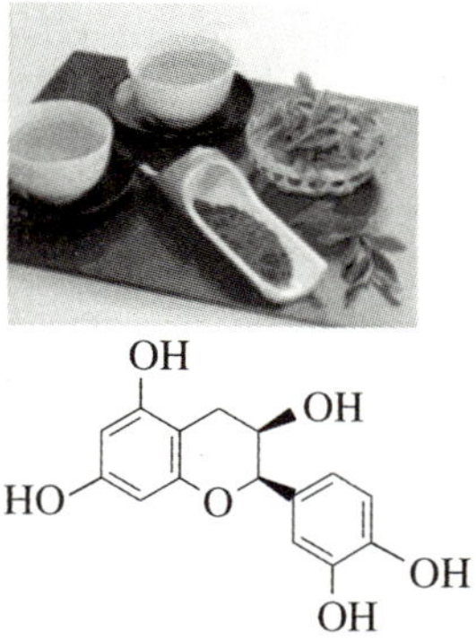

茶多酚

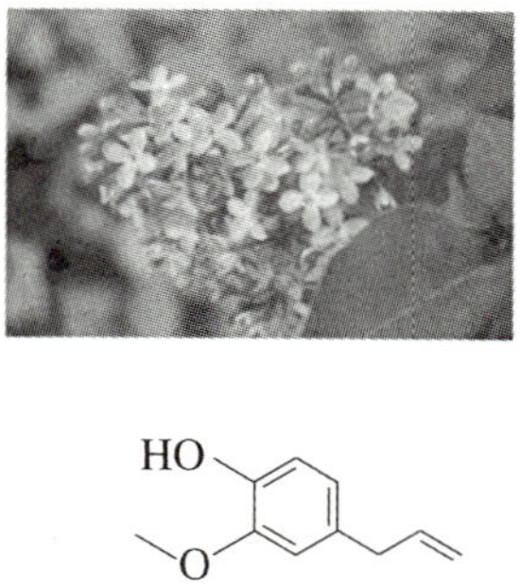

丁香酚

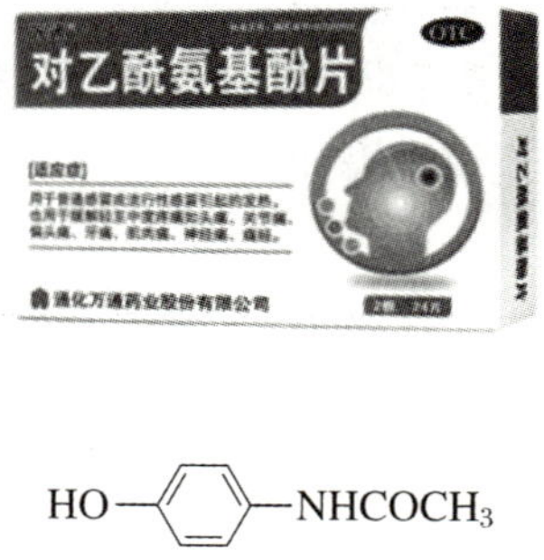

对乙酰氨基酚

图 3.94

【活动】　构建酚的定义，并写出最简单的酚——苯酚的结构简式。

【过渡】　苯酚有哪些物理性质呢？让我们通过实验来发现吧！

（二）初识物性

情境：苯酚在常温下为无色晶体。

【问题 1】　苯酚具有怎样的物理性质？

【活动 1】　观察苯酚，感受苯酚的色、味、态。

【归纳 1】　苯酚的物理性质：无色晶体，有特殊气味。

【补充】　苯酚久置于空气中，被空气中氧气氧化成粉红色(图 3.95)。保存时要密封。

图 3.95

【问题 2】　苯酚的水溶性怎么样？

【活动 2】　分组实验：苯酚的溶解性实验(图 3.96)。

图 3.96

【归纳 2】　室温下苯酚在水中溶解度不大。

情境：苯酚加少量水形成乳浊液。

【问题3】 如何提高苯酚的溶解性使溶液由浑浊变澄清?

【活动3】 分组讨论:根据以下试剂设计方案,增大苯酚的溶解性,并将实验现象和结论填在表3.9中。

表3.9

编号	实验方案	实验现象	结 论
1	加热苯酚浊液		
2	向苯酚浊液中滴加蒸馏水		
3	向苯酚浊液中滴加苯		
4	向苯酚浊液中滴加 NaOH 溶液		
5	向苯酚浊液中滴加稀盐酸		

实验试剂:苯酚浊液、蒸馏水、苯、NaOH 溶液、稀盐酸。

实验仪器:小试管、酒精灯、试管夹、火柴。

【归纳3】 加热使苯酚溶液变澄清;加较多的水溶液变澄清;加苯溶液分层,上层更浑浊,下层变澄清;加氢氧化钠溶液变澄清,加盐酸溶液仍浑浊。

【过渡】 温度高于65 ℃时苯酚能与水混溶。苯酚易溶于苯等有机溶剂。苯酚可溶于 NaOH 溶液说明了苯酚具有什么化学性质呢?

(三)再识化性

情境:苯酚可与氢氧化钠发生反应。

【问题1】 如何证明苯酚有酸性?

【活动1】 分组讨论,设计方案。分组实验,观察现象。并将实验现象和结论填在表3.10中。

方案1:用 pH 试纸检验苯酚溶液的 pH。

方案2:向苯酚溶液中滴加紫色石蕊试液。

表3.10

编号	实验方案	实验现象	结 论
1	用 pH 试纸测定 0.1 mol/L 苯酚溶液的 pH		
2	取 0.1 mol/L 苯酚溶液,滴加 2~3 滴紫色石蕊试液		

演示实验1:用 pH 测试笔测试苯酚溶液的 pH。

【归纳1】 实验测得苯酚溶液的 pH 约为6,不能使紫色石蕊试液变红,说明苯酚具有弱酸性。

情境:苯酚具有弱酸性。

【问题 2】 苯酚是弱酸，如何与碳酸比较强弱呢？

【活动 2】 利用“强酸制弱酸”的原理，比较碳酸与苯酚的酸性强弱。

设计方案：向苯酚钠溶液中通入二氧化碳，若溶液变浑浊，则说明苯酚酸性弱于碳酸。

设计实验装置：利用仿真实验室，展示实验装置图如图 3.97 所示。

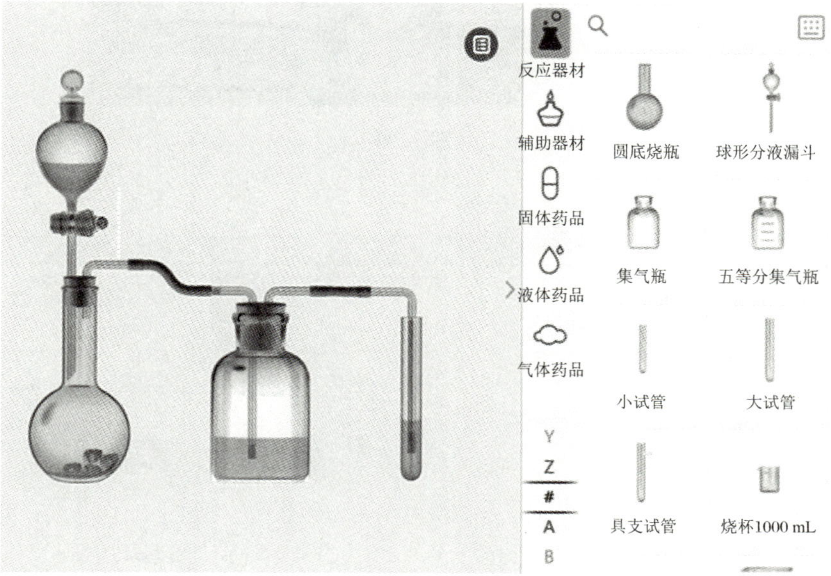

图 3.97

演示实验 2：收集一针管二氧化碳通入苯酚钠溶液中，溶液由澄清变浑浊(图 3.98)。

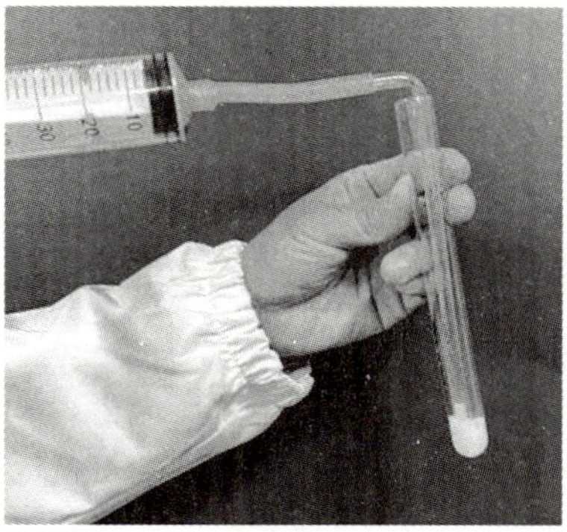

图 3.98

【归纳 2】 二氧化碳可以使苯酚钠溶液变浑浊，碳酸的酸性强于苯酚。

情境：二氧化碳与苯酚钠溶液反应，溶液由澄清变浑浊。

【问题 3】 苯酚钠溶液中通入二氧化碳，生成了苯酚和什么？二氧化碳少量或过量，反应产物是否有变化？

演示实验 3：向 100 mL 1 mol/L 苯酚溶液中逐滴加入 100 mL 1 mol/L 碳酸钠溶液，测定反应过程中 pH 的变化情况。实验装置如图 3.99 所示，pH 变化如图 3.100 所示。

【教师】 依据水解平衡常数，计算得到：0.5 mol/L Na_2CO_3 溶液的 pH 约为 12，0.5 mol/L $NaHCO_3$ 溶液的 pH 约为 10，这与我们实验测得的结果几乎一致，可见碳酸钠与苯酚发生了反应，生成苯酚钠与碳酸氢钠。向苯酚钠溶液中通 CO_2，无论 CO_2 是否过量，均会生成 $NaHCO_3$。

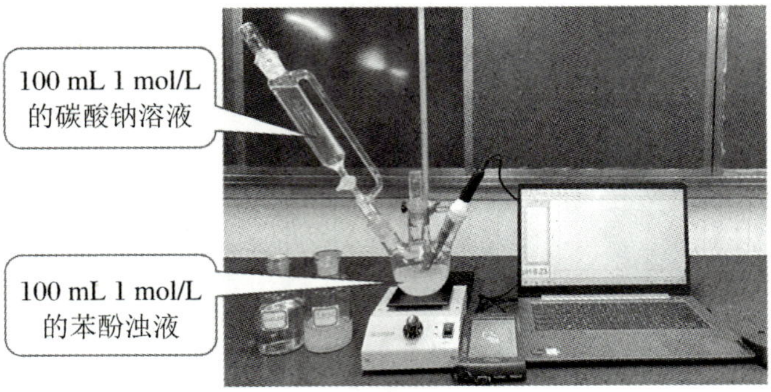

图 3.99

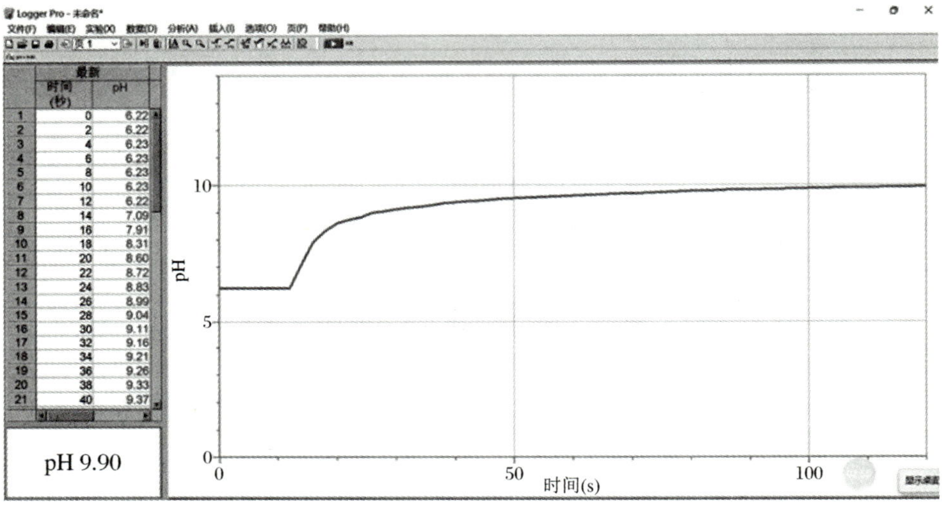

图 3.100

【活动 3】 书写以下化学方程式：

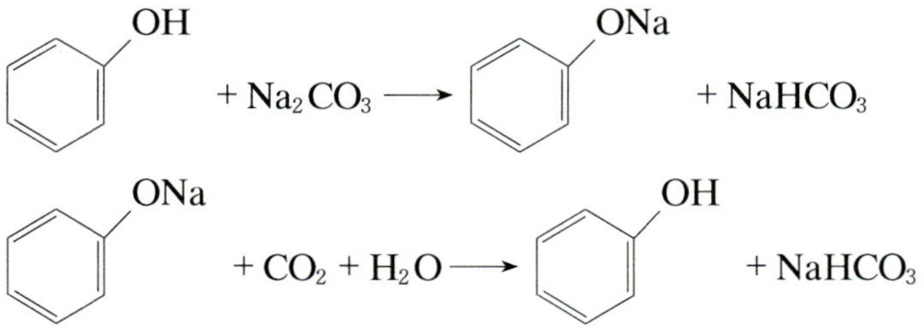

【归纳 3】 苯酚的酸性强于碳酸氢根。

情境：二氧化碳通入苯酚钠溶液，溶液变浑浊，碳酸的酸性强于苯酚。

【问题 4】 如果碳酸可以制苯酚，那么盐酸可以吗？

【活动 4】 书写以下化学方程式：

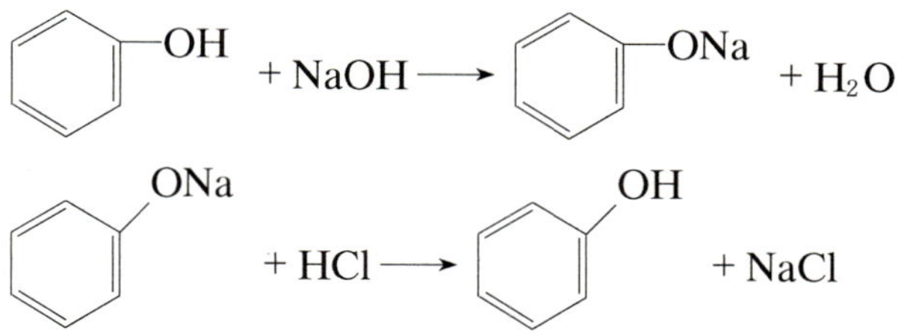

【教师】 根据 K_a 的大小也可以推断苯酚的酸性大小。

资料卡片：已知 H_2CO_3 的 $K_{a1}=4.5\times10^{-7}$，$K_{a2}=4.7\times10^{-11}$；苯酚的 $K_a=1.3\times10^{-10}$。石蕊的变色范围为：pH<5 时为红色，pH>8 时为蓝色。

【归纳 4】 苯酚是弱酸，所以不能使酸碱指示剂(如石蕊)变色。

【过渡】 苯酚在工业生产中应用广泛，用于制造酚醛树脂、染料、医药、农药等。但因为化工厂和炼焦厂排放的废水中往往含有酚类物质，严重污染水体，毒害生物体，所以废水排放前必须经过处理。

（四）检验苯酚

情境：经过处理达到排放标准的污水才能够排放，我国污水排放标准见表 3.11。

表 3.11

污　染　物	适用范围	一级标准	二级标准	三级标准
对-二甲苯	一切排污单位	0.4	0.6	1.0
间-二甲苯	一切排污单位	0.4	0.6	1.0
氯苯	一切排污单位	0.2	0.4	1.0
邻二氯苯	一切排污单位	0.4	0.6	1.0
对二氯苯	一切排污单位	0.4	0.6	1.0
对苯	一切排污单位	0.5	1.0	5.0
2,4-二硝基氯苯	一切排污单位	0.5	1.0	5.0
苯酚	一切排污单位	0.3	0.4	1.0
间-甲酚	一切排污单位	0.1	0.2	0.5
2,4-二氯酚	一切排污单位	0.6	0.8	1.0
2,4,6-三氯酚	一切排污单位	0.6	0.8	1.0

【问题 1】 环保部门经常对工厂排放的污水取样检验，他们是如何检测苯酚并确定苯酚在水中的含量的呢？

【活动 1】 分组实验，并将实验现象和结论填在表 3.12 中。

表 3.12

编号	实验方案	实验现象	结论
1	向 0.1 mol/L 苯酚溶液中滴入几滴 $FeCl_3$ 溶液，观察现象		
2	向 0.1 mol/L 苯酚溶液中逐滴加入饱和溴水，观察现象		

【归纳 1】 大多数酚类物质都能与 $FeCl_3$ 溶液发生显色反应。其中，苯酚遇 $FeCl_3$ 溶液显紫色，常用此反应定性检验苯酚或 Fe^{3+} 。反应方程式如下：

$$6C_6H_5OH + Fe^{3+} \longrightarrow [Fe(C_6H_5O)_6]^{3-} + 6H^+ \text{（络合反应）}$$

情境：向苯酚溶液中滴入饱和溴水，生成白色沉淀，该反应非常灵敏，常用于对溶液中苯酚进行定性、定量分析。

【问题 2】 苯酚与溴水反应是取代反应还是加成反应？

演示实验：在两个三颈烧杯中分别加入 50 mL 稀苯酚和蒸馏水，均放于磁力搅拌器上，连接电导率传感器、数据采集器以及计算机，开启磁力搅拌器，同时分别滴入同滴数的浓溴水，测定两组溶液的电导率变化。实验装置如图 3.101 所示，实验数据如图 3.102 所示。

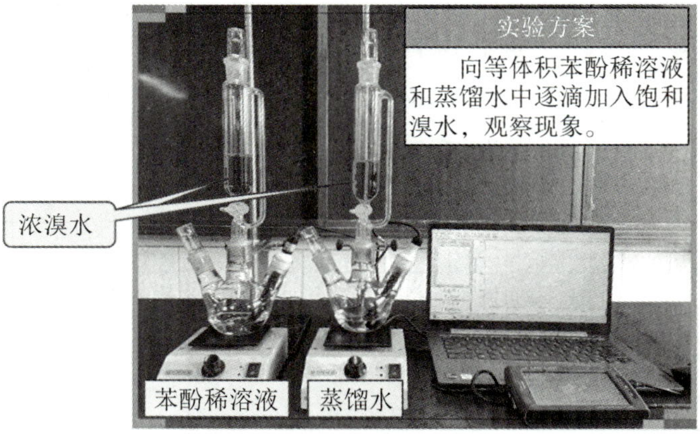

图 3.101

【活动 2】 观察实验现象，分析讨论实验数据。

实验现象：前者溶液中有少量白色沉淀生成，后者溶液变黄色，苯酚溶液滴入溴水后电导率增幅较大。

【归纳 2】 苯酚和浓溴水发生化学反应的原理是取代反应，而不是加成反应。

情境：苯酚与溴发生取代反应。

【问题 3】 在第二章，我们学习过苯的溴代反应，通过苯和苯酚与溴反应的条件以及取代情况的对比，说明苯和苯酚两者苯环上的氢，谁更活泼？

【活动 3】 通过表 3.13，对比苯和苯酚与溴反应的不同。

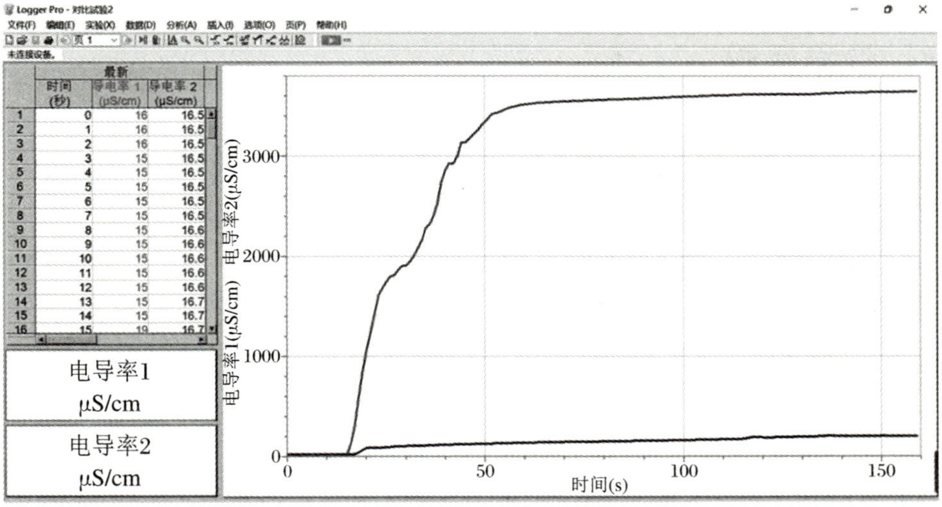

图 3.102

表 3.13

物质	反应试剂	反应条件	产　　物	取代氢原子数
苯	液溴	催化剂、$FeBr_3$	溴苯	1
苯酚	饱和溴水	无催化剂	2,4,6-三溴苯酚	3

【过渡】　通过对比可以发现苯酚与溴的反应比苯和溴的反应更容易，苯环变得更易取代。在苯酚酸性的探究中，我们又发现苯酚有酸性，但同样含有羟基的乙醇却没有，这是为什么呢？下节课我们将继续学习基团之间的相互影响。

（五）归纳总结

【问题 1】　让我们一起来回顾一下本节课所学的内容，哪位同学来概括一下苯酚具有哪些性质？

【活动 1】　总结苯酚的物理性质和化学性质。

【问题 2】　学以致用：如何处理含酚废水以及回收利用苯酚？

【活动 2】　完成含酚废水分离回收苯酚的流程图（图 3.103）。

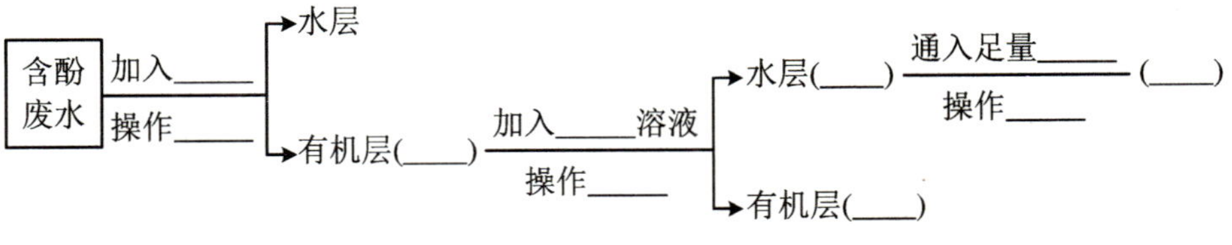

图 3.103

【归纳】　利用苯酚易溶于有机溶剂的物理性质从水中萃取苯酚，再利用苯酚的弱酸性分离、提纯苯酚。

教学反思

在本案例的教学过程中教师设疑，学生在一个个问题的驱动下，运用酸的通性、平衡常数、取代反应与加成反应的区别等已有知识完成探究活动，并归纳苯酚的性质，既收获了新知，又巩固了旧知。数字化实验的应用使实验结果量化，提高了教学效率，增强了学生数据分析的能力。利用仿真实验平台设计实验装置，给学生带来了更加丰富、安全、具有互动性的学习体验。教师改进二氧化碳通入苯酚钠溶液实验装置，利用针管收集二氧化碳气体，简化装置，突出实验现象。总结归纳环节，根据学生完成“含酚废水分离回收苯酚的流程图”的答题情况，可知本节课的教学目标基本达成。

但反思教学过程仍有几点需要改进的地方。首先，个别学生在实验操作中没有注意取用的量，导致实验现象不明显，在实验开始前应加以强调。其次，借助水解平衡常数计算碳酸钠溶液、碳酸氢钠溶液的 pH，与数字化实验结果对照，验证二氧化碳与苯酚钠反应产物的环节，难度较大，可设计学案，把计算过程放到课前预习环节，这样更有利于新课的教学。最后，苯酚与溴水反应的数字化实验，采用蒸馏水做参照，若能进一步改进装置控制同时滴加等量药品，则会更具说服力。

教师是学生成长路上的引路人，我们应寻找更多更有效的教学方式，营造更加生动的教学情境，设置更有启发性的问题，拓展更广阔的思维空间，不仅能让学生学习到必备知识，还能培养其受益终身的必备品格与关键能力。

参考文献

[1] 徐春祥.把握科学探究本质 提升化学学科素养[J].名师在线，2016(12)：72-73.

[2] 叶成杰.数字化实验在中学化学教学中的应用：评《数字化实验与中学化学教学深度融合》[J].化学教育(中英文)，2019，40(23)：97.

课例十一　从三维视角认识元素化合物的单元教学设计及实施——以“硫及其化合物”为例

教学主题内容及教学现状分析

“硫及其化合物”是“新课标”中“常见无机物及其应用”的重要内容，是非金属元素化合物的典型代表。目前多数教师对元素化合物的教学是按物理性质、化学性质、用途的思路进行组织的，以演示或探究实验展示化学性质为主，很少以价态、类别、元素周期表三个维度从转化的视角将其关联，人为地使元素化合物知识碎片化。教师的评价也主要以学生书写出的化学方程式正确与否作为学习效果的评价内容，导致学生的学习以重复机械记忆为主。“新课标”将化学定义为“化学是在原子、分子水平上研究物质的组成、结构、性质、转化及其应用的一门基础学科”，比原有定义多出“转化”，这就说明可以从转化的角度来学习、认识物质，通过转化将其零碎的知识关联形成整体，达到知识的结构化。

教学思想及创新

本单元选用硫在自然界中的真实循环过程作为学习情境，如图 3.104 所示。该情境包含丰富的含硫物质，有 −2、−1、0、+4、+6 等不同价态的含硫物质，也有氢化物、单质、氧化物、酸、盐等不同类别的含硫物质；包含清楚的含硫物质转化路径，无机硫与有机硫间的相互转化，不同价态、不同类别间的相互转化；包含丰富的情境素材，如情境中的“雨回降 SO_2”中包含酸雨的形成、环境的保护，沉积物的转化包含工业制硫酸、资源的利用等素材。从该情境中也容易挖掘实际问题，转化成学生任务、活动，如二氧化硫从哪儿来，到哪儿去；如果人类生产生活破坏了自然界中硫循环的平衡状态，那么会带来哪些危害等问题。

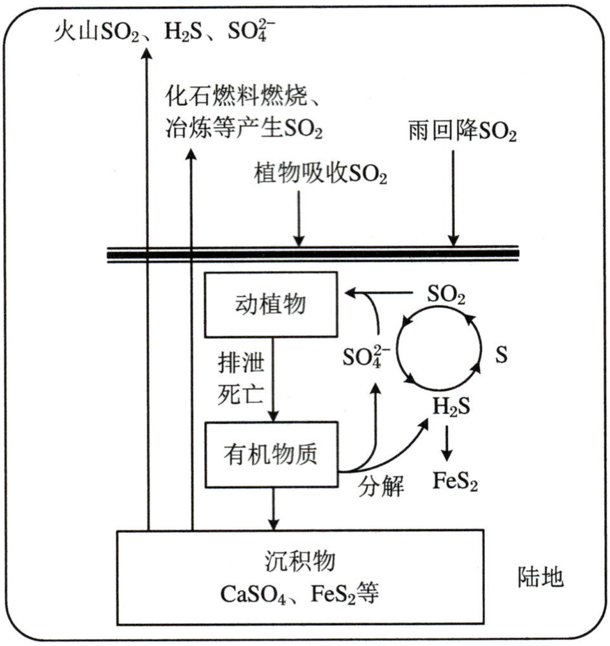

图 3.104

教学目标

学习目标应当以学科核心素养为导向，以核心知识和活动作为载体，具备可操作、可检测的特点。这就需要在学习主题的基础上，将学科核心素养用行为动词表述使之具体化，挖掘出主题学习内容独特的素养，发展功能价值。本单元具体学习目标如下：

(1) 能从化学及生物视角描述自然界中的硫循环，描述主要含硫物质的状态、溶解性等物理性质，能从物质类别和价态两个维度对物质进行分类，能绘制元素及其化合物价类表三维图。

(2) 能从类别、价态和律表视角预测和分析含硫物质的化学性质和转化，能描述 S、SO_2 和 H_2SO_4 的主要化学性质，说出 H_2SO_4 的工业制备与浓 H_2SO_4 的特性、SO_4^{2-} 的检验方法。

(3) 能基于证据说明含硫化合物(如 H_2S、SO_2 和 H_2SO_4)的性质和转化关系，并能设计实验进行验证。能运用硫的三维图解决复杂情境下学科和真实世界中的陌生问题。

(4) 能举例说明硫循环和人类活动的平衡关系，结合克劳斯反应、工业制硫酸和尾气中 SO_2 处理等实例描述化学在生产中的应用，发展绿色化学观念，能够说明化学学科在促进人类发展和解决环境问题中的价值。

教学流程

挑战性学习任务要以真实情境为基础，指向高阶思维，体现学科核心素养的发展与进阶，活动之间需要体现出一定的逻辑。通常可以根据学生认识发展的线索（学科观念、角度思路、能力）或者真实问题解决的线索来规划单元中的挑战性学习活动。

根据本单元学习内容和情境素材的特点，将“从三维视角认识自然界中硫的循环”分解为 3 个子任务（3 个课时），分别通过价类表三维图自主构建低价态硫、中间价态硫、高价态硫的核心知识，再通过“转化”使 3 个课时紧密关联，实现核心知识的结构化。具体流程如图 3.105 所示。

教学实录

（一）探索低价态硫的性质及转化

情境：自然界中的硫循环图及价类表三维图。

【问题 1】　请结合已有知识从自然界中的硫循环图（图 3.104）中找出我们生活的大气中 H_2S 的来源。制作思维导图，并简要说明理由。

【活动 1】　学生展示、讨论创作的作品（图 3.106 为学生代表作）。学生围绕自然界中的硫循环图，分别从生物和化学的角度找出大气中 H_2S 的来源。教师展示学生创作的思维导图，并引导学生交流搜索到的自然界中动物腐败、硫酸盐还原菌、化石燃料中 H_2S 的来源等相关知识。

【评价 1】　根据学生问答情况结合 SOLO 分类理论评价学生的思维结构水平。

（1）能从自然界、人类生产的两个视角运用化学、生物知识归纳大气中 H_2S 的来源。（关联结构水平）

（2）能从自然界或人类生产的某个视角运用化学知识归纳大气中 H_2S 的来源。（多点结构水平）

（3）仅能从自然界、人类生产的某个视角归纳大气中 H_2S 的来源。（单点结构水平）

设计意图：引导学生从自然界、人类生产的视角运用化学、生物知识归纳大气中 H_2S 的来源，培养学生用跨学科的综合发现解决真实世界中的问题，发展学生的环境保护意识，提升信息素养。属于跨学科的高通道迁移。

【问题 2】　如何除去天然气分离出来的“酸性气体”中的 H_2S？（由大气中的 H_2S 来源——天然气中含有 H_2S 引出）

【活动 2】　学生分组讨论，汇报交流。学生得出的结论有：

（1）用燃烧的方法点火烧掉。

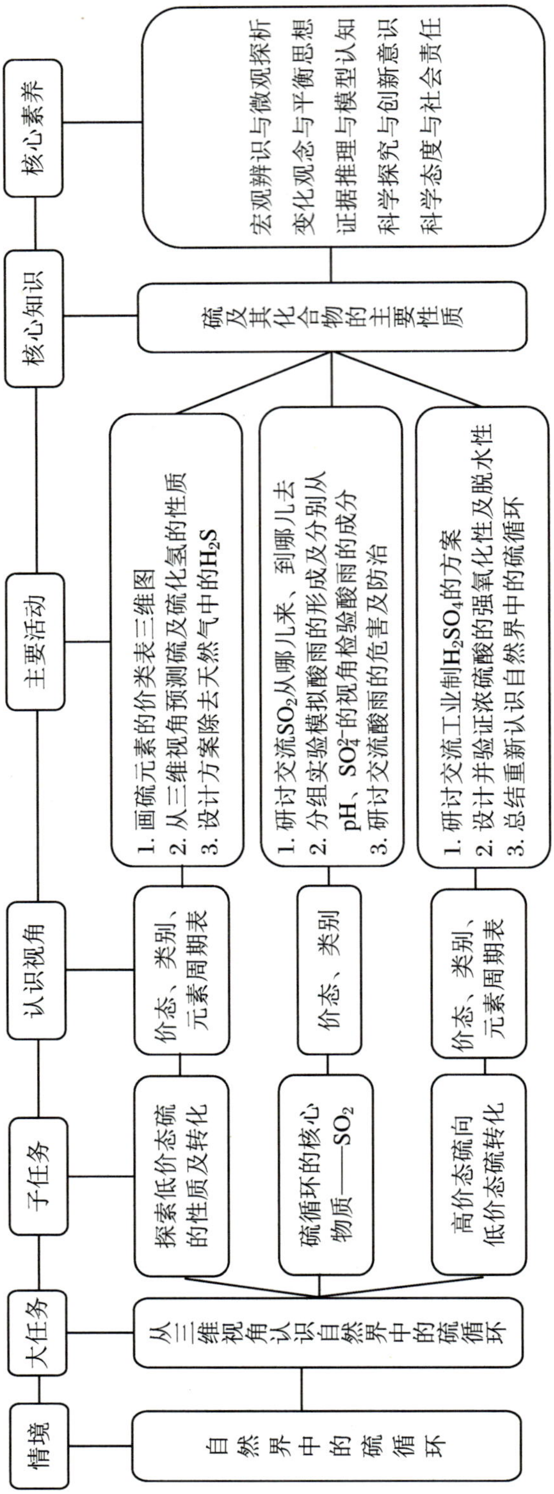
情境
大任务
子任务
认识视角
主要活动
核心知识
核心素养
自然界中的硫循环
从三维视角认识自然界中的硫循环
探索低价态硫的性质及转化
硫循环的核心物质——SO_2
高价态硫向低价态硫转化
价态、类别、元素周期表
价态、类别
价态、类别、元素周期表
1. 画硫元素的价类表三维图
2. 从三维视角预测硫及硫化氢的性质
3. 设计方案除去天然气中的H_2S
1. 研讨交流SO_2从哪儿来、到哪儿去
2. 分组实验模拟酸雨的形成及分别从pH、SO_4^{2-}的视角检验酸雨的成分
3. 研讨交流酸雨的危害及防治
1. 研讨交流工业制H_2SO_4的方案
2. 设计并验证浓硫酸的强氧化性及脱水性
3. 总结重新认识自然界中的硫循环
硫及其化合物的主要性质
宏观辨识与微观探析
变化观念与平衡思想
证据推理与模型认知
科学探究与创新意识
科学态度与社会责任

图3.105

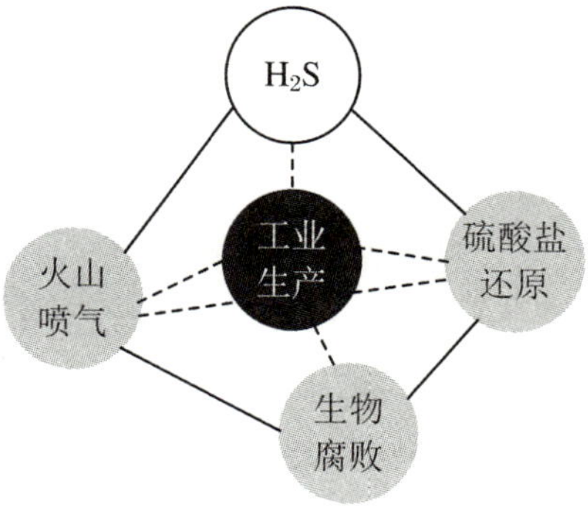

图 3.106

（2）通入 NaOH 溶液中。

（3）和氧化剂反应生成单质硫。

（4）先氧化成 SO_2，再和 H_2S 反应，涉及的反应方程式为

$$2H_2S + 3O_2 = 2SO_2 + 2H_2O$$

$$2H_2S + SO_2 = 3S\downarrow + 2H_2O$$

教师引导学生从环境保护和资源利用的角度分析这些方法的科学性、可行性，优点和缺点，最后学生获得共识：方法（4）为最合理的方法。

教师为学生的研究成果喝彩，并将此反应以该学生的姓名命名为“黄 * * 反应”（激发学生学习动机）。然后呈现克劳斯反应、超优克劳斯反应和超级克劳斯反应，并指出方法（3）也是一条可行的路径，鼓励学生将来可选择继续学习化学，继续研究该反应的相关催化剂以攻克这一难题。

【评价 2】 根据学生设计方案的水平评价：

（1）学生灵活运用价类表三维图解决真实世界较复杂问题的能力。

（2）学生对 H_2S、S 和 SO_2 相互转化关系的认识水平。

（3）学生创新思维的发展水平。

设计意图：创设真实的问题情境，引导学生运用价类表三维图和 S、H_2S、SO_2 的相互转化关系，设计方案解决真实世界复杂的化工问题，让学生在探索中获得成功的体验，激发学生的创新能力，培养学生的环保意识。

（二）硫循环的核心物质——SO_2

情境：自然界中的硫循环、硫元素的价类表三维图。

【问题 1】 请同学们再根据硫的价类表三维图预测，大气中 SO_2 在随雨水回降过程中都发生了哪些转化？

【活动 1】 学生分组讨论，交流汇报：结合 SO_2 在三维图中的位置，我们推断在雨水回降过程中，有可能是 SO_2 先与水生成 H_2SO_3，H_2SO_3 再被氧化成 H_2SO_4。也有可能是 SO_2 先被氧化成 SO_3，再被氧化成 H_2SO_4，即① $SO_2 \rightarrow H_2SO_3 \rightarrow H_2SO_4$；② $SO_2 \rightarrow SO_3 \rightarrow H_2SO_4$。

【评价 1】 评价学生运用价类表三维图推理物质转化的途径，即运用价类表三维图解决实际问题的能力；评价学生先定价态再定途径的思维方式。

设计意图：引导学生多角度分析思考问题，从化学的视角认识硫酸型酸雨的形成过程，认识物质及其变化对环境的影响。

【问题 2】 如何设计实验模拟酸雨的形成过程？

【活动 2】 学生讨论形成方案，模拟途径①分两步：第一步 SO_2 溶于水，即向含有 SO_2 的针筒里吸取少量水；第二步 SO_2 水溶液被氧化，即将 SO_2 水溶液挤到小烧杯里与空气充分接触。学生用教师提供的实验仪器（含有 SO_2 的针筒、蒸馏水、小烧杯、紫色石蕊试液、pH 试纸）进行实验。实验装置图及曲线如图 3.107 和图 3.108 所示。

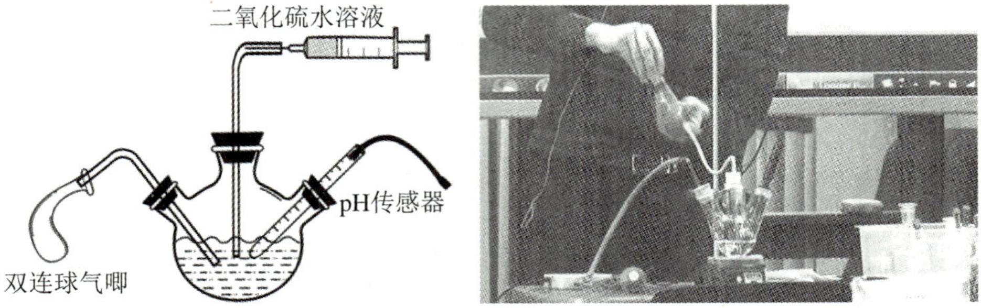

图 3.107

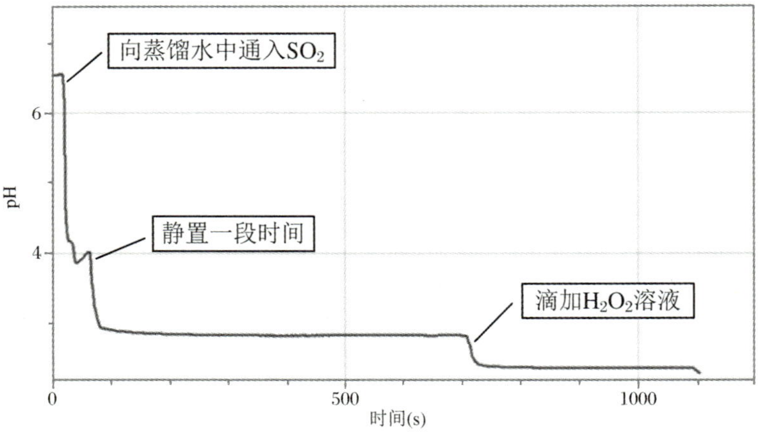

图 3.108

【评价 2】 通过方案的设计评价学生的思路是否清楚，分析、推理是否合理，实验方案是否安全、可操作等，在动手实验中评价学生的实验操作是否规范。

设计意图：通过观察实验现象总结 SO_2 的核心知识，通过设计实验、动手实验培养学生严谨求实的科学态度和科学探究的精神。

【问题 3】 如何证明模拟液中的 H_2SO_3 已经被氧化成 H_2SO_4？

【活动 3】 学生讨论给出设计方案并进行实验：

(1) 加入(盐酸酸化的)$BaCl_2$ 溶液，溶液变浑浊。(学生分组实验)

（2）pH传感器测定模拟液被氧化前后的pH变化。（演示数字化实验）

【评价3】 通过设计测定SO_4^{2-}或H^+的生成来证明H_2SO_3被氧化，培养学生严谨求实的态度。

设计意图：发展学生对化学实验探究活动的好奇心和兴趣，运用硫酸根离子检验知识解决实际问题，依据H_2SO_3氧化成H_2SO_4后溶液中的微粒发生变化进行多角度设计实验，培养学生定性、定量设计实验的意识。

【问题4】 如何证明静置一段时间后的模拟液中还存在H_2SO_3？

【活动4】 学生讨论给出设计方案并进行实验。

方案1：先加$Ba(OH)_2$溶液，再加盐酸，观察溶液的浑浊度变化。（引出浊度传感器）

方案2：加入酸性$KMnO_4$溶液（或溴水），观察溶液颜色变化。（学生分组实验）

方案3：加入H_2O_2或通入O_2，pH传感器测定pH的变化。（演示实验）

【评价4】 通过学生方案的设计，使学生思维外显，对学生面对复杂体系中分类解决实际问题的能力进行评价。

设计意图：发展学生对化学实验探究活动的好奇心和兴趣，运用SO_4^{2-}检验知识，解决实际问题。依据H_2SO_3氧化成H_2SO_4后溶液中的微粒发生变化进行多角度设计实验，培养学生定性、定量设计实验的意识。运用还原性进行H_2SO_3的检验，引入传感器技术让学生了解现代技术对化学实验的支撑作用，让学生更易从定性思维转向定量思维。

（三）高价态硫向低价态硫转化

情境：自然界中的硫循环、硫元素的价类表三维图。

【问题1】 请从三维图预测硫酸有哪些化学性质？

【活动1】 学生分组讨论，总结交流：从物质类别推出稀硫酸具有酸的通性；从价态推出浓硫酸具有强氧化性；从律表推出浓硫酸是强酸，比磷酸强。

【评价1】 能否从三维视角推出物质的化学性质？

设计意图：再一次运用价类表三维图完成硫酸化学性质的推断。

【问题2】 如何设计实验实现浓H_2SO_4中高价硫向低价硫的转化？

【活动2】 学生分组讨论交总结流：

方案1：加还原剂铜，从化合价角度预测浓H_2SO_4的还原产物为SO_2，用酸性$KMnO_4$或品红溶液检验SO_2的生成，证明浓H_2SO_4中高价硫向低价硫转化。（学生分组实验）

方案2：加还原剂碳，从化合价角度预测浓H_2SO_4与碳的反应产物为CO_2、SO_2。

【追问】 如何用实验证明浓H_2SO_4氧化木炭的产物？

这是一个挑战性的任务，学生设计了多种方案，其中一种为：先通入品红溶液，再通入酸性$KMnO_4$溶液，再通入品红溶液，最后通入澄清石灰水中。

鼓励学生对不同的方案进行评价。

教师小结，演示用酸性$KMnO_4$或品红溶液检验SO_2的生成，用CO_2传感器检验CO_2（图3.109）。

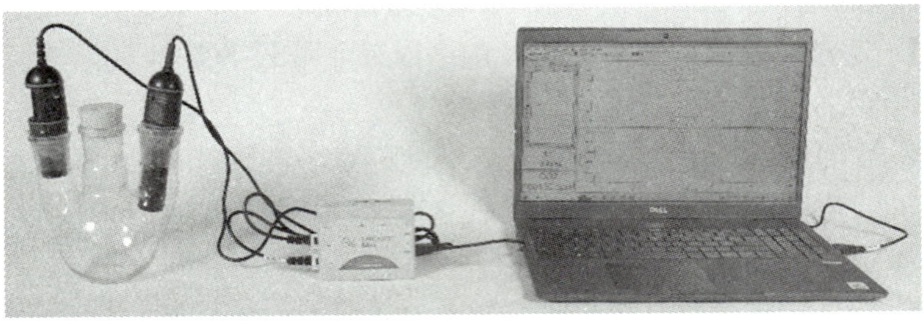

图 3.109

【评价 2】 评价方案的完整性、可行性、安全性和创新性，以及实验操作的规范性等，通过 CO_2 与 SO_2 混合气体的检验判断学生的思维是多点结构水平还是关联结构水平。

设计意图：依据实验目的设计实验方案，培养学生的证据意识，让学生建立观点、结论和证据之间的关系，让学生体会现代技术给化学实验带来的便利。让学生从物质核心元素价态、物质类别对比分析学习新物质。

【问题 3】 如何证明浓 H_2SO_4 的脱水性和吸水性？请观察实验，解释现象，得出结论。

【活动 3】 教师演示浓 H_2SO_4 的脱水性，用湿度传感器演示吸水性实验(图 3.110)。

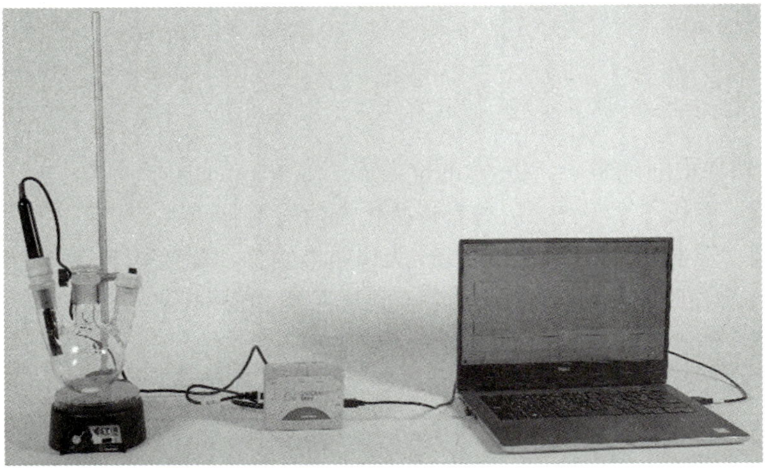

图 3.110

【活动 3】 学生仔细观察教师演示实验产生的现象，思考并解释产生现象的原因。

【评价 3】 评价学生对现象解释的合理性，能基于证据提出可能的假设，通过分析推理加以证实或证伪。

设计意图：巧妙地将浓 H_2SO_4 的脱水性与碳和浓 H_2SO_4 的反应结合起来，并用湿度传感器演示吸水性，培养学生节约资源、保护环境、安全的意识，完善浓硫酸的核心知识。

任务：请查阅资料从化学和生物结合的角度了解自然界中硫循环的机理，完善硫循环图。

以师生互动的方式完成自然界中硫循环的每个环节的转化过程。

最后，教师用硫元素"代言人"华东师范大学姜雪峰教授结课，渗透爱国主义教育，体现化学学科对人类社会进步和科技发展的价值。

教学反思

本单元从设计到实施，经过多次修改完善，并在不同层次的学校进行实践，结合本单元设计修改过程及实践进行总结反思如下：

（一）立足情境，引发学生深度学习

本教学设计遵循的深度学习基本教学模式为：情境—问题—活动—知识—素养。以自然界中的硫循环图和硫元素价类表三维图为情境，创设进阶性问题启迪学生全身心地投入学习，引发问题情境的复杂程度逐渐增大：学科内熟悉物质—学科内陌生物质—学科间陌生物质—真实世界陌生物质。问题的思维层次逐步提升，对高阶思维的要求逐渐提高，体现出大概念的社会意义——在学科内和真实世界的迁移。由传统教学的"具体-具体"的元素化合物低通道迁移，转化为"具体-抽象-具体"的高通道迁移，体现了深度学习的活动与体验、联想与结构、本质与变式、迁移与应用、价值与评价的特征。

"硫及其化合物"的教学设计也突破了教材的限制，将硫元素化合物的具体性质镶嵌到含硫物质的转化中去，重新创设真实、具体的问题情境，运用转化的思想以学生活动的形式解决情境中的具体问题，促进素养立意的深度学习。本单元的 3 个课时始终在真实的自然界硫循环的大情境下，从运用价类表三维图预测物质的性质到设计实验证明自己的预测等活动中构建知识发展素养，从构建价类表三维图到运用元素价态、物质类别、元素周期律 3 个维度解决情境中的真实问题，形成价态观、类别观、转化观等化学观念。3 个课时的教学形成一个有机整体，目标一致且具有进阶性，打破了常规的元素化合物教学模式，突出大情境下价类表三维图的指导作用。

（二）突出活动，促进学习方式转变

本教学设计整体思路：由情境到问题，再将问题的解决转化为学生的活动，在活动中构建知识，发展核心素养，活动是本单元学习的中心。学生化学学科核心素养的发展是在具体的活动中自我构建、不断提升的过程，而不是靠教师简单地教授。活动为学生主动建构知识、发展核心素养提供"场所"，促进了学生学习方式的改变。本单元设计了多样的活动，开展以转化为核心模拟酸雨形成过程的探究学习、开展以价类表三维图为基础探究硫及其化合物性质的学习、开展以真实情境为背景解决天然气中除硫化氢的问题，改变以往由单一的结构到性质，再到用途的元素化合物的学习方式。随着学习方式的转变，学生在活动中不仅整体掌握了硫及其化合物的知识，更多的是形成了价态观、分

类观、变化观、环境观等化学观念，发展了科学探究与创新意识、证据推理与模型认识、科学态度与社会责任等化学学科核心素养。

（三）基于问题，培养学生创新能力

知识为创新提供原料，创新是知识的转化和整合，创新能力的培养要始于知识，依托知识。指向核心素养的单元教学不能脱离核心知识，知识是发展核心素养的载体。本单元教学设计时，先梳理教材中硫及其化合物的核心知识及课标对知识的要求，情境的选择也注重考虑要能融入硫及其化合物的核心知识。3 节课的教学都是以核心知识为基础，通过实验让学生的知识转化为解释化学现象、解决实际问题的创新能力。在知识体系的构建、问题的解决中通过培养学生的发散思维、聚合思维、批判思维等高级认知能力来培养学生的创新能力，如在工业生产硫酸的教学过程中，依据自然中硫循环及价类表三维图，思考哪些途径可以得到硫酸，这是发散思考的过程。通过总结让学生思维从对硫元素低价态转化到高价态的认知上，再通过批判性思维找到适合工业生产的途径。

（四）关注评价，探查单元学习效果

本教学设计将素养导向的评价任务嵌入课堂教学过程中，通过学生活动、教师的追问来外显学生的思维过程，更利于教师基于证据判断单元学习目标的达成情况，结合课后测试及学生访谈等形式的持继性评价，探查了本单元的学习效果。在核心知识的构建方面，学生在自然界的硫循环情境中，先构建价类表三维图，再运用价类表三维图从转化的视角整体认识硫及其化合物的性质，形成核心知识的结构化，从而摆脱枯燥繁杂、机械记忆零碎化的元素化合物学习体验。到第 3 课时，学生能准确预测出浓硫酸与铜、木炭反应的氧化产物和还原产物。这足以说明学生能从价态视角认识物质、分析物质。在学生活动方面，学生的活动指向真实情境中的有价值的问题，激发了学生的好奇心、学习兴趣，如在学生设计从天然气中除去硫化氢的方案活动中，当学生自己设计的方案与实际除去硫化氢方案一致时，表现出由内而外的喜悦之情，在肯定自己的同时，也初步形成通过转化解决问题的思维模型，并体会到应用化学解决社会问题的化学学科价值。在学科方法方面，本单元的教学主体都是通过基于问题提出假设或预测—多角度设计方案—实验获取证据—分析推理得出结论的思路完成探究，从访谈结果及测试来看，学生已经建立观点、结论、证据之间的逻辑关系，在实验过程中慢慢形成了严谨的科学态度，并具有安全意识。

参考文献

[1] 魏云.基于真实问题情境“工业烟气脱硫”的化学教学：以高中化学必修一“硫及其化合物”复习教学为例[J].教育与装备研究，2018(10)：20-23.

[2] 胡久华，陈鹏，陈航.基于环境主题的化学教学设计[J].化学教学，2012(10)：39-42.

[3] 唐云波.从“知识本位”走向“素养为重”的元素化合物教学设计：以“硫化合物教学”为例[J].化学

教学，2017(10)：35-39.
[4] 朱沈燕.硫及其化合物转化的核心知识探析[J].中学化学，2020(8)：23-24.
[5] 杨明生.硫元素及其化合物性质的教学[J].中学化学教学参考，2009(9)：22-24.
[6] 顾备战，龚颖潮.运用创新学案的"硫及其化合物"复习课教学初探[J].化学教学，2013,(6)：24-27.
[7] 闫守轩，杨运.新时代以创新能力培养为核心的课程结构性变革[J].课程·教材·教法，2021,448(2)：26-31.
[8] 朱成东，夏建华，袁天祥.从三维视角认识元素化合物的单元教学设计及实施：以"硫及其化合物"为例[J].化学教学，2022(7)：37-42.

课例十二　基于化学学科理解的高中有机化学复习教学——卤代烃

教学主题内容及教学现状分析

“卤代烃”是人教版高中化学选修三第三章第一节的内容，本节课是在复习完“烃”之后的第一节“有关烃的衍生物”的高三一轮复习课，其重要性不言而喻，既发展了烃的相关性质与应用(如烷烃可通过取代反应转化成卤代烃，亦可通过不饱和烃的加成反应制备得到卤代烃)，更为接下来“烃的含氧衍生物性质”的复习明确了方法，建构了模型。“新课标”提出“引导学生建立‘组成、结构决定性质’的基本观念，形成基于官能团、化学键与反应类型认识有机化合物的一般思路，了解测定有机化合物结构、探究性质、设计合成路线的相关知识，发展化学学科核心素养”的学业要求。卤代烃作为建立烃与烃衍生物之间的重要桥梁，复习课更要凸显其价值与功能，学生通过认识生活、生产、药物合成中使用到的卤代烃，总结归纳卤代烃的名称、类别及物理性质；引导学生从物质类别、化学键结构以及元素周期律三维视角认识并指明烃、卤代烃以及烃含氧衍生物之间相互转化的途径；基于复习和巩固的化学键及官能团转化，应用卤代烃的性质探讨卤代烃中卤原子的检验和以卤代烃为原料的有机合成。

关于“卤代烃”性质学习的文献资料，多从实验教学的视角探讨了教材中有关卤代烃的取代反应和消去反应的试剂选择与反应机理。徐泓等指出溴乙烷与 $AgNO_3$ 溶液混合后能反应，本质是 NO_3^- 与溴乙烷直接发生亲核取代反应生成硝酸乙酯，又从反应条件、产率等方面辨析，认为2-溴丙烷更适合作为实验代表物。郭震建议引导学生辩证地认识物质性质的一般性与特殊性，增强综合运用化学分析和仪器分析手段来检测、表征有机反应产物的意识。这些文献确实从反应机理的高度对高中有机化学教学中有关卤代烃的取代反应和消去反应给予更合理准确的指导，指出了高中教师在卤代烃教学过程中出现的一些错误、解答了遇到的一些疑问。但该类文献毕竟不是复习课教学课例，对于如何设计环节、安排活动让学生形成卤代烃转化的知识网，以及如何从高中生现有认知层面加深对学科的理解都没有给出直接的回答。

也有一些文章以“卤代烃”为主题开展了复习课的教学设计和教学实践探索。宋海清等运用“四环四层”的育人模式将卤代烃复习课设计成：① 卤代烃的命名、分类；② 卤代烃的物理性质；③ 卤代烃的转化与应用；④ 卤代烃的化学性质；⑤ 卤代烃在有机合成中的“桥梁”作用五个环节。郑克强等围绕“卤代烃在工农业生产和人们的日常生活中都有着广泛的应用"这一真实情境展开，设计了"卤代烃的取代反应""卤代烃的消去反应""由 2-溴丁烷制备 2,3-丁二烯"三个教学环节，遵循分析结构预测性质—寻找证据验证性质—应用性质设计转化的逻辑关系推进教学过程，使学生主动获得卤代烃的核心知识。这些文章重点是以"结构化"的方式从官能团转化视角复习与巩固了卤代烃的化学性质及其在有机合成中的重要应用。

教学思想及创新

本节课将从"化学学科理解"的视角对"卤代烃"的复习进行组织建构，从而让高中有机化学中烃、卤代烃、烃含氧衍生物的知识结构化，学生更易掌握卤代烃的取代反应和消去反应。具体表现在：

(1) 对化学学科学习方法的理解。能利用分类法思想，迁移元素化合物学习时掌握的价类二维图，创造性地对有机物性质学习进行构类律三维图的建构。

(2) 对化学学科知识本原的理解。设计活动、设置问题让学生明白有机物官能团的性质的本质依旧是化学键的形成与断裂，避免从主观上将官能团与化学键的认知"割裂"。在此基础上引导学生从影响共价键强弱的因素，如元素电负性、原子半径认识化学键的极性以及官能团参与反应的活性和"机理"。

教学目标

(1) 能举例说出日常生产、生活中常见的卤代烃材料制品，能根据列举的卤代烃名称写出其对应的结构简式，并能从不同的标准对所列卤代烃进行分类。

(2) 能迁移价类二维图知识，从有机物类别、官能团结构两个维度建构以卤代烃为中心的烃和烃衍生物的转化关系图，并能结合卤族元素的性质从元素周期律第三个维度深度理解不同卤原子卤代烃在性质上的相似性与差异性。

(3) 能从结构、类别和律表的视角分析溴乙烷的组成和结构特点、性质、转化关系及主要反应，关联官能团(碳溴键)和反应类型，能设计实验检验卤代烃中含有的卤原子，形成认识有机化合物的一般思路。

(4) 能从元素电负性大小和原子半径大小两个主要因素分析不同碳卤键的极性强弱，理解同一碳卤键在不同试剂下反应的难易，初步感受不同碳卤键在相同反应条件下反应活性的差异，深刻体会"结构决定性质"的学科大概念。

(5) 能运用构类律三维图解决实际生活中药物中间体合成线路的设计问题。

教学流程

"卤代烃"复习课的教学流程，如图 3.111 所示。

教学环节	情境	任务/问题	主要活动	设计意图
环节一：再识卤代烃	日常生活中卤代烃制品图片	复习巩固卤代烃的分类、名称、结构简式、官能团	说出卤代烃的名称与官能团；书写卤代烃的结构简式；描述物理共性	感受卤代烃在日常生活生产中的重要应用。重现卤代烃的名称、结构、物理性质等简单知识，让学生快速进入复习卤代烃的状态
环节二：卤代烃的转化	价类二维图	巩固卤代烃的化学性质，理解其取代反应与消去反应	了解常见有机物间的转化；理解碳卤键极性强弱对反应的影响	迁移元素化合物的价类二维图，从构类律三维视角构建烃与烃衍生物间相互转化关系，并从化学键视角理解官能团性质，进而达成知识结构化、能力外显化的目标
环节三：卤代烃中卤原子的检验	实验验证卤代烃中卤原子	设计实验检验溴乙烷中溴原子	设计实验方案、评价实验方案、进行实验探究	应用有机物的构类律三维图，解决实际问题，形成检验有机物官能团的一般方法；理解碳卤键的特点，实验探究检验卤代烃中卤原子的其他方法，发展证据意识与探究意识
环节四：卤代烃为原料的有机合成	重要的医药中间体1,4-环乙二醇	以氯代环己烷为原料，设计合成1,4-环己二醇的路线	设计有机合成线路，完成实验	应用构类律三维图，进行简单有机合成线路的设计，并用化学方程式表征出每步转化；既巩固了卤代烃性质，又为有机合成专题复习做好了铺垫

图 3.111

教学实录

（一）再识卤代烃

【教师】　有机化学的魅力是发挥你天马行空的创造力去改造物质世界，合成和制备性能各异的有机化合物。前不久，中国科学家林松教授团队用电化学驱动卤代烃交叉亲电偶联反应，并将反应拓展至克级规模，为天然产物的合成和药物的研发做出了巨大贡献。

【教师】　生活中常见的卤代烃制品有哪些？这些卤代烃的名称是什么？如图 3.112 所示。

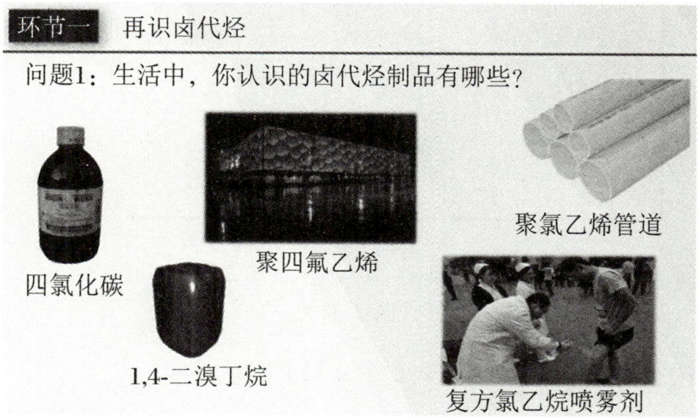

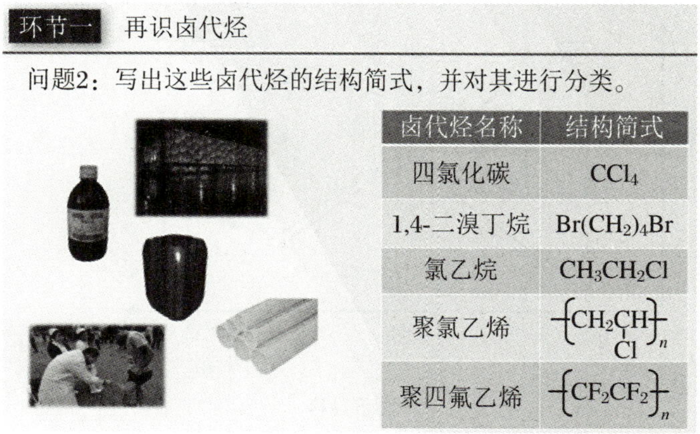

卤代烃名称	结构简式
四氯化碳	CCl_4
1,4-二溴丁烷	$Br(CH_2)_4Br$
氯乙烷	CH_3CH_2Cl
聚氯乙烯	$\{CH_2-\underset{Cl}{CH}\}_n$
聚四氟乙烯	$\{CF_2CF_2\}_n$

图 3.112

【学生】　四氯化碳、1，4-二溴丁烷、氯乙烷、聚氯乙烯、聚四氟乙烯。

【教师】　写出这些卤代烃的结构简式，并依据不同的标准对其进行分类。

【学生】　依据卤原子个数分为一卤代烃、二卤代烃、多卤代烃；依据卤原子种类分为氟代烃、氯代烃、溴代烃、碘代烃；依据烃基种类分为卤代烷烃、卤代烯烃、卤代炔烃、卤代芳烃。

【教师】　回忆并描述卤代烃的物理共性。

【学生】 卤代烃大多为液体或固体，不溶于水，可溶于有机溶剂。某些卤代烃本身也是良好的有机溶剂。

（二）卤代烃的转化

【教师】 虽然，同学们所了解的卤代烃制品有限，但正如开篇所说，它们在有机合成中扮演重要的角色。例如，阻燃剂、液晶材料、药物、橡胶等物质的合成都离不开卤代烃。

【教师】 卤代烃如何转化合成其他烃和烃的衍生物？迁移价类二维图模型的方法，从物质结构和物质类别两个视角建构有机物之间转化的认知模型，请参考卤代烃的表示，填写这张二维图，如图 3.113 所示。

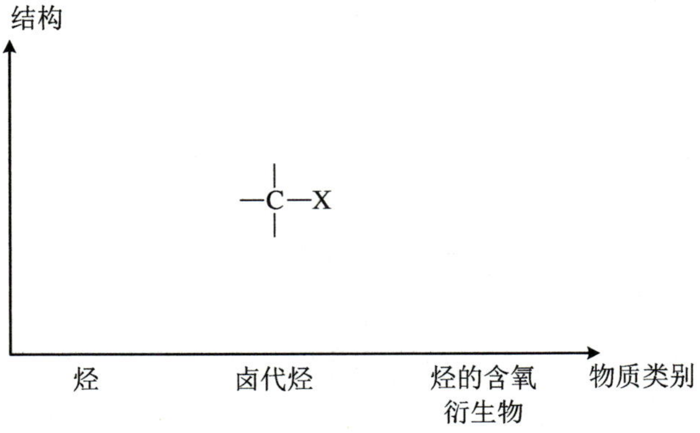

图 3.113

【学生】 建构有机物构类二维图，如图 3.114 所示。

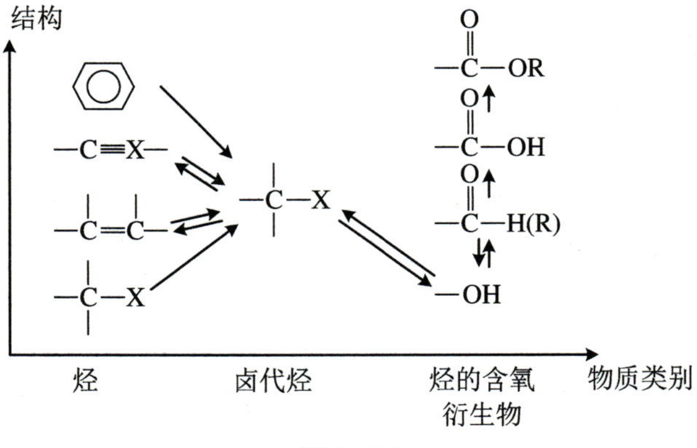

图 3.114

【教师】 以溴乙烷为例，写出碳卤键向碳碳双键和羟基两种结构转化的方程式。

【学生】 两位学生在黑板上书写，其他学生在草稿纸上书写，并互评。书写的化学方程式为

$$CH_3CH_2Br + NaOH \xrightarrow[\triangle]{水} CH_3CH_2OH + NaBr$$

$$CH_3CH_2Br + NaOH \xrightarrow[\triangle]{乙醇} CH_2 = CH_2\uparrow + NaBr + H_2O$$

【教师】 总结归纳卤代烃发生取代反应和消去反应的断键、成键特点并对比反应条件的差异。

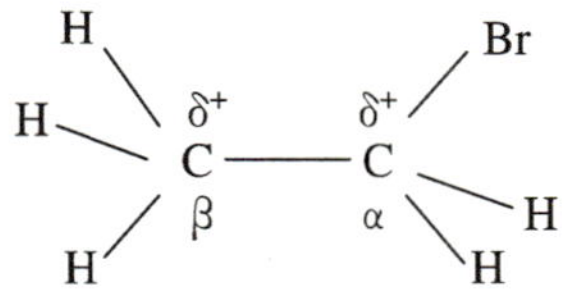

图 3.115

【学生】 结合溴乙烷的结构式及电性分布，如图 3.115 所示，认识并理解卤代烃的取代反应与消去反应。卤代烃在 NaOH 水溶液中发生取代反应(水解反应)，其断键、成键特点是带负电的原子团 OH^- 进攻了碳卤键中带正电的碳原子，形成了醇。卤代烃在 NaOH 乙醇溶液中发生消去反应，其断键、成键特点是带负电的原子团 OH^- 进攻了碳卤键中的碳原子邻位碳原子上的氢原子，断裂了 β-C 上 H 和碳卤键，形成了不饱和键。

【教师】 从碳卤键极性强弱的角度，分析碳溴键的反应活性，预测并判断碳氟键、碳氯键和碳碘键在取代反应和消去反应上的差异性。

【学生】 卤代乙烷中碳卤键极性强弱判断的依据：元素电负性越大→原子半径越小→共价键极性越强→对所带电子束缚力越大→电子流动性越差→共价键可极化性越小→反应越不容易进行。卤代烃的反应活性大小顺序通常为：RF＜RCl＜RBr＜RI。另外，卤代乙烷的静电势能图能较为直观地看出碳卤键的可极化程度由 C—F 到 C—I 逐渐增强，如图 3.116 所示。

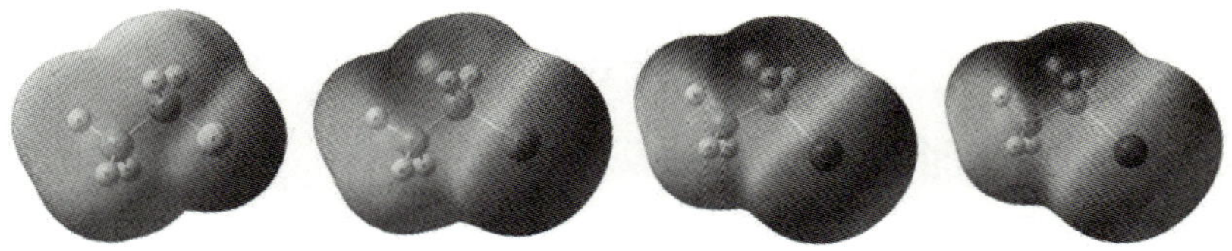

图 3.116

【教师】 认识有机物的化学性质不仅可以从物质类别和结构的视角，还可以从元素周期律的视角关联结构与性质，如图 3.117 所示。

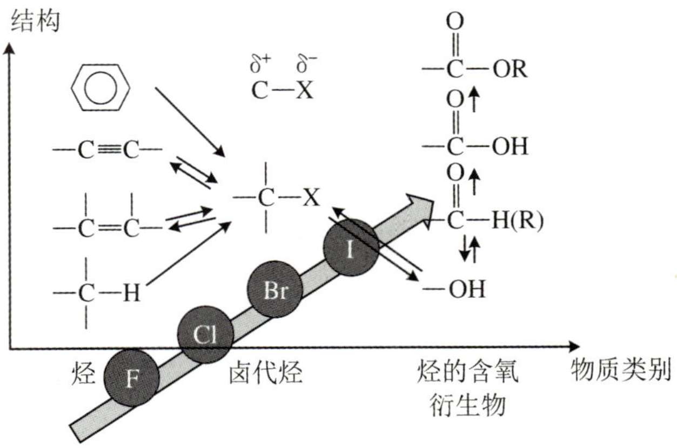

图 3.117

(三)环节三:卤代烃中卤原子的检验

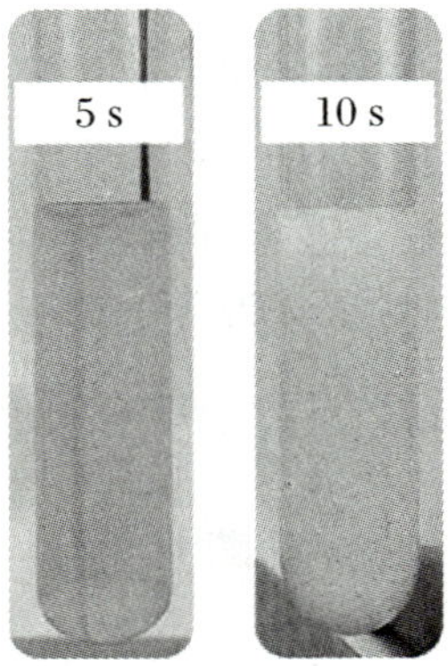

图 3.118

【教师】 含不同卤素原子的卤代烃该如何鉴别呢?设计实验方案并证明溴乙烷中含有溴原子。

【学生】 检验方法:取少量溴乙烷于试管中,加入 NaOH 溶液后加热,静置,取上层清液于另一试管中,先加稀 HNO_3 酸化,再加 $AgNO_3$ 溶液,产生淡黄色沉淀。

【教师】 依据碳卤键断键、成键特点预测向溴乙烷中直接加入硝酸银乙醇溶液会出现什么现象呢?

【学生】 向溴乙烷中滴加 5 滴 0.2 mol/L $AgNO_3$ 乙醇溶液后,5 s 后溶液中出现浑浊,10 s 后浑浊现象明显,如图 3.118 所示。

【教师】 依据溴乙烷中碳溴键的电性分布解释现象原因,描述反应的过程。

【学生】 如图 3.119 所示。

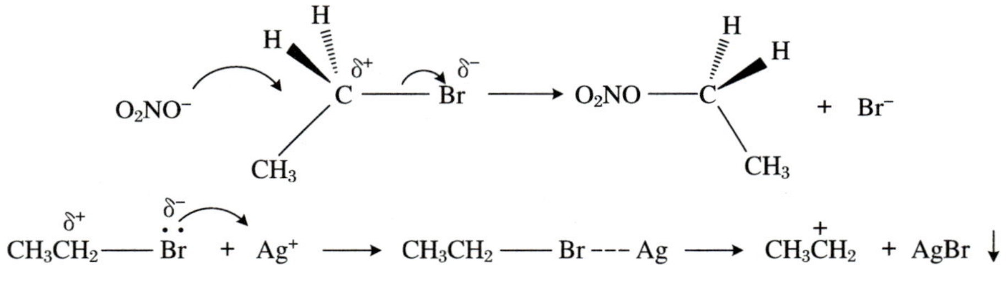

图 3.119

(四)卤代烃为原料的有机合成

【教师】 1,4-环己二醇是重要的医药中间体和新型材料单体,还是合成液晶材料、有机电材料、生物控制器标识物等的关键原料。结合前面有机化合物的构类律三维图,利用氯代环己烷合成 1,4-环己二醇。

【学生】 一位学生在黑板上书写合成线路,其他学生在草稿纸上书写合成线路并完成每一步反应方程式,如图 3.120 所示。

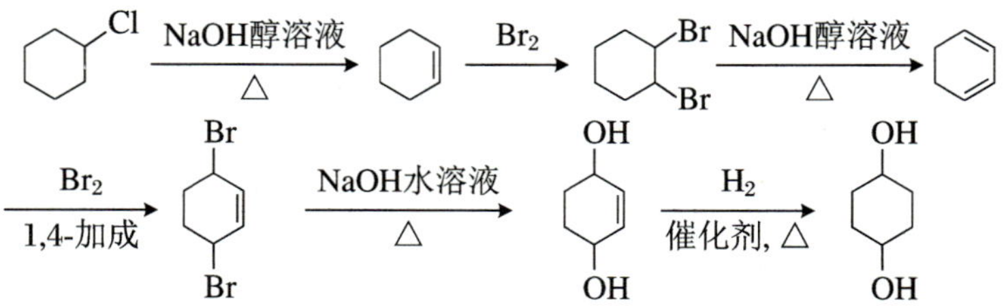

图 3.120

教学反思

(一) 落实核心素养、发展关键能力

引导学生迁移价类二维图模型，学生自主建构有机物性质的构类二维图，使其充分认识到卤代烃在烃与烃含氧衍生物转化过程中扮演的重要角色。再引导学生从同主族的递变规律认识不同碳卤键在化学性质上的差异，让学生更立体、更丰富地认识有机物之间的相互转化。通过回顾教材中卤代烃中卤原子的检验方法，巩固基础知识，通过实验探究溴乙烷中溴原子的检验方法，培养学生的证据意识，让学生建立观点、结论和证据之间的关系。

(二) 学科理解指导教学设计与教学实施

基于化学学科理解的教学设计，使学生从知识本原出发加深对现阶段化学知识的理解，利于所学知识的结构化。基于化学学科理解的教学实施，有助于学生形成化学学科特质的思维方式，如分类法的学科思想、结构决定性质的学科观念、化学键中的电性分布对反应性的影响等。本课例以复习卤代烃性质为主线，设计了四个教学环节，重构了教学过程，对卤代烃的核心知识进行了结构化处理，落实了化学学科理解和化学学科核心素养。学生在原有卤代烃性质认知的基础之上，通过分析碳卤键电性分布，思考溴乙烷和氢氧化钠水溶液反应最可能断键的位置。依据元素电负性和原子半径数据分析化学键极性强弱，预判不同碳卤键的反应活性差异。甚至还可进一步拓展思维，让学生思考对比碱性基团可以进攻碳溴键的碳，还可进攻碳溴键邻位碳上的氢原子，让学生建立取代反应和消去反应共存、竞争的关系。这样的学科理解让学生初步认识并理解有机反应的机理，也为之后烃衍生物化学性质的复习提供了新的视角，有利于学生学习能力的进阶。

参考文献

[1] 徐泓.对卤代烃实验教学中两个问题的辨析[J].化学教学，2022(3)：90-93.
[2] 郭震.对卤代烃取代反应及实验的再认识[J].化学教学，2023(5)：68-71.
[3] 宋海清.基于“四层四环”育人模式的“卤代烃”复习教学设计[J].中学化学教学参考，2022(4)：80-83.
[4] 郑克强.指向深度学习的“卤代烃”教学实践探索[J].中学化学教学参考，2022(2)：60-63.
[5] 邢其毅，裴伟伟，徐瑞秋，等.基础有机化学[M].3 版.北京：高等教育出版社，2005：603，662.

课例十三　化学教学与社会实践活动融合模式的初探——复兴路上话乙烯

教学主题内容及教学现状分析

早在 2001 年教育部颁布的《基础教育课程改革纲要(试行)》中就将综合实践活动课程设置为中小学的必修课程。2017 年教育部印发的《中小学综合实践活动课程指导纲要》中指出综合实践活动课程要立足于学生的实际生活和发展需要,通过社会调研、查阅资料、合作探究等方式解决问题,是一门培养学生综合素质的跨学科实践性课程。

化学是一门与社会生活和生产紧密联系的学科。新课程的教育理念也已经深入人心,在课堂教学的过程中教师都会设计创设情境、引发问题、任务驱动、合作探究等一系列活动,以求充分调动学生的积极性,加强学生的自我学习能力。但是由于时间和空间上的限制,这种"创设的情境"不是"身临其境",走出课堂、走进社会,将化学学科教学和社会实践活动融合起来,才能满足学生多样化的发展需求。

基于以上原因,笔者首先梳理了现行教材,挑选、整合了适合进行社会实践活动的知识内容。其次,挖掘了适合进行实践活动的社会资源,如石油化工厂、塑料废品回收加工厂、污水处理厂、自来水厂、化学博物馆、气象局等。最后,将化学教学与社会实践活动融合的课程分为以下几个主题,具体见表 3.14。

教学目标

(1) 通过"走进石油化工厂"的社会实践活动了解石油炼制乙烯的工艺,感受真实的化工生产流程,拓宽对石油炼制乙烯的认知,加深对化工职业的认知。

(2) 通过石蜡油催化分解实验的方案设计、实验操作、现象观察和结果分析,增强科学探究与实验创新的能力。

(3) 通过探究石蜡油分解产物的成分,体会现代仪器分析技术在化工领域的应用价值。

表 3.14

主题	系　　列	课　　题	资　　源
化学与健康	系列 1：化学与饮食	探究豆腐的制作以及影响豆腐成形的因素 探究久置果汁中维生素 C 含量的变化 酿酒的原理及工艺 白糖的精制 探究不同饮料中含糖量的测定 果蔬中残留农药的成分和对应去除方法 植物油脂的提取工艺	安庆豆制品加工厂 安徽冰峰饮料厂 安徽迎驾贡酒、安庆雪花啤酒 安庆小龙人食品 市面上不同品牌奶茶店 安庆茁壮农药厂、安庆质监局 安庆良友食品
	系列 2：化学与药物	药食同源——食品中的补铁剂 加碘盐中碘的定性与定量测定 从“反应停”事件中了解手性 撷本草精华，萃济世青蒿	校社团实验活动 安庆盐业公司 化学史讲座 校社团实验活动
	系列 3：化学与心理健康	喜怒哀乐中的化学物质	心理专家讲座
化学与环境	系列 1：空气质量	解读空气质量报告 空气中 SO_2 含量的测定	安庆空气质量检测中心 安庆空气质量检测中心
	系列 2：水资源	酸雨对花草植物的影响 污水处理厂污水的处理和利用 自来水杀菌消毒的工艺	校社团活动 安庆污水厂 安庆自来水厂
	系列 3：垃圾回收再利用	废旧塑料的回收再利用 地沟油变废为宝	安庆再生资源加工厂 校社团活动
化学与能源	系列 1：化石燃料	“双碳”背景下火力发电的转型和升级 石油的开采、提炼与加工	国网安庆供电 中国石油化工厂安庆分公司
	系列 2：新能源的开发与利用	关于新能源汽车能源的源头思考 电动汽车电池的分类和发展方向	安徽江淮新汽车安庆分公司 安徽江淮新汽车安庆分公司
化学与材料	系列 1：金属	金属材料的加工与防护	安庆有色金属加工厂
	系列 2：玻璃	探寻玻璃工艺 感受科学艺术	安庆玻璃加工厂
	系列 3：高分子材料	小分子筑大世界	中国石油化工厂安庆分公司

(4) 通过“中国乙烯 60 年”的社会调研，了解我国科技工作者在乙烯工业制备领域取得的重大成果，增强爱国情怀和社会责任感。

(5) 通过“废旧塑料回收利用现状调研”的实践活动，了解获取知识的途径和方法，通过探究废旧塑料回收利用的方法，增强环保意识和社会责任感。

教学流程

本节课的教学流程如图 3.121 所示。

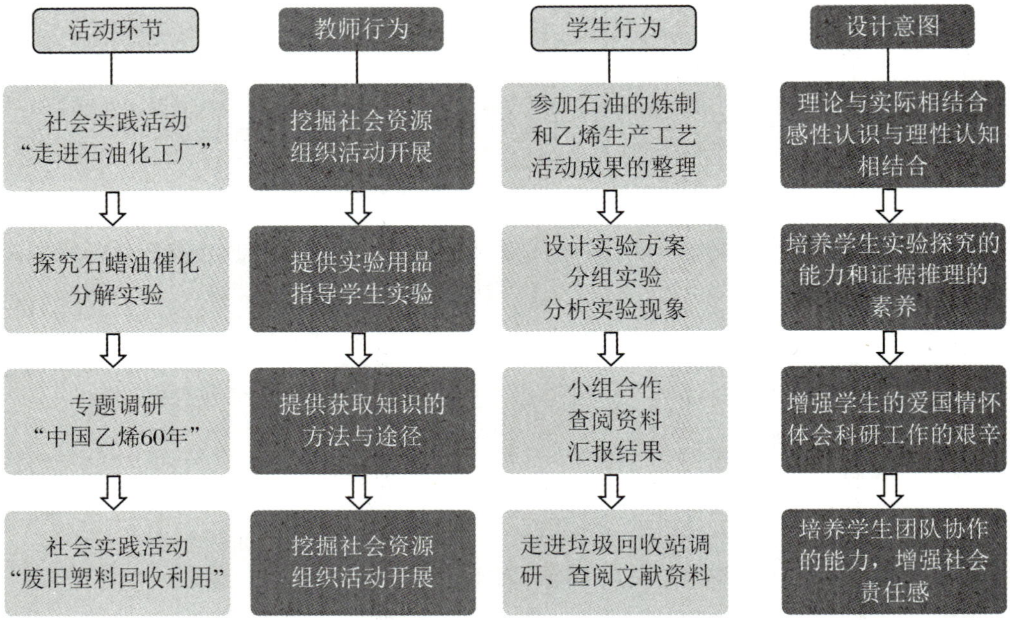

图 3.121

教学实录

（一）活动主题内容

乙烯是石油化学工业重要的基本原料，用途广泛，其产量可以用来衡量一个国家石油化学工业的发展水平。教材中关于乙烯工业生产的知识出现在人教版必修二第八章第一节“自然资源的开发利用”中，介绍了石油的主要成分，以及石油综合利用的方法——石油通过裂解可以得到乙烯、丙烯、甲烷等重要的化工原料。还给出了石油的分馏和裂化及产品用途示意图，通过该图学生可以了解到石油经过常、减压蒸馏和催化裂化得到汽油、煤油、柴油、润滑油等化工产品（图 3.122）。

出于时间和空间的限制，教材中这部分内容的学习只停留在了概念和基础原理的讲解层面上，学生对石油的综合利用、乙烯的工业化生产只能得到一个宽泛的认知。如果将这部分内容的学习与社会实践相结合，带领学生“走进石油化工厂”，那么工厂中密密麻麻的由管线、合成塔、压缩机、反应器等构成的化工大型装置可以给学生带来更直观的感受。适当的化学工业知识的了解可以让学生体会到学有所用，提高学生对化学学科价值的认知感。

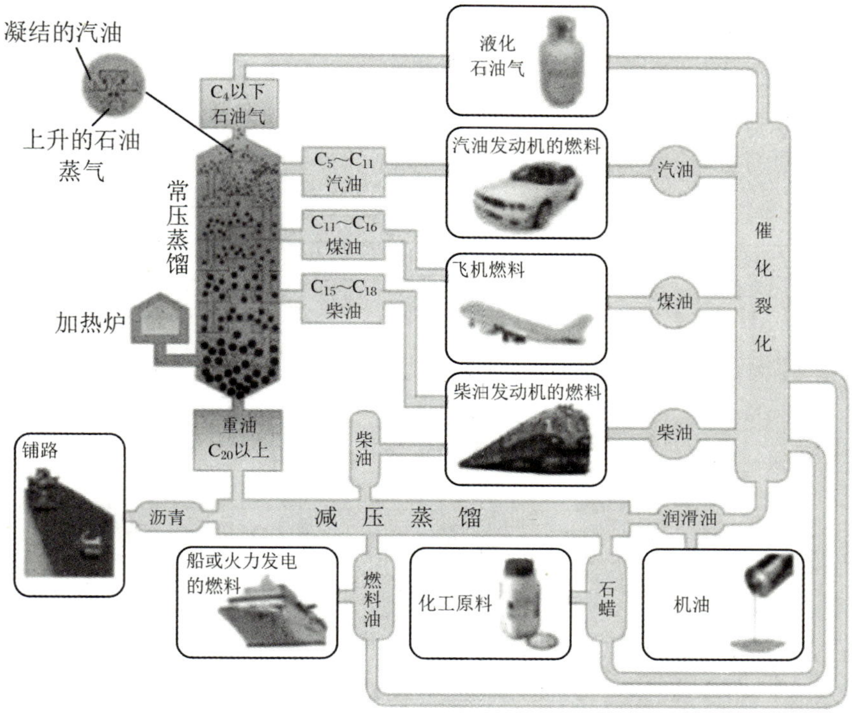

图 3.122

我国大约有 63%的乙烯都用来生产聚乙烯，聚乙烯是各种塑料制品的原料。塑料制品在给我们人类带来方便的同时，也引发了环境问题。通过“废旧塑料回收利用”的实践活动，可以培养学生的团队协作的能力，增强学生的社会责任感。

（二）活动模式与实施原则

1. 活动模式

在带领学生进行社会实践活动时，由于学生在实地参观的过程中又产生了新的问题，针对新的问题我们采取了回到课堂教学，分组讨论、小组探究、实验验证的活动形式，从理论认知到实践参观、再从实践中发现问题到实验探究解决问题。所以本活动采取“课堂”与“社会实践”交替进行的模式。这种模式让学生的感性认识与理性认识互相交织，深化了学生的认知。

2. 实施原则

学生是社会综合实践活动的实施者，在实践活动开展的过程中要尊重学生的自主性，把握好教师指导的适时和适度性。

（三）活动具体实施

1. 实践活动安排

本案例由多个社会实践活动组成，主要涉及石油的炼制、轻质油炼制乙烯的工业、乙烯的用途、实验室探究石蜡油分解、中国乙烯工业发展史、塑料制品的回收利用。参加活动的人员是校化学社高二的学生，具有一定的知识储备，发现问题和分析问题的能力也较强。本系列的活动开展时间主要集中在暑期，具体见表 3.15。

表 3.15

活动阶段	活动主题	活动地点	活动内容
第一阶段	走进石油化工厂	中国石化安庆分公司	参观石油炼制和乙烯生产工艺，了解乙烯的用途
		校化学社	整理总结活动内容 汇报实践活动成果
第二阶段	探究石蜡油催化分解	校化学社	小组讨论、设计实验方案
		实验室	实验探究石蜡油催化分解
		中国石化安庆分公司	通过气相色谱法鉴定分解产物成分
第三阶段	专题调研“中国乙烯 60 年”	石化厂史馆、校化学社	参观、查阅资料，了解中国乙烯产量 60 年的变化，了解原油直接制乙烯的新技术
第四阶段	废旧塑料的回收利用	废旧塑料回收站、加工厂	调研废旧塑料回收利用的方法和流程
		校化学社	查阅资料，了解废旧塑料制燃油的方法
		实验室	实验探究聚乙烯塑料颗粒催化裂化制燃油

2. 活动过程

第一阶段：社会实践活动——“走进石油化工厂”。

【学生】 学生查阅教材或其他资料，回顾已学的石油炼制、乙烯工业制备、乙烯的用途等知识。

【教师】 挖掘相关社会资源，依托地方资源进行社会实践，最后得到了中国石化安庆分公司（以下简称“安庆石化”）的大力支持，通过校企合作的方式开展实践。

【学生】 走进安庆石化，参观炼油部和化工部，了解石油炼制、乙烯制备工艺以及乙烯下游产品的制备。

【教师】 引导学生整理总结实践活动。

【学生】 总结实践活动，完成社会实践活动报告单并制作实践活动汇报展板，在校园宣传活动成果，如图 3.123 和图 3.124 所示。

原油：各种烷烃、环烷烃、水、无机盐的混合物　黑色、黏稠

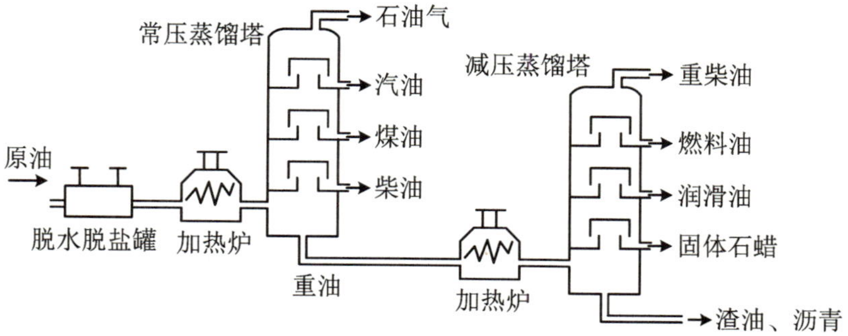

$$\text{原油}\xrightarrow[\text{裂化}]{\text{常压蒸馏}}\text{轻质油}\xrightarrow{\text{裂解}}\text{乙烯}$$

裂解流程

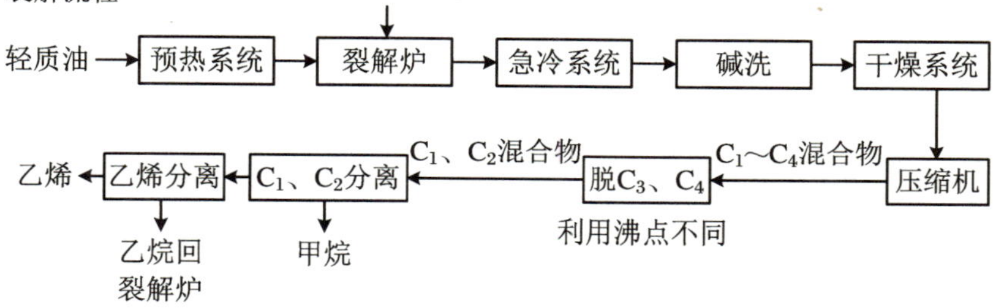

图 3.123

暑期社会实践汇报——乙烯的用途

1. 制备聚乙烯

乙烯通过加聚反应生成高分子聚合物——聚乙烯。聚乙烯可以用来生产各种塑料制品。

$$n\mathrm{CH_2{=}CH_2}\xrightarrow{\text{一定条件}}\mathrm{[\!-CH_2-CH_2-\!]_n}$$

2. 生产苯乙烯

乙烯与石油炼制的另一个产物——苯可以通过反应生成苯乙烯。苯乙烯是生产塑料和合成橡胶的重要原料。广泛用于汽车制造、家用电器、玩具制备、纺织、造纸、制鞋等。

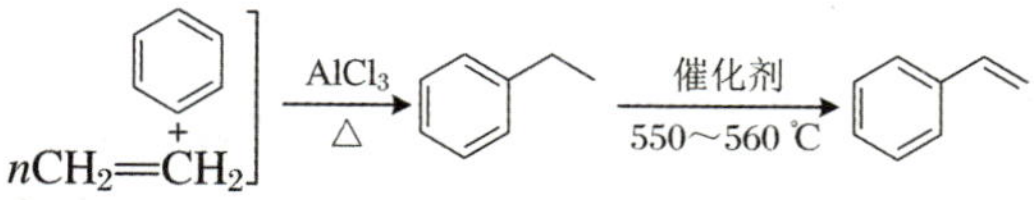

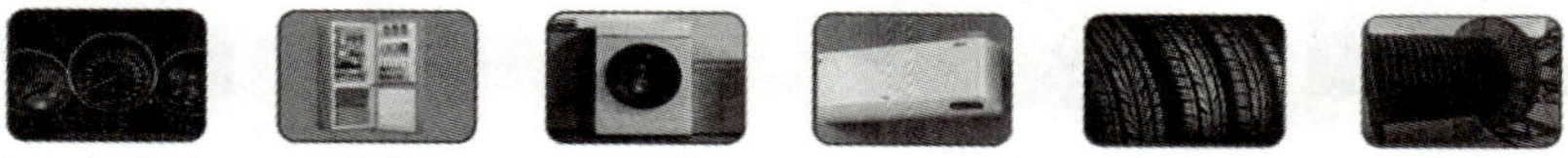

汽车仪表盘　冰箱　洗衣机　空调　汽车轮胎　电线电缆

除此之外，乙烯还可以用于制造乙醇、氯乙烯、环氧乙烷、乙醛等物质，也可用作水果和蔬菜的催熟剂。正因为乙烯这样多的用途，所以我们说乙烯是世界上产量最大的化学品之一，它的产量是衡量一个国家石油化工发展水平的重要标志。

图 3.124

【教师】 引导学生思考以下几个问题：

(1) 在炼制石油前为什么要经过脱水、脱盐的预处理？(从设备的材质角度分析)

(2) 结合资料(图 3.125)分析，轻质油裂解制乙烯时加入高温水蒸气的作用是什么？(从反应原理角度分析)

资料卡片

① 轻质油在裂解炉中发生反应 $C_nH_{2n+2} \rightleftharpoons C_nH_{2n} + H_2$，$\Delta H>0$；

② 烃类在高温条件容易生成副产物积碳，附着在催化剂表面使其失活

图 3.125

学生面对具体工艺问题没什么思路，在这个过程中教师要及时引导给出资料，帮助学生思考。

【学生】 分组讨论后得出：石油炼制的温度都较高，相关的设备材质是钢铁，脱水是为了防止金属的腐蚀。并得出以下结论：

(1) 供热，温度越高，反应速率越快。

(2) 烷烃裂解制烯烃是吸热反应，高温有利于平衡正向移动，增大平衡转化率。

(3) 烃类在高温条件下裂解容易产生积碳，水蒸气可以除积碳：

$$C + H_2O(g) \xrightarrow{高温} CO + H_2$$

第二阶段：实验室探究石蜡油催化分解。

【教师】 石蜡油分解是否能产生乙烯？

【学生】 查阅资料发现石蜡油主要成分是二十个碳左右的直链烷烃。

【教师】 引导学生思考碳碳单键的稳定性，得出要想让它断键，需要高温和催化剂的结论。

【学生】 根据教师所给的实验仪器和药品分组讨论设计实验方案。

【教师】 优化实验方案，强调反应时间、操作细节、实验安全问题。

【学生】 总结实验方案并进行实验，如图 3.126 所示。

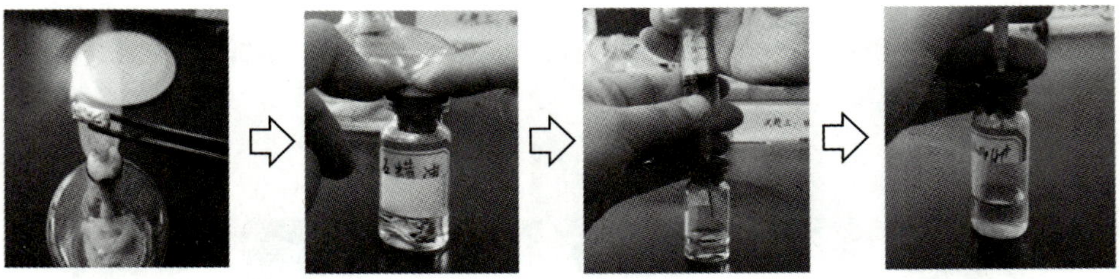

加热1 min　　反应1 min　　抽取7 mL气体　　注入后充分振荡

图 3.126

实验步骤：(1) 用镊子夹住催化剂铝丝在酒精灯上加热 1 min。

(2) 加热后的铝丝立即放入石蜡油中，盖紧瓶塞，反应 1 min。

(3) 用注射器抽取 7 mL 产生的气体，注入酸性高锰酸钾溶液中，充分振荡。

【教师】 引导学生观察实验现象(图 3.127)并由此总结实验结论。

【学生】 普遍观察到灼热的铝丝加入石蜡油后，瓶中产生了大量白雾，将反应后的气体注入酸性高锰酸钾溶液中，酸性高锰酸钾溶液褪色。大部分学生都认为根据这个现象可以得出石蜡油催化分解产生了乙烯的结论。

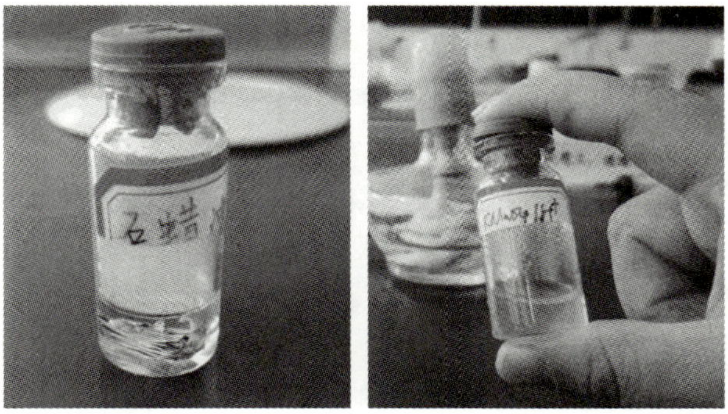

图 3.127

【教师】 学生的结论并不严谨，教师要继续引导学生发现问题。教师提出问题:“一定是分解产生的气体使酸性高锰酸钾溶液褪色吗?”引导学生思考注射器抽出的气体中不只有反应产生的气体，还有气化的石蜡油。教师继续提问:“石蜡油会不会使酸性高锰酸钾溶液褪色呢?”

【学生】 通过以上引导，学生不难得出需要进行对比实验。学生进行对比实验——探究石蜡油是否能使高锰酸钾溶液褪色，发现石蜡油和高锰酸钾溶液混合，只分层不褪色。由此学生又得出石蜡油分解产生了乙烯。

【教师】 在教师的引导下，学生发现不一定是乙烯，其他烯烃也会使酸性高锰酸钾溶液褪色。由以上实验只能得出石蜡油催化分解产生了不饱和烃。为解决这一问题，教师带领学生再次走进石油化工厂，采访专业人员寻求工业上检测气体成分的方法(图 3.128)。

图 3.128

【学生】 查阅资料了解气相色谱法的原理——将混合气体注入气相色谱仪中，色谱仪中有一根长长的色谱柱，混合气体的各组分由于性质不同在色谱柱中吸附和解附的能力不同，这就导致各组分在色谱柱中移动的速率不一样，到达检测器的时间也不一样，这样就达到了分离和检测的目的(图 3.129)。

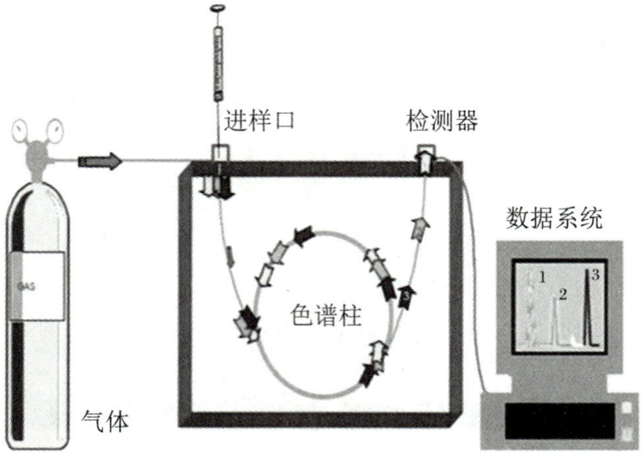

图 3.129

【教师】 实验探究——气相色谱法检测石蜡油分解混合气体的成分。

通过气相色谱法得出石蜡油分解产生的气体中含有乙烯，但收率较低(图 3.130)。

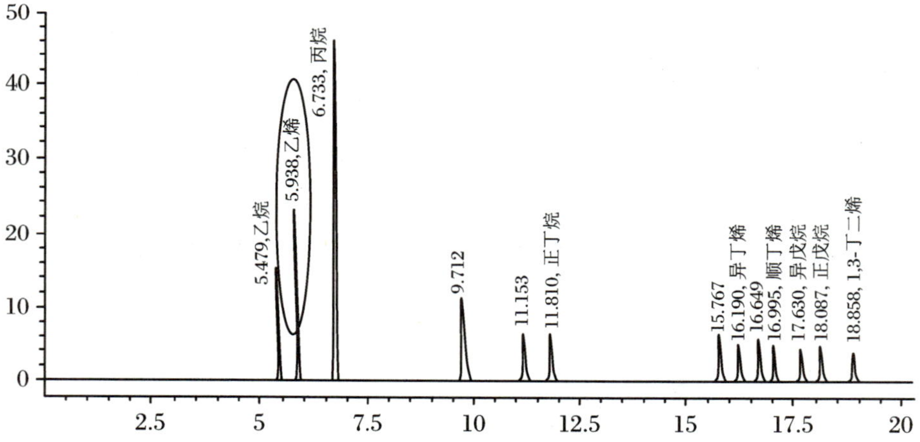

图 3.130

第三阶段：专题调研——“中国乙烯 60 年”。

【教师】 1962 年我国第一台以炼厂气为原料制备乙烯的管式炉装置诞生，至今已有 60 多年，请同学查阅资料了解这 60 多年我国在乙烯生产上取得的成就。

【学生】 小组分工合作，查阅资料，最终生成小组的活动报告。不同的小组从不同的角度进行了资料搜集。小组 1 进行了“中国乙烯 60 年”的汇报(图 3.131)，介绍了乙烯产能的发展；小组 2 从国家战略的角度，介绍了乙烯生产的不同原料，以及我国乙烯产业面临的转型问题(图 3.132)。

第四阶段：社会实践——“废旧塑料的回收利用”。

图 3.131

图 3.132

【教师】 我国大约有 63%的乙烯都用来生产聚乙烯，聚乙烯是各种塑料制品的原料。塑料在自然界中难以降解，是白色污染。我们要加强废旧塑料的回收利用。废旧塑料回收利用有哪些途径？

【学生】 查阅资料发现，其中一种再利用的方法是废旧塑料在高温和催化剂的条件下裂化制备燃油。

【学生】 进行废旧塑料制燃油的实验(图 3.133)。

实验步骤：(1) 取少量沸石于烧杯中，加入 20 mL 饱和硅酸钠溶液，搅拌，静置 5 min，过滤。

(2) 将滤渣置于烧杯中，加入 20 mL 饱和硫酸铝溶液，搅拌，静置 1 h，过滤，将滤渣放在坩埚中加热烘干即制得催化剂。

(3) 将 4 g 催化剂与 15 g 低密度聚乙烯塑料颗粒加入单颈烧瓶中，然后用电加热套加热，并用蒸馏装置蒸馏，当加热至无液态馏分产生时停止加热。

(4) 点燃获得的液态馏分。

【教师】 观察到哪些实验现象？

【学生】 加热过程中，聚乙烯塑料颗粒先融化后变黄，单颈烧瓶中有大量气体生成，冷凝后，有少量黄色可燃液体生成。

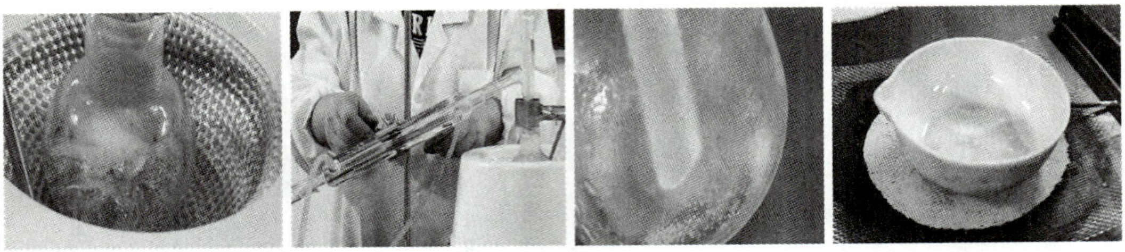

图 3.133

【教师】 合适的温度和催化剂可以将废旧塑料转变成燃油。我们由石油制备乙烯，乙烯生成聚乙烯，聚乙烯塑料又转变成了燃油，形成了循环利用，这也符合我国“碳中和”的政策理念。国家先行，经过多年的努力，我国已经构建起较为完善的废塑料回收体系，是全球塑料回收利用的引领者和贡献者，这充分体现我们国家的大国担当。

教学反思

（一）融合的效果

1. 培养了学生社会实践的能力

学生通过一系列的实践活动加深了对石油炼制乙烯工艺的了解，通过实验探究增强了科学探究的能力。学生在社会实践活动中查阅文献资料、实地考察、调研参观，这些过程都增强了学生收集和处理信息的能力，培养了合作精神和人际交往能力，学生在亲身实践中更加明确了自己的社会责任。

2. 促进了教师的专业化发展

化学教学与社会综合实践活动相结合的形式增强了学科知识的综合性和实践性。大多数教师从师范类学校毕业后就直接走上了教学岗位，对于大多数化学知识的认知也较多停留在书本上、视频中，并没有亲身走入现实社会生活、生产中。如果想要带领学生做好社会实践活动，那么教师也需要加强自身的专业素养，利用课下的时间先行做好资料的搜集、实践活动素材的筛选和整合，并在社会实践活动开展的过程中不断总结、修正活动开展的方式。

（二）活动实施中教师需要改进的几个问题

1. 加强化学学科知识和社会实践活动的融合

社会实践活动的设计既要考虑学生知识的储备情况，还要考虑相应的社会资源，如化工厂、质检中心、科研单位等中涉及的具体项目。综合考虑两方面的现实因素最终确定实践活动的教学目标和设计实践内容。要想充分发挥社会资源在实践活动中的作用，教师就必须提前对社会资源进行详细地调研，这样才能使实践活动和化学学科知识有机融合。

2．实践活动开展过程中把握教师的参与度

学生是社会实践的实施者，教师要把握好在活动中引领的作用。例如，学生在查阅资料时，常常效率低下，所收集的资料过多没有重点，此时教师需要引导学生增强时间观念。学生在进行实验探究活动时，小组分工不明，部分小组忘记记录时间，导致实验效果不明显。此时教师需要引导学生增强合作意识。学生在进行实验探究时，会遇到意想不到的问题，例如学生用注射器向酸性高锰酸钾溶液中注入气体时，由于瓶内气压较大，瓶塞弹出导致实验失败。教师要积极引导学生思考失败的原因，让学生从失败中总结经验。有鉴于此，要给学生留有充足的实验时间。

3．实践活动评价方式的具体化、多样化

学生在进行社会实践活动时，部分学生的目标性不强，活动结束后难以形成活动成果。所以教师在活动前需要落实活动任务，增强学生实践的目的性，提高活动成效。

社会实践活动本身就具有开放性，所以对其评价也应该多样化。不仅要关注终结性评价，也要关注过程性评价。除了纸质测验外，还可以采用实践活动报告、演讲、宣传报等丰富的评价形式。

4．活动的开展需要各方的支持

社会实践活动的开展需要学生、教师、学校、社会、家庭等多方的合力。化学与社会生活、生产紧密联系，教师和学校要充分挖掘与生活、生产相联系的社会资源。社区和企业也要积极提供和开放相应的资源。同时由于学生的学业压力比较大，教师要积极与家长沟通，争取家庭的理解和支持，保护学生参加社会实践活动的热情。

参考文献

[1] 陆浩．我国乙烯工业及下游产业链发展现状与展望[J]．当代石油石化，2022，30(4)：22-27.

[2] 金荣，冷晶晶．气相色谱法测定工业乙烯含量的方法[J]．化学工程与装备，2022(2)：199-200.

[3] 曹建军．我国炼化产业转型升级亟待破局[J]．中国石化，2023(4)：75-75.

[4] 陈新，黄晓玲，刘运才．利用废弃泡沫塑料炼制燃料油气的研究性实验概述[J]．化学教育，2004(9)：42-43.

课例十四　项目式教学初尝试——海带中碘的提取和含量测定

教学主题内容及教学现状分析

化学教材应围绕化学核心概念确定教材内容主题，应注重学生自主构建、实验探究和问题解决等学习活动的设计，应注重学习方法的引导，促进学生化学学习方式的转变。

本节课选自人教版高中化学必修二第八章第一节“自然资源的开发利用”。教材中开发利用金属矿物和海水资源，既是对所学必修内容中的氧化还原反应、能量的转化等知识及基本实验技能的梳理、拓展，也是化学在自然资源综合利用的体现。该部分内容具体知识关系框架如图 3.134 所示。

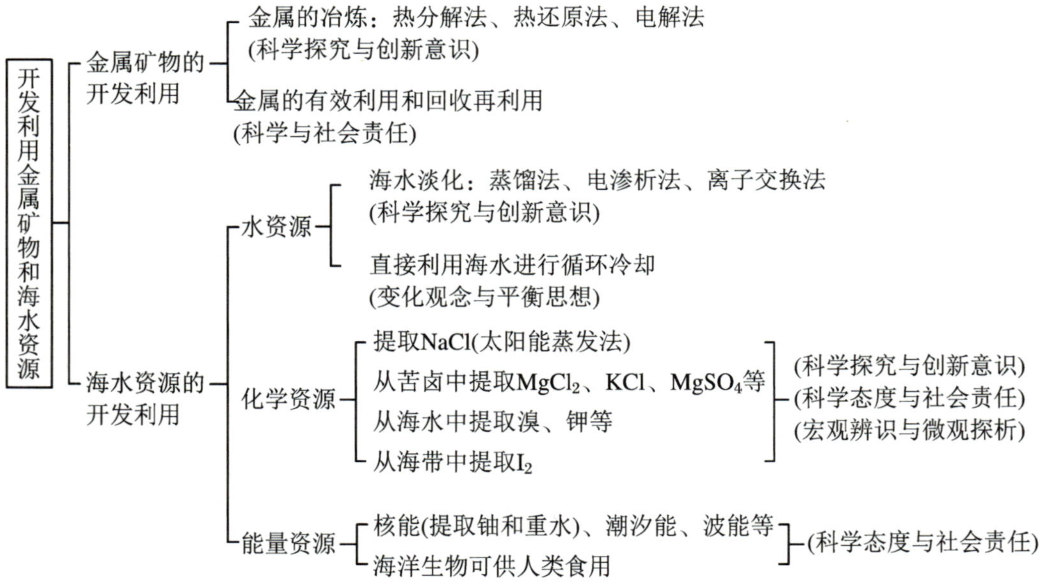

图 3.134

教学理念及创新

项目式教学法以项目式学习为基础，它打破了原来课堂教学中单课落实的僵局。引导学生通过持续的学习实践，实现核心知识的再构建。教学中以任务为主线，用驱动性的问题引导学生不断优化实验设计，进行深度学习，提升思维品质。

在高中化学课程中尝试采用项目学习的方式开展教学，可使学生体会化学学科的有趣和有用，感受化学的学科魅力及应用价值。本节课中根据学生查阅资料后的质疑，提出驱动性问题的解决，验证实验的设计，能使学生参与到实验实施的每个环节，充分体现了项目式教学的优势。教师配合学生层层递进地优化实验方案，并在课后进行项目检测，最终完成了“海带中碘的提取和含量的测定”这一项目的学习。

教学目标

通过灼烧、溶解、过滤、萃取等物质分离提纯的基本操作，了解实验基本原理和掌握利用化学仪器进行物质的检验、分离和提纯的方法。

通过驱动性问题，在海带中碘的提取和含量测定实验方案的优化交流研讨活动中，提升科学探究和创新意识学科核心素养。

通过碘量法测定碘含量实验探究活动，强化证据意识，并通过引入电位滴定进行误差分析，感悟现代仪器分析在定量实验中的重要作用。

教学流程

在前期开展的项目学习的基础上，此次我们把研究的话题聚焦到了海水中的化学资源。通过对问卷调查结果的分析，确定研究项目为：海带中碘的提取和含量测定。

依据确立的项目主题，将项目拆解成三个任务，具体见表 3.16。

教学实录

【教师】　通过问卷调查，确定此次研究的项目课题为：海带中碘的提取和含量的测定。学生通过查阅相关文献等方式了解到：海水中含有丰富的碘元素，但由于海水中碘的浓度很低，工业上是从海洋中许多具有富集碘能力的海藻植物中进行提取的。一般干海带中含碘量可达 0.3%～0.5%，有的甚至高达 1%，约是海水中碘浓度的 10 万倍。海带浸出液中 88.3%为可溶性的碘离子，10.3%为有机碘，1.4%为碘酸根离子。依据所学知识，碘单质易在碱性环境中发生歧化反应，而碘离子和碘酸根离子易在酸性情况下发生归中反应，从而生成碘单质（$3I_2 + 6OH^- = 5I^- + IO_3^- + 3H_2O$；$5I^- + IO_3^- + 6H^+ = 3I_2 + 3H_2O$）。

表 3.16

项目任务	学生活动	教师支持	设计意图
任务一：海带中碘的提取（定性分析）	(1) 课前学生通过灼烧、溶解、过滤、萃取等操作实施海带中提取碘。 (2) 课中学生展示萃取的图片并讲解海带中提取碘的实验步骤，与同学一起分享实验心得。 (3) 提出驱动性问题一：如何从碘的四氯化碳溶液中获取碘单质？	(1) 课前指导学生设计实验方案，在实验中引导学生思考实验中出现的问题，并录制影像资料。 (2) 在实验反思中激发学生提出问题	(1) 学生通过实验方案的设计和实施，提升实验操作能力和思维品质。 (2) 培养学生勇于提出问题，培养学生的科学探索精神
	(1) 课前学生根据教师提供的资料查阅沸点数据，针对驱动性问题一，实施蒸馏法分离碘单质和四氯化碳。并在课堂中视频展示蒸馏实验。 (2) 课中学生分析蒸馏法失败的原因。展示在课前尝试的反萃取方案并讲解。 (3) 提出驱动问题二：如何在碘水中测出微量碘单质？	(1) 课前引导学生设计实验分离碘单质和四氯化碳。指导学生查阅相关文献资料（沸点数据）。在学生实施蒸馏法分离实验中录制影像资料。 (2) 课前和学生共同分析蒸馏法失败的原因，引导学生提出改进方案。 (3) 在总结环节中强化氧化还原反应原理：卤素碱性条件下易发生歧化反应；酸性条件下易发生归中反应。 (4) 激发学生思考：为何碘单质在水中未析出？如何测定微量的碘单质？	(1) 设计蒸馏法分离实验方案。培养学生科学严谨的学习态度，敢于质疑，大胆创新。 (2) 在反萃取实验中不断强化学生的实验操作能力，深入理解并运用卤素的氧化还原反应原理，提升科学探究和创新意识的学科核心素养

续表

项目任务	学生活动	教师支持	设计意图
任务二：碘量法测定碘含量（定量分析）	(1) 学生学习碘量法的实验原理（$I_2 + 2S_2O_3^{2-} = S_4O_6^{2-} + 2I^-$），并利用该原理设计实验方案在碘水中测出微量碘单质。 (2) 学生发现问题：过量的双氧水也可能与硫代硫酸钠反应引起实验误差（$4H_2O_2 + S_2O_3^{2-} = 2SO_4^{2-} + 3H_2O + 2H^+$）和教师讨论如何减小实验误差。 (3) 在教师指导下完成数字化滴定实验，分析实验数据。 (4) 在实验反思中提出问题：硫代硫酸钠也可能会与氢离子反应，会使得测定结果偏高	(1) 教师介绍碘量法，并指导学生设计初步实验方案。 (2) 和学生讨论实验的改进方案。（用二氧化锰去除过量的双氧水） (3) 指导学生使用滴数传感器和氧化还原传感器来完成滴定实验。并指导学生分析实验数据。 (4) 展示学生的数据分析结果。在实验总结反思中激发学生发现问题。 (5) 提出：如何更进一步优化定量测定的方案呢？（驱动性问题三）	(1) 优化实验方案设计中，了解实验误差对定量实验的影响。培养科学严谨的态度，提升科学探究和创新意识的学科核心素养。 (2) 在实验中使用数字化仪器，感受现代分析仪器的优势，在数据分析过程中培养证据推理和模型认知的学科核心素养
任务三：电位滴定法测定 I^-（项目拓展）	(1) 学生了解电位滴定法的原理和相关仪器及其使用方法。 (2) 师生共同完成实验。学生用表格记录实验数据并处理，找到电势突跃点。 (3) 根据滴定终点数据进行数据分析	(1) 教师介绍电位滴定法的滴定原理：$Ag^+ + I^- = AgI\downarrow$，介绍相关仪器和使用说明，说明电势突跃点为滴定终点。 (2) 师生共同完成实验。 (3) 展示学生的数据分析结果。 (4) 课堂小结	通过碘量法测碘含量的误差分析引入电位滴定，感悟现代仪器分析在定量实验中的重要作用

任务一：海带中碘的提取

【教师】 首先请同学们展示并分享海带中提取碘的实验。

【学生 1】 我们小组的实验设计：先把 5.0 g 干海带放在坩埚中，用乙醇浸泡海带，并在酒精灯上进行燃烧。在敞口的坩埚中灼烧大约 1 h 后，将得到的海带灰溶解，并进行 7 次过滤。向得到的淡黄色滤液中加入稀硫酸和双氧水。最后用四氯化碳进行萃取，就得到了碘的四氯化碳溶液（图 3.135）。（书写反应原理：$2I^- + H_2O_2 + 2H^+ = I_2 + 2H_2O$）

【学生 2】 我们小组在进行实验过程中用清水清洗了干海带表面的盐分，导致了大量的碘流失，终导致了实验的失败，实验中应用刷子去除表面的盐分。

【学生 3】 在用坩埚灼烧的过程中，我们进行了加盖和不加盖的两种处理，结果发现不加盖灼烧燃烧得更充分。通过过滤我们得到的滤液呈淡黄色，这部分黄色是由海带中的有机色素导致的。

【学生】 那如何从碘的四氯化碳溶液中获取碘单质呢？（驱动性问题一）

图 3.135

图 3.136

【学生】 查阅资料：碘单质的沸点为 184 ℃，四氯化碳的沸点为 77 ℃。尝试通过蒸馏法使碘单质和四氯化碳分离（图 3.136）。

实验结论：通过蒸馏并不能使碘单质与四氯化碳分离。

【教师】 蒸馏法不可靠。碘单质易升华，而四氯化碳易挥发且有毒性，有没有更可靠更安全的方法呢？

【学生】 反萃取实验（图 3.137）：在碘的四氯化碳溶液中加入氢氧化钠溶液，使碘单质发生歧化反应，再加入稀硫酸，使碘元素发生归中反应。这样不仅可以避免碘单质的升华、四氯化碳有毒且易挥发的问题，而且能让获得的四氯化碳重复再利用。（书写反应原理：$3I_2 + 6OH^- = 5I^- + IO_3^- + 3H_2O$；$5I^- + IO_3^- + 6H^+ = 3I_2 + 3H_2O$）

图 3.137

【教师】 小结：同学们在实验中尝试用蒸馏法，但实验现象与预期效果有很大差异。否定蒸馏法后，设计了反萃取的方案，得到了碘的水溶液。但在水中碘单质并没有因为溶解度低而析出，无法通过过滤的方法获得碘单质。这是什么原因呢？

【学生】 在碘的水溶液中通过过滤没有获得纯净的碘单质，是因为碘单质的含量很低。如何在碘水中测出微量的碘单质呢？（驱动性问题二）

任务二：碘量法测定碘含量

【教师】　为测定干海带中微量的碘单质，下面为同学们介绍一种常用的方法：碘量法。碘量法是一种氧化还原滴定法，以硫代硫酸钠溶液做还原剂，以碘单质做氧化剂，以淀粉溶液做指示剂进行滴定。（书写反应原理：$I_2 + 2S_2O_3^{2-} \xlongequal{} S_4O_6^{2-} + 2I^-$）

【学生】　设计实验方案：在海带灰过滤后的滤液中加入 3 mol/L 稀硫酸，调节 pH 为 2，再加入 4 mL 15%双氧水。向其中加入 0.0001 mol/L 硫代硫酸钠溶液（考虑到碘的含量很小，采用较低的浓度）进行滴定。

【教师】　请同学们讨论该实验方案会引起误差吗？

【学生】　在氧化过程中双氧水可能会过量，而在酸性条件下双氧水与硫代硫酸钠会发生反应，会引起实验误差。（书写反应原理：$4H_2O_2 + S_2O_3^{2-} \xlongequal{} 2SO_4^{2-} + 3H_2O + 2H^+$）

【教师】　过量的双氧水在实验中也能与硫代硫酸钠溶液反应，导致实验结果偏高。如何改进实验？

【学生】　为防止双氧水与硫代硫酸钠的反应，我们可以加入 2.0 g 二氧化锰去除过量的双氧水，并过滤去除过量的二氧化锰。（改进后的实验设计如图 3.138 所示。）

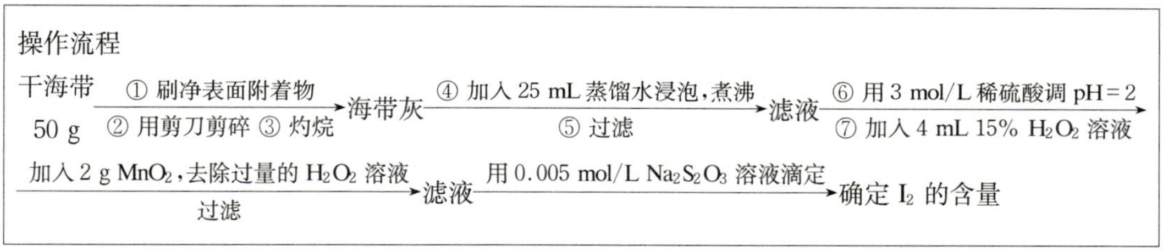

图 3.138

【教师】　为提高实验的精确度，采用数字化仪器进行实验，利用氧化还原传感器和滴数传感器，通过电极电位的突变数据分析来确定滴定终点，提高实验的精准度。

【学生】　对曲线求导数：当硫代硫酸钠溶液消耗 5.18 mL 时到达滴定终点（图 3.139）。进行数据分析，通过计算确定碘单质含量。

【教师】　现场展示学生的数据分析（图 3.140）。

【教师】　请同学们分析碘量法有什么优缺点？

【学生 1】　数字传感器灵敏、精确且操作方便！

【学生 2】　在碘量法滴定实验中溶液为酸性环境，硫代硫酸钠在酸性溶液中会不会和氢离子反应呢？如果反应的话，那么会影响滴定实验吗？

【学生】　硫代硫酸钠可能会与氢离子反应，生成二氧化硫和硫单质沉淀，这样就会影响硫代硫酸根与碘单质反应的用量，也会使得测定结果偏高。

反应原理：$S_2O_3^{2-} + 2H^+ \xlongequal{} S\downarrow + SO_2\uparrow + H_2O$。

【学生】　碘量法滴定前溶液的 pH 为 2，酸性环境会影响硫代硫酸钠的用量。如何更进一步地优化定量测定的方案呢？（驱动性问题三）

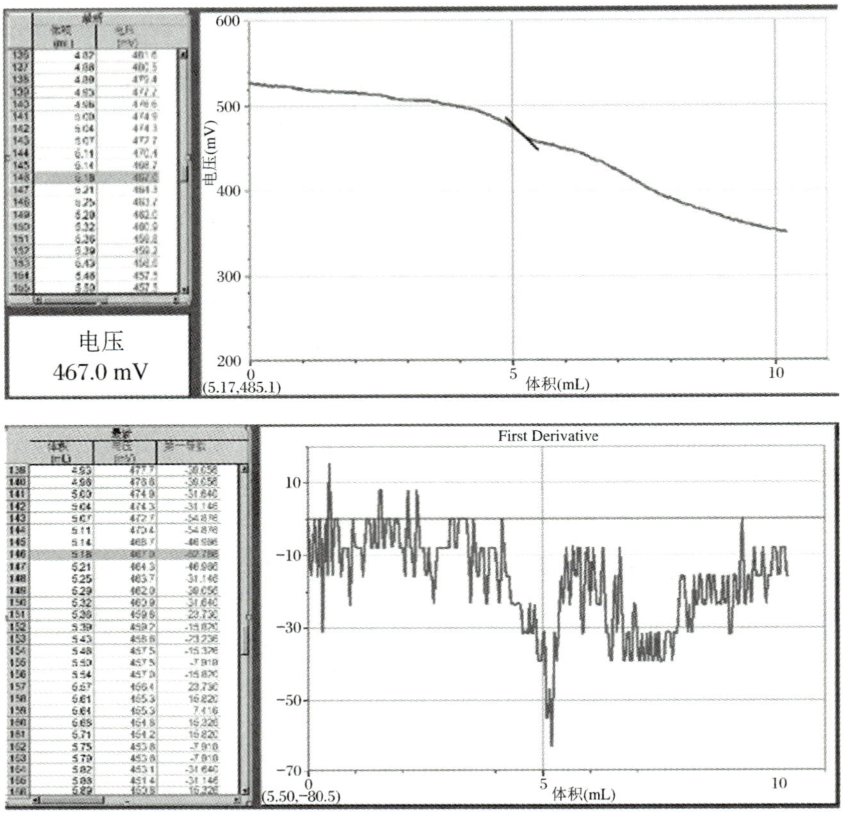

图 3.139

碘量法数据分析

$I_2+2Na_2S_2O_3 = 2NaI+Na_2S_4O_6$

$$n(I_2)=\frac{C_{Na_2S_2O_3}\cdot V_{Na_2S_2O_3}}{2}=\frac{0.005\ mol/L\times 5.18\times 10^{-3}\ L}{2}=1.295\times 10^{-5}\ mol$$

$$m(I_2)=M_{I_2}\cdot n_{I_2}=254\times 1.295\times 10^{-5}\approx 0.003\ g$$

即5 g海带灰中可提出约0.003 g I_2，海带灰中约含有0.12%的I^-

图 3.140

任务三:项目拓展——利用电位滴定法测定碘含量

【教师】 介绍电位滴定法原理:电位滴定法是指使用不同的指示电极,可以进行酸碱滴定、氧化还原滴定、络合滴定和沉淀滴定。此次采用沉淀滴定法,使用银电极为指示电极,用硝酸银直接滴定海带灰溶液中的碘离子,不仅可以避免氧化过程中的酸性和双氧水的量的影响,还可以使得数据更加精确。在滴定过程中,随着滴定剂的不断加入,电极电位 E 不断发生变化,当电极电位发生突跃时,说明滴定达到终点。书写反应原理:$Ag^+ + I^- = AgI\downarrow$。教师演示实验,如图 3.141 所示。

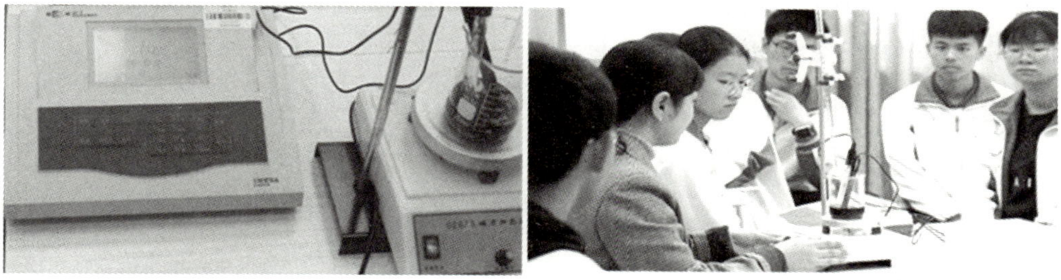

图 3.141

【学生】 利用电位滴定法进行滴定，对滴定曲线进行分析。用 Excel 表格来输入数据并进行曲线拟合后，找到电势的突跃点。再通过计算确定海带灰溶液中碘离子的含量（图 3.142）。

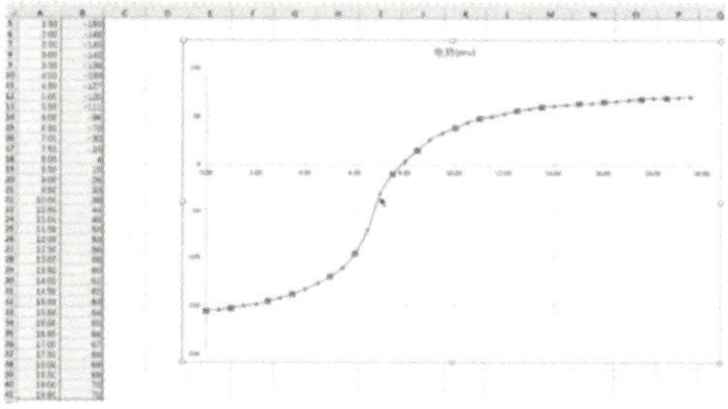

电位滴定法数据分析

$Ag^{+}+I^{-} = AgI\downarrow$

消耗0.01 mol/L Ag^{+} 7 mL

$n(I^{-})=n(Ag^{+})=7\times10^{-3}$ L$\times$0.01 mol/L$=7\times10^{-5}$ mol

$m(I^{-})=7\times10^{-5}$ mol$\times$127 g/mol$=8.80\times10^{-3}$ g

所以5 g海带灰含有8.80×10^{-3} g I^{-}

5 g海带灰中碘离子百分含量为0.176%

图 3.142

【教师】 总结：在“海带中碘的提取和含量测定”这一项目的学习中，通过课内、课外的同学们和教师的合作完成了海带中碘的提取、碘量法测定碘含量和利用电位滴定法测定碘含量等三个任务。从一级实验萃取到一级优化实验反萃取，从定性分析过渡到二级实验氧化还原滴定，再到三级最优方案电位滴定的定量分析，展示了项目式学习的全过程。

教学反思

“海带中碘的提取和含量测定”这一课例，通过课内、课外的师生互动，把项目拆解的三个任务由三个驱动性问题创设串联起来。同时在与学生课内、课外实验方案优化交流的研讨活动中，强化了学生对氧化还原反应知识的理解，提高了其实验动手能力。通过驱动性问题的解决，提升了学生的科学探究和创新意识学科核心素养，培养了学生的证据推理与模型认知、宏观辨识与微观探析的学科核心素养。通过感悟现代仪器分析在定量实验中的重要作用，体会定量分析对数据精准度的要求，培养了科学严谨的学习态度。

在教学的过程中有的学生还提出：海带的灼烧是不是获得海带溶解液的唯一有效途径？（有学生还利用了家里的烤箱来获取海带灰）在方案设计中双氧水是否为最佳氧化

剂?(有学生提出:还可以尝试二氧化锰)项目实施的任务拆解是不是可以更丰富?教学相长,我们应一直在探索的路上。

参考文献

[1] 陈颖,王磊,徐敏,等.高中化学项目教学案例:探秘神奇的医用胶[J].化学教育(中英文),2018,39(19):8-14.

[2] 江合佩.基于真实情境的项目式化学教学[M].济南:山东科学技术出版社,2019:65-78.

[3] 赵玉泉,刘克文.对新课程中海带中提取碘的比较研究和问题的探讨[J].中学化学教学参考,2013(6):39-42.

[4] 夏雪梅.项目化学习设计[M].北京:教育科学出版社,2018:34-83.

[5] 刘月霞,郭华.深度学习,走向核心素养[M].北京:教育科学出版社,2019:69-97.

课例十五　基于 STEAM 教育理念的化学研究与实践活动——豆腐的制作

教学主题内容及教学现状分析

人教版高中化学必修二第八章第二节“化学品的合理使用”的正文中提到，“豆腐是我国的传统美食，它是利用盐卤等物质使豆浆中的蛋白质聚沉而制成的。氯化镁、硫酸钙和葡萄糖酸-δ-内酯是制作豆腐常用的凝固剂。”且该章节的正文之后还设置了一个研究与实践活动“豆腐的制作”。本研究与实践活动的教学内容主要包括：

(1) 体会中华饮食文化的价值。

(2) 了解豆腐的营养特点。

(3) 了解豆腐的制作过程，理解传统盐卤豆腐、石膏豆腐以及代内酯豆腐的制作原理，加深对胶体和蛋白质性质等知识的理解。

本研究与实践活动所对应的教学对象是高一学年下学期的学生。学生在本研究与实践活动之前已经学习了胶体的丁达尔效应、胶体的聚沉、酯类物质的水解、羧酸类物质的电离以及蛋白质的组成、结构和性质。学生在本研究与实践活动之后，还将在高二学年继续深入学习蛋白质的组成、结构和性质。因此，本节课可以帮助学生进一步理解和运用胶体的相关知识，并深化学生对蛋白质性质的认识，起到承前启后的作用。同时，探究豆腐生成原理的视角较为开放，有利于多角度挖掘，便于践行 STEAM 教育理念。影响豆腐生成的因素复杂且隐蔽，探究该问题能提升学生跨学科整合知识并解决实际问题的能力，有利于激发学生的创新思维，提升学生的核心素养。

本研究与实践活动具有较高的学习价值，学生对该活动也具有浓厚的探索兴趣，但在实际教学过程中却少有教师开展，其原因主要有以下三点：

(1) 本研究与实践活动是人教版高中化学教材的新增内容，一线教师以前并未接触过相关内容，感到陌生。

(2) 教材对于本研究与实践活动只给出了简略的研究目的和研究任务，并未给出具体可行的实践方案，很多教师不知如何开展。

(3) 一些教师受应试教育思想的影响，习惯性地只关注课本的正文内容或高考内容，认为探究豆腐的制作原理对应试考试的帮助很小，从而忽略了本研究与实践活动。

教学理念及创新

（1）STEAM 教育是基于科学、技术、工程、艺术和数学等多学科融合的方式来解决实际问题的一种教育理念，开展基于 STEAM 教育的高中化学教学与培养学生核心素养的道路不谋而合。笔者在开展本研究与实践活动的过程中，以 STEAM 教育理念为指导思想，以豆腐的发展历史为时间线，带领学生依次学习豆腐的起源、传统的石膏豆腐和盐卤豆腐、20 世纪发明的内酯豆腐以及未来的豆腐。从学科知识来看，本研究与实践活动融合了化学、生物学、食品工业以及豆腐的传统文化，可以引导学生跨学科整合知识，在更大的学科背景下探索物质的组成、结构及其变化规律，培养学生综合运用知识去分析解决实际问题的能力，落实培养学生核心素养的教学目标。

（2）本研究与实践活动借助数字化实验仪器，深度探究了豆腐的生成原理。在探究传统石膏豆腐的制作原理时，学生依托 Ca^{2+} 传感器，设计对比实验，直观地呈现出豆浆与 $CaSO_4$ 溶液反应过程中 Ca^{2+} 的浓度变化，佐证了“阳离子桥”学说，深化了对石膏豆腐生成原理的理解。在探究现代内酯豆腐的制作原理时，学生首先依托 pH 传感器和温度传感器开展实验，探明了温度升高可导致葡萄糖酸-δ-内酯溶液的 pH 降低。然后又借助 pH 传感器开展对比实验，证明了豆浆可与 H^+ 发生化学反应，并结合大豆蛋白的等电点的相关知识，深化了对内酯豆腐生成原理的理解。

（3）本研究与实践活动不仅引导学生深度探究豆腐的生成原理，还引导学生对探究得到的原理进行迁移和应用，创新出豆腐的制作方法，注重培养学生的创新思维和将知识转化为产品的意识。具体实践过程为，在实验探明内酯豆腐的生成原理与大豆蛋白的等电点相关后，教师引导学生创新豆腐的制备方法，学生尝试利用硫酸、盐酸、白醋以及柠檬汁等酸性物质来代替葡萄糖酸-δ-内酯溶液，成功制备出豆腐。另外，还有学生提出牛奶与豆浆十分类似，二者都含有大量的蛋白质，于是尝试利用牛奶来代替豆浆，最终成功制备出了“牛奶”豆腐。

教学目标

（1）通过学习淮南王刘安发明豆腐的历史，了解中华民族的优秀传统文化，获得民族自豪感和爱国主义情怀，建立文化自信。

（2）通过学习教材中豆腐的传统制作过程的图片，了解传统制作豆腐的六个步骤：泡豆、磨豆、过滤、煮浆、点卤和成形，感受中国古代先人的伟大智慧。

（3）通过探究传统石膏豆腐和盐卤豆腐的制作原理，学习胶体的丁达尔效应、蛋白质的组成、结构和性质以及阳离子桥学说。

（4）通过探究现代内酯豆腐的制作原理，学习酯基性质、羧基的性质、温度对化学平衡状态的影响以及蛋白质的组成、结构和性质。

(5) 通过探索豆腐的制作原理，认识到科学技术的发展对于人类生产生活的巨大贡献，获得热爱生活的态度，提升跨学科整合知识并解决实际问题的能力。

教学流程

本节课的教学流程如图 3.143 所示。

教学实录

(一) 学习豆腐的起源

导入：豆腐是我国的传统美食，豆腐是何时、何地、何人发明的？

资料：播放淮南王刘安发明豆腐的视频。豆腐问世已有两千多年，据《本草纲目》记载："豆腐之法，始于汉淮南王刘安。"公元前 164 年，刘安被封为淮南王，建都寿春。刘安为求长生不老，常在楚山(现今的淮南八公山)谈仙论道，著书炼丹。在某次炼丹过程中，刘安以黄豆汁培育丹苗，豆汁不经意与石膏接触，变成了嫩滑的豆腐。刘安炼丹未成，却意外发明了豆腐。

【问题】　豆腐是我们餐桌上常见的佳肴，豆腐的营养价值如何呢？

资料：豆腐的营养价值很高，其中含有人体必需的八种氨基酸，且组成比例接近人体的需要。豆腐中还含有植物雌激素，可预防骨质疏松、乳腺癌、前列腺癌，并能减少血管内皮细胞氧化损伤。豆腐中的脂肪无胆固醇，长期食用豆腐可防治心血管等疾病，对减肥、调养亦有较大好处。此外，豆腐还可促进肠胃的消化吸收，增强人体食欲，补充人体气血，是非常好的保健食品。

(二) 探究传统的石膏豆腐和盐卤豆腐

【问题 1】　制作传统的石膏豆腐和盐卤豆腐需要哪些步骤？

【学生】　分析教材中的图片(图 3.144)，得出传统制作豆腐的过程分为六个步骤，即泡豆、磨豆、过滤、煮浆、点卤和成形。

【问题 2】　黄豆经前三步的泡豆、磨豆和过滤后变成了豆浆，从分散质粒子的直径来看，豆浆属于什么分散系？又该如何验证？

【学生】　豆浆属于胶体，可利用胶体的丁达尔效应进行验证。

实验验证：学生用激光笔照射正常浓度的豆浆，没有产生丁达尔效应，但用激光笔照射稀释后的豆浆，产生了丁达尔效应(图 3.145)。

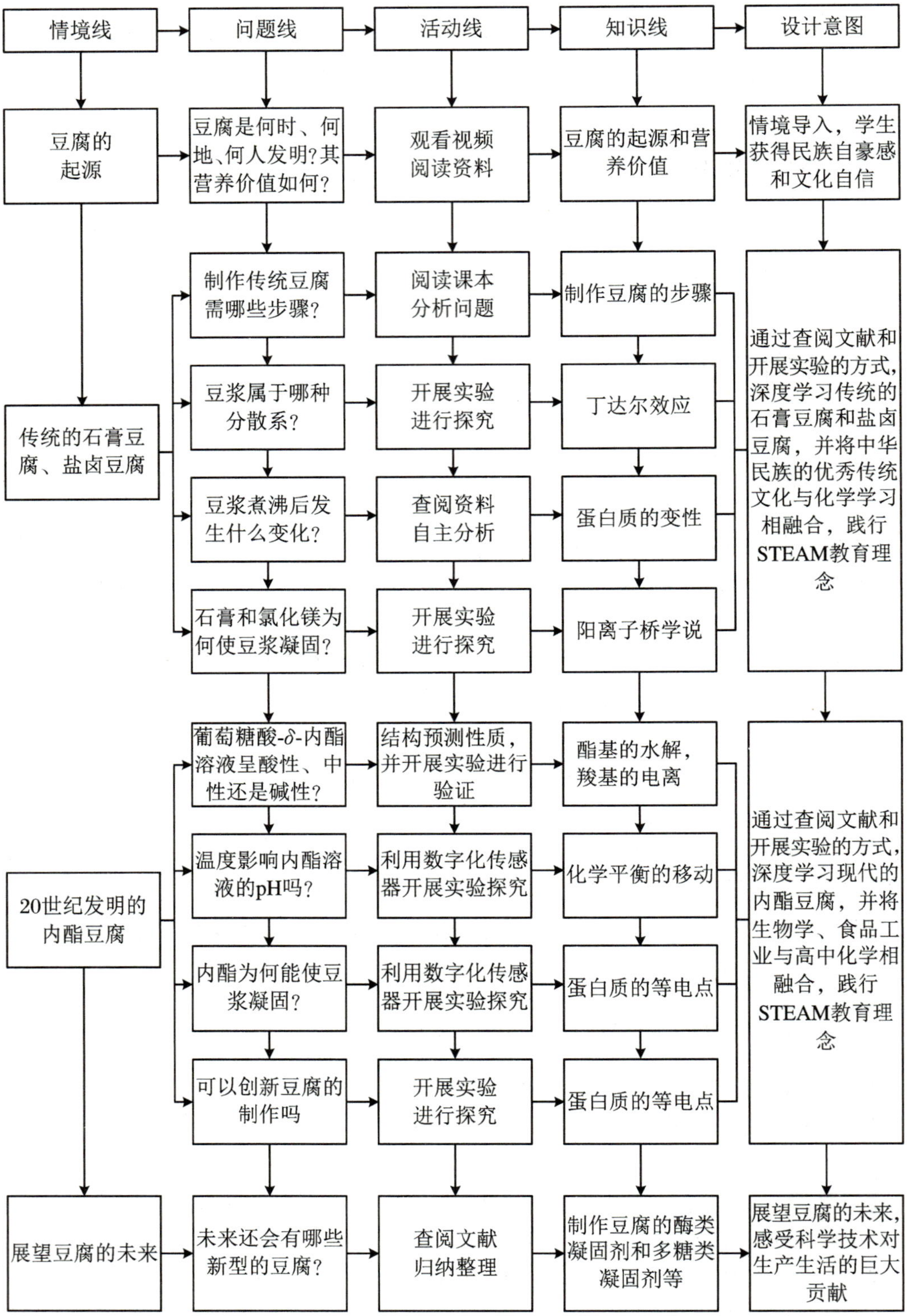

情境线
问题线
活动线
知识线
设计意图
豆腐的起源
豆腐是何时、何地、何人发明?其营养价值如何?
观看视频阅读资料
豆腐的起源和营养价值
情境导入，学生获得民族自豪感和文化自信
传统的石膏豆腐、盐卤豆腐
制作传统豆腐需哪些步骤?
阅读课本分析问题
制作豆腐的步骤
豆浆属于哪种分散系?
开展实验进行探究
丁达尔效应
豆浆煮沸后发生什么变化?
查阅资料自主分析
蛋白质的变性
石膏和氯化镁为何使豆浆凝固?
开展实验进行探究
阳离子桥学说
通过查阅文献和开展实验的方式，深度学习传统的石膏豆腐和盐卤豆腐，并将中华民族的优秀传统文化与化学学习相融合，践行STEAM教育理念
20世纪发明的内酯豆腐
葡萄糖酸-δ-内酯溶液呈酸性、中性还是碱性?
结构预测性质，并开展实验进行验证
酯基的水解，羧基的电离
温度影响内酯溶液的pH吗?
利用数字化传感器开展实验探究
化学平衡的移动
内酯为何能使豆浆凝固?
利用数字化传感器开展实验探究
蛋白质的等电点
可以创新豆腐的制作吗
开展实验进行探究
蛋白质的等电点
通过查阅文献和开展实验的方式，深度学习现代的内酯豆腐，并将生物学、食品工业与高中化学相融合，践行STEAM教育理念
展望豆腐的未来
未来还会有哪些新型的豆腐?
查阅文献归纳整理
制作豆腐的酶类凝固剂和多糖类凝固剂等
展望豆腐的未来，感受科学技术对生产生活的巨大贡献

图 3.143

① 泡豆　② 磨豆　③ 过滤

④ 煮浆　⑤ 点卤　⑥ 成形

图 3. 144

图 3. 145

【教师】　豆浆中含有大量植物蛋白，其蛋白质的胶体粒径范围为 20～120 nm，所以豆浆属于胶体。

【问题 3】　传统制作豆腐的第四步是将生豆浆加热煮沸，豆浆在煮沸过程中发生了什么化学变化？

【学生】　豆浆中的蛋白质遇热变性，更容易聚沉，从而形成豆腐。

【教师】　大豆蛋白质分子受热后，原本卷曲的多肽链会克服分子内部的原有的作用力（如氢键）而舒展伸直，从有秩序的紧密规则的结构，变成松散的无规则的状态，这种变性后的蛋白质分子更易聚沉而凝固成型（图 3. 146）。

图 3. 146

【问题 4】 传统制作豆腐的第五步是点卤,点卤使用的石膏或氯化镁为何能使豆浆凝固?

【学生】 豆浆属于胶体,而氯化镁和石膏属于电解质,电解质能使胶体聚沉。

【追问 1】 食盐是生活中常见的电解质,古人为何不用食盐制作豆腐呢?食盐能否使豆浆凝固呢?

实验探究:学生开展实验,向煮沸的豆浆中分别加入不同量的食盐,发现食盐无法使豆浆凝固。

【追问 2】 同为电解质,为什么氯化镁和石膏可以使豆浆凝固,而食盐却不行?

资料卡片:关于豆浆凝固的原理,有一种著名的学说——阳离子桥学说。该学说指出 Mg^{2+} 和 Ca^{2+} 能够破坏蛋白质胶粒的水化膜和双电层,并能在蛋白质分子间形成“钙桥”或“镁桥”,促进蛋白质凝胶的生成。图 3.147 为 Mg^{2+} 和 Ca^{2+} 诱导豆腐凝胶形成的机理示意图。

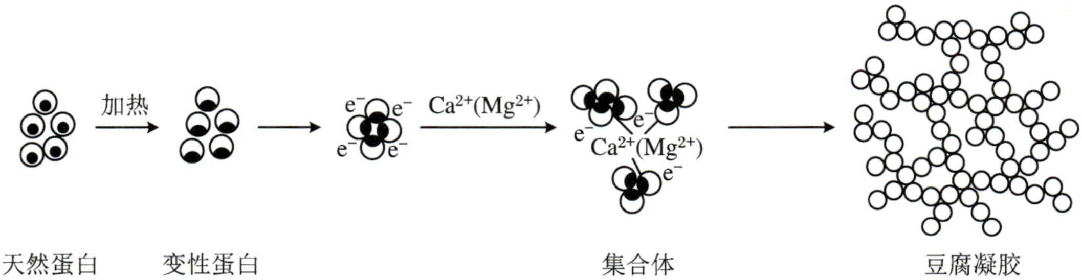

图 3.147

【追问 3】 如何利用 Ca^{2+} 传感器开展实验来验证阳离子桥学说?

设计实验:学生讨论,设计实验方案。取两杯相同的 100 mL $CaSO_4$ 溶液,向其中分别加入 10 mL 蒸馏水和 10 mL 豆浆,利用 Ca^{2+} 传感器测定溶液中的 Ca^{2+} 浓度变化,装置如图 3.148 所示。

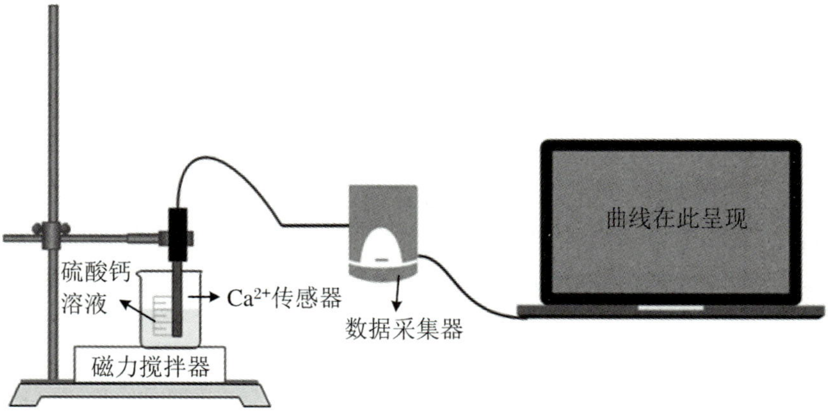

图 3.148

实验数据:在图 3.149 中,曲线 1 对应的是向 100 mL $CaSO_4$ 溶液中加入 10 mL 蒸馏水，Ca^{2+} 浓度下降约 9%；曲线 2 对应的是向 100 mL $CaSO_4$ 溶液中加入 10 mL 豆浆，Ca^{2+} 浓度下降约 64%。这间接证明了豆浆中的蛋白质与 Ca^{2+} 形成了离子桥。

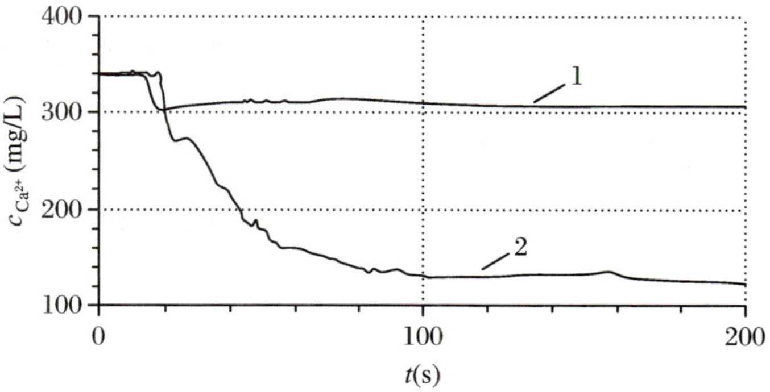

图 3.149

实验结论：图 3.149 中的曲线证明了豆浆能与 Ca^{2+} 发生化学反应，间接佐证了阳离子桥学说。

（三）探究 20 世纪发明的内酯豆腐

情境：20 世纪 60 年代出现了一种新型的豆腐——内酯豆腐。与传统的豆腐相比较，内酯豆腐的蛋白流失减少，黄酮类物质含量提高，含水量及持水性增强，质地更细腻，口感更好。展示内酯豆腐的成分表，说明内酯豆腐使用的凝固剂是葡萄糖酸-δ-内酯。

【问题 1】　葡萄糖酸-δ-内酯溶液是酸性、碱性还是中性？

资料卡片：展示葡萄糖酸-δ-内酯的键线式，如图 3.150 所示。

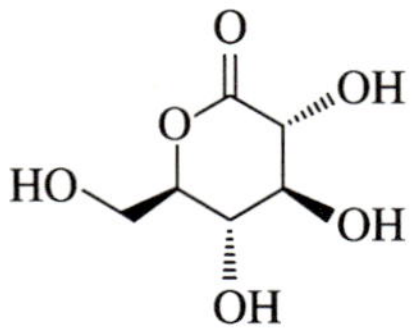

图 3.150

【学生】　葡萄糖酸-δ-内酯的分子中含有酯基，酯基可以水解产生羧基，羧基可以电离出 H^+，预测其水溶液呈酸性。

实验验证：学生使用 pH 试纸检测葡萄糖酸-δ-内酯溶液，证明其水溶液确实呈酸性。

【问题 2】　葡萄糖酸-δ-内酯需要加入煮沸的豆浆中，温度会影响葡萄糖酸-δ-内酯溶液的 pH 吗？

【学生】　酯基的水解和羧基的电离均为可逆过程，温度的改变会使化学平衡状态发生改变，预测温度会影响葡萄糖酸-δ-内酯溶液的 pH。

【追问】　如何通过实验验证温度会影响葡萄糖酸-δ-内酯溶液的 pH？

设计实验：学生讨论，设计实验方案。加热葡萄糖酸-δ-内酯溶液，并利用 pH 传感器和温度传感器同时测定该溶液的 pH 与温度，装置如图 3.151 所示。

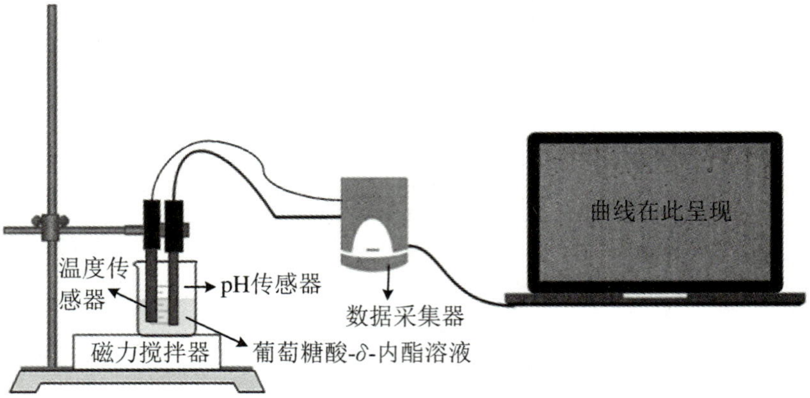

图 3.151

实验数据:通过图 3.152 可得溶液温度升高,pH 降低,酸性增强。

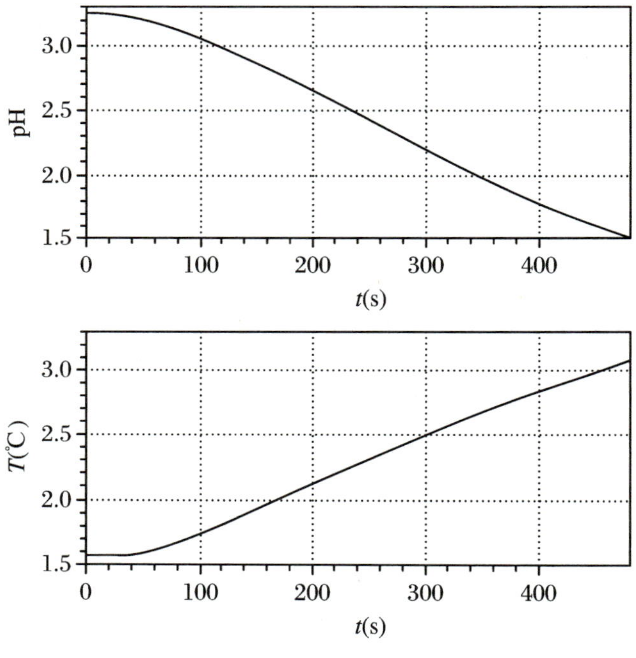

图 3.152

实验结论:温度会影响葡萄糖酸-δ-内酯溶液的 pH,温度升高,葡萄糖酸-δ-内酯溶液的 pH 降低。

【问题 3】 葡萄糖酸-δ-内酯中没有 Ca^{2+} 和 Mg^{2+},为何也能使豆浆凝固?

【学生】 内酯豆腐的生成可能与 H^+ 有关。

【追问 1】 如何通过实验验证内酯豆腐的生成与 H^+ 有关?

设计实验:学生讨论,设计实验方案。向 25 ℃ 100 mL 葡萄糖酸-δ-内酯溶液中分别加入 90 ℃ 10 mL 豆浆和 90 ℃ 10 mL 蒸馏水,利用 pH 传感器测定溶液 pH 的变化,装置如图 3.153 所示。

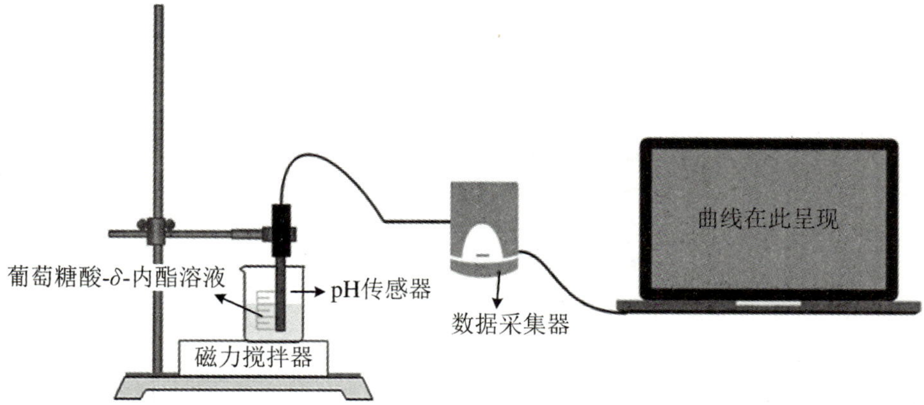

图 3.153

实验数据：在图 3.154 中，曲线 1 对应的是加入 90 ℃ 10 mL 豆浆，曲线 2 对应的是加入 90 ℃ 10 mL 蒸馏水。

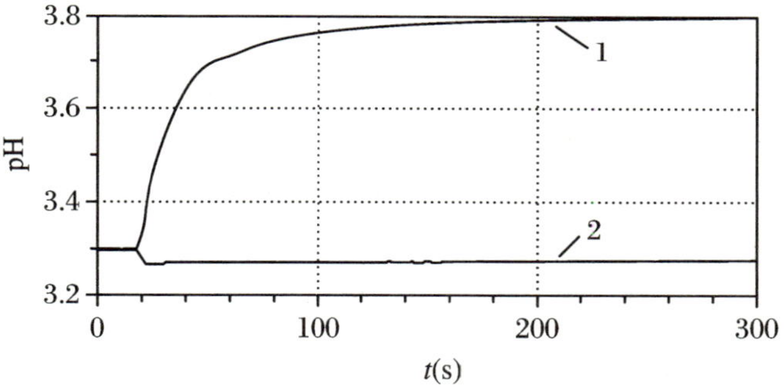

图 3.154

数据分析：学生解释曲线变化。加入热水后葡萄糖酸-δ-内酯溶液的 pH 降低，是因为热水使溶液温度升高，平衡移动，酸性增强。加入热豆浆，虽然溶液的温度也升高了，但溶液的 pH 不升反降，这说明豆浆可与 H^+ 反应，使 H^+ 浓度降低。

实验结论：内酯豆腐的生成与 H^+ 有关。

【追问 2】　豆浆中的什么物质与 H^+ 发生了化学反应？这与豆浆的凝固有怎样的关系？

资料卡片：蛋白质分子中含有氨基和羧基，氨基能与 H^+ 反应，羧基能与 OH^- 反应。随着溶液 pH 的变化，氨基和羧基会呈现不同的状态，从而导致蛋白质分子呈现出三种带电状态，分别为负电状态、正电状态以及表面净电荷为零的状态。当 pH = 4.5 时，大豆蛋白分子的表面净电荷为零，此时最容易聚沉而凝固成豆腐，这时的 pH 称为大豆蛋白的等电点（图 3.155）。

【学生】　结合资料卡片进行分析。葡萄糖酸-δ-内酯溶液呈酸性，可为大豆蛋白分子提供 H^+。大豆蛋白分子中的氨基与合适浓度的 H^+ 发生化学反应，使得大豆蛋白分子由负电状态转变为表面净电荷为零的状态，于是豆浆就凝固成了豆腐。

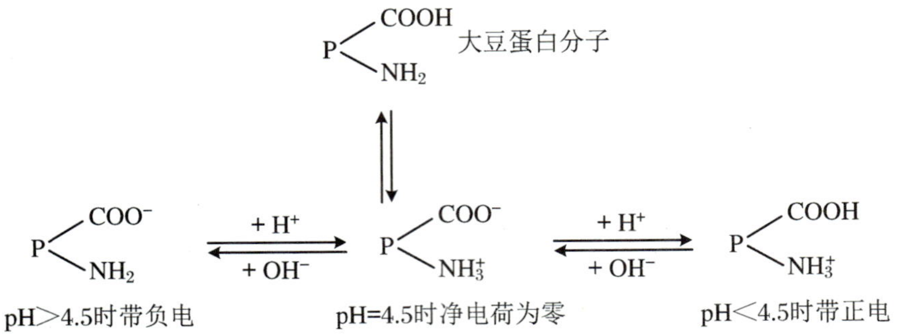

图 3.155

【问题 4】 内酯豆腐的制作利用了蛋白质的等电点，基于该原理，我们能否创新豆腐的制作方法？

【学生 1】 葡萄糖酸-δ-内酯的作用是为大豆蛋白分子提供合适浓度的 H^+，我们可以尝试利用硫酸、柠檬汁等酸性物质代替葡萄糖酸-δ-内酯。

实验探究：学生向煮沸的豆浆中加入合适浓度的硫酸、盐酸、白醋以及柠檬汁等酸性物质，成功制备出了豆腐。

【学生 2】 早餐喝的牛奶与豆浆类似，二者均含大量的蛋白质，我们可以尝试利用牛奶代替豆浆制作牛奶豆腐。

实验探究：学生向煮沸的牛乳中加入合适浓度的葡萄糖酸-δ-内酯溶液、硫酸、盐酸、白醋以及柠檬汁等酸性物质，成功制备出了牛奶豆腐，如图 3.156 所示。

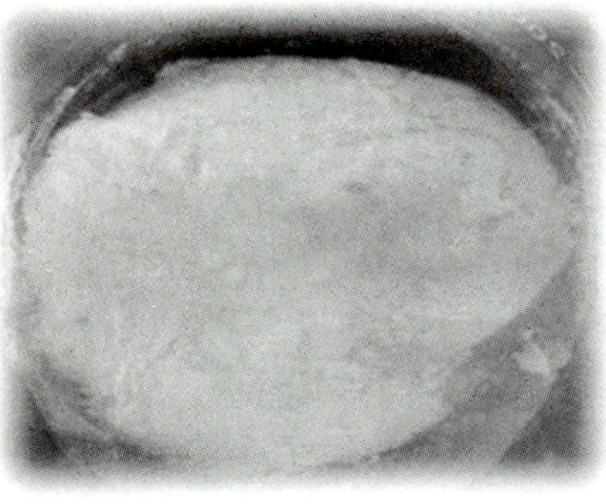

图 3.156

（四）展望豆腐的未来

【问题】 在传统的石膏豆腐和盐卤豆腐的基础上，20 世纪人们又发明了内酯豆腐，但科学家对于豆腐的探索从未止步。展望未来，科学家会为我们带来哪些新型豆腐呢？

资料卡片：介绍制作豆腐的新型凝固剂——酶类凝固剂。酶类凝固剂是一类可以促进大豆蛋白凝固的酶，酶类凝固剂中最常用的是转谷氨酰胺酶（TG 酶），TG 酶作为凝固剂生产豆腐是豆乳中蛋白质交联和疏水相互作用的结果。酶类豆腐与内酯豆腐在外观上较为相似，但酶类豆腐的弹性比内酯豆腐更好，不易松散。酶类凝固剂与盐类凝固剂和酸类凝固剂相比，条件较温和，作用时间较长。但 TG 酶的成本较高，这限制了其在实际生产中的使用，如何降低成本还有待研究。

近年来，除了酶类凝固剂，利用天然成分的添加或纯种菌种发酵液制作豆腐也被广泛关注和研究。虽然科学家已经发现了多种类型的凝固剂，但他们仍在继续探索，致力于发现更加健康、更加营养的豆腐凝固剂。

（五）总结豆腐的前世、今生和未来

【教师】　总结豆腐的发展历程。制作传统豆腐使用的氯化镁和石膏属于盐类凝固剂，利用了 Mg^{2+} 和 Ca^{2+} 的阳离子桥效应。制作现代内酯豆腐使用的葡萄糖酸-δ-内酯属于酸类凝固剂，利用了蛋白质的等电点。展望未来，科学家正在研究酶类凝固剂等新型凝固剂，相信随着科学技术的不断发展，未来我们能够吃到更加美味且健康的豆腐（图 3.157）。

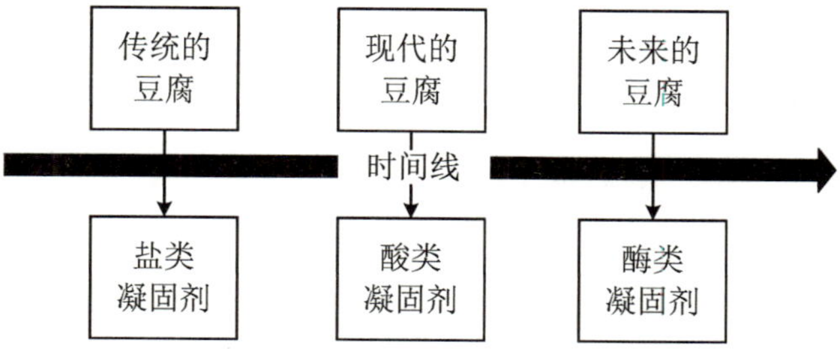

图 3.157

【学生 1】　小小的豆腐竟然承载了两千多年的历史。通过豆腐的起源，我感受到了古代先人的智慧；通过豆腐的发展，我感受到了科学技术对我们美好生活的巨大贡献。

【学生 2】　没想到豆腐的制作涉及了那么多科学知识。在探究豆浆的凝固原理时，我意识到一个复杂问题的解决可能需要多个学科知识的配合，不同学科之间不是孤立的，而是相互联系的。

【学生 3】　在开展该实践活动之前，我认为氯化钠属于电解质，豆浆属于胶体，相关资料中说电解质可使胶体聚沉，因此我坚信氯化钠可以使豆浆凝固成豆腐。但通过查阅资料和开展实验探究，我认识到豆腐的生成原理并没有那么简单。这使我意识到，限于自身的知识储备有限，有些看似合理的推理不一定是正确的，必须开展实验进行验证。

教学反思

（一）精选教学素材，落实 STEAM 教育

STEAM 教育理念旨在提升学生跨学科整合知识并解决实际问题的能力。这需要教师精选教学素材，素材本身应是真实的、有意义的、能够激发学生学习兴趣的，且教师还需从素材中提练出有价值、有意义的问题，以高质量的问题驱动学生开展探究学习。豆腐这一素材本身就足够贴近学生的生活，为了更好地利用该素材，我们按照时间线将豆腐的起源、传统的石膏豆腐和盐卤豆腐、20 世纪发明的内酯豆腐以及未来的豆腐串联

在一起，这可以充分调动学生的学习兴趣，并向学生弘扬中华民族优秀的传统文化。基于豆腐这一素材，我们将探究豆腐的制作原理作为本次教学的核心，豆腐的制作原理这一问题具有较高的现实意义和理论深度，学生在探究过程中需要跨学科整合化学、生物学以及食品工业的相关知识，这有利于提升学生跨学科整合知识并解决实际问题的能力。

（二）借助数字仪器，助力深度探究

豆浆在凝固成豆腐的过程中，其微观粒子所发生的变化是肉眼不可见的，这阻碍了学生对豆腐生成原理的深度理解。为了探明豆浆凝固过程中微粒的变化，教师引导学生借助现代化的数字传感器开展对比实验，将制作石膏豆腐时的钙离子浓度变化和制作内酯豆腐时的氢离子的浓度变化以直观的曲线呈现出来。学生亲自动手开展实验得出结论，其教育价值远胜于阅读资料获取结论。

（三）对接实际应用，培养核心素养

在学生理解了制作内酯豆腐的关键在于蛋白质的等电点之后，教师鼓励学生将该原理应用于实践，尝试探索出豆腐的新方法。对于将所学知识应用于实践，学生表现出了前所未有的热情。在实践过程中，学生通过头脑风暴，提出了很多创新的思路，有的学生尝试利用实验室常见的硫酸、盐酸来代替葡萄糖酸-δ-内酯溶液，有的学生尝试使用厨房中常见的白醋和酸性的果汁来代替葡萄糖酸-δ-内酯溶液，还有学生想到牛奶和豆浆都富含蛋白质，可以尝试使用牛奶来制作豆腐。在实践过程中，笔者感受到如果教师在教学过程中能创设出合适的实践情境，为学生提供实践的平台，引导学生将所学的知识与实际的应用对接，则能够充分调动学生学习的积极性，帮助学生找到学习的意义，激发学生的创新思维，培养学生的核心素养。

参考文献

[1] 谭荫初. 大豆的价值与豆腐的食用[J]. 商品知识，1997(2)：30.
[2] 仇农学，李建科. 大豆制品加工技术[M]. 北京：中国轻工业出版社，2000：33-34.
[3] 高海燕，董玉明，杜佳琼，等. 黄豆蛋白胶体的制备和聚沉[J]. 大学化学，2023，38(1)：180-186.
[4] 王锦娟，薛亮，焦桓. 以“豆腐的制作”畅谈胶体知识与水凝胶的前沿应用[J]. 化学教育(中英文)，2021，42(17)：1-4.
[5] 王宸之，陈宇，万重，等. 豆腐凝胶成型机理研究进展[J]. 东北农业大学学报，2017，48(10)：88-96.
[6] 张青娈，翟爱华，杨盛楠. 不同加热条件对内酯豆腐品质的影响[J]. 黑龙江八一农垦大学学报，2016，28(3)：56-59.
[7] 孙丰婷. 豆腐凝固剂的研究进展[J]. 农业与技术，2017，37(4)：236-237.